Hans-Jürgen Geese

Ausverkauf vom Traum Neuseeland

Was die Kolonie Deutschland
von der Geschichte der Kolonie Neuseeland
heute lernen kann

Impressum

Ausverkauf vom Traum Neuseeland

1. Auflage 2020

Anderwelt Verlag, München

Druck: CPI Books GmbH Printed in Germany
ISBN: 978-3-940321-24-4

Hans-Jürgen Geese

Ausverkauf vom Traum Neuseeland

Was die Kolonie Deutschland
von der Geschichte der Kolonie Neuseeland
heute lernen kann

Inhaltsverzeichnis

Kein einzelner Mensch kann die Welt verändern.

Aber er kann die Botschaft verbreiten,

die die Welt verändern wird.

Und des Herrn Wort geschah zu mir: „Ich kannte dich, ehe ich dich im Mutterleibe bereitete, und sonderte dich aus, ehe du von der Mutter geboren wurdest, und bestellte dich zum Propheten für die Völker.“

Ich aber sprach: „Ach, Herr, ich tauge nicht zu predigen; denn ich bin zu jung.“

Der Herr sprach aber zu mir: „Sage nicht: Ich bin zu jung, sondern du sollst gehen wohin ich dich sende, und predigen alles was ich dir gebiete. Fürchte dich nicht vor ihnen, denn ich bin bei dir und will dich erretten.“

Und der Herr streckte seine Hand aus und rührte meinen Mund an und sprach zu mir: „Siehe, ich lege meine Worte in deinen Mund. Siehe, ich setze dich heute über Völker und Königreiche, dass du ausreißen und einreißen, zerstören und verderben sollst und bauen und pflanzen.“

Jeremia 1, 4 - 10

Dieses Buch ist dem Richter Peter Thomas Mahon gewidmet, der, im Namen des wahren Volkes, Recht sprach und dafür, in vollem Bewusstsein, einen hohen Preis bezahlte. Dieser Mann wagte es, einen bereits verurteilten, toten Piloten von der Schuld an einer der größten Flugzeugkatastrophen in der Geschichte der Menschheit freizusprechen. Und stattdessen das Management von Air New Zealand anzuklagen. Schul-dig, schuldig, schuldig! Wie konnte er sich erdreisten...? Das Establishment wollte seine Rache und vernichtete ihn.

„Fiat justitia ruat caelum“

„Es geschehe Gerechtigkeit, und wenn der Himmel einstürze“

Sie vernichteten ihn. Aber in unserer Hoffnung, in unserem Streben nach Gerechtigkeit wird Peter Thomas Mahon ewig Vorbild sein.

Peter Thomas Mahon, gestorben 1986 im Alter von 63 Jahren.

Ehre seinem Namen.

Vorwort

„Demokratie kann nur funktionieren, wenn sie keine ist.“
(Professor Rainer Mausfeld)

Ich nehme einmal an, dass Sie mit der Geschichte Neuseelands nicht vertraut sind. Ferner vermute ich, dass Sie vielleicht nicht ein Interesse daran haben, sich mit der weitgehenden drögen Geschichte Neuseelands zu beschäftigen. Warum sollten Sie auch? Weltbewegende Erkenntnisse werden sich aus der Analyse der einmal Ereignisse der letzten 200 Jahre hier unten, am Ende der Welt, auf ein paar Inselchen, für Sie in Deutschland sicherlich nicht herausdestillieren lassen, oder? Schließlich war und ist Deutschland keine Kolonie. Oder? Ich höre Sie sagen: Wenn überhaupt Neuseeland, dann doch bitte als Tourismusdestination. Nun, gestatten Sie mir bitte die Behauptung, dass Sie sich irren könnten. Und lassen Sie mich ein Versprechen machen: Wenn Sie sich auf dieses Buch einlassen sollten, dann wird Ihnen schnell aufgehen, dass Neuseeland ein hochinteressantes Biotop darstellt, in dem Sie die Funktionsweise der modernen kapitalistischen Gesellschaft en detail studieren können. Sie schauen in den Spiegel einer Welt, der nicht dermaßen verzerrte Bilder produziert, dass nur noch wenig Wirklichkeit zu erkennen ist. Der Neuseeländer ist nicht durch Intellektualität so versaut wie der Deutsche. Die Gutmütigkeit und Naivität und Ignoranz und blasse Harmlosigkeit der Kiwis erlauben deshalb eher einen tief bohrenden Blick in die Werkstatt von manipulierter Politik und Gesellschaftsveränderung 2019.

Sie erinnern sich vielleicht an Chile 1973, als der demokratisch gewählte Präsident Salvador Allende von CIA & Co weggeputscht wurde. An seine Stelle trat Augusto Pinochet, ein Massenmörder. Außer wegen der etwa 3000 Morde erlangte Chile damals auch Berühmtheit als Versuchsfeld für den neoliberalen Superstar Milton Friedman und seine Chicago Boys, die die soziale Wirtschaft umkrempelten, um das Geld dahin zu schaufeln, wo es ihrer Meinung nach hingehörte. Dieser Prozess fand 1984 auch in Neuseeland statt, allerdings ohne Waffen und Tote (abgesehen von denen, die sich aus Verzweiflung das Leben nahmen). Ich vermute, dass Sie das nicht gewusst haben.

Chile war ein Versuchsfeld. Neuseeland war ein Versuchsfeld. Nach all den Jahren gilt: Wer Augen hat zu sehen und hinschauen will, der wird erkennen.

Zwei fundamentale Regeln der Manipulation kann ich Ihnen schon jetzt aufzeigen, die quasi global gelten. Ganz simple Regeln eigentlich, die allerdings aus Gründen, auf die wir später zu sprechen kommen, nicht öffentlich diskutiert werden. Aber noch eines vorneweg, zur Beziehung von Ihnen und mir, damit wir uns richtig verstehen: Wissenschaft (bei Sozialwissenschaften heutzutage meistens „Pseudowissenschaft“) ist nicht mein Ding. Ich weiß, vor einem Herrn Doktor und einem Herrn Professor erstarren Sie in Ehrfurcht. Darf ich den amerikanischen Schriftsteller Upton Sinclair zitieren: „It is difficult to get a man to understand something, when his salary depends upon his not understanding it.“ (Es ist für einen Mann schwierig, etwas zu verstehen, wenn sein Gehalt davon abhängt, es eben nicht zu verstehen). Wissenschaft heute ist vor allem gekaufte Wissenschaft. Höflich ausgedrückt: „gesponsert“. Wissenschaft hat weitgehend ihre Glaubwürdigkeit verloren. Sie ist nicht mehr frei. Als Litmus Test brauchen Sie lediglich zum Beispiel folgende Themen zur Sprache bringen, um die geistige Unabhängigkeit von diesen Herrschaften einzuordnen: Das Thema Krebs, das Geschäft mit dem Klimawandel, der Mord an Kennedy, 9/11 und unser Geld- und Finanzsystem. Früher, lang, lang ist es her, früher, da haben wir noch den Kant in der Schule gelesen: „Unmündigkeit ist das Unvermögen, sich seines Verstandes ohne die Anleitung eines anderen zu bedienen.“ Das hat mit Wissenschaft nichts zu tun. Vor hundert Jahren bereits sagte der große Denker und gnadenlose Realist C.H. Douglas: „It must be remembered that all the brains in the world which can be bought with money are at the disposal of the banking system.“ (alle Gehirne der Welt, die man mit Geld kaufen kann, stehen dem Bankensystem zu Diensten).

Es ist erstaunlich, dass keiner der großen Männer Neuseelands studierte. Nicht einer! Und es ist erstaunlich, dass alle Kabinettsmitglieder im Jahre des Umsturzes, im Jahre 1984, studiert hatten.

Man sprach ehrfurchtsvoll vom intelligentesten Kabinett in der Geschichte des Landes. Wow! Und was kam dabei heraus? Verräter. Da können Sie mal sehen, welch Unheil vermeintliche Bildung anrichten kann. Nicht umsonst kennt die kluge deutsche Sprache das Wort „verbildet“. Diese Verräter, diese kleingeistigen Stiefellecker des Intellekts, die machten einfach wie sie wollten. Und fanden das ganz normal. Denn sie hatten schließlich ihren Auftrag. Natürlich nicht von den Wählern. Der Auftrag kam von wirklich wichtigen Leuten, die das alles finanzierten. Politik, Parteien, Politiker, der ganze Politikzirkus, das, das muss ja schließlich alles irgendwie und von irgendjemandem bezahlt werden. Wie wir später, sogar wissenschaftlich erwiesen, aufzeigen werden, kümmert sich die Politik heute nicht mehr um die Belange der gemeinen Bürger. Das können die Politiker sich gar nicht leisten. Es besteht eine Beziehung zwischen Politikern und Wählern, die auf Illusionen beruht. Die unausgesprochenen Anforderungen der Politiker an die Bürger: Brav euer Kreuzle machen und ansonsten die Schnauze halten. Jemand hat das einmal, sehr elegant, passive Demokratie genannt.

Der amerikanische Schriftsteller James Bradley listet in seinem Buch „The China Mirage“ auf den Seiten 364/365 einige Namen von hochintelligenten Politikern auf, die an der Harvard Universität studierten und sich im Laufe ihrer Karriere gegenseitig unterstützten, Leute wie Franklin Delano Roosevelt, in den 60er Jahren McGeorge Bundy, Henry Kissinger, Robert McNamara, später George W. Bush, Obama und viele andere mehr. Der Whistleblower Daniel Ellsberg (Pentagon Papers) bat im Jahre 1971 einen dieser hochintelligenten Rechtsprofessoren von der Harvard Universität um Rat. Der sagte ihm nach einleitenden Worten:

„Ich muss da sofort einhaken. Ich fürchte, ich kann an dieser Diskussion nicht weiter teilnehmen.“ Der Herr Professor erkannte sofort, dass er hier gegen seinen eigenen Eliten-Club antreten müsste. Das würde er nie tun. Moral? Was ist das? Sie können wohl davon ausgehen, dass Ärzte mit der Absicht praktizieren, zu heilen. Eine ähnliche Schlussfolgerung für die Herren des Rechtes und das Recht zu hegen, könnte Sie auf den Holzweg führen. Selbst höchste Richter sind manchmal „käuflich“. Es sei angemerkt, in der Politik praktizieren viel mehr Anwälte als Ärzte. Im neuseeländischen

Parlament bilden sie die größte Berufsgruppe. Das Land müsste eigentlich vor Recht und Gerechtigkeit nur so strotzen. Warum nicht? Nun, leider schützt Intelligenz vor Naivität, Dummheit und Verworfenheit nicht. Politiker rüsten ihre Armeen mit vielen Milliarden auf und schieben viele Milliarden ihren Herren zu, trotz Hunger und Elend auf der Welt.

"Ich bin der Geist, der stets verneint!
Und das mit Recht; denn alles was entsteht
ist werth daß es zu Grunde geht;
Drum besser wär's dass nichts entstünde.
So ist denn alles was ihr Sünde,
Zerstörung, kurz das Böse nennt,
Mein eigentliches Element."

Und so zerstören sie. Es ist übrigens auch viel einfacher zu zerstören als zu schöpfen.

1967 hatte U.S. Verteidigungsminister Robert McNamara eine Studie in Auftrag gegeben, 3000 Seiten, top secret, auf die Daniel Ellsberg Zugriff erhielt. Damals erfanden die cleveren Jungs die Domino Theorie, die besagte, dass, wenn ein Land an den Kommunismus abfiel, dann weitere Länder folgen würden. Es gab zwar keine Beweise für diese irgendwie logisch daherkommende Idee, aber es klang doch alles großartig. Ein geniales Businessmodell. Dafür lohnte es sich zu morden. Und so gingen sie an die Arbeit. Im zweiten Weltkrieg fielen etwa 2 Millionen Tonnen Bomben der Amerikaner auf Europa und den Pazifik. Im Vietnam Krieg schafften sie doch tatsächlich 6,7 Millionen Tonnen in Südostasien. Business was booming. Die Verantwortlichen waren alles Männer mit einem überdurchschnittlichen IQ ("The Best and the Brightest"). Und tollen Titeln von tollen Universitäten. Hat ihnen nichts geholfen.

Und da hat doch dieser Mensch, Francis Fukuyama, auch ein Gewächs von Harvard, behauptet, dass mit dem Triumph des Wirtschaftsliberalismus die Entwicklungsgeschichte der Menschheit ihr Ende gefunden habe. Sein Buch "The End of History..." (das Ende der Geschichte), ein weltweiter Bestseller, ist eine

Einschlafpille, an Unsinn kaum zu überbieten, aber was solls, Mr. Fukuyama arbeitet für eine der ganz großen Denkfabriken, also wahrscheinlich eine Auftragsarbeit, um der Welt klarzumachen, dass wir uns glücklich schätzen können, endlich das Paradies geschaffen zu haben.

Auf den Universitäten lernen Sie heutzutage, in gewissen logischen Abläufen zu denken, und erhalten hoffentlich eine lukrative geistige Fitness für den Arbeitsmarkt. Allerdings lernen Sie nicht mehr, frei, unabhängig zu denken und mit Zivilcourage für Ihre eigene Meinung einzutreten. Warum nicht? Nun, wie bei Politikern, das können Sie sich gar nicht mehr leisten, denn die große Wahrscheinlichkeit besteht, dass Ihr Arbeitgeber, Ihr Sklavenhalter, auf Ihre vielleicht kontroverse Meinung keinerlei Wert legt. Denn der hat ganz genaue Vorstellungen davon, wie Sie ticken sollen. So einfach? Ja, so einfach. Gefällt Ihnen nicht? Frage: Über welchen Zeitraum erstreckt sich Ihr befristeter Arbeitszeitvertrag? Genau! Also, immer schön vorsichtig. Vergessen Sie Politik. Vergessen Sie Ihre Meinung. Sie sollen lediglich brav funktionieren.

Aber, werden Sie fragen, aber gilt das Primat solch "Funktionierens" tatsächlich auch in der "richtigen" Wissenschaft? Leider ja. In seinem Bestseller "Lost Connections" berichtet Johann Hari über die Entwicklungsgeschichte von Antidepressiva. Die Lieblingstherorie der Wissenschaftler lautete, dass es im Hirn ein Ungleichgewicht von Serotonin gäbe. Dafür existierten zwar keine Beweise, aber es war eine hübsche Geschichte, die man großartig vermarkten konnte. In dem Buch kommt "clinical psychologist" Dr. Lucy Johnstone zu Wort: "Almost everything you were told was bullshit... The serotonin is a lie." ("Fast alles was man Ihnen erzählte war dummes Zeug... Die Serotoningeschichte ist eine Lüge"). Was meinen Sie, wie viele tausende von diesen sogenannten Wissenschaftlern in der Pharmaindustrie arbeiten? Und keiner hatte über all die Jahre da gewisse Fragen? Na klar, die Medikamente haben, wie alle Medikamente, einen Placebo Effekt. Die angebliche Heilwirkung hat allerdings nichts mit Chemie zu tun. Die Nebeneffekte schon.

Sie erinnern sich vielleicht an den Hochstapler Gert Postel, ein Postzusteller, der als Dr. med. Dr. phil. Bartholdy Karriere machte.

Wie er sagte: „Ich war ein Hochstapler unter Hochstaplern." Der Mann arbeitete in leitenden Positionen in mehreren Krankenhäusern. Wie ist so etwas möglich? In den Worten von Gert Postel: „Wer die Dialektik beherrscht und die psychiatrische Sprache, der kann grenzenlos jeden Schwachsinn formulieren und ihn dann in das Gewand des Akademischen stecken."

Seit etwa 15 Jahren sinkt der IQ, nachdem er seit Anbeginn der Messung vor über 100 Jahren immer nur angestiegen war. Die große Frage ist natürlich, warum der IQ jetzt fällt. Manche Untersuchungen beschuldigen den digitalen Einfluss. Andere weisen darauf hin, dass der Mensch durch die fortschreitende Spezialisierung zunehmend an seiner ganzheitlichen Intelligenz Abstriche machen muss. Und: Sie müssen sich mal in einer ruhigen Stunde klar machen, was da heutzutage an geistigem Müll auf den Menschen eindröhnt. Der wird mit Schrott zugeschüttet und soll sich trotzdem in der Welt zurechtfinden. Vor allem sollte er natürlich seinen gesunden Menschenverstand retten. Der gesunde Menschenverstand wird leider nicht wie der IQ gemessen, aber man könnte doch den Eindruck bekommen, dass es um den heute nicht gut bestellt ist.

Ich empfehle das Buch von dem Kinder- und Jugendpsychologen Dr. Michael Winterhoff "Deutschland verdummt – Wie das Bildungssystem die Zukunft unserer Kinder verbaut – und wie wir das ändern können." Eine wirklich schockierende Aufklärung. Meiner Meinung nach werden die Völker absichtlich verdummt.

Der moderne Mensch ist dermaßen geistig flach von angeblicher Bildung und durch die Medien vorprogrammiert, dass er auf wunderbare, wundersame Geschichten zufliegt, die ihn glücklich machen. Alles, alles, alles wird zu manipulierter Unterhaltung und geistestötender Propaganda. Was da an Fakten dahintersteckt ist Nebensache.

Sie fragen: Könnte man das nicht ändern? Nun, leider kann der Mensch nicht ohne Glauben leben. Ohne Wahrheit schon. Und da der Mensch an dem alten lieben Gott kein Interesse mehr hat und auch unseren guten, edlen Wotan ausmusterte, wendet er sich anderen Göttern zu. Die Wissenschaftler, die Experten und Spezialisten stehen auf der Liste dieser beliebtesten Alternativgötter ganz vorne.

„Ich bin doof, ich bin klein, in meinem Hirn soll niemand drin wohnen als die Experten allein. Amen."

Hat Gesundheit wirklich mit Chemie zu tun? Kann die Menschheit wirklich, wie der Faust, ihre Seele verkaufen und alles, alles, alles auf Pseudowissenschaft und Moneten reduzieren? Alles? Ohne dass der Mensch sich selbst verliert? Da müsste doch unsere sogenannte geistige Elite im Protest aufschreien? „Ja!" Aber die schreit nicht. Oder haben Sie was gehört? Und die wird nicht schreien. Nirgends auf der Welt. Die studierten Damen und Herren sind vorprogrammierte Diener von betuchten Herren, denen sie nach dem Maule reden. Kein Wunder daher, dass auch Politiker heutzutage unbedingt studiert haben müssen. Das ist eine Grundvoraussetzung. Denn der Titel der Universität dient sozusagen als der Ritterschlag der Geistlosen, der offiziell bestätigt, dass sie bestenfalls drittklassig sind. Sprich: harmlos. Überall auf der Welt. Überall! Ist ja auch logisch. Nennen Sie mir einen einzigen Politiker auf Gottes schöner Erde von Format. Nur einen. Ich flehe Sie an.

Verstehen wir uns? Ich will Sie nicht beeindrucken. Ich will Ihnen vor allem nicht meine eigene Meinung aufdrängen. Gott behüte! Ich will Sie aufklären und zum eigenständigen Denken anregen. Der gesunde Menschenverstand, Wissen, Neugierde, das Mitleid und einfache Worte sind meine Werkzeuge. Gerne lege ich das Bekenntnis ab, dass ich den Zorn für eine schöpferische Kraft halte, für eine Quelle von Energie, die durchaus göttlichen Ursprungs sein könnte. Und vergeben Sie mir bitte meinen Idealismus. Menschen wie ich sind am Aussterben. Also haben Sie ein wenig Mitleid. Das zu meiner Verteidigung.

Ich schöpfe meistens aus allen Menschen leicht zugänglichen Quellen, ändere jedoch die Perspektiven, um eine Sicht der Welt darzulegen, die Ihnen zu wichtigen Erkenntnissen verhelfen wird. Wie Nietzsche sagte: Alles Sehen ist perspektivisches Sehen. Meine Perspektive nun bei diesem Thema des Buches ist einzigartig. Durch meine Erfahrungen und Erkenntnisse in Deutschland, in den U.S.A., in Frankreich, in Asien und hier am Ende der Welt. Aber natürlich beziehe ich mich auch auf Bücher anderer Autoren, die ich Ihnen insbesondere zur Lektüre empfehle (was bei den in

Neuseeland herausgebrachten Büchern allerdings für Sie schwierig sein wird). Ich muss in diesem Zusammenhang sagen, dass Neuseeland über ein Büchereisystem der Weltklasse verfügt. Wenn Leute mich hier fragen, was ich besonders an ihrem Land schätze, dann krame ich stets meine Büchereikarte heraus und empfehle, auf jeden Fall die Schätze zu bergen, die in den Regalen dieses Paradieses der Allgemeinheit kostenlos zur Verfügung stehen. Als Deutscher ist man ja gewohnt, bei einer Reihe von Tabuthemen der jüngsten Geschichte oftmals für dumm verkauft zu werden oder überhaupt keinen Zugang zu alternativen Quellen zu bekommen. In der englischsprachigen Welt ist das ganz anders. Ich bin auf Dinge gestoßen, die mich an der Korrektheit der offiziellen Geschichtsschreibung Deutschlands der letzten einhundert Jahre zweifeln lassen. Zumal, wenn man noch das Glück hat, sich mit Historikern zu treffen, die sich eingehend mit dem Thema beschäftigt haben und auf Quellen verweisen, die zumindest in meiner Zeit als Erwachsener in Deutschland oder gar in der Schule damals nicht zur Verfügung standen.

Voltaire sagte: „Geschichte ist die Lüge, auf die man sich geeinigt hat.“

Da hatte ich doch letztes Jahr, nach dem Lesen eines Artikels über den Zweiten Weltkrieg in der größten Tageszeitung hier in Neuseeland, einen Brief an die Zeitung geschickt, der auch genauso veröffentlicht wurde. Ein paar Tage später erhielt ich einen Anruf von einem Historiker aus Australien. Wir trafen uns dann nach einiger Zeit. Er sagte, es sei doch erstaunlich, dass man solche Zeilen im Jahre 2018 in Neuseeland veröffentlichen darf, aber es wohl sehr schwierig wäre, in Deutschland eine Zeitung zu finden, die das gemacht hätte. Die Deutschen müssen wohl alle psychisch gestört sein. Sie leben in einer Welt, in der sie nicht die Wahrheit sagen dürfen. Es wimmelt doch nur so von Tabuthemen im Lande.

Dabei wollte ich in meinem Leserbrief nur darauf hinweisen, dass Ende des Zweiten Weltkrieges die deutsche Wehrmacht und das Deutsche Rote Kreuz die Toten und die Überlebenden zählten und feststellten, dass da etwa 1,5 Millionen Soldaten fehlten. Und niemand fragte groß, was denn mit denen geschehen war. Stellen Sie sich mal vor, da hätten 1,5 Millionen Amerikaner gefehlt. Im

Jahre 1989 kam das Buch von James Bacque mit dem Titel „Other Losses“ (sonstige Verluste) heraus, in dem er akribisch die Zahlen zusammentrug. Tausende von deutschen Soldaten meldeten sich bei ihm und erzählten von den Gefangenenlagern der Alliierten. Auch ehemalige US Soldaten erzählten von den Zuständen und dem Massensterben in diesen Lagern. Es half alles nichts. James Bacque (ein Kanadier) wurde natürlich von angestammten Historikern angegriffen und mit den üblichen Keulen bearbeitet. Tatbestand ist, dass hunderttausende von deutschen Kriegsgefangenen in den Lagern am Rhein, in den Vogesen und vielen anderen Orten erbärmlich zu Tode kamen. Die tötete keiner. Die starben von ganz allein. Konrad Adenauer wies die Alliierten 1945 auf die Zustände hin.

„Geschichte ist die Lüge, auf die man sich geeinigt hat. Geschichte ist die Lüge...,“

Erklären Sie mir doch mal, warum wir Deutschen nicht über das Schicksal der deutschen Kriegsgefangenen sprechen und die Massengräber öffnen dürfen. Oder dem Schicksal der deutschen Flüchtlinge gedenken und den Verlust von Heimat betrauern dürfen. Und das Schicksal der Bombenopfer. Es geht doch nicht ums Aufrechnen. Es geht doch nicht um Rache nach all den Jahren. Es geht darum, Millionen von unschuldigen deutschen Opfern des Krieges und der Folgen des Krieges ihre Menschenwürde zu geben. Die Würde jedes einzelnen Menschen ist unantastbar. Die Würde jedes einzelnen Lebenden und die Würde jedes einzelnen Toten.

Nur wenige Deutsche werden wohl bestreiten, dass es 1945 das Recht der Alliierten war, über das deutsche Volk zu richten.

Aber nach 75 Jahren sollte es endlich, im Namen von Gerechtigkeit, auch möglich sein, dass die Besiegten über die Sieger richten. Wir haben doch Demokratie, oder? Gerechtigkeit, das haben wir von unseren Befreiern, den Amerikanern, gelernt, Gerechtigkeit ist unabdingbarer Bestandteil von Demokratie. All diese Tabus der jüngsten Geschichte müssen in die Öffentlichkeit.

Im Ausland hat dieser Prozess längst begonnen. 2013 kam das Buch von Gerry Docherty und Jim Macgregor „The Secret Origins of the First World War“ heraus, das Ihnen garantiert eine alternative Sicht der Vorgeschichte des Ersten Weltkrieges präsentiert. Und Sie kennen vielleicht den Briten Douglas Murray, der mit seinem Buch „Der Selbstmord Europas“ momentan für ein wenig Aufregung sorgt. Ich habe die englische Ausgabe („The Strange Death of Europe“) gelesen. Versuchen Sie mal, den Mann faktisch zu widerlegen. Viel Glück. Und Murray verfügt auch noch über eine sympathische Art, seine Argumente in Diskussionen, selbst in hochemotionalen Situationen, kühl und sachlich zu präsentieren. Er hat meiner Ansicht nach recht: Was da in Deutschland im August/September 2015 ablief war doch völlig verrückt. Ich habe das damals fast unter Schock vor dem Fernseher verfolgt: Da standen erwachsene Deutsche, mit Tränen in den Augen und begrüßten völlig fremde Menschen, von denen sie nichts wussten und hießen sie in ihrem Land willkommen. Unglaublich! Spätere Generationen werden entsetzt wieder ihre Großeltern fragen: „Warum ward ihr so bescheuert?“ Können Sie sich vorstellen, dass die Chinesen das gemacht hätten? Oder die Japaner? Oder die Polen? Oder die Franzosen? Das ist doch krank. Und wie naiv muss man sein, um anzunehmen, dass Frau Merkel von der Situation völlig überrascht wurde. Meinen Sie, die vom deutschen Geheimdienst, die hatten gepennt? Oder die lieben Freunde von der CIA? Der ganze Ablauf passierte über Wochen: Man rennt ja nicht mal so kurz von Jordanien nach Deutschland. Das dauert. Da braucht es einen Auslöser und dann eine anständige Logistik, um Millionen von Menschen vom Mittleren Osten nach Europa zu schleusen. Die ganze Aktion war im Detail geplant. Und glauben Sie etwa, dass die Frau Merkel von ganz, ganz allein, ganz spontan auf den Spruch „Wir schaffen das“ und auf das Wort „alternativlos“ gekommen ist? Das stand alles in dem Script, das sie von der CIA erhielt. Da brauchen Sie nicht zu staunen. In Deutschland passiert nichts von Bedeutung ohne die Zustimmung der Amerikaner. Da gibt es Besatzungsstatuten. Die heißen heutzutage nur anders. Aber die Amerikaner haben nach wie vor das Sagen in Deutschland. Wie Sie nach der Abhöraffäre der Bundeskanzlerin gelernt haben. Die Amerikaner durften und dürfen natürlich die Bundeskanzlerin abhören. Das ist ihr Recht als Besatzer. Das weiß Frau Merkel. Und daher protestierte sie nur ein wenig höflich, um die Gemüter zu beruhigen. Sie kann ja nicht den Leuten die Wahrheit sagen. Nun, sie könnte schon, aber dann wäre sie schnell ausgemustert. Frau Merkel ist die Gouverneurin der U.S.A. für deren Kolonie Deutschland. Wir kennen doch alle die Geschichte der Kanzlerakte. Noch weitere Fragen? Aber es kann wohl nicht sein was nicht sein darf.

Wie oft bin ich Ausländern begegnet, die mich fragten: „Wann werdet ihr Deutschen endlich euren Schuldkomplex ablegen?" Das fragen die teilweise aus Mitleid, aber auch aus Angst, denn die Deutschen sind nicht berechenbar. Die rasten leicht aus und tun völlig verrückte Dinge. Wie zum Beispiel eine Million total fremder Leute ins Land (in die EU!) zu lassen. Unter Aufhebung aller Gesetze. Unter Aufhebung des gesunden Menschenverstandes. Das ist doch krank. Und was darf man alles nicht sagen in dem angeblich freien Deutschland, ohne Prügel zu bekommen. Eine unglaubliche Intoleranz. Was für ein Land!

Daher muss man wohl eingestehen: Die gehen in Großbritannien, Kanada, den U.S.A., Australien und Neuseeland einfach viel unbefangener mit Geschichte um und kennen nicht diese typisch deutsche Verkrampftheit und Aufgeregtheit. Die Vergangenheit ist für sie nichts weiter als ein Seziertisch. Ihr Anliegen: „Hoffentlich lernen wir aus der Analyse unserer Objekte". Schlicht und einfach. Kommen Sie mir bloß nicht mit „politisch korrekt" und ähnlichem Unsinn. Konfuzius sagte: „Nennt das Runde rund und das Eckige eckig, dann ist der Staat in Ordnung."

Die jetzt folgenden ersten zwei Regeln verdanke ich der Inspiration der französischen Soziologin Moniqe Pincon-Charlot. Sollten Sie der französischen Sprache mächtig sein, dann empfehle ich Ihnen die Lektüre der Bücher dieser klugen Frau, die sich mit der Analyse der Reichen und Ultrareichen und dem Zusammenspiel von Kapital und Politik in Frankreich beschäftigt. Ihr aktuelles Untersuchungsobjekt ist Präsident Macron. Soweit ich weiß sind ihre Bücher nicht auf deutsch erschienen. Also, auf geht's:

Vielleicht wird es Sie als aufgeklärten Bürger des Jahres 2019 nicht überraschen zu erfahren, dass Politik heutzutage inszeniert wird. Der Prozess der angeblichen Demokratie ist nichts weiter als eine clever organisierte Show mit wechselnden Darstellern, die dem Wähler ermöglicht, aus voraus gewählten Kandidaten einen x-beliebigen Gewinner auszusuchen. Wer letztendlich das Rennen macht ist dabei völlig egal. Die Parteien, die Kandidaten, die Schauspieler unterscheiden sich letztendlich im Wesentlichen nicht. Die sehen lediglich ein wenig anders aus, ihr Text schöpft aus abweichenden Emotionen und Lügen, um einen Schein vorzugaukeln. An der Oberfläche. Niemals im Kern. Denn das System ist das System ist das System. Sie dürfen durchaus auf die Politiker einschlagen und sie empört herausfordern. Das ist Teil der Show. Lediglich das System, das System darf auf gar keinen Fall in Frage gestellt werden und wird auch nicht in Frage gestellt. Sie kennen vielleicht den weisen Satz aus dem Buch „Der Leopard“ von Giuseppe Tomasi di Lampedusa: „Wenn wir wollen, dass alles bleibt wie es ist, muss sich alles ändern.“ Voila!

Aus der ersten Regel folgt logischerweise, dass die führenden Politiker unserer Zeit alle Kunstprodukte sind. Macron ist das beste Beispiel. Er sieht sich selbst als König der Republik und hat sogar die Verhaltensweisen eines absoluten Herrschers angenommen. So eine Art Louis XIV. Bis ins letzte Detail ist der Mann stilisiert. Die ganze Maskerade beginnt schon mal mit seinem Make-up. Dann sein Gehabe, seine Sprache, seine Botschaft, seine Ansichten über das gemeine Volk. Eine Arroganz wird hier zelebriert, die unbedingt auf einen Fall von akuter, stark fortgeschrittener Psychopathie schließen lässt. Der aufgeplusterte Herr will von der Wirklichkeit absolut nichts wissen. Warum auch? Er wurde von der Elite in eine durchaus wohl honorierte Position gehoben und spielt dort brav den Hampelmann dieser Elite. Solange er deren Wünsche erfüllt wird er die Macht in den Händen halten dürfen. Das weiß er, und darum schert er sich einen Teufel um die Interessen der Unterschicht des Volkes.

Ein Kunstprodukt total anderer Bauart ist Angela Merkel. Wenn Sie mal ein wenig in der Geschichte der Frau nachforschen, kommen Sie aus dem Staunen nicht heraus, wie diese einfache, hausbackene Dame, ohne irgendwelche Ideale, aus einem verrotteten kommunistischen Land, es um alles in der Welt schaffen konnte, zur Bundeskanzlerin von Deutschland, einer der führenden Industrienationen der kapitalistischen Welt, aufzusteigen. Ich habe mich über viele Jahre mit dem albernen Getue und absolut sinnlosem Geschwafel dieser Frau beschäftigt. Sagen wir mal vorsichtig, sie hat von Tuten und Blasen wenig Ahnung. Sie schwätzt. Und manchmal wird es richtig peinlich. Aber das scheint ihrer Popularität wenig zu schaden. Die mit Blindheit geschlagenen braven Deutschen haben sich mal wieder, in einem Anflug von Wahnsinn und Selbstzerfleischung, entschlossen, zu glauben, dass hier eine Führungspersönlichkeit von solidem Format (mit Doktortitel!!!) für sie ganz großartige Arbeit leistet und ihr Volk in eine glorreiche Zukunft führen wird. Marketing in Perfektion, basierend auf der simplen Erkenntnis: Wie der Herr so das Gescherr. Nach Verabreichung kleiner Dosen von Propaganda erreichte man erschreckend schnell zwischen Volk und Regierung weitgehende Übereinstimmung. Wie gesagt: By design. Die goldene Regel lautet: Um das Volk zu verblöden und einzuschläfern, muss Politik heutzutage unbedingt auf einem geistig niedrigst möglichen Niveau geschehen. Daher solche Typen wie Bush, Merkel, May oder Trump. Drei Jahre Brexitgelaber. Drei Jahre Pseudodiskussion über eine Mauer, für deren Kosten die im Pentagon aus der Portokasse hätten zahlen können. Und als Dreingabe eine total verrückte Endlosgeschichte über die angebliche Einmischung Russlands in den U.S. Wahlkampf. „Russia, Russia, Russia!!!“ Endlos Entertainment. Witzigerweise kommt der meiste Schrott aus einem Instrument mit Namen „Smartphone“. Nur mal so, als Beispiel zur möglichen Aufdeckung von Absurditäten in unserer Zeit: Am 3. Juni 2018 stellte der ehemalige Director of National Intelligence (also der Boss aller 17 US Geheimdienste), James R. Clapper, in einem Interview mit Tobin Hershaw von Blumberg sein neues Buch mit dem Titel „Facts and Fears“ vor, in dem er 81 Beispiele von US Einmischungen in Wahlen in anderen Ländern gibt. Eines dieser Länder ist übrigens Neuseeland. Wenn diese Fakten allein nicht schon genug sind, um Millionen von Gehirngewaschenen auf den Boden der Tatsachen zurückzuholen, vielleicht kann dieses Wunder durch ein Zitat des edlen Herren in dem Interview geschehen. Als Rechtfertigung der US-Interventionen sagte Mister Clapper: „I guess the way I think about that is that through our history, when we tried to manipulate or influence elections or even overturned governments, it was done with the best interests of the people in that country in mind – given the traditional reverence for human rights." („Ich sehe das folgendermaßen: Wenn wir im Verlauf unserer Geschichte Wahlen manipulierten oder beeinflussten oder gar Regierungen stürzten, dann hatten wir dabei die besten Interessen der Menschen in dem jeweiligen Land im Sinn, denn wir verehren schließlich traditionell die Menschenrechte"). Nein, das ist kein Witz. Das hat der Mann wirklich gesagt. Wort für Wort. Dieses Interview müsste man doch den Amerikanern täglich um die Ohren schlagen. Und all jenen, die an der globalen Verbreitung von Nachrichten (also am Nachrichten von Nachrichten) beteiligt sind. Aber das geschieht nicht. Von Jahr zu Jahr wird das ohnehin schon äußerst jämmerliche geistige Niveau unserer Medien immer weiter auf einen neuen Tiefpunkt gedrückt. Das Ende dieser Entwicklung ist nicht abzusehen. Niemand schert sich mehr um Wahrheit. Niemand schert sich mehr um richtige Probleme. Ich fordere Sie höflich auf, doch mal eine Auszeit von einer halben Stunde zu nehmen und auf einem DIN A4-Blatt die Leistungen dieser Frau Merkel über die letzten 15 Jahre aufzulisten. Machen Sie mal! 15 Jahre und was kam dabei heraus? Abgesehen von illegalen Bundeswehreinsätzen im Ausland. Abgesehen von einer grassierender Verarmung der Bevölkerung. Abgesehen von einer illegalen Einladung an den Rest der Welt, nach Deutschland zu kommen. Na? Nun, zur Verteidigung der Deutschen muss man ehrlicherweise anmerken: Angela Merkel wurde natürlich nicht die von der Mehrheit gewählte Bundeskanzlerin von Deutschland. Nein! Bei der Bundestagswahl 2017 gab es 61,5 Millionen Wahlberechtigte. Davon wählten 12,4 Millionen die CDU. Das sind 20,2 % der Wahlberechtigten. 20,2 % wollten Merkel. 20,2 %! Nein, Angela Merkel wurde nicht Bundeskanzlerin von Deutschland. Das hätte sie niemals geschafft. Angela Merkel wurde zur Bundeskanzlerin gemacht. Wie alle führenden Frauen und Männer ausgewählter Staaten dieser Welt heute in ihre Positionen gehievt wurden.

Damit kommen wir zu Jacinda Ardern, der momentanen Premierministerin von Neuseeland, die 2017 in diese Position gewählt wurde. Eine Kunstfigur wie aus dem Bilderbuch. Von Tuten und Blasen soviel Ahnung wie Angela Merkel. Nie im Leben richtig gearbeitet. Wie Angela Merkel. Den Großteil des erwachsenen Lebens in der Politik verbracht. Lange Jahre nicht groß aufgefallen. Und auf einmal war sie da. Von heute auf morgen. Ich war nicht einmal mit dem Namen vertraut. Sie ist nett, immer unverdrossen positiv, lächelt dieses Lächeln, das unter dem Namen „Jacindamania“ mittlerweile weltberühmt wurde, brachte sogar ein allseits bestauntes Kind zur Welt und erreicht als Mutter und Premierministerin Popularitätswerte, die sie in die Stratosphäre schießen, wohingegen ihre Konkurrenten im Staub da unten um Stimmen betteln. Chancenlos. Letzte Umfragen (Juni 2019) geben ihr weit über 40 % Zustimmung in der Gesamtbevölkerung. Der führende Hansel der Opposition dümpelt frustriert bei 5 %.

Lassen Sie mich hier den guten Matthew Hooton zitieren, Managing Director of PR and corporate affairs firm „Exceltium“, einer der führenden Kommentatoren im Lande. Er schrieb in der größten Zeitung „The New Zealand Herald“ am
1. März 2019: „This is a Prime Minister who has publicly confused GDP and the Crown operating balance and who couldn't provide a rough precis of the nation's founding document. She has no private sector experience and her only known contributions to policy over nine years in opposition were proposing working-group-type processes on issues in the news... Her plea for the debate to be based on facts is deeply ironic given the vacuity of her own communications style.“ (Sie wusste nicht die Unterscheidung zwischen Bruttosozialprodukt und Bruttoinlandsprodukt und konnte nicht aufsagen, was im ersten Kapitel des neuseeländischen Grundvertrages zwischen Maoris und Engländern steht, und die Hohlheit ihres Kommunikationsstils verbietet das Diskutieren von Fakten). Dieser Grundvertrag zwischen Maoris und Pakehas (der Name für die Weißen) umfasst drei kurze Absätze. Drei simple Gedanken. Und die Frau musste passen. Da kam nichts.

Jacinda Ardern: Außer Reden bisher nichts gewesen. Trotz großmündiger Versprechungen hat sie bis heute nichts an konkreten Erfolgen aufzuweisen. Nichts. 100,000 Häuser sollen in den nächsten zehn Jahren vom Staat gebaut werden, um die Obdachlosigkeit im Lande zu beseitigen. Nach eineinhalb Jahren hat sie nicht mal 100 geschafft. Die für 2019 versprochene Zahl von 1,000

Häusern wurde auf 300 korrigiert. Obwohl mittlerweile etwa zehn größere Baufirmen pleite gegangen sind. Ich glaube nicht, dass der Frau aufgegangen ist, dass sie diese Baufirmen brauchen wird, um ihr Ziel zu erreichen. Dass das irgendwie zusammenhängt scheint für einen Politiker schwer durchschaubar zu sein. Die Obdachlosigkeit steigt unterdessen weiter an. Die Dramatik bei der Kinderarmut ist ungebrochen. Die Frau verspricht und redet und redet und redet. Das ist ihr Job. Wie Frau Merkel oder Monsieur Macron oder sogar Donald Trump ist es diesen Menschen leider nicht erlaubt, konkrete, relevante Probleme zu lösen. Sie dürfen das nicht. Im Ernst. Ich wiederhole: **Das dürfen sie nicht**. Das ist der Job der Privatwirtschaft. Denn alles wird heutzutage vermarktet, zu Geld, zu Gewinn gemacht. Selbst die Infrastruktur überlasst man diesen PPP Organisationen (public private partnerships), die mittlerweile sogar Gefängnisse und Schulen in Neuseeland bauen. Die Privaten bauen und unterhalten die Objekte. Die Gemeinde zahlt dann eine gepfefferte Miete an diese privaten Firmen für einen Zeitraum von meistens 30 Jahren. Garantiert. Mit solch einem Vertrag können die Privaten dann zur Bank rennen, lassen sich den Vertrag diskontieren, also die Zinsen abziehen und den Restbetrag, der sich über 30 Jahre ergibt, bar auszahlen. Das Geld können Sie dann sofort wieder investieren. Ein Riesengeschäft. Vermarktet von den Politikern. Die sagen stolz: „Da die Kassen leer sind, sind wir dankbar für diese fantastische Option." Sie kennen das doch bestimmt auch aus Deutschland.

Die Parallelen des wirtschaftlichen Wahnsinns in den kapitalistischen Ländern auf Erden sind im Zeitalter von Globalität und ungehemmtem, schrankenlosen Finanzkapitalismus nicht zu übersehen. Soweit ich weiß hat zwar bisher noch kein Rechnungshof nachgewiesen, dass die PPP Option die beste ist. Allerdings: Wenn dereinst die gesamte Infrastruktur privatisiert sein wird, können wir sogar die Regierung einsparen. Dann hätte das ganze Gequatsche ein Ende, das Parlament könnte dichtmachen, und wir alle wüssten offen und ehrlich woran wir sind. Ja, durchaus, das könnte die Zukunft sein.

In Deutschland werden Sie wahrscheinlich mittlerweile festgestellt haben, dass über 80% der Gesetze in Brüssel beschlossen werden. Brüssel, das Paradies der Lobbyisten und Bürokraten. Niemand weiß es genau, aber angeblich sollen sich zwischen 20,000 und 30,000 von den Lobbyisten in Brüssel tummeln. Demokratie pur? Niemand hat diese Bürokraten gewählt. Vor dieser Entwicklung hatte der ehemalige Richter am Bundesverfassungsgericht und Bundespräsident Roman Herzog vor vielen Jahren schon gewarnt. Lesen Sie mal sein Buch „Europa neu erfinden". Mit Demokratie hat das alles, falls Sie die Frage ernsthaft stellen sollten, mit Demokratie hat das alles nur noch ganz, ganz, ganz wenig zu tun.

Nun, das mit der Demokratie ist halt nicht so einfach. Auch nicht in Neuseeland. Obwohl man sich hier wahrlich sehr bemüht. Selbst das deutsche Wahlrecht haben die Kiwis abgekupfert (seit 1996 hier im Einsatz) und sie plagen sich jetzt, wie die Deutschen, mit Koalitionen ab, deren Aufgabe es natürlich ebenfalls vor allem ist, jedweder Initiative zur Lösung von Problemen das Wasser abzugraben.

Noch eines: Merken Sie sich bitte tagein, tagaus diesen einen Satz, während Sie durchs Leben wandeln (hoffentlich nicht schlafwandeln): „It is not what it looks like" (der Anschein trügt). Was um Sie herum im größeren Rahmen geschieht ist manipulierte Wirklichkeit. „It is not what it looks like." Was Sie in den Zeitungen lesen, was Sie im Fernsehen vorgesetzt bekommen, was Sie über Geschichte lernen... „It is not what it looks like." Ich kann Ihnen sozusagen ganz offiziell, persönlich, amtlich, heute versichern, dass Geschichte in den letzten 130 Jahren hochprofessionell gemanagt wurde und wird. Ja. Wie es dazu kam ist ganz einfach zu verstehen:

An einem schönen Frühlingsmorgen im Jahre 1891 hatte Erwin G. gerade die Zeitung durchgelesen. Mürrisch brummte er seiner Frau zu: „Zehn Milliarden habe ich auf dem Konto. Und die Welt macht noch immer, was sie will."

Seine Grete rief ihm aufmunternd zu: „Red doch mal mit Bruno darüber."

Bruno war auch etwa 10 Milliarden schwer. Erwin tat wie Grete ihm aufgetragen, und bei dem Gespräch der beiden Milliardäre kam ihnen die großartige Idee, sich da mal einzumischen, in die

Geschehnisse der Welt. Erfolgreiche Männer haben nun mal die dumme Angewohnheit, ihnen unangenehme Missstände aus dem Weg zu räumen. So sind die nun mal. Sonst hätten zum Beispiel Erwin und Bruno es bestimmt nicht zum Multimilliardär gebracht. Das können Sie mir abnehmen, denn ich bin solchen Typen in meinem Leben begegnet. Bruno und Erwin kannten natürlich noch andere hoch erfolgreiche Männer (damals nur Männer), die legten zusammen, und es ergab sich eine ansehnliche Kriegskasse von ein paar hundert Millionen. Dann ging es rund. Die Herren managten nicht mehr nur ihre Firmen, sie begannen, auch die Welt zu managen. Nach ihren Vorstellungen. Da sie aber nur eine kleine Gruppe darstellten, die sich auf die übliche Art und Weise nicht gegen die Mehrheit von 99,9999999 % der Menschen durchsetzen konnte, beschlossen sie, den Mund zu erhalten, nichts von ihren Plänen in der Öffentlichkeit durchsickern zu lassen und Leute anzustellen, die ab sofort für die Präsentation von Wirklichkeit zuständig waren. Kennen Sie Edward Bernays, Ivy Lee oder Monsieur Le Bon? Solche klugen Männer heckten aus, wie sie die Öffentlichkeit nach Strich und Faden belügen, betrügen und (sorry, aber so ist es) bescheißen konnten. Und natürlich auch lenken. Ich kann Ihnen versichern, dass heute, an diesem Tag, zu dieser Stunde, tausende von Psychologen, Sozialwissenschaftlern und Medienspezialisten daran arbeiten, Sie zu lenken und zu leiten und unter absoluter Kontrolle zu halten. Wir brauchen gar nicht erst über die Pillchen zu reden, die selbst aufgeregten Kindern heute bedenkenlos verpasst werden. Das ist die Zukunft. Momentan reicht eine milde Gehirnwäsche durch die Medien durchaus. Die Medien, die Bruno, Erwin und Genossen natürlich alle, alle, alle inzwischen aufgekauft haben. Die Medien kümmern sich liebevoll um Sie, um Ihre Familie, um Ihre Freunde und Bekannten. Die Medien kümmern sich um alle Schafe. Schauen Sie sich doch nur um in der Welt. Schafe, Schafe, Schafe.

Was Sie da in Geschichtsbüchern finden ist selbstverständlich ebenfalls alles gemanagt. Anders geht es nun mal nicht. Denn was hier los wäre, wenn Sie wüssten, was hier los war und los ist... Das, das können wir Herrscher natürlich nicht riskieren. Und so geschah was geschah. Und so geschieht was geschieht.

Also, noch einmal, machen Sie bloß die Augen auf, schalten Sie Ihren eigenen Verstand ein und glauben sie Null. Hinterfragen Sie alles. Die angebliche Wirklichkeit (Merkel Originalton: „alternativlos.“) und die Geschichte der Wirklichkeit, die die Ihnen verkaufen..., alles, alles, alles gemanagt, gemanagt, gemanagt. Ihre Geschichtsbücher können Sie getrost wegschmeißen. Und den ganzen Schrott, der sich in ihrem Gedächtnis angesammelt hat. All den Mist aus Filmen von Hollywood, der größten Gehirnwaschanstalt auf Erden. Raus! Raus! Raus! Fangen Sie noch einmal von vorne an. No, no, no: „It is not what it looks like.“

Und dann, als letzte Mahnung: Merken Sie sich bitte, dass Geld in der heutigen Zeit eine hoch wirksame Waffe (weapon) ist. „Weaponizing“ bedeutet, dass alles, aber auch wirklich alles, wenn möglich, zur Waffe gemacht wird. Sie brauchen keine Armeen mehr, um Länder zu erobern. Es gibt da viele andere Optionen. Die Menschen verblöden, sie geistig manipulieren, sie in Narzissten verwandeln, ihnen ihre Geschichte klauen, sie durch endlose Demütigungen zerstören, sie drogenabhängig machen, sie und ihre Lebensmittel vergiften, Viren in die Bevölkerung einschleusen, ihnen den Internationalen Währungsfonds auf den Hals jagen, ihre Gemeinschaft zerstören, ihr Land mit Ausländern fluten. Und so weiter. Oder Sie können diese Länder und deren Sklaven einfach kaufen. So wie in Neuseeland. Natürlich nicht direkt und nicht in aller Öffentlichkeit. Die Leute sollen ja nicht aufschreien. Also immer schön, sozusagen indirekt, peu a peu und vor allem positiv geplappert, damit die Idioten (so werden sie von den Herrschern angesehen) nicht merken wie sie langsam, aber sicher versklavt werden. Ich werde Ihnen die Vorgehensweise en detail später erklären.

Neuseeland war und ist heute wieder eine Kolonie. Der Zweck einer Kolonie, auch der Kolonie Deutschland, liegt in der wirtschaftlichen Ausbeutung. Die Geldsäcke wissen, dass sie immer Leute finden, die käuflich sind und ihren Anweisungen bei entsprechender Bezahlung exactement gehorchen werden. Nur wenn das Geld und all die anderen Tricks als Waffen mal nicht ausreichen sollten wird eine Armee geschickt. Das war im Falle von Neuseeland in den letzten 150 Jahren nie notwendig. Die Kiwis sind, wie die Deutschen, Kriecher erster Qualität. Zivilcourage ist hier eine weitgehend unbekannte Eigenschaft. Sie werden sich also in Neuseeland wie zuhause fühlen. Kein Wunder daher, dass viele Deutsche sich hier ihre zweite Heimat vorstellen könnten.

Neuseeland und die Deutschen

„No emigrants are more valuable than the Germans and we hail the intended cultivation of the vine by them with unfeigned pleasure.“
Nelson Examiner, May 26, 1843

„Keine Emigranten sind wertvoller als die Deutschen, und wir begrüßen ihren beabsichtigten Weinanbau mit echter Freude.“

Da wir schon mal beim Thema „Heimat“ sind will ich Sie nicht enttäuschen und Ihnen schnell erzählen, was es hinsichtlich der Zusammenarbeit von Neuseeland mit Deutschland und dem Thema Heimat für alle Beteiligten (Maoris, Engländer und Deutsche) so zu erzählen gibt. Nicht viel, aber immerhin.

In den Annalen der Geschichte steht unter dem 15. November 1769 geschrieben: „Captain Cook flew the flag of Great Britain for the first time in New Zealand at Mercury Bay and took formal possession of the place“ (er zog die britische Fahne hoch und beanspruchte damit Neuseeland). So einfach ging das. Nicht dass der englische Gentleman den Anstand besaß, die einheimischen Maoris zu befragen ob die damit einverstanden waren. Man tat so etwas einfach nicht in solchen Tagen. Man nahm sich, was man haben wollte. Sie wissen schon, der weiße Mann war und ist die Orchidee unter allen Menschen. Wenn er etwas bestimmt, dann wird das eben gemacht. Eigentlich hat sich nicht sehr viel geändert seit jenem 15. November im Jahre des Herrn 1769. Was meinen Sie?

Anyway, bald hörte man auch in Deutschland von jenen schönen Inseln im Pazifik, und so machten sich die ersten Deutschen bereits im Jahre 1843 auf die lange, beschwerliche Reise (4 Kinder starben), die 6 Monate dauerte. Die Annalen vermerken unter dem

Datum des 16. Juli 1844, dass 126 Deutsche in Neuseeland offiziell als „Naturalisierte“ vereinnahmt wurden. Sie durften also bleiben.

Bald kamen noch mehr. Nicht dass es je in einen großen Strom von Deutschen Einwanderern ausartete. So viele wurden es nie. Aber immerhin, zwischen 1843 und 1914 erreichten etwa 10,000 Deutsche die Küsten Neuseelands. Die meisten von ihnen kamen aus dem Norden Deutschlands (Königreich Hannover). Die Gegend um Nelson, im Norden der Südinsel, sah die ersten deutschen Siedlungen.

Sie können sich vorstellen, dass mit dem Ausbruch des Ersten Weltkrieges der Zustrom der Deutschen zum Erliegen kam. Es ereigneten sich unschöne Szenen im Lande. Einige der Deutschen änderten ihre Namen, um nicht sofort als „Feinde“ erkannt zu werden. Die wandten also den gleichen Trick an auf den ja auch das englische Königshaus verfiel. Denn die Majestäten hießen auf einmal „Windsor“ anstatt „Sachsen-Coburg“ wie bisher. Eigentlich, wir wollen das nicht zu laut sagen, eigentlich müsste die gute alte Queen heute so heißen: Elizabeth Alexandra Mary von Sachsen-Coburg und Gotha. Vielleicht erinnern Sie sich an ein paar Wissensbrocken aus ihrer Schulzeit: Das Haus Hannover war dereinst britisch. Oder umgekehrt. Egal.

Anyway, also die königlichen Herrschaften mit deutschem Hintergrund gingen auf Nummer sicher und gaben sich einen Tarnnamen. Manchmal half das mit dem Tarnnamen. Manchmal half es nicht. Auch nicht in Neuseeland. Am 15. Mai 1915, nach dem Sinken der Lusitania, zog ein Mob durch die Straßen von Wanganui und bewarf die deutschen Geschäfte mit Steinen. Die Mobster wussten nämlich alle ganz genau, dass auf der Lusitania nicht eine einzige Patrone ward.

Inzwischen wissen wir natürlich, dass der Kahn schwer mit Munition und Waffen beladen gen England zog. Aber das ist eine andere Geschichte.

Sie können davon ausgehen, wohin auch immer die Deutschen auswandern, die leben sich schnell ein, lernen flux die Sprache des Landes und tragen ihren überdurchschnittlichen Beitrag zur Entwicklung bei. So sind die Deutschen nun mal. Neuseeland ist da keine Ausnahme. Der gute Julius Haast half beim Vermessen des

Landes und machte sich auf die Suche nach Bodenschätzen. So fand er zum Beispiel 1860 die Kohlevorkommen an der Westküste der Südinsel.

Wissenschaftler, Künstler, Handwerker, Ingenieure, Vermessungsfritzen, Bauern, Musiker, Brauer, Goldschürfer, digitale Koryphäen, Abenteurer..., sie alle kamen. Einige der schillerndsten Persönlichkeiten in der Geschichte Neuseelands stammten aus Deutschland oder stammten von deutschen Einwanderern ab. Sie haben sicherlich von Kim Dotcom gehört, dem sie momentan das Leben hier zur Hölle machen. Selbst Premierminister haben wir aufzuweisen. Oder verhinderte Premierminister. So zum Beispiel Sir Arnold Nordmeyer (1901 - 1989), ein erfolgreicher Politiker in der Labourpartei, der es allerdings nie zum top job schaffte. Einer seiner Freunde sagte liebevoll:

„The best Prime Minister we never had." Also der beste Premierminister, der nie Premierminister war. Sie wissen schon „hätte, wäre, wenn..."

Mein Lieblingsdeutscher in der Geschichte Neuseelands ist Gustavus von Tempsky. Der Name sagt eigentlich schon alles. Auch die Bilder, die von ihm erhalten sind. Mit der Bezeichnung Abenteurer tut man dem Mann unrecht. Er war ein Genie. Offizier, Maler, Plantagenbesitzer, Autor, Journalist, Forschungsreisender, Goldsucher und vielfacher Ehemann und Familienvater in mehreren Ländern auf Erden. Was für ein Leben. In den Kriegen hier spezialisierte er sich auf Guerillataktik. Die Maoris hatten großen Respekt vor ihm und gaben ihm den Namen „Manurau" (der Vogel der überall hinflitzt). Von Tempsky war ein Volksheld seiner Zeit in Neuseeland. Die Engländer nannten ihn „den Preußen". Leider nahm sein Leben kein gutes Ende. Am 7. September 1868 lief sein Glück aus. Als er den Rückzug seiner Einheit absicherte, wurde er von den Maoris getötet. Schade. Wirklich schade. Was hätte aus dem Mann nicht noch alles werden können. Dennoch: Das Leben des Gustavus von Tempsky ist wahrlich ein erstaunliches, bewundernswertes Beispiel eines prallen Daseins auf Erden von nur 40 Jahren.

Etwa 200,000 Neuseeländer heuer haben deutsche Vorfahren. Bei der Volkszählung im Jahre 2013 wiesen sich 12,810

Einwohner als Deutsche aus. Übrigens ist Deutsch die neunhäufigste Sprache in Neuseeland. Aber bitte, versuchen Sie es nicht, Ihre Erfolgschance tendiert gegen Null. Ein paar Brocken Englisch müssen Sie schon parat haben, wenn Sie hier nicht verhungern wollen.

Anfang des 21. Jahrhunderts wurde Deutschland wieder zu einem Land der Auswanderer. Jedes Jahr verlassen etwa 200,000 Deutsche ihre Heimat. Die meisten zieht es in die U.S.A., in die Schweiz, nach Österreich, Italien, Spanien, England, Australien. Etwa 4 Millionen Deutsche leben bereits im Ausland. 50 % der Deutschen tragen sich angeblich mit dem Gedanken, auszuwandern.

Verständlich. Ich war 2017 das letzte Mal in Deutschland. Ich will es nie wieder sehen. Es ist nicht mehr Deutschland. Es ist irgendein anderes Land, das ich nicht kenne. Deutschland, ich muss es unter Tränen sagen, Deutschland gibt es nicht mehr.

Nur für unsere deutschen Leser: „In der Politik geschieht nichts zufällig...“

„In der Politik geschieht nichts zufällig. Wenn etwas geschieht, kann man sicher sein, dass es auch auf diese Weise geplant war.“ Dieser Ausspruch wird Franklin D. Roosevelt zugeschrieben. Angeblich gibt es zwar dafür keine Quellen in seinem Nachlass. Aber das ist unwichtig. Wichtig ist, dass diese Weisheit auf die letzten 150 Jahre der Geschichte der westlichen Welt zutrifft.

Wenn Sie als erfolgreicher Geschäftsmann investieren, dann wollen Sie auf jeden Fall einen störenden Einflussfaktor immer ausschalten: das Risiko. Und wenn Sie über genug Geld verfügen, dann können Sie sogar dafür sorgen, dass sich, wenn überhaupt, bei ihren Investitionen lediglich ein winziges Minimalrisiko einschleichen könnte. Was sich dem unbedarften Beobachter als Husarenstück darstellt, haben Sie in jedem Detail total unter ihrer Kontrolle. Erfolgsquote: 100 %.

Nehmen wir mal die Familie Rothschild als Investoren. Es gibt eine Reihe von Büchern über die Geschichte der Familie Rothschild, die in Zusammenarbeit mit der Familie Rothschild geschrieben wurden. Es handelt sich bei den Autoren also nicht um wild gewordene Gerüchtemacher. Lesen Sie diese Bücher. Lernen Sie, wie die Familie Rothschild zu ihrem Reichtum kam. Die waren und sind wohl noch heute die Reichsten der Reichen auf Erden. Vergessen Sie Zuckerberg und Jeff Bezos und Bill Gates. Das ist Kleingeld im Vergleich zu den Billionen, die die Familie Rothschild besitzt. Und dann die Beziehungen, die Einflüsse, die Abhängigkeiten, die Netzwerke, die die Rothschilds über die Jahrhunderte geschaffen haben.

Um 1900 übrigens galt der Zar als der zweitreichste Mann auf der Welt. Schon damals wurde sein Vermögen auf über eine Billion Dollar geschätzt. Wohin dann nach der Oktoberrevolution 1917 all das schöne Gold und ein Großteil des übrigen Reichtums verschwand können Sie sich vielleicht vorstellen. Lenin und Co. waren schließlich nicht aus Spaß mit allem nötigen Geld von Investoren ausgestattet worden. Trotzky reiste Erster Klasse durch die Welt.

Geschichte wurde über die letzten 150 Jahre in der Tat „gemacht“. Und wird auch heute gemacht. Sie können das sehr schön an den Nachrichten verfolgen. Wie man so flapsig sagt: „Jede Woche wird eine neue Sau durchs Dorf gejagt.“ Synchronisiert. Auf allen Kanälen der gleiche Unsinn. Man kommt ja kaum noch nach, vergisst schnell, was denn da vor einem Monat, vor einem halben Jahr, vor einem Jahr in den Medien groß aufgebaut wurde. Da war etwas mit Syrien und Giftgas, kein Beweis, aber egal. Dann passierten seltsame Dinge im und um den Iran. Auch keine Beweise, aber egal. Dann natürlich Trump und Russland. Auch keine Beweise, aber egal. Und so geht es weiter. Nichts von Bedeutung, nichts was Ihr Leben direkt betrifft. Und genau darum geht es. Sie sollen lediglich unterhalten, vor allem aber abgelenkt werden von den Grundwahrheiten des Lebens, von dem was wirklich zählt und wirklich Ihr Leben beeinflusst.

Eine dieser simplen Grundwahrheiten sieht folgendermaßen aus: Wir haben ein Schuldgeldsystem. Geld wird durch Schuldenaufnahme geschaffen. Wenn die Bank Ihnen einen Kredit von 100,000 Euro gewährt, dann schafft sie diesen Betrag einfach so, also aus dem Nichts. Das ist schon mal, für sich genommen, ein starkes Stück. Aber jetzt will die Bank auch noch Zinsen von Ihnen für das Geld, das sie aus dem Nichts geschaffen hat. Aber woher kommt denn das Geld für die Zinsen? Denn das existiert ja nicht. Wurde nie geschaffen. Nun, das Geld für die Zinsen kommt aus dem bereits vorhandenen Geld. Aber das kann ja wohl nicht sein! Denn wenn Geld Schuldgeld ist, dann reicht das Schuldgeld doch nicht für das Bezahlen der Zinsen. Genau! Unser Geldsystem ist also ein Ponzi-System. Unser Geldsystem ist eine Form von Betrug. Es kann nur funktionieren, wenn immer wieder neue Schuldner neues Geld in das System einzahlen. Das funktioniert bei Wirtschaftswachstum auch. Aber wenn es kein Wirtschaftswachstum mehr gibt? Tja, dann gibt es nur noch eine Möglichkeit, nämlich Stehlen (freundlich ausgedrückt: Umverteilung), das heißt, die wirtschaftlich Schwachen, die jetzt am Strampeln sind, um ihre Schulden/Zinsen zu bezahlen, verarmen mehr und mehr, denn mehr und mehr von ihrem Geld fließt an die Kapitaleigner, die Reichen. Und genau diese Situation haben wir heute. Das könnten die Ihnen in der Tagesschau natürlich erklären, Sie aufklären. Allerdings liegt diese Aufklärung nicht im Interesse des Establishments, der Herrscher dieser Welt, die Sie ignorant, unwissend halten wollen, und daher erzählen die Ihnen Räuberpistolen, emotional aufgeladenen Schwachsinn, der so in etwa dem intellektuellen Aufnahmevermögen der absichtlich verblödeten Bevölkerung entspricht.

Und genauso geschieht es mit der Geschichtsschreibung. Wir alle wissen, dass die Sieger die Geschichte schreiben. Da die Deutschen in den letzten 100 Jahren nicht siegten, da sie besiegt wurden, kommen sie also in der Geschichtsschreibung nicht gut weg. Wir sind die Bösen. Und Sie, Sie glauben das auch, schließlich hat man Ihnen diese Botschaft in der Schule und durch die Medien eingebläut.

Wenn Sie wüssten...

Passen Sie mal auf: Der Ablauf des Ersten Weltkrieges ist ähnlich dem Ablauf des Zweiten Weltkrieges: Deutschland wurde der Krieg erklärt. Dann prügelte sich Deutschland über ein paar Jahre mit Russland, Frankreich und England. Die Amerikaner hielten sich zwar offiziell erst einmal aus dem Krieg heraus, unterstützten allerdings massiv die Alliierten, investierten Milliarden in diesen Krieg. Wie wir oben lernten, kann es bei klugen Investoren kein Risiko geben. Also stand von vornherein fest, dass die Alliierten den Krieg gewinnen und Deutschland den Krieg verlieren würde. Und so kam es dann auch. Als es ein wenig eng wurde, hetzten die Amis ihre glorreichen Krieger in Millionenstärke auf das vom Krieg ausgelaugte deutsche Volk. Es konnte nur einen Ausgang geben.

Um den Gewinn der amerikanischen Investoren zu maximieren, musste der Krieg so lange wie möglich am Kochen gehalten werden. Timing, das wissen Sie wahrscheinlich, timing is important. Was sagen Sie, das sei doch eine ganz große Schweinerei, Sie faseln von Menschenleben und so? Gemach, gemach, Business is Business. Regen Sie sich bloß nicht auf. Gott ist immer auf der Seite der Sieger. Und die Lieblinge Gottes, das sind nun mal die Amerikaner.

Um es ganz simpel auf den simpelsten der simplen Punkte zu bringen: Die Briten hatten im Ersten Weltkrieg eine sogenannte Seeblockade vor den deutschen Küsten aufgebaut. Da kam nichts mehr aus Deutschland heraus und nichts kam mehr hinein. Nun, theoretisch. Über die ersten Jahre hatte die Seeblockade eine Menge Löcher. Man musste ja den Krieg, wie gesagt, am Kochen halten. Erst als die Amerikaner in den Krieg eintraten, wurde aus der sogenannten Seeblockade eine richtige Seeblockade. Sogar noch nach dem Ende des Krieges. Und dann ging es den Deutschen sehr schnell sehr, sehr schlecht. Der Krieg hätte also, wenn unbedingt gewollt, 1915 zu Ende sein können. Zumal Deutschland ja kein Öl hatte, man aber zum Krieg führen Öl brauchte. Auch das ließen die edlen Gegner großzügigerweise eine Zeit lang nach Deutschland durch. Wenn die den Deutschen den Ölhahn zugedreht hätten, wäre sehr schnell Frieden über den Kontinent gefallen. Aber das rechnete sich eben nicht so gut.

Sie sehen schon, ähnliches geschah im Zweiten Weltkrieg. Die Alliierten hätten lediglich die Ölversorgung aus Rumänien und die Anlagen zur Herstellung von synthetischem Benzin außer Betrieb setzen müssen. Anstatt hunderttausende von Zivilisten zu massakrieren. Ohne Benzin kein Krieg. So einfach? So einfach.

Ja, liebe Freunde, so macht man Geschichte. Es ging in den beiden Weltkriegen nur um ein einziges Ziel: Die totale Vernichtung der größten Bedrohung des U.S. Kapitalismus, der Vernichtung von Deutschland. Und zwar nicht nur des Landes, der Wirtschaft, der Armee. Es ging vor allem um die Vernichtung der deutschen Kultur und der deutschen Menschen. Erinnern Sie sich an Karthago? Genauso.

Nun, es hat ja auch alles bestens funktioniert. Und erwies sich auch noch als hoch profitabel. Die Gegenwart: Schauen Sie sich doch mal um im Lande. Die psychisch und moralisch kranken Deutschen heute: Viel haben, nichts sein. Sie sind käuflich. Sklaven halt, die ihrem amerikanischen Sklavenhalter je nach Anweisung gehorsamst in den Allerwertesten kriechen. Also ein Volk von Kriechern.

Man kann unsere Vorfahren nur beneiden. Goethe, Schiller, Kant... Die sind tot, die brauchen sich nicht, wie von den Amis befohlen, zu schämen und ein Sklavendasein zu fristen.

Das stolze Volk der Germanen. Ausgelöscht.

Wenn Sie jetzt, nach dem Lesen der obigen Zeilen, mit Tränen in den Augen, einen Fluch auf den Lippen führen, dann ist das ein gutes Zeichen. Dann ist noch Leben in Ihnen.

Ja, ganz, ganz große Scheiße.

Sagen Sie mir doch mal, wie kommen wir je wieder aus dieser Scheiße heraus?

Erst einmal müssen wir alle verstehen, was da mit uns geschehen ist und wer wir heute sind. Und was für ein Gesindel von Verrätern heute sich in Berlin tummelt.

Geschichte ist ein Puzzle. Wenn Sie nur ein einziges Teil haben, werden Sie nicht viel erkennen. Aber eines Tage, wenn sich genug Teile in Ihrem Hirn angesammelt haben, wird alles ganz klar: Wir Deutschen wurden total verarscht.

„Ah! Those good old times... we shall never see their like again. Since then the world seems to have gone wrong somehow... Those were the times – the good old times...before governors were invented, and law and justice and all that. When everyone did as he liked, except when his neighbours would not let him (the more shame for them); when there were no taxes, or duties or public works, or public to require them... Little did I think in those days that I should ever see here towns and villages, banks and insurance offices, prime ministers (after 1856) and bishops, and hear sermons preached, and see men hanged, and all the other plagues of civilization."

Frederick Maning in Old New Zealand, 1863

„Ach! Jene guten alten Zeiten... niemals werden wir je wieder solche Zeiten sehen. Seit damals scheint die Welt einen falschen Weg eingeschlagen zu haben... Das waren Zeiten – die guten alten Zeiten... bevor Gouverneure erfunden wurden, und das Gesetz und das Recht und all das Zeugs. Als jeder tat wie es ihm gefiel, außer wenn seine Nachbarn es nicht zuließen (Schande über sie); als es keine Steuern gab, oder Zollabgaben oder öffentliche Bauten, oder eine Öffentlichkeit, die diese benötigten... In jenen Tagen hätte ich nie gedacht, dass ich hier je Städte, Dörfer, Banken, Versicherungsbüros, Premierminister (nach 1856) und Bischöfe sehen würde, und Predigten gepredigt hören würde, und Männer aufgehängt sehen würde und all die anderen Plagen der Zivilisation."

Anmerkung des Autors: Es gibt selbst heute noch sehr abgeschiedene Gegenden in Neuseeland, in denen man völlig in Ruhe gelassen wird. Neuseeland kennt kein Einwohnermeldeamt.

Elf notwendige Informationsvoraussetzungen zum Verständnis der aktuellen Situation in Neuseeland

Was ist eine Kolonie?

„That's the trouble with you colonials. You can't see further than your noses... The trouble with you colonials is you not only can't see but you don't want to see... Who's the owner? Who's the boss? Where is he? Mark my words: both Bill Massey's party and Joey Ward's party represent the vested interests and you will stay colonials."
„Then why did you come to New Zealand, Dad?"
„They can all read and write here, and it's good for children."
(Dialog of Dr. W.B. Sutch with his father in „Takeover New Zealand")

Es gibt viele Kolonien in der heutigen Welt. Sie heißen meist nur anders. Es ist eben nicht mehr alles so offensichtlich wie früher. Wir sind verwirrt, unsicher. Was, was ist denn nun Realität, ich meine, die wirkliche Realität? Beispiel: Sie und ich, wir haben doch in der Schule von der Eroberung Amerikas gehört. Wir kennen die tolle Geschichte von Christoph Kolumbus, dem mutigen Helden, der den Gefahren des Meeres trotzte und Amerika entdeckte. Aber ich bin mir sicher, Sie haben nicht die wahre Geschichte damals in der Schule gelernt. Dabei brauchten Sie nur im Logbuch des Kolumbus nachzulesen oder die Schriften von Bartolome de Las Casas zu studieren. Sie werden erfahren, dass die Wurzeln unseres sogenannten Wohlstandes sich von dem Blut von Millionen von sogenannten Wilden nährten. Wir nahmen ihnen was wir haben wollten, ohne bereit zu sein, mit ihnen zu teilen. Das war vor 500 Jahren nicht anders als heute. Lesen Sie mal in den Büchern des großen amerikanischen Historikers Howard Zinn nach, was geschah (Zitate übersetzt von mir aus seinem Buch „A People's History of the United States"):

„Sie fanden kein Gold, konnten aber nicht mit leeren Schiffen nach Spanien zurückkehren. Daher trieben sie 1,500 Arawak Männer, Frauen und Kinder zusammen, wählten die 500 besten Exemplare aus und brachten sie auf ihre Schiffe. Zweihundert Indianer starben auf der Reise. Der Rest wurde in Spanien von dem Archidiakon (Stellvertreter des Bischofs) der Stadt als Sklaven verkauft. Kolumbus schrieb: „Lasst uns im Namen der Heiligen Dreifaltigkeit alle Sklaven hinüberschicken, die man verkaufen kann."

Auf Haiti wurden die Menschen gezwungen, Gold für die Spanier zu suchen. Wenn sie Gold ablieferten, wurde ihnen ein Stück Kupfer um den Hals gehängt. Denjenigen, die nach einiger Zeit nicht dieses Zeichen des Erfolges um den Hals trugen, wurde die Hand abgehackt. Sie verbluteten. Nach zwei Jahren Mord, Verstümmelungen und Selbstmord war die Hälfte der 250,000 Indianer tot.

Kolumbus scherte sich einen Dreck um die Würde der Menschen, die er antraf. Er war ein Massenmörder. Er benutzte die Menschen als Ware, verkaufte sie als Arbeitstiere und Sexsklaven.

Ein Historiker kann drei Dinge tun, um die Wahrheit zu manipulieren: Er kann lügen, er kann Fakten weglassen oder er kann spärliche Wahrheitsdetails nur flüchtig erwähnen, um dann schnell zu angeblich wichtigeren Dingen über
zugehen.

Las Casas, ein Zeitzeuge: „Kolumbus, das ist die Wahrheit, war blind, wie die Männer, die nach ihm kamen. Er war so sehr bemüht, den König zufrieden zu stellen, dass er nicht wieder gutzumachende Verbrechen an den Indianern verübte..."

„Zwei dieser sogenannten Christen trafen auf zwei Indianerjungen eines Tages. Jeder der Jungen trug einen Papagei. Sie nahmen ihnen die Papageien weg und aus Spaß schnitten sie den beiden Jungen den Kopf ab."

Was ist Realität?

Es gibt viele Wirklichkeiten. Sie gehen wahrscheinlich davon aus, dass Ihre Wirklichkeit auch die Wirklichkeit Ihrer Politiker in

Berlin ist. Aber da irren Sie sich. Jene Menschen leben in einer völlig anderen Welt. Was die Bürger wünschen ist den Politikern in Berlin total egal. Total. Das sollte natürlich nicht so sein. Aber so ist es. Daher ist es irrsinnig zu glauben oder zu erwarten, dass es je eine Art von Synchronizität zwischen Ihnen und jenen geben könnte. Und dann müssen Sie noch davon ausgehen, dass die Realität der Politiker sich von der Realität derjenigen Menschen unterscheidet, die hinter den Politikern stehen, die diese lenken und leiten. Ja, tatsächlich, es gibt viele Wirklichkeiten. Lassen Sie mich Ihre Hand ergreifen und Sie in das neunzehnte, koloniale Jahrhundert der Vereinigten Staaten von Amerika entführen, damit Sie ein wenig besser die Realität der Psyche unserer Kolonialherrscher, der Amerikaner, heute verstehen.

Alles ist mit allem verbunden. Und: Sie müssen zu den Wurzeln gehen, um die Pflanze kennenzulernen. Folgende Fragen: In was für einer Welt leben die Amerikaner? In was für einer Welt denken die? In was für einer Welt fühlen die? Was treibt diese angeblichen Weltverbesserer und Gottbesessenen an? Antwort: Sie müssen davon ausgehen, dass für die Amerikaner die Welt ein Schlachtfeld ist, auf dem sie ohne Ende Krieg führen. Im Auftrage Gottes. Und ihrer gigantischen Waffenindustrie. Und ihrer Finanzindustrie. Und ihrer Geheimdienste. Natürlich stets für eine gute Sache. Das ist schließlich ihre Berufung. Ein Amerikaner kann nun mal, schon aufgrund seiner Natur und Mission, schlicht und einfach nichts Böses tun. Sie haben sicherlich von dem Konzept „Manifest Destiny" der Amerikaner gehört, also von ihrem Glauben, dass sie von Gott auserwählt wurden, ihre Idee von Glückseligkeit (eine Kombination von Kapitalismus und Religion) überall auf Erden zu verbreiten. Nachdem das mit dem Genozid der Indianer und anschließend mit dem Raub von Texas (1845), Kalifornien (1850) und anderen Gebieten von Mexiko so großartig geklappt hatte, wollte man sich jetzt größeren Aufgaben stellen. In einem einzigen Jahr, 1898, vereinnahmten die Vereinigten Staaten von Amerika Puerto Rico, Kuba, Guam, Hawaii und die Philippinen. Der liebe Gott war sehr großzügig gegenüber seinen Lieblingen.

Lassen Sie mich zwei amerikanische Realitäten über die Philippinen aufzeigen:

Der Präsident der U.S.A. im Jahre 1898 hiess William McKinley. Der gute Präsident McKinley sträubte sich zuerst, die Philippinen zu „annektieren." Er sah das als einen Akt von krimineller Aggression. Aber dann sprach er zu seinem Gott, der ihn schließlich auf den rechten Weg führte. Die folgenden Fakten stammen aus dem Buch „Roots of Involvement – The U.S. in Asia 1784 – 1971" von Marvin Kalb und Elie Abel, erschienen 1971 (Übersetzungen vom Autor):

McKinley erzählte gegenüber Missionaren: „Ich wollte die Philippinen nicht. Und als sie zu uns als ein Geschenk Gottes kamen, da wusste ich nicht, was ich mit dem Land anstellen sollte. Nacht für Nacht lief ich im Weißen Haus herum, grübelte über dieses Problem, manchmal fiel ich auf die Knie zum Beten... Dann, eines nachts, sprach Gott zu mir, er sagte, dass wir die Philippinen unmöglich an die Spanier zurückgeben könnten, denn das wäre feige und unehrenhaft. Wir könnten das Land auch nicht an die Franzosen oder die Deutschen abtreten, unsere Konkurrenten im Orient. Das wäre schlecht fürs Geschäft und außerdem schimpflich. Wir könnten die Philippinen auch nicht sich selbst überlassen, denn sie wären nicht reif für die Selbstverwaltung. Anarchie und Unordnung würden bald ausbrechen, schlimmer als unter den Spaniern. Es blieb uns also nichts anderes übrig als alle Einheimischen zu übernehmen, sie zu unterrichten, sie moralisch zu unterstützen, sie zu zivilisieren und aus ihnen Christen zu machen. Durch die Gnade Gottes würden wir unser Bestes tun, diese Ziele zu erreichen. Denn die Filipinos sind schließlich unsere Mitmenschen, für die Christus auch gestorben ist. Dann ging ich zu Bett und hatte einen festen Schlaf."

Dass die Spanier die Filipinos schon vor 300 Jahren christianisiert hatten, das wusste er nicht. Auch sonst wusste er so gut wie nichts von dem Land und von den Menschen. Wie Amerikaner halt so sind. Warum sollten sie sich auch mit unnötigem Wissen belasten? Schließlich beherrschen sie die Welt.

Im Jahre 1901 besuchte ein Mitglied des Kongresses die Philippinen, um sich ein Bild von der Situation dort zu machen. Er bereiste die Region Luzon, nördlich von Manila. Er berichtete: „Die Menschen rebellieren nie im Norden von Luzon, da es dort niemanden mehr gibt, der rebellieren könnte. Das Land wurde bereinigt. Der liebe Gott allein weiß, wie viele Filipinos unter der Erde liegen. Unsere Soldaten nahmen keine Gefangenen. Sie zogen durch das Land und wann immer und wo auch immer sie auf Filipinos stießen wurden die getötet. Die Frauen und Kinder wurden verschont."

Wir wissen heute: Hunderttausende starben.

Was ist Realität?

Eines der Schlüsselereignisse für Deutschland im 20. Jahrhundert waren die angeblichen Friedensverhandlungen in Versailles im Jahre 1919. Dort sollte auch der Kolonialismus beseitigt werden. Ja, tatsächlich. Das Programm lief unter dem Motto „Selbstbestimmungsrecht der Völker". Es gab allerdings eine Anzahl von Zeitgenossen und spätere Kritiker, die den eigentlichen Zweck dieser Veranstaltung in einer Vorbereitung des nächsten Krieges sahen. Zumindest taten die Siegermächte des Ersten Weltkrieges alles, um diese im Geiste der damaligen Zeit logische Konsequenz ihrer Entscheidungen zu erzwingen.

Der mächtigste Mann in Versailles war Woodrow Wilson, der Präsident der Vereinigten Staaten. Präsident Wilson ist mit dem Wort Idealist sicherlich nicht unfair umschrieben. Sein Traum bestand darin, einen Völkerbund zu gründen, mit Regeln, die den ewigen Frieden auf Erden garantieren würden. Er hatte ein 14 Punkte Programm entwickelt, das die Grundlage für die Erreichung dieses hehren Zieles sein sollte. In dem Programm sprach er vor allem auch von eben jenem heiligen Selbstbestimmungsrecht der Völker. Die Engländer würden also zum Beispiel ihre Kolonien herausrücken müssen. Die Kolonien der Deutschen würden in die Freiheit entlassen. Und die Deutschen selbst würden natürlich ebenfalls über ihr eigenes Schicksal bestimmen dürfen. Nun, der idealistische Träumer Wilson wurde schnell zum Traumtänzer, den keiner mehr so richtig ernst nahm. Aber noch einmal:

Dieses Projekt Völkerbund, diese edle Mission Gottes, war der eigentliche Grund, warum Wilson nach Frankreich gekommen war.

Der französische Präsident Georges Clemenceau dagegen fasste die Agenda folgendermaßen zusammen: Klärung der Schuldfrage für diesen Krieg, Zuteilung des Maßes der Bestrafung und Festlegung der Entschädigungen für die erlittenen Verluste im Kriege. Es stand allerdings von vornherein für alle Teilnehmer in Versailles fest, dass Deutschland die Schuld an diesem Krieg trug.

Woodrow Wilson erhob die Frage: „Warum war es Jesus Christus nicht gelungen, Frieden auf Erden zu schaffen?“ Seine Antwort: „Der war halt kein praktischer Mensch. Die Verwirklichung seiner Lehren ist meine Aufgabe.“ Nicht wortwörtlich, aber in dem Sinne äußerte er sich Lloyd George, dem englischen Premier, und Clemenceau gegenüber. Wilsons Vater war ein Pastor und auch er wollte eigentlich ein Mann der Kirche werden, brach aber dann sein Studium ab und versuchte Anwalt zu werden, ging dann wieder an die Universität, studierte das Fach Geschichte, das er später auch in Princeton lehrte. Seine Kindheit, sein ganzes Leben sind von Krankheit gezeichnet. Er lernte Lesen erst mit elf Jahren, trotz der Anstrengungen der Eltern. Der Mann ist ein Traumobjekt für jeden Psychologen. Wilson zeichnete sich später als großartiger Redner aus, sofern er Leute fand, die ihm auch wirklich zuhörten. Großartige Ideen waren sein Ding. Während einer der Konferenzen in Versailles piesackte ihn eine dieser großartigen Ideen, von der er nicht lassen konnte. Er bat um eine Schreibmaschine. Alle warteten auf die Sekretärin. Aber Wilson ließ die Schreibmaschine in eine Ecke des Saales stellen, setzte sich vor das Ding und fing an zu schreiben. Als die Franzosen ihn drängten, doch bitte die Schlachtfelder zu besuchen, um sich ein Bild von dem Krieg zu machen, verweigerte er sich über lange Zeit. Dann ließ er eines Tages einen Wagen kommen, machte eine kurze Tour, verließ nicht ein einziges Mal das Auto, obwohl eine Ehrenformation auf ihn wartete und viele Überlebende die Straße säumten und ihm zuwinkten. Er winkte nicht ein einziges Mal zurück. Heute würde man Woodrow Wilson als einen Superstar bezeichnen. Er hielt gerne wunderbare Reden, versprach den Himmel auf Erden, genoss das Bad in der Menge, und die Frauen liebten ihn. Er liebte die

Frauen zurück, sogar in Parallelbeziehungen. Die Realität war für Wilson eine Spielwiese, auf der er je nach Belieben die Regeln zu ändern pflegte. Als ihm 1919 in aller Brutalität klar gemacht wurde, dass das mit seinen 14 Regeln der Herrlichkeit auf Erden nichts werden würde brach er körperlich und psychisch zusammen.

Auf so einen Mann hatten die Deutschen ihre Hoffnung gesetzt, hatten ihm ihr Schicksal anvertraut. Auf der Grundlage des 14 Punkte Programmes hatten die Deutschen den Krieg eingestellt. Das war im November 1918. Die Konferenz begann im Januar 1919 und zog sich über das ganze Jahr hin. Tausende von Delegierten aus vieler Herren Länder fielen über Paris her. Es wurde gesoffen, gefressen und gehurt. Unterdessen starben in Deutschland die Kinder. Die angeblichen Sieger konnten sich nicht durchringen, die Seeblockade aufzuheben, um Lebensmittel nach Deutschland zu lassen. Die Deutschen sollten verrecken. Der gute Präsident Wilson hatte dann noch folgende weise Worte über die Deutschen zu sagen, als die sich doch tatsächlich erdreisteten, auf ein paar Tatsachen hinzuweisen und sogar die Frage diskutieren wollten, wer denn nun an dem Krieg schuld war: „The Germans are really stupid people." Der britische Aussenminister Arthur James Balfour, 1. Earl of Balfour fügte elegant hinzu: „Beasts they were, and beasts they are." Noch irgendwelche Fragen?

Sie taten wirklich ihr Bestes, um den nächsten Krieg unausweichlich zu machen. Übrigens, falls Sie da ein wenig tiefer bohren wollen, der entscheidende Mann in Versailles war wahrscheinlich Colonel Edward M. House, der wichtigste außenpolitische Berater von Woodrow Wilson, der einzige Mann, dem er sich völlig anvertraute. House beherrschte den Präsidenten, arbeitete aber außer für die Regierung noch für eine ganze Reihe anderer Leute. Wie das in den U.S.A. so üblich ist. Die sind da sehr flexibel. Der Mann ist übrigens auch eine prächtige Fundgrube für neugierige Psychologen und Psychiater. Als Kind hatte er zweimal fast einen Spielkameraden getötet, erlitt später eine Kopfverletzung, die in Kombination mit Malaria seinen Körper schwächte. Er lernte dann, andere Menschen zu manipulieren. Ein Mann wie geschaffen für Politik.

Was ist Realität?

Falls Sie meinen sollten, das sei alles lange her und heute alles völlig anders, nur ganz kurz: Obama führte als erster Präsident jeden Tag seiner 8jährigen Amtszeit Krieg, stockte von ererbten zwei Kriegen auf sieben Kriege auf. Aber alle liebten ihn. Obama ließ auch Menschen von Drohnen ermorden. Originalton Obama: „I believe in American exceptionalism with every fibre of my being.“ Er durfte also machen was und wie er wollte. Die Welt war für ihn eine Ansammlung von unterwürfigen Kolonien. Seiner Kolonien. Aber er war ja auch ein richtiger Superstar, den sogar die besoffene Evangelische Kirche in Deutschland feierte. Wenn Sie kein Heilsbringer sind, werden Sie nicht Präsident in Amerika. Die würden niemals einen normalen Menschen wählen. Und diese Wesen von Präsidenten herrschen natürlich auch über ihre Kolonien Deutschland und Neuseeland.

Was ist Realität?

Sie erinnern sich vielleicht, dass Japan über Jahrhunderte von der Außenwelt abgekapselt lebte. Bis die Japaner schließlich auf Druck der amerikanischen Kriegsflotte sich dem Westen 1853 öffnen musste.

Sie wissen wahrscheinlich nicht, dass Korea eine ähnliche Politik gegenüber Ausländern betrieb, selbst nachdem Japan sich ergeben hatte. Wenn ausländische Schiffe sich in koreanische Häfen trauten wurden die Schiffe beschlagnahmt. Die Besatzung wurde getötet. Auch Missionare, die ab und zu sich ins Land wagten, fanden stets den Tod. 1871 schickten die Amerikaner eine kleine Flotte gen Korea, schossen eine Festung in Trümmer und töteten dabei etwa 300 Koreaner. Die Koreaner mussten sich angesichts der waffentechnischen Überlegenheit ihrem Schicksal ergeben. Im Jahre 1882 unterzeichnete Korea einen Handelsvertrag mit den U.S.A. So betreibt Amerika Außenpolitik. Noch heute.

Was ist Realität?

Das wichtigste Handelsprodukt im 19. Jahrhundert war Opium. England und die U.S.A. beherrschten diesen Handel in Asien. Viele Vermögen wurden damals in China gemacht. Die chinesische Regierung protestierte. Aber das nutzte nichts. In den Opiumkriegen wurden die Chinesen militärisch geschlagen und mussten sich damit abfinden, dass Millionen von Chinesen als Opiumabhängige im Lande dahinvegetierten. Die Familie von Franklin D. Roosevelt machte damals ihr Vermögen, von dem auch der spätere Präsident zehrte. Denn von seinem mageren Einkommen konnte er sich den grandiosen Lebensstil nicht leisten. Ich kann Ihnen übrigens versichern, dass die Chinesen diese Zeit nicht vergessen haben. Chinesen leben in ihrer Geschichte. Diese Periode der Schande und Demütigung wollen und werden sie rächen. Es wird nicht mehr lange dauern. Die Chinesen wollten doch nichts weiter als von den weißen Teufeln in Ruhe gelassen zu werden.

Der Staatspräsident Chinas, Xi Jinping, in einer Rede am 1. Oktober 2019, dem 70. Geburtstag der Volksrepublik China:
„Das chinesische Volk ist ein großes Volk, die chinesische Nation ist eine große Nation, die chinesische Zivilisation ist eine große Zivilisation."
Tief verneige ich mich aus Respekt vor dem Volk der Chinesen.

Bitte beachten Sie: Die Drogenhändler von heute waren damals ehrwürdige Geschäftsleute. Und wie die Drogenhändler heute scherten sie sich einen Dreck um das Schicksal der Menschen, denen sie ihr Teufelszeug verkauften. Die lebten und leben in einer krankhaften Realität der grenzenlosen Gier. Ohne Gnade.

Wenn Sie die Geschichte der Amerikaner der letzten 250 Jahre verfolgen, sehen Sie eine immer grösser werdende Blutspur, die sich durch alle Kontinente auf Erden zieht. Und dennoch betrachten sich die Amerikaner als von Gott Gesegnete, als edle Wesen, die für Freiheit und Demokratie eintreten. Sehen Sie, um den Menschen auf Erden diese elende Lügengeschichte einzuprügeln brauchte es eine gigantische Propagandamaschinerie. Aber es hat geklappt. Selbst die verblödeten Deutschen jubeln noch heute ihren Unterdrückern und Sklavenhaltern zu.
Ich frage Sie: Was ist Realität?

Passen Sie mal auf: Wenn die U.S.A. und die anderen Nato-Gangster von Frieden sprechen, dann meinen die Krieg. Die wissen, dass Sie als Bürger Krieg nicht so gut finden. Daher sprechen die eben von Frieden. Sie kennen doch Hollywood. Diese Traumfabrik. Es ist ja wohl kein Zufall, dass Hollywood sich in den U.S.A. befindet. Hollywood ist eben jene, im vorherigen Absatz erwähnte, gigantischste Manipulationspropagandamaschinerie in der Geschichte der Menschheit. Hollywood schafft eine alternative, eine erwünschte, eine manipulierte, eine wunderbare Realität voller wunderbarer Wunder. Da gibt es zum Beispiel herzzerreißende Filme, in denen sterben edle amerikanische Soldaten (edle russische Soldaten wären unvorstellbar!) für Freiheit und Demokratie. Obwohl es in den U.S.A. selbst keine Demokratie gibt. Die darf es gar nicht geben. Studieren Sie mal alle Dokumente der Gründungsväter, einschließlich der Verfassung. Das Wort Demokratie taucht da nicht ein einziges Mal auf. Die Herren Washington oder Jefferson hätten Sie erschießen lassen, wenn Sie damals eine Demokratie eingefordert hätten. Aber da Sie, als einfacher Mensch, diese Idee von Demokratie so toll finden, hat Ihnen Hollywood Demokratie beschert. Ist das nicht lieb? Die Elite in den U.S.A. hatte damals Sklaven. Und die haben auch heute noch Sklaven. Das ist das wahre Amerika. Demokratie? Gleichheit? Freiheit? Sie glauben doch nicht im Ernst, dass die Gründungsväter damals den Indianern gleiche Rechte wie den Weißen einräumen wollten. Jefferson sprach von „merciless Indian savages“ (gnadenlosen Wilden). Wie konnten die sich erdreisten, wie konnten die es wagen, sich gegen die Gottesmänner zu wehren? Erst 1924, ich wiederhole, erst 1924 wurden die Indianer überhaupt erst als Staatsbürger anerkannt. In ihrem eigenen Lande. Stellen Sie sich das mal vor. Im Land von Freiheit, Gleichheit und ähnlichem Schwachsinn. Durften die Indianer von da ab auch wählen? Sind Sie wahnsinnig. Natürlich nicht.

Es ist doch irgendwie komisch, geradezu grotesk: Da massakrieren die gottesfürchtigen Amis Menschen überall auf der Welt, wollen denen auch irgendeine Freiheit verabreichen und schaffen das nicht einmal in ihrem eigenen Lande. Und Sie, Sie als deutscher Patriot, Sie verehren diese Wirrköpfe auch noch. Weil Sie Hollywood für Amerika halten. Fahren Sie da doch mal hin, nach Amerika, und schauen Sie sich die Zustände an. Die hatten mehr Massenmorde bisher als Tage im Jahr 2019. Eine Opiumtsunami braust über das Land, die zehntausende von Toten jedes Jahr fordert. Aber wagen Sie mal, einen einzigen amerikanischen Soldaten zu töten, und die schicken ihnen sofort diese großartige Armee auf den Hals. Hollywood kennt keine Drogentoten. Die kennen auch keine 20 U.S. Veteranen, die sich jeden Tag das Leben nehmen. Jeden Tag. Published by the U.S. Department of Veterans Affairs. Das kommt in Hollywood halt nicht so gut rüber. Also spricht man davon lieber nicht. Aber gegen Kommunismus kämpfen, für Freiheit und so, darüber kann man herzerweichende Filme drehen. Haben Sie den Film „Pearl Harbour" damals gesehen? Kamen Ihnen da auch die Tränen? Sehen Sie, darin sind die Amis unumstrittene Weltmeister. Also, noch einmal, damit Sie es nie wieder vergessen: Es gibt zwei Vereinigte Staaten von Amerika: Die richtige Welt, die sich U.S.A. nennt, und dann gibt es da noch Hollywood. Halten Sie das bloß auseinander, sonst jubeln Sie demnächst wieder einem amerikanischen Soldaten zu, der Sie offiziell befreien will. Sofern es sich rechnet. Aber falls Sie an Wahrheit interessiert sind: Die U.S. Army (im Verbund mit der CIA) ist die größte Verbrecherorganisation in der Geschichte der Menschheit. Wie viele Kriege haben die auf dem Kerbholz? Wieviel blutiges Elend haben die geschaffen! Falls Sie mir nicht glauben, lesen Sie das Buch vom Generalmajor des US Marine Corps Smedley D. Butler: „War Is a Racket." Der wird sie aufklären.

In 242 Jahren US Geschichte gab es lediglich 16 Jahre Frieden. 16 in 242 Jahren!!!

Der bekannte amerikanische Historiker und investigative Journalist Alfred McCoy klagte in der Einführung zu seinem Buch „In the shadows of the American Century": „Throughout my long life in this country, America has always been at war. Short wars, long wars, world war, Cold War, secret war, surrogate war, war on drugs, war on terror, but always some sort of war" (im Verlauf meines langen Lebens hat Amerika immer Krieg geführt. Kurze Kriege, lange Kriege, Weltkriege, den Kalten Krieg, geheime Kriege, Drogenkriege, Kriege gegen den Terror, immer irgendeine Art von Krieg).

Dabei exportieren die Amerikaner nicht nur selbst Krieg. Sie exportieren auch Waffen und technische Unterstützung, damit sich die Menschen anderer Völker gegenseitig umbringen können. Die U.S.A. sind eine militaristisch dominiertes kapitalistisches Land, in dem der Großteil des Bruttosozialproduktes direkt oder indirekt von der Mordindustrie erschaffen wird. Sollte der Frieden ausbrechen, wird die amerikanische Wirtschaft sofort kollabieren.

Und wir haben noch nicht einmal von den eigenen menschlichen Opfern der U.S.A. gesprochen. Nicht nur von offiziellen Soldaten, sondern auch von angeheuerten Söldnern von Privatfirmen. In Afghanistan starben bis Juli 2018 etwa 2,400 US Soldaten. Aber darüber hinaus starben auch etwa 1,700 US „Zivilisten". Die offiziellen Verlustzahlen sagen also heutzutage nicht mehr viel aus, da immer mehr militärische Serviceleistungen an die Wirtschaft abgetreten werden. Firmen wie „Academi" (einst Blackwater) führen gerne für Sie Krieg. Business is business.

Was uns auch verschwiegen wird sind die Leiden der Soldaten, nachdem sie wieder zuhause angekommen sind, körperlich und/oder psychisch beschädigt, verstümmelt, seelisch leidend. Wer kümmert sich dann um diese Menschen? Allein etwa 250,000 US Soldaten erkrankten an dem Gulf War Syndrome. 250,000, von denen keiner mehr spricht. Die Amerikaner vergifteten ihre eigenen Soldaten.

Tausende von Frauen in der U.S. Army werden jedes Jahr sexuell missbraucht. Niemand weiß wie hoch die Dunkelziffer ist. In dem Dokumentarfilm „The Invisible War" von Kirby Dick wurde zum ersten Mal Frauen die Möglichkeit gegeben, von ihren Vergewaltigungen in der US Armee öffentlich zu berichten.

Ich erwähnte bereits die hohe Selbstmordrate unter Veteranen. PTBS ist der Preis, den viele Soldaten und Soldatinnen zahlen. Tausende von ehemaligen Soldaten/Soldatinnen kommen damit nicht zurecht und töten sich jedes Jahr.

In dem Dokumentarfilm von Kirby Dick wird auch erwähnt, dass laut einer Studie der US Navy 15 % der neuen Rekruten vor Antritt ihres Militärdienstes eine Vergewaltigung begangen oder eine Vergewaltigung versucht hatten.

Das ist doppelt so hoch wie in der Zivilbevölkerung. Vergewaltigungen sind hochgradig traumatische Erfahrungen.

Vergewaltigte Frauen haben einen höheren Grad an PTBS als Soldaten, die im Kampf gewesen sind.

Soldaten sind Täter und Opfer in mehrfacher Hinsicht. Sie erniedrigen, sie foltern, sie quälen, töten Menschen. Sie verrohen. Dann gehen sie zurück in die Gesellschaft. Wie soll das funktionieren? Niemand, niemand sollte sich für diesen „Beruf“ des Schlächters hergeben. Wie eine alte Weisheit sagt: Im Krieg bekämpfen sich Menschen, die sich nicht kennen im Interesse von Menschen, die sich sehr wohl sehr gut kennen. Krieg ist nichts weiter als ein Geschäft, das fürwahr schmutzigste und grausamste Geschäft auf Erden.

Zum Schluss müssen wir noch von den hunderttausenden von Kindern und Frauen sprechen, die infolge von US Sanktionen starben und sterben, wie im Irak oder heute im Jemen, in Syrien und im Iran. Warum? Wofür? Auf welcher ethischen Grundlage? Was für ein Elend haben diese Amerikaner über die Welt gebracht!

Ich frage Sie noch einmal: Was ist Realität?

Unaussprechliche Verbrechen wurden auch von den Europäern in Amerika, Australien und anderen Teilen der Welt begangen. Die Maoris in Neuseeland, das kann man wohl so sagen, die Maoris hatten im Vergleich dazu verhältnismassig Glück. Trotz all ihrer Leiden würden sie wahrscheinlich nicht mit dem Schicksal der Indianer in Amerika oder der Aborigines in Australien tauschen wollen.

Ich wiederhole: Eine Kolonie hat eine wirtschaftliche Funktion. Auch in Deutschland. Sie dient der Unterstützung der Wirtschaft des Landes, dem sie gehört. Mit Menschlichkeit hat so ein Unternehmen nichts, absolut gar nichts, zu tun. Glauben Sie wirklich, dass die Amerikaner heutzutage in der Welt so hausen, wie sie es tun, um die Menschen mit Demokratie und Freiheit zu beglücken? Sie wollen nichts weiter als die Völker zu unterdrücken, zu beherrschen und zu beklauen. Schluss. Punkt. Aus. Das war schon immer so. Die Amerikaner haben lediglich im letzten Jahrhundert die Engländer als die schlimmsten Gangster abgelöst. Die Geschichte lügt nicht. Australien und Neuseeland sind gute Beispiele.

Im 18. und 19. Jahrhundert hatte Großbritannien einen Bevölkerungsüberschuss. Sie erinnern sich vielleicht an den guten Herrn Malthus, der aus diesem Grunde sozusagen das Ende der Welt vorhersagte. Zu viele unnütze Menschen. Aber die Engländer waren nicht auf den Kopf gefallen. Sie entledigten sich einfach dieses Überschusses indem sie die nicht benötigten Menschen in ihre Kolonien schickten. Sie benutzten die Menschen als Waffe. Das macht man übrigens auch heute noch. Die besten und edelsten Exemplare der Spezies Mensch wollten die Engländer natürlich im eigenen Lande behalten. Aber die Kriminellen, die Arbeitslosen und Hoffnungslosen, die wären sie gerne losgeworden. So entstand die Strafkolonie Australien. Die Engländer schickten ihr Gesindel ans andere Ende der Welt und ließen sie auf die Eingeborenen los. Diese ausgestoßenen Engländer sollten mal zeigen, was in ihnen steckte. Auf diese Art und Weise löste man zwei Probleme auf einen Schlag. Und langfristig erbrachte das Unternehmen sogar noch Gewinn. Man wurde die unerwünschten britischen Esser los, man wurde die widerspenstigen bisherigen Eigentümer der Kolonie los und das ganze rechnete sich auch noch großartig, weil man in nicht allzu ferner Zukunft systematisch an die wirtschaftliche Ausbeutung des Landes in großem Stil problemlos herangehen konnte. Sie müssen sich daran erinnern, dass die weißen Herren dieser Welt damals ja alle Rassisten waren, alle (!), getragen von der Überzeugung, dass die starken Rassen sich gegenüber den schwachen Rassen durchsetzen werden. Der gute Charles Darwin untermauerte solch Denken ja dann auch noch sozusagen wissenschaftlich. Und der Engländer, welch Überraschung, der Engländer galt als das Wunderprodukt der Evolution. Die Wilden hatten also schon mal, sozusagen von Natur aus, keine Chance. Nicht mal theoretisch oder entsprechend der gültigen Weltanschauung oder aus christlichen Gründen. Und daher regte es auch niemanden so richtig auf, wenn die Wilden dahinstarben. Das war doch ihre Bestimmung. Vielleicht sogar Gott gewollt. Na klar, man musste oftmals ein wenig nachhelfen. Aber es funktionierte insgesamt doch alles sehr prächtig. Die Aborigines in Australien wurden eine Zeit lang wie Karnickel abgeschossen. Es gab sogar Prämien, allerdings galten unterschiedliche Preise. Tote Kinder waren weniger wert als die toten Erwachsenen. Wenn Sie sich mal ein wenig mit der Geschichte Australiens beschäftigen, wird Ihnen schnell aufgehen, warum die Australier und die Amerikaner sich so wunderbar verstehen.

Der Fall Neuseelands liegt nun ein wenig anders. Neuseeland war nie eine Strafkolonie. Es brauchte sogar einiger starker Anstöße seitens der hier gelandeten Weißen bis die Regierung in London sich endlich aufraffte, ein paar Soldaten zu schicken, um für Ordnung und für klare Eigentumsverhältnisse zu sorgen.

Da gab es Idealisten, Theoretiker, harmlose und nicht so harmlose Spinner, die, in London ansässig, hier sozusagen das Paradies planten und systematisch die Einwanderung der Herrenrasse vorantrieben. Der bekannteste Mann aus diesen Kategorien war der Herr Edward Gibbon Wakefield, ein eigentlich hoffnungsvoller junger Mann, der allerdings nach drei Jahren in einem der berüchtigten englischen Gefängnisse (er hatte eine Frau entführt) gesellschaftlich so seine Schwierigkeiten hatte und sich daher, Sie werden verstehen, sich daher anderweitig dem Erwerb von Ruhm und Ehre (und Geld) umsehen musste. Der verscherbelte doch tatsächlich in England das Land der Maoris, das er nicht besaß, das er nie gesehen hatte und schickte tausende von europäischen Männern, Frauen und Kindern auf die Reise ins versprochene Paradies. Seine Theorie hatte ihre zwingende Logik. Ich will Sie nicht damit langweilen. Zusammengefasst nennen wir solch geniales Denken heute die außerordentlich freundliche Theorie des win – win –win. Erstens würde England seinen Überschuss an Menschen loswerden. Allerdings (das muss man ihm zugute halten) hatte der edle Gentleman Wakefield lediglich ehrwürdige Bürger als Kolonisatoren im Sinn, also Menschen ohne große Hoffnung im eigenen Land, aber mit anständiger Erziehung und praktischer Ausbildung. Und er wollte keinen Männerüberschuss. Um des notwendigen Friedens willen. England war also happy.

Zweitens würden die Emigranten oder Immigranten sich im neuen Land bewähren müssen, was ihrem persönlichen Wachstum diente. Und da das neue Land so vielversprechende wirtschaftliche Chancen bot, konnten sie sich schließlich eine eigene Existenz aufbauen, in einem Masse, wie es in der alten Heimat unmöglich war.

Also waren auch die Immigranten happy.

Drittens würde durch den importierten Segen von Zivilisation den Eingeborenen das Glück sozusagen geschenkt. Die mussten sich lediglich brav fügen, also keine Randale machen oder gar gegen ihr Schicksal aufbegehren. Vor allem aber (der entscheidende Punkt) mussten sie all das schöne Land herausrücken, das sie ja ohnehin, so der Anschein, wirtschaftlich nicht zu nutzen verstanden. Es lag da doch nutzlos brach herum, war also so lange wertlos, bis es endlich abgeholzt und nach englischem Standard „fruchtbar" gemacht wurde. Man konnte daher durchaus davon ausgehen, dass auch die letztendlich zivilisierten Eingeborenen eines Tages glücklich sein würden.

Es klingt vielleicht ein wenig trocken und wenig romantisch. Aber noch einmal: Letztendlich ist selbst die schönste Kolonie auf Erden nichts weiter als ein Business. Die Kolonie muss sich rechnen. Und wenn der Laden dann eines schönen Tages so richtig gut am Laufen ist, dann geht der Boss in London davon aus, dass die Kolonie Rohstoffe ins Mutterland liefert und im Gegenzug die Fertigwaren als Entgelt erhält. Dabei wird dann fleißig Gewinn erwirtschaftet. Sie werden wahrscheinlich nicht fragen, für wen der Gewinn vor allem gedacht ist. Genau!

Sollte, was leider immer wieder passiert, die Kolonie mal nicht so richtig bei Kasse sein und die anfallenden Rechnungen nicht bezahlen können, dann..., dann ist man im Hauptquartier großzügigerweise durchaus bereit, Kredit zu gewähren. Das ist so die übliche Art und Weise, um die Unausgeglichenheiten auszugleichen. Es wird Sie vielleicht nicht überraschen, zu erfahren, dass die Kolonien alle irgendwie in der Kreide stehen. Man schuldet seinem Herrscher vor allem Gehorsam und Geld. Neuseeland ist da ein Paradebeispiel. Etwa 280 Milliarden Dollar haben sich derzeit angesammelt. Die wird das Land nie zurückzahlen können. Aber das ist auch gar nicht gewollt. Denn nichts macht eine Kolonie anhänglicher als Schulden. Womit wir bei dem zweiten Thema der notwendigen Voraussetzungen für das Verständnis des gebeutelten Neuseelands sind.

Wie funktioniert das Geldsystem?

„The world over this period was in an economic dance of death. The bankruptcy was really political, ideological, not material. The controllers of nearly every nation believed the way to solvency was to lower human costs and outsell all other nations, a cure that when universally practiced universally intensified the disease. The hopelessness of the victims was the counterpart of the incapacity of governments to find a solution“ (Überall auf der Welt fand damals ein Totentanz statt. Der Bankrott war wirklich politischer, ideologischer Natur, nicht materieller Natur. Die Kontrolleure fast aller Nationen glaubten, dass der Ausweg in die Zahlungsfähigkeit die Reduzierung der Lohnkosten und die Preisunterbietung der anderen Nationen sei, eine Kur, die, sobald global praktiziert, nur die Krankheit verschlimmerte. Der Hoffnungslosigkeit der Opfer stand die Unfähigkeit der Regierungen gegenüber, eine Lösung zu finden).
Dr. W.B. Sutch, Neuseelands größter Ökonom, über die Weltwirtschaftskrise

„There are two ways to conquer and enslave a nation, one is by sword, the other is by debt“ (es gibt zwei Wege, eine Nation zu erobern und zu versklaven. Der eine ist durch das Schwert, der andere ist durch Verschuldung).
Adam Smith, 1723 – 1790, der Begründer der Nationalökonomie

Um die heutige Zeit zu verstehen, müssen Sie unbedingt wissen, dass die Realität der alten Zeit definitiv abgedankt hat. Früher lebten wir in einer Realwirtschaft, in der wirklichen Welt, in der zählte was wir an Dingen herstellten. Heute leben wir in einer Finanzwirtschaft, in der die Herstellung von Geld aus Geld die Herrschaft übernommen hat. Mit Geld, geschaffen aus dem Nichts, können Sie alles kaufen. So einfach? Ja, so einfach. Lustigerweise dürfen nicht Staaten Geld aus dem Nichts schaffen, sondern nur Privatbanken. Sie wollen wissen warum das so ist? Fragen Sie Frau Merkel. Mit Logik hat das nichts zu tun. Sondern mit Macht.

Na klar, das muss nicht so sein. Denn was soll das auch alles? Wir haben doch mittlerweile sogar die materielle Sättigung unserer Bedürfnisse längst erreicht. Wir haben mehr als genug von allem. Auch genug Geld. Das Problem ist lediglich die gerechte Verteilung. Wir könnten doch theoretisch sogar noch viel, viel mehr Dinge herstellen. Aber das Zeugs wird nicht gebraucht. Besser gesagt, es lässt sich nicht verkaufen. Da also weitere Steigerungsraten in der Produktion von Dingen kaum zu erwarten sind, haben sich die sogenannten Unternehmer auf den Finanzbereich konzentriert, in dem unbeschränkter Reichtum lockt. Ich wiederhole: unbeschränkt. Denn, wie wir gerade lernten, Geld heute ist nicht mehr mit irgendwelchen realen Werten abgesichert. Geld besteht zu etwa 99 % aus Zahlen in Computern. Wenn Sie die Macht haben, diese Zahlen in Ihrem Computer zu schöpfen, zu kontrollieren und zu manipulieren, beherrschen Sie die Welt. So einfach? Ja, so einfach. Verstehen Sie das? Das ist Wahnsinn!

Es gibt viele bedeutende Männer der Geschichte, die mit dieser Erkenntnis vertraut waren. Mit großem Erstaunen stellte ich fest, dass der geniale Major C. H. Douglas in Neuseeland tiefe Gedankenspuren hinterlassen hat, wohingegen ihn in Deutschland wahrscheinlich kaum jemand kennt. Mr. Douglas begründete die „Social Credit“ Bewegung, die in den Ländern des Commonwealth in den dreißiger Jahren des 20. Jahrhunderts für Aufregung sorgte. Diese Uneinsichtigen behaupteten doch tatsächlich, dass es da in der Wirtschaft eine bewusst manipulierte Diskrepanz zwischen Warenmenge und Geldmenge gäbe, die man nur zu korrigieren bräuchte, um das Paradies zu schaffen. Obwohl ich später noch genauer darauf eingehen werde, sei hier nur kurz erwähnt, dass die auf dieser Philosophie gegründete Partei in Neuseeland bei den Parlamentswahlen 1981 über 20 % der Stimmen erhielt. Stellen Sie sich das einmal vor. Über 20 % der Stimmen! Wie verzweifelt muss ein Volk sein, um dem Marktgeschrei von solch einem „Scharlatan“ zu folgen?

In der westlichen Welt sind über die letzten Jahre ja so langsam die Leute aufgewacht und beschäftigen sich mehr und mehr mit den Tricks und Listen und Verschleierungen unseres Geldsystems. Es wird Sie vielleicht überraschen zu erfahren, dass die Kenntnisse über das Geldsystem in den dreißiger Jahre im letzten Jahrhundert weit verbreitet waren. Infolge der Weltwirtschaftskrise bedrängte viele Menschen die Frage: „Wie konnte das nur passieren?“ Es ist ernüchternd zu lernen, dass selbst heute noch jeder einfache Bürger die damals eingetretene Katastrophe wirklich verstehen kann. Wie Sie gleich sehen werden. Man muss nur die Propaganda enttarnen, um den Kern des Wahnsinns zu erkennen. Wir müssen nämlich leider davon ausgehen, dass die Weltwirtschaftskrise tatsächlich manipuliert war, d.h. sie wurde bewusst von bestimmten Finanzkreisen ausgelöst. Erschreckend ist auch zu erkennen, wie geradezu idiotisch die völlig überforderten Politiker jener Zeit mit dem Problem umgingen. Die gackerten alle den gleichen Blödsinn und verpassten der Wirtschaft mehrere Dosen von Gift anstelle von heilender Medizin. Dabei erwies sich die Diagnose als sehr, sehr simpel. Denn nichts anderes war passiert als ein Auseinanderfallen von Geldmenge und Gütermenge. Mein Gott, es wurden doch bereits damals nicht nur ausreichend, sondern sogar im Überfluss Güter produziert. Aber die Banken nahmen auf einmal Geld aus dem Verkehr, forderten kurzfristig Kredite zurück, erhöhten die Zinsen. Durch die anschließenden Sparmaßnahmen der Regierungen (das Gift!) wurde als deren Konsequenz sowohl die Gütermenge weiter verknappt als auch den Menschen die Möglichkeiten genommen, Geld zu verdienen. Da war kein Naturgesetz am Werk, welches die Katastrophe bewirkte, sondern hier war böses Menschenwerk in Aktion. Bewusste Entscheidungen führten mit Absicht unsagbares Elend herbei.

Bitte beachten Sie: Neben der wirtschaftlichen Ausbeutung des Großteils der Bevölkerung hat das derzeitige Wirtschaftssystem noch die Funktion der emotionalen Unterdrückung, will sagen, es muss die Leute in Angst, in Existenzangst halten, damit sie nicht aufmucken. Denn der gesunde Menschenverstand wird uns doch die offensichtliche Frage einflüstern: „Wenn das Wirtschaftssystem nicht der Mehrheit dient, warum lässt sich dann die Mehrheit diesen Wahnsinn gefallen?“ Genau darum geht es. Sie haben heute einerseits den Investoren, der, ohne zu arbeiten, ohne etwas Reales zu schaffen, seine Dividende erhält, eigentlich ein Schmarotzer, der aber trotzdem hochgeachtet in der Gesellschaft lebt, und dann haben Sie auf der anderen Seite den Arbeitslosen, der gerne etwas schaffen möchte, aber nicht kann und zur Strafe mit einem Hungerlohn oder Almosen sich durchs Leben kämpfen muss. Verachtet von dem Rest der Bevölkerung. Ist das nicht absurd!!! Aber alle wissen um die Gefahr, nächstes Jahre vielleicht auch von Hartz IV leben zu müssen. Stellen Sie sich mal den Stress in so einer Gesellschaft vor. Jetzt verstehen Sie warum Psychopharmaka so beliebt sind in Deutschland und anderen Ländern der westlichen Welt.

Die Menschen müssen dermaßen eingeschüchtert sein, so in Angst leben, dass sie den Aufstand nicht wagen. Sie können sich den Aufstand schlicht und einfach nicht leisten. Dazu kommt natürlich noch, dass sie durch Vollbeschäftigung oder Überbeschäftigung zeitlich so geplagt und ausgelastet sind, dass sie abends erschöpft und müde zuhause ankommen, sich dann lediglich noch ein wenig Unterhaltung (= unten halten) gönnen, bevor sie sich endlich ins Bett schleppen. Sehen so Revolutionäre aus? Und wo sind heute die Propheten, die diese Revolution ausrufen könnten? Früher gab es die einmal. Heute nimmer.

Einer der Propheten jener Jahre, Major C. H. Douglas, zog durch die Welt, um den Menschen die Augen zu öffnen. In erstaunlichen Schriften können Sie nachlesen, wie weit dieser Mann selbst unserer Zeit in manchen Aspekten seines Denkens voraus war. Von wegen Exportweltmeister sei eine tolle Sache. Ist nicht. Aber die gehirngewaschenen Deutschen sind richtig stolz darauf, für die Reichen im Ausland, vor allem für die Amis, arbeiten zu dürfen. Ohne Gegenleistung. Denn der Exportüberschuss ist geschenkt. Ja, ja! Auch das durchschaute Douglas bereits in jenen Jahren. Leider entwickelte sich später eine richtige Kirchenbewegung aus den Lehren des Propheten. Und dann wurde es (wie immer) problematisch. Aber selbst die richtige Kirche damals, zum Beispiel in Gestalt des Deans of Canterbury, prangerte im Jahre 1935 die Absurdität einer Situation an, in der ausreichend Lebensmittel existierten, aber hungernde Menschen keinen Zugang zu diesen Lebensmitteln erhielten, weil sie diese Papierscheinchen nicht hatten. Das ist so verrückt, so irre, dass man dieses System einfach anklagen musste und muss. Und dass tat die Kirche damals sehr lautstark. Heute kriegst du allerdings keinen gemeinen Pfaffen mehr dazu, derlei Ungerechtigkeiten beim Namen zu nennen und zu verfluchen. Obwohl der Papst ja vor ein paar Jahren noch Tacheles redete.

Am 14. Februar 1935 hielt Major C. H. Douglas eine Rede vor erlauchten Gästen in Oslo, Norwegen, die gekommen waren, um Aufklärung zu erhalten über das Geldsystem. Dieser Vortrag „Money and the Price System“, den ich in einem kleinen Büchlein in der Bibliothek hier in Neuseeland fand („Addresses by C.H. Douglas – „The Key of Economic Freedom“) sollte jedem Politiker zur Pflichtlektüre gemacht werden bevor er auch nur in die Nähe eines Parlamentes kommen darf. Sie können die Welt nicht verstehen, wenn Sie unser Geldsystem nicht verstehen. Soll ich das wiederholen?

Gestatten Sie mir, dass ich hier zwei Auszüge aus dieser Rede wiedergebe?

„Your Majesty, Mr. President, Members and Guests of the Handelstands Forening, Oslo: May I first thank you.....

In Great Britain, there is the Master of his Majesty's Mint, who makes metal coinage, and after a long and honourable career, he generally gets a little bit of red ribbon – a Knight Commandership of the Bath – and a good salary.

There is the gentleman who sets up a little plant of his own and either makes counterfeit coins or writes very delicately executed signatures on pieces of special paper. He „makes money“ but he gets a reward fifteen years' imprisonment.

There is the third who, in regard to this matter, is much less advertised and much more retiring, and that is the banker, and it is he, in the literal sense of the word, who makes a little over 90 per cent of the actual money that we use. When I say „makes it“ I mean exactly what I am saying: he makes it in exactly the same sense that the brickmaker makes bricks, and not in the sense that Mr. Jones makes money. Mr. Jones only gets it from somebody else, but the banker makes it.“

Da sprach ein Mann die Wahrheit aus vor der Elite eines kleinen Landes, wurde nicht ausgepfiffen, ausgebuht oder verfemt. So war das einmal. Und Major Douglas nahm bei Gott kein Blatt vor den Mund. Auch das war in Norwegen kein Problem. Major Douglas sprach von einem Bankensystem als „the most powerful monopoly that the whole history of the world has ever known, the monopoly, as we call it, of credit, the monopoly of the creation and dealing in money, a monopoly against which any other monopoly pales into insignificance – and it is determined to use every weapon to retain this monopoly“ (das mächtigste Monopol in der Geschichte der Welt, das Kreditmonopol, das Monopol der Schöpfung und des Handels mit Geld, ein Monopol, gegen dass alle anderen Monopole an Bedeutung verblassen – und sie sind entschlossen, jede Waffe zu benutzen, um dieses Monopol zu verteidigen).

Und zum Schluss sprach er die Warnung aus, die dann ja auch ein paar Jahre später Erfüllung fand: „... but the greatest of all problems – which, if not solved, will destroy society – and that, of course, is war“ (...aber das größte der Probleme, das, wenn es nicht gelöst wird, die Gesellschaft zerstören wird. Das ist der Krieg.) Kapitalismus scheint ohne Krieg nicht überleben zu können. Das Bruttosozialprodukt der U.S.A. ist zu mindestens 40 % direkt oder indirekt mit der Rüstungsindustrie verbunden. Wenn Sie dann noch 18 % für deren sogenanntes Gesundheitssystem hinzurechnen, erkennen Sie sofort, dass das Land auf Illusionen, Pump, Sklaven, Kolonien und gigantischen Mengen von heißer Luft aufgebaut ist, die herrliche Blasen bilden.

Es ist erschreckend festzustellen, dass, nach all den Jahren, die Menschen nichts dazugelernt haben. Die Ignoranz von gesellschaftsrelevantem Basiswissen ist eines der schlimmsten Übel unserer Zeit.

C.H. Douglas war nicht der einzige Mahner in den dreißiger Jahren. Einer der erfolgreichsten Unternehmer in der Geschichte Neuseelands, Sir Henry J. Kelliher, geadelt und verehrt, brachte 1936 ein Buch heraus, das sofort zu einem Bestseller wurde. Titel: „New Zealand at the Cross-Roads – A political, economic, and financial Review of an inadequate and faulty Money System.“

Bereits im Vorwort kam der Mann zur Sache: „I showed by statistical facts and figures that there was no shortage of capital, no shortage of labour, no shortage of reproductive work, but that the only shortage New Zealand suffered from was a shortage of capable men to administer the affairs of the State“ (Ich zeigte mit statistischen Fakten und Zahlen, dass kein Kapitalmangel herrschte, kein Mangel and Arbeitskräften, kein Mangel an produktiver Arbeit. Der einzige Mangel, an dem Neuseeland litt, war der Mangel an fähigen Männern, die die Angelegenheiten des Staates verwalten konnten).

Und wenig später legte er nach: „It will be their own fault if the people of New Zealand allow incompetent politicians to endanger their welfare and economic security, or an iniquitous money system to control their lives and destiny.“ (Es wird die eigene Schuld der Neuseeländer sein, wenn sie es erlauben, dass inkompetente Politiker ihre Wohlfahrt und ihre wirtschaftliche Sicherheit gefährden, oder falls sie ein ungerechtes Geldsystem zulassen, das ihr Leben und Schicksal kontrolliert).

Ich frage Sie: Was ist los mit unserer Zeit? Sind solche Männer wie Sir Kelliher ausgestorben? Männer, die wirklich ein Volk aufwühlen können und selbstbewusst und mutig und kompetent Änderungen herbeizwingen. Denn siehe da, die Regierung verstaatlichte wenig später damals tatsächlich die Zentralbank und die größte Bank im Lande. Und lieh sich Geld direkt von der Zentralbank, ja, die Regierung lieh sich Geld von ihrer eigenen Bank (!!!), fast zum Nulltarif, um die dringend benötigten Häuser zu bauen. Bravo! Damals funktionierte Demokratie noch einigermaßen. Heute werden wir wieder von Politikern regiert, die aus der Hand der Mächtigen der Wirtschaft fressen. Harmlose, erbärmliche, hochstudierte Gestalten, unfähig, die grundlegenden Probleme der Gemeinschaft zu lösen. Und bei jeder Krise sind sie hoffnungslos überfordert.

Als 2008 das globale Geldsystem explodierte, versuchte der Chairman der Federal Reserve Bank in New York, Dr. Alan Greenspan, den verdutzten Senatoren zu erklären, was da passiert war. Es sei eben, so sprach er, es sei eben alles sehr kompliziert und komplex, und da hatte sich leider ein Fehler ergeben, den es jetzt zu korrigieren galt. Nun, bis heute wurde der Fehler nicht behoben. Aber das war auch nie die Absicht. Die ganzen Anhörungen der Banker erwiesen sich als nichts weiter als Theater. Die Jungs waren 2008 halt schwer unter Druck, klar, sie brauchten Hilfe, sie brauchten dringend hunderte von Milliarden, damit die Pleiten ihrer Banken abgewendet werden konnten. Als sie dann aber die Milliarden von der Regierung großzügigerweise spendiert bekommen hatten, spielten sie das alte Spiel einfach weiter und rafften und rafften und häuften neue Rekorde an Gewinnen zusammen. Das ist ja schließlich ihr Job. Leute, hört mal, sollte es je unser Plan sein, eine bessere Welt zu schaffen, eines ist klar, auf die Bankster können wir nicht zählen. Da müssen wir unbedingt was ändern.

Wie funktioniert das Geldsystem? Wie sollte es funktionieren? Eigentlich ganz einfach. Das Geld soll dem Menschen dienen und nicht umgekehrt. Das Geld soll dem leichteren Austausch von Waren und Dienstleistungen dienen. Das ist alles. Das ist alles? Ja! Also sollte man doch vernünftigerweise annehmen, dass die Menge an Geld in etwa dem Wert der produzierten Waren und Dienstleistungen entspricht. Dann machte das alles ja so richtig Sinn. Aber es wird Sie vielleicht erstaunen zu hören, dass die Geldmenge ein Vielfaches des Wertes an Waren und Dienstleistungen ausmacht. Warum? Nun, das Geld hat sich sozusagen verselbständigt. Das Geld erfüllt nicht mehr primär die ihm einst zugedachte Aufgabe der Erleichterung des Warenaustausches. Heutzutage (schon seit einiger Zeit) liegt die Aufgabe des Geldes vor allem darin, aus Geld noch mehr Geld zu machen. Also völlig unabhängig von der realen Welt. Das heißt, die Geldmenge erhöht sich, ohne dass in dem Prozess der Geldschöpfung irgendetwas Reales produziert wird. Geld wird nämlich aus dem Nichts geschaffen. Als Kredit. Sie brauchen zum Beispiel hunderttausend Euro, um ein Häuschen zu kaufen. Sie gehen zur Bank. Die gute Frau bei der Bank tippt hunderttausend Euro in den Computer. Und Schwupp, da ist das Geld. Sie sind geschockt? Ich verstehe das.

Die Banken sind ermächtigt, Kredit zu gewähren, ohne dass der entsprechende Betrag realwertmäßig abgesichert ist. Nehmen wir das Beispiel Neuseeland. Der Wert an Münzen und Scheinen beträgt etwa 3 Milliarden Dollar. Die umlaufende Geldmenge beträgt etwa 200 Milliarden Dollar. Wo kommen die 197 Milliarden Dollar her? Wer hat die geschaffen? Nein, es war nicht die neuseeländische Zentralbank. Die druckt lediglich die Scheine und lässt die Münzen produzieren. Der Rest wird von den unabhängigen, privaten Geschäftsbanken auf dem Kreditwege in die Welt gebracht. Wir haben ein Schuldgeldsystem. Und Schulden schreien nach Zinsen. Wer erwirtschaftet die Zinsen? Sie! Deswegen haben wir alle Schulden. Private Schulden. Firmenschulden. Staatsschulden. Denn ohne wachsende neue Schulden (also ohne eine wachsende Geldmenge oder eine Zunahme der Geldumlaufgeschwindigkeit) keinen wachsenden Zinsgewinn (sonst könnten wir die Zinsen der stets wachsenden Schulden- oder Geldmenge nicht aufbringen) und daher würde dann das ganze Ponzi-System, diese gigantische Betrugsmaschinerie, zusammenbrechen. Den letzten werden die Hunde beißen. Es entwickelt sich momentan das historisch monumentalste Kapitalverbrechen aller Zeiten. Unter den Augen des Gesetzes. Unter den Augen der Politiker. Macht das Ganze trotzdem irgendwie für irgendjemanden Sinn? Nein, abgesehen von den ganz, ganz, ganz wenigen Profiteuren, die das alles natürlich großartig finden. Die brauchen nämlich nicht zu arbeiten und leben trotzdem im Schlaraffenland! Wir haben jetzt die perverse Situation, in der der Mensch dem Geld dient und nicht umgekehrt. Wir verdienen Geld um des Geldes willen. Denn die Zinsen müssen ja irgendwo herkommen. Die bei weitem meisten Menschen sind Zinssklaven. Mit der realen Welt hat das alles nur noch sehr wenig zu tun. Die Supermärkte sind doch brechend voll. Noch mehr? Nein, es geht nicht um Dinge. Es geht um Umverteilung von Geld von arm nach reich oder, wie manche sagen, von fleißig nach faul. Denn wenn Sie über Nacht Ihr Geld wachsen lassen, während Sie selig schlafen, dann kann ja wohl von fleißig keine Rede sein. Ich will jetzt nicht im Detail darauf eingehen, sonst würden wir den Rahmen dieses Kapitels sprengen. Es gibt Bücher zu diesem Thema zuhauf.

Wichtig ist, dass Sie erkennen, dass die Banken Geld schöpfen können, ohne dabei irgendein für die Menschen zum Leben wichtiges Produkt zu schaffen. Sie gebrauchen Magie. Man könnte es auch Betrug nennen. Sie sehen also, wer die Macht über das Geldsystem hat besitzt die Macht über die Welt. Die Amerikaner haben über die letzten zehn Jahre Billionen von Dollar in den Markt gepumpt, um dieses verbrecherische Finanzsystem am Leben zu erhalten. Theoretisch sollten diese „Finanzspritzen“ die Wirtschaft ankurbeln. Aber das passierte nicht. Die Leute, die ihren Konsum hätten erhöhen können, diese Leute erreichte das Geld natürlich nicht. Fast das gesamte Geld verschwand in den Finanzmärkten, deren Aufgabe es ist, aus Geld noch mehr Geld zu machen. Noch mehr! Immer mehr!

Wie Demokratie halt so funktioniert.

Sehen Sie, darum geht es in unserer Welt. Schein über Sein. Daher diese „Unterhaltungsnachrichten". Politik, Nachrichten über Politik, Nachrichten überhaupt dienen primär der Ablenkung. Sie als Bürger sollen sich mit allem möglichen geistig beschäftigen, vor allem mit Unterhaltung (= unten halten), aber auf gar keinen Fall mit Fragen des Geldes. Besoffen von der Illusion von Demokratie torkeln sie zur nächsten Wahl und sind glücklich, ihre Stimme in eine Urne zu werfen. Da ruht sie dann, ihre Stimme. Möge sie in Frieden ruhen.

Sie lachen? Sie weinen? Nur zu! Neuseeland mit seinen 280 Milliarden Auslandsschulden muss jedes Jahr viel, viel, viel an wirklichen Dingen produzieren und exportieren, allein um den Schuldendienst zu leisten, nur um die Zinsen zu zahlen und die laufenden Ausgaben zu decken, ohne die Schulden abzutragen, die übrigens weiterhin steigen, da das Land unter anderem mehr importiert als exportiert. Ganz zu schweigen von dem Kapitalabfluss der Gewinne der ausländischen Investoren. Im Januar 2019 allein fast 900 Millionen Dollar mehr Import als Export. In einem einzigen Monat. Was von seinen Herrschern natürlich auch so gewünscht ist. Übrigens, wenn Sie selbst die Zinsen nicht bezahlen können, was machen Sie dann? Genau, noch mehr Schulden. Im besten Fall: Am Hungertuche nagen. Oder sich erschießen. Fragen Sie die Griechen.

Das gleiche Spiel der Schuldenfalle wurde in vielen Ländern angewandt. Um diese Länder auszubeuten und die Menschen dort zu kontrollieren. Wir wissen wie es Griechenland erging. Das Land ist pleite. Es wurde gnadenlos geplündert. Das Land existiert als Staat nur noch formal. Wirklich? Ja, die Griechen haben in ihrem eigenen Lande nichts mehr zu sagen. Die wichtigen Entscheidungen werden von Finanzinstituten getroffen, denen man soviel Geld schuldet (so etwa 250 Milliarden Euro), das man nie wird zurückzahlen können. Und auch das ist genauso gewollt. Die Griechen sind Schuldensklaven. Die Neuseeländer sind Schuldensklaven. Die Deutschen? Dreimal dürfen Sie raten. Früher mussten Sie als Sklavenhändler ihre Sklaven ernähren und für ihre Unterkunft sorgen. Heute können Sie sich Sklaven halten, die sich auch noch selbst versorgen. Brillant.

Kommen wir zur anfangs erwähnten Finanzkrise 2008 zurück. Der U.S. Finanzminister überwies sofort 700 Milliarden Dollar an die Banken, um sie vor dem Untergang zu retten. 700 Milliarden US Dollar an Subventionen. Und dieses System nennt sich Kapitalismus, angeblich der ärgste Feind des Sozialismus. Aber wie würden Sie das bezeichnen, wenn der Staat den Banken mit 700 Milliarden aushilft? In meinem Denken ist das Sozialismus. Dabei hat doch der Trump vor kurzem in die Welt hinaustrompetet, dass es in den U.S.A. nie irgendeine Form von Sozialismus geben werde.

Nun, leider fiel der Segen des Sozialismus auf die falschen Opfer des Kapitalismus. Die Täter. Die Studenten in den U.S.A. haben inzwischen weit über eine Billion Dollar an Schulden angehäuft. Denen hilft niemand. Aber den Banken, denen musste und muss geholfen werden. Warum? Dabei stellten die 700 Milliarden lediglich eine erste Anzahlung dar. Niemand weiß es genau, aber es wird geschätzt, dass bis heute etwa 17 Billionen Dollar an „Quantitative Easing" verpulvert wurden, um das Finanzsystem am Laufen zu halten, um die Reichen mit Subventionen zu beglücken. So hatte sich der Jesus das nicht vorgestellt.

Was man mit 17 Billionen nicht alles hätte anstellen können. Übrigens, wenn all das Geld in der Realwirtschaft gelandet wäre, hätten wir natürlich eine gigantische Inflation gehabt. Nun, die gab es auch, aber nur bei Investmentwerten, wie eben bei Immobilien, Kunstgegenständen, Land, Aktien, Firmen, die aufgekauft wurden, etc. Und dieses Eliten beglückende, in höchstem Masse ungerechte, schwachsinnige Finanzsystem tobt sich heuer ebenfalls in Neuseeland aus. Es wird gelogen und betrogen. Es wird manipuliert und indoktriniert. Der Schein muss gewahrt bleiben, damit das Casino am Laufen bleibt. Gott behüte, wir würden eines Tages echten Sozialismus bekommen. So wie wir ihn in Neuseeland bereits einmal hatten, als die Menschen in der Tat weitgehend gleich waren. Es war eine Zeit als Neuseeland als das soziale Vorzeigeland der Welt galt. Stellen Sie sich die Wut der Eliten damals vor, als eine Alternative zu ihrem sogenannten Kapitalismus sich aufmachte, die Welt zu verbessern. Zum Wohle von allen Menschen. Das durfte man einfach nicht durchgehen lassen. Neuseeland musste wieder auf Kurs gebracht werden. Die sozial gesinnte Wirtschaft für alle musste eingestampft werden. Nie wieder sollte jemand wagen, solch wahnwitzige Experimente durchzuführen. Von wegen Wohlstand für alle. 1984, wir werden noch im Einzelnen darauf zu sprechen kommen, machten die Kapitalisten in Neuseeland Tabula rasa. Sozialismus ja. Aber in Zukunft nur für die Millionäre.

Um es zum Schluss noch einmal ganz klar und deutlich auszudrücken: Abgesehen von den finanziellen Unterschieden in der Kaufkraft für jeden Einzelnen, das Endresultat einer drastischen wirtschaftlichen Ungleichheit in der Gesellschaft bewirkt letztendlich auch eine soziale und politische Ungleichheit. Der amerikanische Professor Martin Gilens von der Princeton University hat in einer Studie über 20 Jahre nachgewiesen, dass die Politiker das tun, was die Oberschicht in der Gesellschaft wünscht. Da existiert eine schockierende, eindeutige Korrelation. Und es existiert ebenfalls eine schockierende, eindeutige Korrelation zwischen den Wünschen der Unterschicht in der Gesellschaft und dem Ignorieren dieser Wünsche seitens der Herrschenden. Ich empfehle das Buch „Affluence and Influence: Economic inequality and political power in America“ von Professor Gilens. Aber Sie brauchen nicht in die Ferne zu schweifen, das Unrecht liegt doch so nah, denn Professor Dr. Armin Schäfer von der Universität Osnabrück hat in seinem 2017 veröffentlichen „Armuts- und Reichtumsbericht der Regierung“ ähnliche Verhältnisse auch für Deutschland aufgezeigt. Obwohl der Bericht der Regierung peinlich war und sie ihn zu unterdrücken versuchte, können Sie ihn online einsehen. Das Fazit ist bei Professor Gilens sowie bei Professor Schäfer eindeutig: Die Regierung tanzt nach der Pfeife der Reichen. Und ohne dass wir für Neuseeland solch fundierte wissenschaftliche Untersuchungen vorweisen können ist doch in Anbetracht des Augenscheines und des anekdotischen Beweises davon auszugehen, dass es sich im

Jahre 2019 in Neuseeland ähnlich verhält wie in den U.S.A., in Deutschland oder anderen westlichen Industrienationen. Der Volksmund bringt es treffend auf den Punkt: Geld regiert die Welt. Direkt und indirekt.

PPP – Public Private Partnerships (Übernahme der Infrastruktur)

„At the present time the ability of the public to assert authority through state institutions is seriously threatened by the privatisation agenda of neoliberal governments. The value of democratic buy-in is therefore under threat. In New Zealand some key public functions of the state are being transferred to the private sector through the use of new public management practices."
(Professor Margaret Wilson in „The Struggle for Sovereignty" – BWB Texts)
Übersetzung:
„Heute ist die Möglichkeit der Öffentlichkeit, durch staatliche Institutionen ihre Autorität durchzusetzen, infolge der Privatisierungsagenda der neoliberalen Regierungen ernsthaft gefährdet. Die demokratische Einflussnahme ist daher in Gefahr. In Neuseeland werden öffentliche Schlüsselfunktionen des Staates durch neue öffentliche Managementpraktiken und den privaten Sektor transferiert."

Wir können es kurz machen, da Public Private Partnerships ein globales Phänomen sind und Sie in Deutschland über ausgezeichnete Informationsquellen zu dem Thema verfügen. Ich empfehle Ihnen zur Lektüre das beste Buch, das ich zu dem Thema bisher gelesen habe:
Werner Rügemer „Heuschrecken im öffentlichen Raum"
Public Private Partnerships
Anatomie eines globalen Finanzinstruments
Transcript Verlag, Bielefeld

Sie müssen dieses Buch unbedingt lesen. PPP kommt harmlos daher, aber es ist das entscheidende Instrument, um für die Eliten die finanzielle Weltherrschaft zu erlangen. Wenn Sie die Infrastruktur, die Finanzen und die Regierung eines Landes beherrschen, gehört ihnen das Land. So einfach? Denken Sie darüber nach. Nach meiner Einsicht: So einfach.

Außerdem drängt sich die Frage auf: Wenn die Schulen, Krankenhäuser, Gefängnisse, Straßen etc. von Privaten kontrolliert werden, wozu brauchen wir dann noch eine Regierung? Formal gehören diese Objekte zwar noch immer der Allgemeinheit. Aber Kontrolle über 30 Jahre bedeutet letztendlich praktische Kontrolle über die absehbare Zeit. Und niemand hat diese PPP Firmen gewählt!

Nur noch eine von vielen Warnungen zu dem Thema: Ein Krankenhaus hat das Wohl seiner Patienten im Sinn. Die Schule hat als Aufgabe die Bildung der Kinder. Eine private Organisation investiert mit dem Ziel der Gewinnmaximierung. Das ist das einzige Ziel, das diese Unternehmen verfolgen. Wie kann ein Politiker von wahnwitzigen Illusionen getrieben werden, denen vertrauenswürdig die Kontrolle über die lebensnotwendige Infrastruktur, die stets den Bürgern selbst gehören sollte, zu überlassen. So bescheuert kann man eigentlich gar nicht sein.

Ich habe letztes Jahr einen Brief an unsere Premierministerin geschickt (das ist hier in Neuseeland keine große Sache, und sie bekommen auch immer Antwort) und auf die PPP Gefahr hingewiesen. Ich erhielt dann Antwort von dem Finanzminister, der versicherte, dass in dem Fall des großen neuen Krankenhauses in Dunedin man von PPP Abstand genommen habe, er aber weiterhin der Überzeugung sei, dass dieses Finanzinstrument seinen berechtigten Platz habe.

Nun, in Neuseeland haben wir schon eine Reihe von Schulen, ein Gefängnis und andere Einrichtungen die Privaten „gehören“. Inzwischen hat PPP manchmal den Namen gewechselt. Hier spricht man jetzt von SPV (special partnership vehicle). Sie kennen das ja: Tarnen und Täuschen. Wie Kriminelle ebenso sind.

Die Korporatisierung Neuseelands

„My view on empires: You either have one or you are in somebody else's.“
(meine Sichtweise zu Imperien: Entweder besitzt du selbst eines oder du gehörst zu dem Imperium eines anderen)
Peter Hitchens

Korporatisierung bezeichnet die Auflösung der öffentlichen Institutionen und ihre Überführung in private Netzwerke. Es bedeutet nicht mehr und nicht weniger als die Entführung und schließlich Zerstörung von Demokratie und die Einführung von Herrschaftsstrukturen der Wirtschaft, die jeden Bereich der Gesellschaft kontrollieren. Die gute Nachricht: Sie merken es nicht einmal.

Ich gebe Ihnen ein Beispiel aus Neuseeland. Im September 2019 bekommt die irische Nationalbank einen neuen Boss. Der Mann wurde in Ägypten geboren, reiste viel in der Welt herum und arbeitete für viele Herren. Momentan arbeitet er noch für ein paar Wochen als Chef im Finanzministerium von Neuseeland.
Er hat auch schon für die englische Regierung gearbeitet, für die OECD und andere Organisationen. Der Mann ist also nicht Neuseeländer, hat aber eine der bedeutendsten Regierungspositionen inne. Politikdarsteller kommen und gehen, aber diese Inhaber der wahren Macht in den Ministerien bleiben viele Jahre.

Das Finanzministerium in Neuseeland hat auch ein hochrangiges Beraterteam, genannt „Treasury Board“. Den Vorsitz hat momentan noch der Mann aus Ägypten. In dem Gremium sitzen außerdem eine Amerikanerin und ein Regierungsvertreter aus Australien. Eine andere hochkarätige Frau in dem erlauchten Kreise besitzt die Staatsbürgerschaften von Frankreich und von Australien.

All diese Leute sind in internationale Netzwerke eingebunden. Ihre Loyalität gegenüber dem Lande, in dem sie gerade arbeiten, ist schwer einzuschätzen.

Bevor Sie mir die offensichtliche Frage stellen: Nein, diese Mitarbeiter in der Regierung wurden nicht von der Bevölkerung gewählt, und die Bevölkerung hat auch keine Mittel, sich gegen die Übernahme der Regierung (oder zumindest Einflussnahme der

Regierung) durch Bürger anderer Staaten zu wehren.

In Europa haben Sie bekanntlich bereits die Extremsituation, dass die Bürokraten in Brüssel entscheidenden Einfluss auf die Wirtschaft nehmen, wobei sie den Legionen von schwergewichtigen Lobbyisten mehr oder weniger schutzlos ausgeliefert sind. Die Lobbyisten vertreten wirtschaftliche Interessengruppen, die alles mögliche, aber sicherlich nicht das Wohl der Bürger im Auge haben.

Die Hinterhältigkeit der Vorgehensweise der privaten Organisationen bringt einem das Blut zum Kochen. Hinzu kommt noch, dass die Medien nicht willig oder nicht in der Lage sind, die Mechanismen der Macht in der heutigen Zeit aufzudecken. Es ist doch wirklich nicht so kompliziert.

Passen Sie mal auf: Laut Opposition hat die momentane Regierung in Neuseeland etwa 300 Arbeitsgruppen (working groups and reviews) im Einsatz, um Vorschläge für Problemlösungen zu erarbeiten. In Worten: dreihundert! In diesen Arbeitsgruppen sitzen natürlich vor allem externe Experten. Die wurden von niemandem gewählt. Diese (natürlich gut bezahlten) Leute entwickeln Konzepte, die dann im Kabinett diskutiert und abgenickt oder verworfen werden. Sie als Bürger könnten sich selbstverständlich fragen: Wozu haben wir dann eigentlich noch Politiker? Früher, das weiß sogar ich, früher gab es in den Ministerien selbst den Sachverstand, um mit allen anstehenden Problemen fertigzuwerden. Und so sollte es selbstverständlich auch heute noch sein. Was hier abläuft ist nicht nur eine Auslagerung von Demokratie. Es ist die Abschaffung von Demokratie, ohne dass die Öffentlichkeit es überhaupt bemerkt. Und wenn doch, dann wird darauf hingewiesen, dass heutzutage doch alles so komplex und kompliziert sei, da bräuchte man unbedingt den Sachverstand der bestmöglichen Experten. Gott sei es geklagt: Der menschliche Verstand ist in der Lage, für jeden Schwachsinn eine vernünftig klingende Begründung zu mobilisieren.

Außerdem gestatten diese Arbeitsgruppen der Regierung, Probleme auf die lange Bank zu schieben und zu entscheiden, wie lang denn nun diese Bank sein soll. Eine Legislaturperiode in Neuseeland dauert lediglich drei Jahre. Es ist unmöglich, dass in dem

Zeitraum die Probleme in den 300 Working Groups abgearbeitet werden. Nach der Wahl kommt vielleicht eine neue Regierung. Dann geht der ganze Zirkus wieder von vorne los.

Übrigens, in der Schweiz fanden zwischen 1992 und 2001 drei Volksabstimmungen über den Beitritt des Landes in die EU statt. Jedes Mal entschied sich die Bevölkerung dagegen. Trotzdem ist die Schweiz de facto ein Mitglied, denn sie ist über mehr als 100 Abkommen in die EU eingebunden. Sie hat nur kein Stimmrecht. Sehen Sie, so kann man Demokratie aushebeln. Den Rechtsverdrehern fällt immer ein Trick ein. Immer! Sie glauben doch nicht im Ernst, dass die Herren der Wirtschaft sich vom Volk aufhalten lassen. Sie sind schließlich die Herrscher.

Wenn Sie es denn sehen wollen, erkennen Sie die allmähliche Auflösung des Nationalstaates und die Einführung von Machtstrukturen, die völlig von wirtschaftlichen Interessen kontrolliert werden, die international organisiert sind.

Na, mal ehrlich, wer will die mit demokratischen Mitteln in ihre Schranken verweisen? Diese wirtschaftlichen Machtstrukturen finanzieren selbstverständlich auch den gesamten Politikapparat. Was wir so Spenden nennen wird sich demnächst als der entscheidende Einfluss in unserer voll ausgebildeten „gekauften Republik“ herausstellen. Ich wünsche Ihnen alles Gute. Wählen Sie mal schön.

Denkfabriken (think tanks)

Das wichtigste Ereignis in der Geschichte der Neuzeit (also seit etwa dem Jahre 1500), vielleicht sogar das wichtigste Ereignis in der Geschichte überhaupt, ist die Gründung der Federal Reserve Bank in Amerika am 23. Dezember 1913. Mit der Verabschiedung des „Federal Reserve Acts“ übertrug die amerikanische Regierung die Kontrolle über das Geld an die privaten Banken. Denn denen gehört die Federal Reserve Bank. Mit der Verabschiedung des „Federal Reserve Acts“ übertrug die amerikanische Regierung aber auch die Macht im Lande an private Interessen. Einfach ausgedrückt: Mit Geld kann man (fast) alles kaufen. Wer das meiste Geld besitzt kontrolliert ergo die Welt. Es braucht nicht viel Intelligenz, um das zu durchschauen. Die Federal Reserve Bank (FED) konnte unbegrenzt Geld aus dem Nichts herstellen. Wer wollte gegen die konkurrieren? Der letzte, der das versuchte, was John F. Kennedy. Er ließ sogar neues Geld drucken.

Da saßen die Banker also über Weihnachten im Jahre 1913 zusammen, prosteten sich begeistert zu, denn sie hatten gerade den größten Coup aller Zeiten gelandet. Wenn Sie sich in diesen Kreisen auskennen sollten, dann wird sich Ihnen sofort die folgende Frage aufdrängen: „Jungs, wie geht es jetzt weiter?“

Sie verfielen auf eine geniale Idee. Sollten die 99,999 % der Bürger ruhig ihre Demokratie haben und in ihr glücklich sein. Wir, die Banker, wir werden parallel dazu eine Struktur errichten, die es uns erlaubt, die Welt zu kontrollieren. Und dann wollen wir doch mal sehen, wer hier das Sagen hat.

Heutzutage gibt es etwa 7,000 Denkfabriken auf der Welt, Stiftungen und sonstige Organisationen, die für das Wohl der sogenannten Elite arbeiten. Die Denkfabriken haben jeden Winkel der Gesellschaft durchdrungen. Übrigens haben sie auch die Universitäten fest in ihrer Hand. Forschungsaufträge müssen schließlich finanziert werden. Und wer hat das meiste Geld? Genau, Sie haben es kapiert.

Der perfideste Trick aber, auf den die lieben Banker verfielen, war, die Regierungen dieser Welt in ein unauflösliches Abhängigkeitsverhältnis zu bringen. Wie macht man das? Na? Richtig. Durch Krieg. Es ist müßig darüber zu streiten, ob sie den Ersten Weltkrieg anzettelten oder ihn einfach nur geschickt für ihre Zwecke benutzten. Faktum ist, dass nach Ende des Ersten Weltkrieges die Briten, die bisherigen Herrscher auf Erden, den Amerikanern (nach heutigem Gelde) einige hundert Milliarden Dollar schuldeten. Die haben sie übrigens bis heute nicht zurückgezahlt (die Schulden aus dem Zweiten Weltkrieg haben sie). Prächtige Zeiten. Nichts ist besser als ein Schuldverhältnis, eine totale Abhängigkeit. Und diesen tollen Trick kann man sogar überall auf Erden anwenden.

Nach dem Ersten Weltkrieg waren die Briten pleite. Selbst unsere lieben Freunde auf der Insel haben inzwischen eingesehen, dass das mit der Kriegserklärung an Deutschland im Jahre 1914 der größte Fehler in der Geschichte des Landes war.

Hitlers Dolmetscher, Paul Schmidt, nennt in seinen Memoiren eine Reihe von hochrangigen Engländern, die sich entsprechend bedauernd äußerten.

Als dann die Amis elegant den Zweiten Weltkrieg eingefädelt hatten (ohne deren Hilfe wären die Nazis nie an die Macht gekommen und hätten nie Krieg führen können) und die Engländer schließlich (da pleite), um Geld betteln mussten, da legten die Banker aus dem Land der Freiheit ihnen eine Liste von Dingen vor, die sie gerne hätten: Das Gold der Engländer (auch das in Südafrika, das sie sich, aus Sicherheitsgründen, sogar persönlich holten), Wertpapiere zu Hauf, Investitionen in den U.S.A. zu Schleuderpreisen und Immobilien bitte auch, damit wir da unsere schmucke Armee stationieren können. Sogar in England. Da hocken die Amerikaner noch heute. Churchill, der Held und Massenmörder, er schnaufte und tobte, aber was sollte er machen? Er verscherbelte, wie man so sagt, das Tafelsilber der Briten. Das Endresultat können Sie ja heute bemitleiden. Pleite!

Es gibt lustigerweise diesen Mythos, diese Lachnummer, von der unzerbrechlichen angloamerikanischen Freundschaft. Das ist, wie man so sagt, bullshit. So blöd sind die Engländer auch nicht, dass sie nicht inzwischen durchschauen, was da mit ihnen geschah. Sie können es sogar in einer langen Reihe von aufschlussreichen Büchern nachlesen. Ist ja auch wirklich nicht kompliziert.

Bereits 1921 sandte der damalige britische Botschafter in Washington, Sir Auckland Geddes, einen Bericht nach London, der folgende Worte enthielt (Übersetzung vom Autor): „Die zentrale Ambition der Amerikaner ist es, die führende Nation in der Welt zu werden und damit natürlich auch die Position des führenden englischsprachigen Landes einzunehmen. Um dieses Ziel zu erreichen, beabsichtigen sie, die stärkste Kriegsflotte und die zahlreichste Handelsflotte aufzubauen. Die U.S.A. wollen es geradezu verhindern, dass wir in der Lage sind, unsere Kriegsschulden zu bezahlen, daher erschweren sie unsere Exporte in ihr Land. Die momentane Situation ist für sie eine Gelegenheit, uns zum Vasallenstaat zu degradieren, so lange, bis wir unsere Schulden bezahlt haben.“ Der Mann blickte, wie man so sagt, voll durch. Die Amerikaner wollten ihr Geld nicht zurück, denn niemand ist anhänglicher und abhängiger als ein Schuldner. Die Amerikaner ließen die Briten dann noch ein wenig zappeln bevor sie ihnen im zweiten Weltkrieg den Garaus machten. Klappte alles ganz großartig. Hollywood berieselte dann zum Trost die geschundenen Briten mit herzerweichenden Geschichten. Und alle waren glücklich. The End.

Aber kommen wir zurück zu den Denkfabriken. Diese Netzwerke existieren mittlerweile in allen wesentlichen Ländern auf Erden. Natürlich auch in Deutschland. Natürlich auch in Neuseeland. Diese Netzwerke kontrollieren das Land. Diese Netzwerke und die Eliten, die hinter ihnen stehen, die regieren die Länder und letztendlich auch die Welt (well, zumindest die westliche Welt).

Schauen Sie sich doch mal diesen erbärmlichen Haufen von Gestalten in Berlin an. Unter uns, ganz ehrlich: Sieht so die Elite eines Volkes aus, das soll die Regierung von Deutschland sein, das Beste vom Besten? Angela und Heiko und all die anderen Dummschwätzer, die nichts, aber auch gar nichts auf die Reihe bringen? Mein Gott, wenn ich diese peinlichen Bilder sehe, wenn sie, nach Bewältigung von wieder einmal so einem Gipfel, die Welt retteten, dann denke ich mir immer: Entweder die wissen, wozu die sich hergegeben haben oder die stehen da einfach grinsend in ihrer naiven Unschuld. Ich spreche dann mein kleines Gebet: Herr vergib ihnen, denn sie wissen nicht was sie tun. Leute, Politik ist lediglich eine Fassade. It is not what it looks like. It is not what it looke like? No! Die Aufgabe der Politiker besteht darin, das Volk ruhig zu halten, es abzulenken und im besten Falle zu unterhalten. Und, mal ehrlich, was kann man sich da nicht herrlich aufregen, wenn es um Politik geht, gell? Sorry, Sie verschwenden Ihre Zeit. Das ist alles Theater. Und damit das auch brav so bleibt, haben Sie nur dann eine Chance in der Politik, wenn Sie dritte Wahl sind. Und moralisch flexibel. Eigentlich: sehr flexibel. Und sie müssen in der Lage sein, Befehlen Folge zu leisten.

Come on, wenn Geld die Welt regiert, die FED (Federal Reserve Bank der U.S.A.) und andere Geldorganisationen und einige Superreiche das meiste Geld haben, dann kann es doch nur einen Ausgang des Spieles geben, oder? In Neuseeland lief das in den achtziger Jahren des letzten Jahrhunderts ähnlich ab. Vorher hatte die Elite das kleine Land ein wenig vernachlässigt. Aber nachdem Premierminister Norman Kirk gestorben war, schwor man sich einen Eid: So ein Mann sollte nie, nie wieder das Land regieren dürfen. Von nun an bestimmen wir, wer da Politiker spielen darf. Im Moment ist das Jacinda Ardern. Die Unschuld vom Lande. Was wollen Sie von der Frau erwarten?

Schocktherapie

„Shock and Awe are actions that create fears, dangers, and destruction that are incomprehensible to the people at large."
„Aktionen, die Schock und Panik auslösen, die Gefühle von Angst, Gefahr und Vernichtung schaffen, überwältigen das Denken der Mehrheit der Menschen."
Auszug aus der U.S. Militärdoktrin für den Krieg im Irak

Wenn Sie in einem Land ein neues Wirtschafts- und Finanzsystem einführen wollen, müssen Sie unbedingt zuerst das bisherige Gesellschaftssystem zerstören. Und zwar schnell und brutal. Krieg ist dafür immer gut. Muss aber nicht unbedingt sein. Naomi Klein hat den Mechanismus in ihrem Buch „The Shock Doctrine" (deutscher Titel: Die Schock Strategie) im Detail beschrieben.

Der normale Sterbliche kann sich gar nicht vorstellen, wozu die Eliten in einer Gesellschaft bereit sind, um ihre egoistischen Vorstellungen von einer zukünftigen Welt zu verwirklichen. Sie zögern nicht, jeden Preis zu zahlen, vielmehr, jeden Preis zu fordern, denn den Preis werden andere Menschen bezahlen. In Blut, Tod und Elend. Sie, die Eliten, müssen lediglich das notwendige Falschgeld für die Ausführung der kriminellen Akte zur Verfügung stellen. Manchmal genügt es aber auch schon, eine, ohne ihr Einwirken, geschehene Katastrophe für die eigenen, finsteren Zwecke zu missbrauchen. Sie kennen doch den Spruch: „You never let a serious crisis go to waste. And what I mean by that it's an opportunity to do things you think you could not do before" (Rahm Emanuel, Chief of Staff to President Obama). Auf deutsch: „Man sollte keine ernste Krise ungenutzt lassen. Ich meine damit, dass diese Krise eine Gelegenheit bietet, Dinge zu tun, von denen du vorher annahmst, du könntest sie nicht tun."

Naomi Klein erwähnt in ihrem Buch die Auswirkungen des Hurrikans Katrina in New Orleans im August 2005. Nachdem die Wohnhäuser und die Schulen in den Armenvierteln von den Fluten zerstört waren, sah die Elite dies als eine großartige Gelegenheit, die betroffenen Gebiete für die Neureichen zu entwickeln. Sie kümmerte es nicht, was aus den Menschen werden sollte, die hier bisher gelebt hatten. Das Ereignis lehrte in seiner Brutalität: Alle Menschen sind nicht gleich!

In Chile mussten im September 1973 das Militär und die CIA allerdings nachhelfen, um eine Regierung loszuwerden (die U.S.A. haben inzwischen ihre Rolle in dem Coup zugegeben, siehe CIA Bericht vom September 2000), die verrückte, sozialistische Ideen verfolgte und daher der Entwicklung vom wirtschaftlichen Fortschritt der Eliten im Lande im Wege stand. Am 11. September 1973 ermordeten sie den Präsidenten, Salvador Allende. Am 23. September starb der hoch angesehene und einflussreiche Schriftsteller, der Nobelpreisträger Pablo Neruda, im Krankenhaus. Laut einer Erklärung des chilenischen Innenministeriums im November 2015 sei es „offensichtlich möglich und sehr wahrscheinlich" , dass Pablo Neruda getötet wurde. Und dann, um den Terror auf die Spitze zu treiben, um auch noch den letzten Hoffenden einzuschüchtern, psychisch zu unterwerfen, mussten sie den populärsten Sänger und Helden des Landes, Victor Jara, vernichten. Er wurde verhaftet, gedemütigt, verhöhnt. Sie brachen ihm die Hände, brachen seine Gitarre und schrien ihm zu, nun solle er doch mal spielen. Jara öffnete den Mund und sang das Lied „Venceremos" (wir werden siegen). Da richteten sie ihre Maschinenpistolen auf ihn und mähten ihn nieder. Mit 44 Kugeln. Über dreitausend freie Menschen starben damals. Tausende, Millionen sterben noch heute auf grausame Art. Der Kapitalismus nährt sich, wenn es darauf ankommt und er herausgefordert wird, von dem Blut und Elend der nach Gerechtigkeit schreienden Menschen. Ein grausamer Kapitalismus haust in dieser Welt, ohne Gnade und Würde, angetrieben von der endlosen Gier nach mehr und mehr und immer mehr.... zugunsten von wenigen, die sich einen Dreck scheren um Menschenwürde, Gerechtigkeit oder einem Paradies auf Erden, das sie dann mit anderen Menschen teilen müssten. Kranke Menschen, Wahnsinnige, die Amok laufen, die lieber zerstören als ihre Macht abzutreten an die Gemeinschaft. So hetzen sie gierend über den Planeten, stets auf der Suche nach neuen Opfern.

Meistens müssen die Beutezüge inszeniert werden, was die Gurus dieser Strategie offen eingestehen. Das sind zwar Opportunisten, aber auch ihre Geduld hat Grenzen. Von langer Hand vorbereitet fabrizierte man im Jahre 1984 in Neuseeland eine Krise, die nach einem vorbereiteten Drehbuch dann den Reichtum im Lande vom Volke in die Taschen einer kleinen Elite umlenkte. Und zwar Knall auf Fall. Sie dürfen der Bevölkerung keine Chance lassen, zur Besinnung zu kommen. Der Schock muss so tief stecken, dass die Angst ums eigene Überleben alle anderen Sorgen und Gedanken in den Hintergrund verdrängt.

Wichtig ist natürlich, dass die Bevölkerung sich eigentlich nie von dem Schock erholt, oder dass sie zumindest nicht dermaßen aufwacht, dass sie verstehen könnte, dass sie durchschauen könnte, was da mit ihr geschah.

Der französische Autor Bernard Stiegler beschreibt diesen unbedingt notwendigen Prozess im Vorwort seines Buches „Etats de Choc. Betise et Savoir au XXIe siecle“ sehr eindringlich (Übersetzung vom Autor):
„...basierend auf einer systematischen Ausbreitung von Dummheit, die Unterwerfung, Infantilisierung und Rückbildung zur Unmündigkeit nach sich zieht, um die Menschen des 21. Jahrhunderts völlig hilf- und wehrlos, angesichts einer Situation von offensichtlicher Hoffnungslosigkeit, zurückzulassen.“

Er beklagt die Aufgabe der Grundsätze, die Kant uns lehrte und behauptet, dass Demokratie ohne die Mündigkeit des Bürgers einfach unmöglich sei. Diese Mündigkeit zu zerstören und in Unmündigkeit zu überführen, das sei die unbedingte Voraussetzung unseres Wirtschaftssystems des Neoliberalismus. Die Menschen dürfen auf keinen Fall erkennen, was da mit ihnen angestellt wird.

Das ist selbstverständlich nur möglich, wenn die Elite die Übermacht der Akademiker und der Medien auf ihrer Seite hat, d.h. wenn die Elite diese Akademiker und Medien eingekauft hat und deren Output kontrolliert. Für diese Kontrolle haben die Eliten viele Milliarden ausgegeben, langfristig investiert. Viel, viel Geld, aber die märchenhaften Renditen rechtfertigen solche Beträge. Und es funktionierte und funktioniert ja auch alles ganz großartig. Heute können die Eliten mit Recht behaupten, dass sie die westliche Welt fest unter ihrer Kontrolle halten.

Nun, nach diesen Ausführungen werden Sie später besser verstehen, was in Neuseeland geschah. Es handelt sich, wie im Falle von Chile und vielen anderen Ländern (wie z.B. Libyen, Irak, Jugoslawien), stets darum, sicherzustellen, dass die Länder sich unterwerfen und ausbeuten lassen. Und zwar alle. Alle? Wirklich alle? Nun, die Namen auf der Abschussliste der noch immer Widerspenstigen haben sich mittlerweile auf sieben reduziert: China, Russland, Kuba, Nordkorea, Venezuela, Iran, Syrien. Mehr nicht? Nein, mehr nicht. Sie werden mich jetzt vielleicht nach der Situation in Deutschland befragen. Lieber Freund, Sie bringen mich in Verlegenheit. In Deutschland lief der Prozess bereits vor vielen Jahren ab. Ich überlasse es Ihnen, herauszufinden, wann und wie das passierte. Sie würden mir ohnehin nicht glauben.

Darf ich dennoch, mit Ihrer Erlaubnis, nur ein paar Hinweise geben, die in die Richtung weisen, in der Sie die Antworten finden könnten. Einige der Schlüsselfragen des Zweiten Weltkrieges lauten: Erstens: Warum haben die Deutschen die englische Armee in Dünkirchen verschont? Die englische Armee damals hatte etwa 220,000 Soldaten (einschließlich der Soldaten in Indien). 150,000 von denen waren in Dünkirchen umzingelt. Ohne diese Soldaten hätte sich England sehr ernsthaft mit dem Gedanken von Kapitulation beschäftigen müssen. Ich zitiere aus dem Buch „Talking to Rudolf Hess“ von Desmond Zwar, in dem er sich auf Gespräche zwischen Hess und dem amerikanischen Leiter von Spandau, Col. Eugene K. Bird, bezieht. Hess sagte dem Colonel, dass er rechts neben Hitler stand, als der den Befehl gab, die Engländer nicht anzugreifen (Seite 182). Zweitens: Warum hat die deutsche Luftwaffe diesen dilettantischen Luftkrieg gegen England geführt? Lassen Sie mich den amerikanischen Generalmajor der Luftwaffe William A. Cohen in seinem Buch „The Art of the Strategist" zitieren (Seite 160): „The pressure on British defenses was enormous, and the tired English pilots and those supporting them on the ground began to show signs of stress. With British defenses and RAF Fighter Command severely strained and only days, if not hours, from collapsing, the Luftwaffe suddenly stopped its assaults against airfields and communication targets." (Übersetzung: Der Druck auf die britischen Verteidigungssysteme war enorm. Die erschöpften englischen Piloten und das Bodenpersonal zeigten Stressymptome. Doch obwohl die britische Verteidigung ernsthaft unter Druck stand und lediglich Tage, falls nicht sogar nur Stunden vor dem Kollaps stand, brach die Luftwaffe plötzlich die Angriffe gegen Landebahnen und Kommunikationssysteme ab). Drittens: Warum flog Rudolf Hess nach England? Die Dokumente in England sind bis heute nicht freigegeben. Viertens: Warum wurde Rudolf Hess, kurz vor seiner Entlassung aus dem Gefängnis in Spandau, ermordet?

Fünftens sollten Sie die Bücher des ehemaligen Reichsbankpräsidenten und Reichswirtschaftsminister Hjalmar Schacht lesen. In „Abrechnung mit Hitler" (Rohwoltverlag 1948), das mir in der englischen Ausgabe von 1949 vorliegt, heißt es auf Seite 123 in einem Zitat, einer Aussage des Politikers, Staatsbeamten und Widerstandskämpfers Hans Bernd Gisevius vor dem Nürnberger Gericht: „Thereupon Witzleben (General Erwin von Witzleben, Armeeoberbefehlshaber und Widerstandskämpfer, Anmerkung des Autors) asked a question which every General asked us at the time: whether it was true that war would break out as the result of a diplomatic incident in the east, or whether, as Hitler and Ribbentrop repeatedly told the Generals in confidence, that there was a gentlemen's agreement with the Western Powers which gave Germany a free hand in the east. Witzleben said that if such an agreement really existed then, of course, he could not strike." Witzleben sprach von dem geplanten Umsturz oder Attentat auf Hitler, das wegen des plötzlichen Besuches von Chamberlain in München abgesagt wurde. Hier die Übersetzung des Zitates von mir: „Daraufhin stellte Witzleben eine Frage, die jeder General damals stellte: ob es wahr war, dass der Krieg infolge eines diplomatischen Vorfalls im Osten ausbrechen würde oder ob, wie Hitler und Ribbentrop den Generälen wiederholt vertraulich sagten, eine Vereinbarung unter Ehrenmännern mit den westlichen Mächten bestand, die Deutschland freie Hand im Osten gab. Witzleben sagte, dass, falls so eine Vereinbarung tatsächlich existierte, er nicht zuschlagen konnte."

Übrigens, alle deutschen Akten wurden damals von den Alliierten beschlagnahmt und in die U.S.A. geschafft (ein Teil natürlich auch nach Russland). Da liegen sie zum Teil noch heute, viele nicht zugänglich, als geheim eingestuft, selbst nach all den Jahren. Es ist mir ein Rätsel, warum man die nicht alle (alle!) freigibt. Genauso kann man sich nur wundern, warum nicht sämtliche Unterlagen zu dem Kennedymord veröffentlicht werden. Können Sie mir einen einzigen Grund nennen?

Dann empfehle ich noch zu untersuchen, wie die Amerikaner England kurz vor und während und nach dem Zweiten Weltkrieg behandelten. Die Amis haben die Engländer benutzt wie Klopapier. Sah es in England nach dem Ende des Zweiten Weltkrieges wie in einem Land der Sieger aus? Die Amerikaner haben nach dem Ende des Zweiten Weltkrieges mehr für Deutschland getan als für England. Viel mehr. Und haben sich auch anständig um all die Nazis gekümmert. Warum? Wegen der russischen Gefahr? Ich lach mich tot.

Die Amerikaner wussten, dass die Russen niemals den Westen angreifen würden. So wie Churchill wusste, dass die Deutschen keine Invasion geplant hatten. Das war alles nur Panikmache. Und Business. Es ging immer nur um einen Wettkampf der Wirtschaftssysteme, um Unterwerfung und Ausbeutung. Wie wir inzwischen gelernt haben. Die Perfidie, Hinterhältigkeit, Herzlosigkeit, Grausamkeit und schiere Menschenverachtung dieser Wesen, die unsere Welt kontrollieren, können Sie sich als gesunder Mensch gar nicht vorstellen. 1939 hatten die Amerikaner drei Feinde ausgemacht: Die Japaner, die Deutschen und die Engländer. Sie kümmerten sich um die Japaner, sie hetzten die Deutschen auf die

Russen und die Engländer bekämpften sich selbst. Die Engländer fragen sich verwundert noch heute, wie sie so bescheuert sein konnten, Deutschland im Ersten Weltkrieg den Krieg zu erklären und damit Harakiri zu begehen.

Ich will noch folgendes zum Verhältnis von Deutschland und Großbritannien sagen. Wenn Sie sich mal die Entwicklungsgeschichte von Sprachen anschauen, dann werden Sie feststellen, dass das Germanische bei seiner Verbreitung wahrlich nicht sonderlich erfolgreich war. Nachdem die germanischen Völker gen Westen und Süden gezogen waren hätte man doch erwartet können, dass sie auch ihre Sprache mitnahmen und in all denjenigen Gebieten etablierten, die sie erobert hatten. Aber das passierte nicht. Sie werden zwar in Italien, sogar noch heute, einige Blondschöpfe finden, aber wie viele germanische Worte haben es in die italienische Sprache geschafft? Eben. Es gab bei der Verbreitung der Germanen und parallel dazu ihrer Sprache nur eine einzige Ausnahme: Großbritannien. Nachdem die Römer im 5. Jahrhundert ihre Soldaten abziehen mussten, die bei der Verteidigung des Heimatlandes gegen die anstürmenden Germanen gebraucht wurden, machten sich bald vor allem die Friesen, Sachsen und Angeln auf, sich in Großbritannien niederzulassen.

Warum waren die letztendlich so erfolgreich? Nun, die große Pestilenz in Europa im 6. Jahrhundert schaffte es auf den eingefahrenen Handelswegen der Römer bis zu den britischen Inseln und raffte große Teile der Einheimischen hinweg. Die Germanen blieben von der Pestilenz weitestgehend unberührt und breiteten sich anschließend relativ schnell auf den Inseln aus. Es gab mittlerweile genug von ihnen, so dass sich auch ihre Sprache durchsetzte. Selbst die Franzosen nach 1066 änderten nicht wirklich viel daran. Und daher kann man heute durchaus sagen, dass nicht nur das englische Königshaus, sondern auch ein Großteil der Bevölkerung von Großbritannien eigentlich unsere Schwestern und Brüder sind. Der Hitler, ein Psychopath von gigantischen Proportionen mit seinem Rassenwahn (der übrigens in der westlichen Welt damals weit verbreitet war) wusste das und sträubte sich daher, mit den Briten Krieg anzufangen. Das hätte der von sich aus nie getan. Er bewunderte

die Briten geradezu. Als Beweis für diese Aussage gibt es viele Quellen. Ich will nur aus der Biographie von J.R
Butler aus dem Jahre 1960 über Lord Lothian zitieren, einem bekannten britischen Politiker und Diplomaten der damaligen Zeit, der in den letzten beiden Jahren vor seinem Tode 1940 Botschafter in den U.S.A. war. Lord Lothian traf Hitler zweimal (29. Januar 1935 und 4. May 1937). Hier sind Auszüge aus den Protokollen über die Gespräche, die im Anhang des Buches von Mr. Butler veröffentlicht wurden:

„He (Hitler) was sure that common sense would triumph, and that the two peoples racially akin with the finest qualities would not commit suicide." (Hitler war sich sicher, dass der gesunde Menschenverstand triumphieren würde und dass die beiden, von der Rasse her verwandten Völker, mit den feinsten menschlichen Qualitäten ausgestattet, keinen Selbstmord begehen würden.).

Hitler: „Long before I became Chancellor, in my writing days, I advocated co-operation with England. I have never written a single line against England. I have always stood for close co-operation between the two countries." (Hitler: Lange vor meiner Zeit als Kanzler, damals, als ich schrieb, befürwortete ich eine Kooperation mit England. Ich habe niemals eine einzige Zeile gegen England geschrieben. Ich bin immer für eine enge Kooperation der beiden Länder eingetreten.)

Hitler: „War was a great madness. But the greatest madness was the war of 1914 between the two peoples – the English and the Germans." (Hitler: Der Krieg war ein großer Wahnsinn. Aber der größte Wahnsinn war der Krieg von 1914 zwischen den zwei Völkern –den Engländern und den Deutschen).

Wie Sie wissen hatte es vor 1914 nie einen Krieg zwischen England und Deutschland gegeben. Gemeinsam hatten sie 1815 Napoleon besiegt.

Also, wenn Sie wieder mal nach London oder Liverpool oder Manchester fahren: Seien Sie lieb zu den Leuten. Es verbindet uns mehr als Sie glauben mögen. In Liverpool haben die das übrigens mittlerweile total kapiert und sich daher einen deutschen Coach geholt, der 100 % zu diesem verrückten Volk der Briten passt.

1914. 1939. Warum? Wozu? Gute Fragen. Nun, letztendlich gab es nur einen strahlenden Sieger: Die Vereinigten Staaten von Amerika. So wie es schon immer geplant war. Denn nur die waren und sind in der Lage, den Kapitalismus, die Globalisierung und andere Missionen in alle Länder auf Erden zu tragen. So einfach? Ja, so einfach. Wahrlich, wahrlich, wahrlich, die Welt wird erst zur Ruhe kommen, wenn endlich, in aller Öffentlichkeit, geklärt ist, warum es zu diesem verdammten 2. Weltkrieg kommen musste.

Sie meinen ich sei verrückt?

Also, passen Sie mal auf, schauen wir uns ganz cool und nüchtern und ohne Emotionen die folgenden Zahlen an: Arbeitslose in den U.S.A. im Jahre 1932: Etwa 12 Millionen (23,6 % Arbeitslosigkeit). Die hier genannten Zahlen sind offizielle Zahlen. Sie können also davon ausgehen, dass die Wirklichkeit noch schlimmer aussah. 1933 wurde Franklin D. Roosevelt Präsident der Vereinigten Staaten. Sie erinnern sich bestimmt noch aus der Schulzeit an die Geschichte mit dem „New Deal", also einem revolutionären Programm zwischen 1933 und 1936, um die Arbeitslosigkeit zu beseitigen. Funktionierte das mit dem „New Deal"?

Nun, er versuchte wirklich alles, der Roosevelt: Die Einkommenssteuer stieg von 25 % auf bis zu 94 %, Sozialversicherung wurde eingeführt, es gab auf einmal einen Mindestlohn, Arbeitsbeschaffungsprogramme und und und ... Aber 1938 gab es noch immer 10,4 Millionen Arbeitslose. 1939: 9,5 Millionen. Das waren damals hochexplosive Zeiten in Amerika. Es bestand durchaus die Gefahr, dass der Sozialismus an die Macht kommen konnte. Was tun? Der Kapitalismus schien am Ende mit seinem Latein. Nun, nicht ganz. Der Kapitalismus hatte noch eine Trumpfkarte, die bisher noch immer geholfen hatte: Und tatsächlich, von 9,5 Millionen Arbeitslose im Jahre 1939 fiel dann die Arbeitslosigkeit auf 5,6 Millionen im Jahre 1941. Was war passiert? Sie wissen es: Pearl Harbour. KRIEG. Die Arbeitslosenquote fiel von 19,0 % im Jahre 1938 auf 9,9 % im Jahre 1941, dann auf 4,7 % im Jahre 1942, dann bis auf 1,2 % im Jahre 1944. Nicht der „New Deal" rettete den Kapitalismus. Der Zweite Weltkrieg rettete den Kapitalismus.

Hier ist nicht der Ort, um in Einzelheiten die Situation in den U.S.A. damals zu analysieren, aber bei nüchterner Betrachtung der

Beweislage bin ich zu der Erkenntnis gelangt, dass es eigentlich nur zwei Männer sein konnten, die ein Interesse im Jahre 1939 an einem großen Krieg hatten. Die Frage: Cui bono?

Roosevelt brauchte diesen Krieg. Meiner Meinung nach hat Roosevelt den Zweiten Weltkrieg angezettelt. Gemeinsam mit seinem hochverschuldeten Buddy Winston Churchill. Sie meinen, der Winston, das war der große Held? Ich bin mir da nicht sicher. Natürlich hat der Hitler den 2. Weltkrieg begonnen. Daran besteht kein Zweifel. Aber es besteht ein großer Unterschied zwischen beginnen und anzetteln.

Sie müssen mal die Bücher von und die Biographien über Hjalmar Horace Greely Schacht durchlesen. Das war der Chef der Reichsbank von 1933 bis 1939 und der Reichswirtschaftsminister von 1934 bis 1937. Der Mann war ein Genie. Und nicht nur das. Der Mann hatte Mumm, selbst Hitler gegenüber, landete dann im Konzentrationslager, weil er mit den Männern des 20. Juli in Verbindung stand. Hören Sie dem Mann mal zu. Deutschland hatte nach Beginn der Aufrüstung ganz schnell keine Devisen mehr. Die Deutschen waren so unter Druck, die kauften sogar Kaffee in Brasilien auf Pump und verscherbelten den Kaffee dann auf dem internationalen Markt, nur um an Devisen zu kommen. Das war die Realität. Niemand wollte Ende der dreißiger Jahre den Deutschen mehr Kredit geben. Die pfiffen aus dem letzten Loch. Wenn Sie Krieg führen wollen brauchen Sie Kohle, Stahl, Öl und tausend andere Dinge in riesigen Mengen. In Deutschland fehlte es an allem. Rationieren war das magische Wort. Der Polenfeldzug dauerte vom 1. September bis zum 6. Oktober 1939. Die Vorräte an Munition der Wehrmacht waren am Ende fast aufgebraucht. Nach nur etwa 5 Wochen. Es mag wohl sein, dass der Hitler die Welt erobern wollte. Aber bestimmt nicht im September 1939. Dazu musste er gezwungen werden. Und das klappte ja dann auch ganz großartig. Wenn Sie auch nur Basiswissen darüber haben wie eine Wirtschaft funktioniert, dann geht Ihnen schnell auf, dass die Deutschen unmöglich den Zweiten Weltkrieg gewinnen konnten. Es fehlte an allem. Man fragt sich eigentlich nur, wie die so lange durchhalten konnten. Hätten die Alliierten die Nazis vom Öl abgeschnitten wäre Feierabend gewesen. Aber die Amis brauchten halt einen langen Krieg. Je länger desto besser fürs Geschäft. Business. Money! Sie brauchen sich nicht mit Politik zu beschäftigen. Das ist Zeitverschwendung. Betrachten Sie Länder als Wirtschaften. Dann wird alles ganz schnell ganz klar.

Darf ich Ihnen den folgenden Rat geben, wenn Sie denn wirklich die deutsche Geschichte der letzten hundert Jahre verstehen wollen. Lesen Sie nicht nur die deutschen Geschichtsbücher. Lesen Sie ausländische Geschichtsbücher, vor allem aus England und Amerika. Soll ich das noch einmal wiederholen? Lesen Sie ausländische Geschichtsbücher. Natürlich auch die der Russen. Die Ausländer haben eine ganz andere Perspektive und haben inzwischen die Analyse der Ereignisse von all diesen Ideologien und Emotionen entrümpelt, mit denen sich die Deutschen noch immer, schuldbewusst, abplagen. Man sollte doch heutzutage, nach all den Jahren, endlich in der Lage sein, diese Zeit mehr wie einen Kriminalfall zu durchleuchten. Die Deutschen Historiker sind allerdings dermaßen ideologisch versaut, da ist Hopfen und Malz verloren. Zum Einstieg empfehle ich Ihnen das Buch des bekannten englischen Journalisten Peter Hitchens: „The Phoney Victory – The World War II Illusion", das 2018 herauskam. Der geht in dem Buch illusionslos mit seinem Land ins Gericht. Da die Engländer nie ihre Schulden gegenüber den Amerikanern aus dem Ersten Weltkrieg beglichen hatten, weigerte sich die U.S. Regierung anfänglich, nach Ausbruch des Zweiten Weltkrieges, Waffen an England zu liefern. Erst als die Engländer all ihr Gold herausrückten, ihre Investitionen in den U.S.A. abtraten und auch noch sonstige Zugeständnisse machten, waren die geschäftstüchtigen und (muss man wohl so sagen) hinterhältigen Verteidiger der Freiheit bereit, gegen bar und unter der Bedingung, den Kram selbst abzuholen, zu liefern. Das meiste landete dann erst einmal, dank der deutschen U-Boote, auf dem Grund des Meeres. So heizt man die Wirtschaft an. Die angebliche U.S. – englische Freundschaft ist dumme Faselei. Die Engländer sind ein Vasall der Amerikaner. Shock and Awe! Freiwillig hätten die Engländer nicht ihr Empire aufgegeben.

Deutschland ist selbstverständlich ebenfalls eine Kolonie der U.S.A. So wie alle anderen Länder der heiligen westlichen Wertegemeinschaft, wie z.B. Südkorea, Japan, Taiwan, wo man halt richtig arbeitet für seine Sklavenhalter. Irgendjemand muss ja schließlich all den Mist herstellen, den die Amis brauchen, um glücklich zu sein. Und, das muss man fairerweise sagen, die bezahlen ja auch immer pünktlich. Geld haben die genug. Wenn es dennoch da mal kurzfristig an einer Billion hapern sollte, dann legen die nachts eine Sonderschicht ein, und am nächsten Morgen liegt die Knete bereit. Soviel wie Sie wollen. Anstandslos. Ja, ja!

Die Vernichtung der Identität von Individuum und Gemeinschaft

„There is no such thing as society" („So etwas wie Gesellschaft gibt es nicht")
Margaret Thatcher, ehemalige Premierministerin von Großbritannien

Im Staatshaushalt von Neuseeland für das Jahr 2020 wurden die Ausgaben für psychische Gesundheit um 1,9 Milliarden Dollar erhöht. Das ist der höchste Zuwachs bei allen Budgets. Nachdem bereits vor Jahren von internationalen Organisationen der Notstand bei psychischen Krankheiten in Neuseeland ausgerufen wurde, schickt sich jetzt die Regierung an, zumindest die Symptome des Elends zu bekämpfen. Obwohl die Ursachen längst bekannt sind. In dem Bericht einer Untersuchungskommission der Regierung vom Dezember 2018 heißt es hinsichtlich der größten Gruppe der Betroffenen, der Maoris: „The stress and trauma that people experience from lack of appropriate housing, poverty, cultural alienation, familiy violence, racism and the impact of colonisation cannot, and should not, be addressed by mental health and addiction interventions alone." (Der Stress und das Trauma, das die Menschen infolge unzureichenden Wohnraums, infolge Armut, kultureller Entfremdung, Gewalt in der Familie, Rassismus und der

Einwirkung der Kolonisierung durchleben, können und sollten nicht allein durch Hilfestellung bei der Behandlung von psychischen Problemen und Suchtverhalten bewältigt werden).

Werden nun also all diese aufgezählten Ursachen gezielt bekämpft? Nein. Man managt lediglich einige Symptome so gut es geht, preist diese Almosen als Großzügigkeit und gaukelt den Menschen vor, dass jetzt alles besser werde.

Die Maoris (und auch die Menschen hier, die von den pazifischen Inseln kommen und ähnliche Probleme haben) sind keine Individualisten wie der gefeierte Prototyp des westlichen Menschen. Die Maoris leben in der Solidarität der Gemeinschaft. Ohne Gemeinschaft können sie vielleicht körperlich überleben, aber nicht geistig und seelisch. Ein Maori geht zum Beispiel nicht allein zum Arzt. Er nimmt seine Familie mit. Der weiße Mann, zum Beispiel der Psychiater, will aber lediglich das Individuum behandeln. So arbeiten die nun mal. In einem Bericht von Radio New Zealand vom 11.12.18 heisst es demzufolge: „current system is hostile, coercive, culturally incompetent, individualistic, cold and clinical." (Das aktuelle System wird als feindlich angesehen, es übt Zwang aus, ist inkompetent bei kulturellen Empfindlichkeiten, ist kalt und klinisch.)

So war es schon immer. Der weise, weiße Mann kam und unterwarf sich diese Menschen, von denen er totale Anpassung verlangte. Da der weiße Mann an irgendwelchen geistigen Werten überhaupt kein Interesse hatte, sondern lediglich materielle Interessen verfolgte, konnte dieses Zusammenleben natürlich langfristig nicht gut gehen. Denn leider weigerten sich die Maoris, auszusterben. Heute steht das Land vor einem Scherbenhaufen. Der weiße Mann zerstört den Menschen als Individuum, indem er dieses Individuum aus der lebensnotwendigen Gemeinschaft herausreißt. Das Motto der Weißen lautet: Jeder gegen Jeden.
Konkurrenz anstatt Kooperation.

Soweit zu den Maoris. Was aber geschah mit den Weißen, die zum überwiegenden Teil aus dem Vereinigten Königreich hierher kamen? Auch die hatten bis zum Jahre 1984 eine eigenständige Identität entwickelt. Und waren darauf sogar noch stolz. Wie unterwarf man die Psyche der weißen Neuseeländer? Nun, man flutete das Land mit Ausländern, mit Menschen aus völlig anderen Kulturkreisen. Zumeist aus Asien. Jetzt gibt es genug unterschiedliche ethnische Gruppen im Land, die man gegeneinander ausspielen kann. Mir ist kein Land auf Erden bekannt, in dem Rassismus nicht existiert. Da können Sie Liberalismus und Toleranz predigen so lang sie wollen, und es mag in der Öffentlichkeit sogar anscheinend funktionieren. Ich habe 15 Jahre in Malaysien gearbeitet. Dort bilden die Malaysier die Mehrheit, die Wirtschaft wird von Chinesen beherrscht. Nach außen Harmonie. Aber wenn Sie mit den Leuten reden, dann ergibt sich ein völlig anderes Bild. Sie können Kulturen nicht mixen. Das funktioniert nicht!!!

Was war die Reaktion im Lande? Hunderttausende von Kiwis verließen das Land. Natürlich auch aus wirtschaftlichen Gründen. Die meisten gingen nach Australien, wo momentan fast 700,000 Neuseeländer leben. Es gibt ein Abkommen, das den Kiwis erlaubt, in Australien zu leben und zu arbeiten. Sie finden ein ähnliches Phänomen in Deutschland, und man braucht kein Prophet zu sein, um vorherzusehen, dass sich dieser Trend in Deutschland noch verstärken wird. Wenn Sie die Kontrolle über Ihre Zukunft verloren haben, gehen Sie in ein Land, das ihren Vorstellungen von gewünschter Lebensweise entspricht.

Es gilt die alte Regel der Herrschenden: Divide et impera. Teile und herrsche. Der Einzelne kann sich nicht wehren. Nur in der Gemeinschaft ist er stark. Wenn die Gruppe der Herrschenden eine kleine Minderheit ausmacht, muss sie diesen Mechanismus benutzen, um sich gegen die Gemeinschaft durchzusetzen. Sie heuert Politiker an, die ihr willfährig zu Diensten sind, diese Gemeinschaft zu zerstören.

Laut der Bundeskanzlerin, Angela Merkel, sind Deutsche Menschen, „die schon länger hier leben.“ Mal ehrlich, meinen Sie, die Frau sei von allein auf diesen Spruch gekommen? Und was meinen Sie, was die Welt da draußen, außerhalb von Deutschland, von so einem Volk hält? Die haben Mitleid. So eine Aussage wäre zum Beispiel in Frankreich einfach unmöglich. Die Frau wäre erledigt. Aber in Deutschland geht das durch. Das deutsche Volk ist über die letzten hundert Jahre so gedemütigt worden, mit denen können die Herrschenden machen was sie wollen. Die Japaner, die Chinesen schütteln den Kopf. Die armen Deutschen.

Die Japaner, trotz all ihrer unglaublichen Kriegsverbrechen, trotten stolz durch ihr Land. Und lassen keine Fremden hinein, egal ob Flüchtling oder nicht. Das Volk will das nicht. Also weigert sich die Regierung. Das Volk sprach. In Deutschland: Nachdem Frau Merkel, unter Druck, beschlossen hatte, erst einmal keine Waffen mehr an Saudi-Arabien zu liefern, änderte sie bald ihre Meinung. Wen interessiert schon Moral? Wen interessiert schon der Krieg im Jemen? Es ist wie mit all den Kriegen, in denen Deutschland mitmacht. Die Mehrheit der Bevölkerung ist zwar dagegen. Aber wen juckt das? Wie lautet die Botschaft der Bundeskanzlerin?: Ich kann machen was ich will. Und außerdem: Ihr könnt mich mal...

Das wird absichtlich so gelenkt, inszeniert. Das Volk muss immer und immer wieder gedemütigt werden. Jetzt wird sogar noch weiter aufgerüstet, von etwa 40 Milliarden Euro momentan soll der Kriegshaushalt auf 80 Milliarden erhöht werden. Gegen den Willen der Bevölkerung. Aber wer kümmert sich schon um den Willen der Bevölkerung? So unterwirft man sich ein Volk. So einfach. Dazu kommt noch die Infantilisierung und dann..., das Unsichtbarmachen von Gewalt.

Die Politiker heute reden zu den Menschen wie zu Kindern. Sie behandeln sie auch wie Kinder. Und die Menschen verhalten sich brav wie unmündige Kinder. Dieser Mechanismus basiert natürlich auf wissenschaftlichen Arbeiten kluger Leute, die die Verhaltensweisen von Menschen allgemein und von spezifischen Völkern untersucht haben. Der Deutsche ist nun mal ein Kriecher, er ist autoritätshörig, brav und stolz auf seine Errungenschaften, wenn er sie hochhalten kann. Der authentische Deutsche der Geschichte, der die Freiheit liebt und mit seinem Leben verteidigt (Hegel: Der deutsche Geist ist der Geist der Freiheit), der freie deutsche Geist, der Großes leisten kann, den gibt es nicht mehr. Deutschland ist eine Kolonie der U.S.A. Die wollen alles, aber keine Aufmucker. Neuseeland ist heute ebenfalls eine Kolonie der U.S.A. Daher all die Parallelen.

Früher hätten Sie sich ein Volk mit Gewalt unterworfen. Heute machen Sie das geschickter und billiger. Sie unterwerfen sich das Volk im Kopf. Sie manipulieren das Hirn dieser Menschen. Die werden nur das lernen, was sie lernen sollen. Und die werden lediglich den Informationen ausgesetzt, die ihren Status als Sklave fördern. Die größte Manipulationsmaschinerie muss natürlich die Bildung sein. Es ist doch kein Wunder, dass es in der gesamten Geschichte Neuseelands nicht einen einzigen großen Politiker gegeben hat, der auf der Universität verblödete. Die hatten sich ihr Wissen alle selbst erarbeitet. Die lernten, selbständig zu denken. Die simple Erkenntnis aller Zeiten: Sobald Sie lesen können, können Sie sich alles Wissen dieser Welt selbst aneignen. So einfach. Schulen sollten nicht lehren was man denken soll, sondern sie sollten das Denken lehren. Und das Fragen!

Universitäten im Jahre 2019 sind vor allem Verblödungsanstalten (nun, nehmen wir die Naturwissenschaften mal ein wenig heraus, aber nicht völlig). Und da wollen all die Kinder hin. Die wollen sich offiziell verblöden lassen, um mit dem Verblödungszertifikat eine Chance zu haben, zumindest materiell zu überleben.

Hollywood, Dumbing Down Phone, Drogen, Pillen, Konsum, Sex und Propaganda versorgen sie dann mit Mittelchen, um die aufmüpfige Seele bei Laune zu halten.

Genauso läuft das auch in Neuseeland. Diese Thinktanks sind schließlich global vernetzt. Die hellsten käuflichen Köpfe auf Erden arbeiten für die Sklavenhalter.

Die Selbstmordrate in Deutschland ist nicht so hoch wie in Neuseeland. Die Deutschen haben sich langsam an den Zustand der totalen Unterwerfung gewöhnt. Da reichen Pillen. In Neuseeland ist das noch eine ziemliche frische Erfahrung, vor allem für die Eingeborenen. Die schreien noch auf im Protest. Viele allerdings resignieren. Daher der traurige Titel des Weltmeisters bei Jugendselbstmord.

Stellen Sie sich mal vor, hunderte von jungen Menschen würden morgen in Neuseeland getötet werden. Die Premierministerin würde heulend vor die Kameras treten und Himmel und Hölle in Bewegung setzen, um damit irgendwie zurechtzukommen. Tränen würden in Strömen fließen. Alle Welt würde aufhorchen. Die

Sterberate unter den 10 bis 24jährigen in Neuseeland liegt bei 35 Toten pro 100,000 Menschen. Das ist bei weitem die höchste Sterberate im Kapitalismus.

Aber die Opfer sind unsichtbar. Das verteilt sich über das Jahr. Was macht die Premierministerin? Sie gibt Geld aus für Pillen und Behandlung von Symptomen. Ich kann mir nicht vorstellen, dass die Frau so dumm ist, dass sie nicht durchschaut, was da abläuft. Warum, warum, warum löst sie nicht das Problem???

Man kann Menschen auf viele Arten töten. Übrigens auch mit Boykotts. Billig. Es müssen nicht unbedingt Kugeln sein. Teuer. Man kann auch einen Menschen in der Seele vernichten. Dann braucht es nicht mal eine Kugel. Der tötet sich selbst.

Das politische System Neuseelands

„New Zealand needs a constitution that is easy to understand, reflects our shared identity and nationhood, protects rights and liberties, and prevents governments from abusing power.“ (Neuseeland braucht eine Verfassung, die leicht verständlich ist, die unsere gemeinsame Identität und nationale Selbständigkeit widerspiegelt, unsere Rechte und Freiheiten schützt und verhindert, dass die Regierungen ihre Macht missbrauchen).
Sir Geoffrey Palmer in his book „A Constitution for Aotearoa New Zealand“

Lassen wir mal die Ideologien beiseite und betrachten ganz nüchtern die politischen Bausteine dieses Landes. Neuseeland hat ein Parlament mit ungefähr 120 Abgeordneten, die alle drei Jahre nach etwa dem gleichen Verfahren wie in Deutschland gewählt werden. Bei Einführung des Verhältniswahlrechtes im Jahre 1996 war Deutschland Vorbild.

Von 1853 bis 1996 galt das „first past the post“ System, bei dem die einfache Mehrheit der Stimmen über den Sieg im Wahlkreis entscheidet. Neuseeland hat keine Verfassung. Neuseeland hat lediglich eine einzige Kammer, das Parlament. Aus diesen Fakten resultiert eine ungewöhnliche Konzentration von Macht im Kabinett. Keine Kontrolle durch die Regeln einer Verfassung. Keine Kontrolle durch eine zweite Kammer. Und die Richter werden nicht vom Volk gewählt.

Der Rechtsgelehrte und ehemalige Premierminister Sir Geoffrey Palmer in „A Constitution for Aotearoa New Zealand" drückt das dezent aus: „At the moment, the appointment process for judges in New Zealand is less than ideal." (Der Ernennungsprozess von Richtern ist momentan in Neuseeland nicht gerade ideal geregelt)

In der Vergangenheit konnte der Premierminister fast herrschen wie er wollte, und Männer wie Robert Muldoon (Premierminister von 1975 bis 1984) machten von dieser Möglichkeit auch ausgiebig Gebrauch. Im Guten wie im Schlechten.

Da die Regierungsmehrheit bei lediglich 61 Abgeordneten liegt, wird ein Großteil von diesen Regierungsparteiabgeordneten im Parlament in die Regierung eingebunden sein. Ein Kabinett besteht momentan aus 20 Ministern, dann stellvertretenden Ministern und Ministern, die nicht im Kabinett vertreten sind. Die Regierung ist also ein ziemlich verschworener Haufen von Politikern, die alle ein persönliches Interesse daran haben, dass die Regierung sich durchsetzt. Keine unabhängige Legislative oder Judikative. Die Regierung kontrolliert sich selbst.

Sir Geoffrey Palmer: „We have an elective dictatorship. The dictatorship is Cabinet, not the Prime Minister. But many people might not understand that because the media focuses on the Prime Minister." Wirklich? Eine Diktatur?

In seinem Buch „A Constitution for Aotearoa New Zealand (das er zusammen mit dem Rechtsexperten Dr. Andrew Butler 2016 herausbrachte), in dem er für eine Verfassung für Neuseeland plädiert, schreibt Sir Palmer:

„In Neuseeland hat eine einfache Mehrheit im Parlament die Macht, jedes beliebige Gesetz zu erlassen, zu ändern oder zu verwerfen, einschließlich der verfassungsgebenden Gesetze."

„So unglaublich es auch klingen mag, es wäre dem Parlament rechtlich erlaubt, das Verfassungsgesetz von 1986 und das neuseeländische Menschenrechtsgesetz von 1990 (Bill of Rights Act

1990) im Parlament, an einem einzigen Tag, ohne irgendeinen Einfluss der Öffentlichkeit, aufzuheben. Das ist keine Angstmacherei, ähnliche Aktionen hat es gegeben." (Seite 14)

Schauen wir uns im Detail das Kabinett im Schlüsseljahr 1984 an: Kabinettmitglieder, einschließlich der 6 Unterstaatssekretäre (undersecretaries), 26. Der Parteiausschuss (caucus) bestand aus 55 Mitgliedern. Zu den 26 Kabinettsmitgliedern kamen noch ein paar natürliche Verbündete der Regierung im Parteiausschuss (z.B. Fraktionsführer, Vorsitzende der Komitees und andere), so dass das Kabinett leicht eine Mehrheit für seine Politik innerhalb der eigenen Partei erhielt. Oftmals wurde die Partei nicht einmal in Diskussionen mit einbezogen, da man wusste, dass die Mehrheit für den Vorschlag des Kabinetts stimmen würde. Die gleiche Loyalität galt dann natürlich auch für das Parlament. So kam es, dass der Premierminister, zusammen mit dem stellvertretenden Premierminister und der Troika von Finanzminister und seinen beiden gleichgesinnten Stellvertretern, Neuseeland regierte. Ohne dass da irgendjemand im Lande aufschrie. Übrigens, abgesehen von dem Finanzminister, waren die anderen 4 „Oligarchen" alle Rechtsanwälte. Wie anderweitig erwähnt, kein Land der westlichen Welt hat proportional mehr Anwälte als Neuseeland. Die auch die Mehrheit im Parlament bilden (d.h. keine andere Berufsgruppe ist ähnlich stark vertreten). Kein Wunder daher, dass wir mit dem neuseeländischen Parlament auch eine der größten Schwatzbuden in Sachen angeblicher Demokratie anzubieten haben.

Man muss also davon ausgehen, dass eine Handvoll von Männern damals das Land regierte. Ohne effektive Kontrolle entweder durch die eigene Partei, durch die Opposition, durch das Parlament oder durch die Judikative, die ebenfalls indirekt von Politikern kontrolliert wurde und wird (siehe Deutschland als anderes abschreckendes Beispiel). So, wollen Sie jetzt noch behaupten, dass Neuseeland eine Demokratie sei? Das ist Klüngelwirtschaft der ersten Güte. Und wir haben noch nicht einmal von Parteienfinanzierung, Medienkontrolle, Lobbyistencliquen und anderen Feinheiten edelster, westlicher Wertebeeinflussungsgemeinschaften gesprochen. Geoffrey Palmer spricht in seinem Buch „New Zealand's Constitution in Crisis" von einem „executive paradise".

Man könnte es auch Land der unbegrenzten Narrenfreiheit nennen.

So ist also zu erklären, wie es 1984 dazu kommen konnte, dass die Labour-Regierung eine Politik betrieb, die in keinem Parteiprogramm der Labourpartei auftauchte und sogar gegen die ureigensten Interessen der eigenen Wähler stand. Die Politiker machten einfach. Weil keiner die aufhalten konnte. Bis es dann zu spät war. Eine Revolution von oben fand statt, ohne Kontrolle seitens der Partei, der Opposition (die übrigens auch für diese Revolution war) oder gar der Bevölkerung. Dr. Palmer zitiert in seinem Buch aus den 1987 Wahlverprechen der Labour Partei: „Labour is opposed to privitising efficient state enterprises." (Die Labourpartei ist dagegen, effiziente Staatsbetriebe zu privatisieren). Aber dann privatisierten sie dennoch Firmen wie Telecom und die Postbank.

Das zu Ihrem Verständnis, wenn Sie später im Buch kopfschüttelnd und wohl auch ein wenig ungläubig lesen werden, wie eine Regierung ein ganzes Land, ohne Vorankündigung, einfach umkrempeln konnte. Ein ungeheurer Vorgang. Und noch einmal: Das, dear friends, das soll Demokratie sein?

Es geschah im Jahre 1984. Und die gleiche Partei wandte den gleichen Trick 1987 noch einmal an. Und kam durch damit. Eine Frechheit ohnegleichen. Bei den nächsten Wahlen jedoch hatte Labour jedweden Kredit verloren und erlitt eine desaströse Wahlniederlage. Aber jetzt kommt der Hammer. Die „National Party" versprach vor der Wahl 1990 unter Premier Minister Jim Bolger: „To restore the decent society." (Wieder eine anständige Gesellschaft herstellen). Anstand sollte wieder ins Parlament einziehen. Was dann passierte war genau das Gegenteil. Die Sozialleistungen wurden noch weiter zusammengestrichen. Innerhalb von Monaten krachte die Popularitätskurve der Regierung in den Keller. Aber was sollte die Bevölkerung machen? Die nächsten drei Jahre war sie dieser Regierung hilflos ausgeliefert.

Diese Vormachtstellung der Exekutive, ohne eine Kontrolle durch die Legislative, ist übrigens ein weltweites Phänomen der Erosion von Demokratie. Die U.S.A. sind seit 1945 in viele Kriege verwickelt gewesen, aber Sie werden wahrscheinlich nicht wissen, dass der amerikanische Kongress das letzte Mal am 8. Dezember im Jahre 1941 offiziell einem Land den Krieg erklärte, nämlich

Japan, einen Tag nach dem Angriff auf Pearl Harbour am 7. Dezember. So soll es sein. So steht es in der Verfassung. Aber seitdem haben alle Präsidenten es geschafft, sich dieser Kontrolle zu entziehen und andere Wege zu finden, damit der Kongress zumindest beim Krieg mitmacht und die notwendigen Gelder bewilligt.

Und ich frage Sie: Welche Macht hat denn noch der Bundestag in Deutschland? Da klaffen doch Verfassung und Wirklichkeit mittlerweile weit auseinander.

Aber zurück zu Neuseeland: Der bekannte Kommentator Colin James schrieb 1993 in seinem Buch „Turning Point: The 1993 Election and Beyond“ (Seite 32):

„For a policy to be driven radically, in defiance to public opinion, by a tiny elite in one government was unusual. For the same thing to happen in two governments in a row is so rare as to defy the conventional wisdom of democratic analysis.“ (Dass eine Politik durch eine kleine Elite innerhalb einer Regierung radikal vorangetrieben wird, entgegen den Wünschen der öffentlichen Meinung, war ungewöhnlich. Dass aber dergleiche Vorgang in zwei Regierungen hintereinander geschieht ist so selten, dass die übliche Weisheit der demokratischen Analyse daran scheitert).

Ich nehme einmal tollkühn an, die Parteien haben Berater, die ihnen sagen:

„Ihr könnt machen was ihr wollt. Das Volk ist erstens doof und zweitens hilflos. Die können sich nicht wehren.“ Wie sonst kann man so etwas erklären?

Es bedeutet das Ende von Demokratie, wenn es keine Alternative mehr gibt. Es bedeutet das Ende von Demokratie, wenn es keine Meinungsvielfalt mehr gibt. Und keine Kontrolle der Exekutive. Von Verzweiflung getrieben kämpfte das Wahlvolk 1993 für ein neues Wahlsystem. Aber wie bereits ausgeführt: Egal welche Partei Sie wählen, egal welches Wahlsystem gilt, der gute Kurt Tucholsky hatte die Sache schon vor langer Zeit treffend auf den Punkt gebracht: „Wenn Wahlen etwas ändern würden, wären sie längst verboten.“

An dieser oben geschilderten, absoluten Machtposition des Kabinetts hat sich bis heute nichts geändert. Das Parlament verkommt in solch einer Konstellation zur Laber- und Abnickbude, in der drittklassige Unterhaltung mit Scheinkämpfen für die Bevölkerung geboten wird. Das müssen Sie sich mal anhören. Die Veranstaltung beginnt mit einem Gebet, obwohl eine fortschreitend schrumpfende Minderheit im Lande sich als christlich bezeichnet. Nun, immerhin haben die hohen Herrschaften sich inzwischen geeinigt, den guten Herrn Jesus außen vor zu lassen und sich auf den lieben Gott zu konzentrieren. Sie wissen wahrscheinlich warum.

Die anschließenden Rituale beim Zelebrieren einer weitschweifigen, langatmigen Diskussionskultur stammen aus einer Zeit als Form über Substanz herrschte. Wenn der Führer der Opposition eine Frage an die Premierministerin richtet beginnt er den Zirkus in der Regel folgendermaßen: „My question is to the Prime Minister. Does she stand by all her government's statements, policies and actions?“ Nein, kein Scherz. So läuft das.

Was meinen Sie wohl, wie die Antwort lautet. Ich garantiere: Das fragt der am nächsten Tag noch einmal. Und auch am Tag danach. Auf diesem intellektuellen Niveau geht es dann weiter. Man sollte Kindern verbieten, sich diese jämmerlichen Veranstaltungen anzuschauen. Die werden ihren Glauben an Demokratie verlieren. Ich will der Fairness halber gleich hinzufügen, dass es in Deutschland ähnlich sein mag. Globalisierung hat nicht nur zur Normierung bei Produkten geführt sondern auch das geistige Niveau bei Politik einheitlich plattgemacht.

Die Mitgliedschaft in Parteien ist in Neuseeland übrigens unbedeutend. Resigniert beschäftigen sich immer weniger Menschen mit Politik. Es gibt überhaupt nur eine einzige Politiksendung (!!!) spät abends im gesamten Fernsehen in Neuseeland. Einmal pro Woche. Die Nachrichten dienen primär der Unterhaltung und Ablenkung. Woher soll es also kommen? Fällt Demokratie vom Himmel?

Es ist wie ein Virus von Apathie, Teilnahmslosigkeit, die fast schon an Hoffnungslosigkeit grenzt, ein Desinteresse an möglichen Veränderungen in der Gesellschaft. Die Menschen leben halt so vor sich hin, völlig eingeschläfert. Sie wissen, sie können wählen wen und was sie wollen. Es wird sich nichts ändern. Diese Demokratie spielt mit gezinkten Würfeln. Die Mächtigen gewinnen immer.

Der mutige Autor David McLoughlin schreibt in seinem Buch „The Undeveloping Nation“ – New Zealand’s Twenty Year Fall Towards the Third World“:
„The all-pervading, pseudo-liberal ‚politically correct’ policy of trying to drag everyone down to the same level of mediocrity will have to end, because it’s pulling our nation backward.“ (die alles durchdringende, pseudoliberale Politik der politischen Korrektheit, die versucht, jeden auf das gleiche Niveau von Mittelmäßigkeit herunterzudrücken, muss ein Ende haben, denn sie zieht unser Land rückwarts).
„Equally worrying are two other national characteristics, a lack of desire for excellence and a depressing absence of imagination.“ (Gleichermaßen beunruhigend sind zwei weitere nationale Eigenschaften, ein Mangel an Drang, exzellente Leistungen zu erbringen und eine deprimierende Abwesenheit von Ideenreichtum).

Das Erschreckende: David schrieb sein Buch 1992! Es ist nur noch schlimmer geworden! Meine Diagnose: Eine bewusste Narkotisierung eines ganzen Volkes.
Nicht einmal der Hauch von Hoffnung darf sich noch regen.

Der Vertrag von Waitangi, abgeschlossen am 6. Februar 1840

Im April 1840 erschien in der ersten Ausgabe der ersten Zeitung in Neuseeland ein Artikel über den kürzlich unterzeichneten Vertrag. Auszug:
„... The government of England has recognized every petty tribe in New Zealand as an independent foreign power, and has by implication asserted the right of the chiefs to exercise authority over every person residing within their territories, according to the laws, or rather customs, of the tribe.“ Samuel Revans, Editor
Auf gut deutsch: Die englische Regierung hat jeden mickrigen Stamm als eine unabhängige ausländische Macht anerkannt und es demzufolge als das Recht der Häuptlinge erklärt, die Autorität über jede Person auszuüben, die in ihrem Gebiet lebt, entsprechend den

Gesetzen, vielmehr den Gebräuchen, des Stammes. Dieser Vertrag ist das Schlüsseldokument für das Zusammenleben von Maoris und Engländern (das englische Königshaus war der Vertragspartner).

Um 1840 gab es ein paar tausend Europäer in Neuseeland, die große Mehrheit Engländer, die die Maoris im Notfall leicht hätten beseitigen können. Wenn sie denn wollten. Aber sie wollten nicht. Warum nicht? Nun, die Weißen brachten Dinge ins Land, die sie auch gerne hätten. Vor allem natürlich Musketen, die ihnen gegenüber den anderen Maoris, die diese nicht besaßen, einen ungeheuren militärischen Vorteil verschafften. Die Maoris führten in jenen Jahren oft Krieg. Warum? Nun, die Gründe dafür würden Sie wahrscheinlich nicht verstehen. Ich mit meiner christlichen Erziehung verstehe sie auch nicht. Manche Kulturen existieren, leben und beten in mehr als einer Welt. Im Hier und im Jenseits. Gleichzeitig. Diese Welten erscheinen ihnen verbunden, nicht getrennt.

Im sozialen Zusammenleben strebten die Maoris nicht vor allem nach Hab und Gut, sondern nach „Mana“, einer geheimnisvollen, übernatürlichen Kraft. Im Krieg können Sie „Mana“ erwerben. Oder durch andere große Taten. „Mana“ ist übrigens das entscheidende Kriterium, an dem sie als Mensch beurteilt werden. An „geistiger“ Größe. Das ist ein anderes Kulturverständnis als Ihnen wahrscheinlich vertraut ist. Kultur, erinnern Sie sich? Kultur gab es in Deutschland auch einmal. Vor langer Zeit, damals, bevor Deutschland von Hollywood erobert wurde, das dann seinen geisttötenden Schwachsinn durch den Äther in jeden Haushalt schickte. Die hinterhältige, schmerzfreie Verblödung des Volkes der Dichter und Denker im Aufschrei der Begeisterung. Und das passierte bereits vor dem Auftauchen der finalen, geistigen Todesdroge des Handys.

Übrigens, „Mana“ bewirkt auch eine andere Art von Hierarchieverständnis. „Mana“ können Sie nämlich nicht kaufen oder einfach mal so verliehen bekommen, weil jemand Ihnen einen hübschen Titel verpasste. All diese Investmentbanker und Finanzfritzen und all diese Merkels und Macrons dieser Welt sind dem humanen Verständnis der Maoris nach erst einmal nichts weiter als Luft. Und das ist noch freundlich ausgedrückt. Denn selbst die Maoris wissen inzwischen, dass die Banker aus Nichts Nichts machen, also aus Geld Geld. Auf Englisch: Bullshit! Ein dümmlicher Trick der Weißen, um die Menschen zu verdummbeuteln, auszubeuten und zu unterjochen.

Aber zurück zum Jahre 1840.

Abgesehen von den Musketen verkauften die Weißen auch andere Dinge, die das Leben einfacher machten. Warum also sollten die Maoris diesen beliebten, florierenden Jahrmarkt aufgeben? Außerdem verschaffte ihnen die Tatsache, dass die Weißen gerade ihre schöne Gegend zum Siedeln ausgesucht hatten, ein gewisses Prestige unter den anderen neidischen Stämmen. Anyway, der moderne Alltag der Routine hatte sich schnell breitgemacht. Man tauschte. Man handelte. Muskete gegen einen Sack Kartoffeln. Oder ein Sack Kartoffeln gegen ein Schäferstündchen. Das war alles kein Problem. Wir kennen das doch: Alle Menschen feilschen und handeln gerne. Heute nennt man das Shopping. Shopping, der Lebensstil des modernen, anspruchsvollen Menschen. 24/7. Eine fatale Seuche übrigens, schlimmer als die Cholera. Letztendlich wird die Seuche des Shoppings die Ausbeutung aller Ressourcen bewirken. Und die Vergiftung unserer Lebensgrundlagen. Nur mal so. Aus Spaß an der Freud. Man gönnt sich ja sonst nichts.

Aber zurück zum Jahre 1840.

Natürlich merkten die Maoris schnell, dass da immer mehr von diesen Einwanderern ins Land kamen. Darüber machten sie sich vorläufig keine Gedanken. Land gab es genug. Sie konnten einiges davon verkaufen. Mit dem Geld konnten sie einkaufen gehen. Ja, tatsächlich, der alte Trick funktionierte auch hier. Die Maories, wie so viele Völker vor ihnen, waren den Weißen auf den Leim gegangen. Im nachhinein bleibt festzustellen, sie hätten die Eindringlinge doch besser aufessen und auf die importierten Kartoffeln pfeifen sollen.

Neben den Engländern besuchten vor allem noch die Franzosen und Amerikaner die Küsten regelmäßig mit Kriegsschiffen, und die Annahme lag daher nicht fern, dass die Regierungen dieser Länder sich mit dem Gedanken trugen, Neuseeland zu vereinnahmen. Das verlieh den Bemühungen der Engländer ein wenig Dringlichkeit. Es mussten Fakten geschaffen werden. Die Maoris ihrerseits waren an dem Schutz der Engländer interessiert, nicht nur gegenüber anderen ausländischen Mächten, sondern auch zum Schutz vor den tausenden von Weißen, die bereits im Land waren und jenen, die noch ins Land kommen würden. Das waren ja nicht immer die edelsten Gestalten, die da auftauchten. Die Missionare quatschten zwar inbrünstig von der Botschaft der Liebe, einer durchaus verführerischen Theorie, die viele der Weißen jedoch leider nicht zu praktizieren schienen. Daher konnten die gottgefälligen Missionare die Maoris nicht, wenn es darauf ankam, vor dem weißen Gesindel beschützen. Verhandlungen mit den Vertretern der englischen Krone versprachen einen Ausweg aus der Krise.

Das Palaver zwischen Engländern und Maoris, diese Verhandlungen, basierten auf der Jahrtausende alten Tradition mit dem Titel: „Eine Hand wäscht die andere." Beide Seiten schienen aufrichtig bemüht, sich anständig zu verhalten.

Das eigentliche Problem entstand, als der Vertrag vom Englischen in die Maorisprache übersetzt werden musste. Beide Versionen sind Teil des Vertrages. Die decken sich leider nicht 100 %. Daher die Streitigkeiten seit 1840. Diese Streitigkeiten sind bis heute nicht beigelegt.

Der Knackpunkt besteht darin, dass die Engländer glaubten, die völlige Souveränität des Landes zugesprochen bekommen zu haben. Die Maoris unterzeichneten in der Überzeugung, dass die Frau Queen jetzt zwar die Herrscherin sei (es gab damals ohnehin keinen König/keine Königin der Maoris), sie aber ihre Entscheidungsfreiheit und Kontrolle hinsichtlich Land, Ressourcen und Unabhängigkeit im Leben auf eigenem Grund und Boden nicht abgetreten hatten.

Die Engländer dachten sie bekamen „sovereignty". Oberherrschaft. Die Maori dachten die Engländer bekamen „government". Verwaltung.

Die Engländer dachten, sie konnten mit dem Land machen was sie wollten.

Die Maoris dachten, die Engländer hatten lediglich ein Vorkaufsrecht, sollten sie, die Maoris, sich entschließen, ihr Land zu verkaufen.

Ein Pastor hatte den Text vom Englischen in die Maoria Sprache übersetzt. Schwer zu sagen, wieviel Schuld an dem Schlamassel der gute Henry Williams trug. Abgesehen von den Worten..., einige von den Konzepten der Engländer existierten nun mal nicht in der Welt der Maoris..., abgesehen von den Worten mussten daher auch erhebliche Verständnishürden überwunden werden, die sich aus den unterschiedlichen Kulturen ergaben. Das gleiche Problem tauchte auch in anderen Teilen der Welt auf, wenn die sogenannten zivilisierten Menschen mit den sogenannten primitiven Menschen sich zu einigen versuchten.

Wenn der frisch ernannte, gutwillige Gouverneur Hobbes damals auf seinem vor Anker liegenden, rattenverseuchten, stinkenden, knarrenden Kahn eine Auszeit genommen hätte und bei einem großzügig bemessenen Humpen Grog sich die ganze Geschichte mal in Ruhe hätte durch den Kopf gehen lassen, vielleicht wäre ihm aufgegangen, dass er seinerseits auf keinen Fall ein Papier unterzeichnen würde, mit dem er seine Freiheit, seine Lebensweise und alle seine Besitztümer faktisch an ein paar ungewaschene Zugereiste übertrug. Warum sollten die Maoris so etwas tun? So bekloppt konnten die gar nicht sein. Na? Genau!

Die Maoris hatten doch inzwischen genug weiße Männer verspeist, um festzustellen, dass die geschmacklich sich nicht von den Vertretern der eigenen Rasse unterschieden. Selbst der französische Kapitän Marion du Fresne wanderte am 13. Juni 1772 in den Topf, und seine Knochen wurden zu Kochgeschirr und Flöten verarbeitet. All das lag inzwischen weit zurück. Man hatte mit diesen Eindringlingen genug Erfahrungen gemacht, um sie einzuschätzen. Einige der Maoris waren auch in Australien gewesen und hatten mit eigenen Augen gesehen, wie die Engländer mit den Aborigines umgingen. Solch ein Genozid konnte auch ihnen drohen. Trotzdem unterschrieben sie diesen Vertrag. Es mussten also noch viele andere Gründe gelten, wenn die sich dazu hinreißen ließen, sich auf die Engländer einzulassen. Ich sage immer, die hätten auch mit den Franzosen verhandeln sollen. Dann hätten wir heute richtig tolles Brot im Lande, eine formidable zehn Sterne Küche, nicht Fish & Chips in altem Zeitungspapier und all den anderen grauenvollen Frass, den die Engländer verbissen und keck unter „Cuisine" subsumieren. Ganz klar, ein Fehler der Maoris, in mehrfacher Hinsicht. Von wegen Freiheit, Gleichheit, Brüderlichkeit. Da hatten die Maoris was verwechselt.

Es stellte sich schnell heraus, wer jetzt faktisch das absolute Sagen in Neuseeland besaß. Kapitel 1 des Herrscherlexikons: Wer die Macht an sich reißt und über die Überzeugungskraft der Gewehre und Kanonen gebietet wird sich mühelos durchsetzen. Nun, die Maoris hatten über viele Jahre hinaus sowieso erst einmal andere Sorgen. Sie waren vom Aussterben bedroht. Von einst zweihunderttausend überlebten bis Ende des 19. Jahrhunderts nicht mehr als vierzigtausend. Es dauerte bis in die siebziger Jahre des 20. Jahrhundert, bis sie forderten, dass die Ungerechtigkeiten, die ihnen seit 1840 geschehen waren, vor einem Gericht diskutiert würden. Und so entstand das Waitangi Tribunal, eine Kommission, die die Ansprüche der Maoris untersucht.

Abgesehen von den Ansprüchen der Unterzeichnerpartner ist noch zu beachten, dass nicht alle Stämme den Vertrag damals unterschrieben. Den Anwälten und Richtern wird also auf viele Jahre sicherlich nicht die Arbeit ausgehen. Nun, was die so Arbeit nennen.

Erschwerend kommt noch hinzu, dass während des Ersten Weltkrieges, im Jahre 1915, die englische Regierung bemerkte, dass diese Kolonie ihnen in jenen harten Zeiten zu teuer kam und sie sprach daher die formale Unabhängigkeit Neuseelands aus. Damit hatte sie auch das (vor allem finanzielle) Problem der Maoris vom Halse. Die Maoris protestierten, versuchten später auch, bei dem Herrn König vorstellig zu werden, um an die Verantwortung der Krone laut Vertrag zu erinnern. Die Frau Queen war inzwischen verstorben. Aber der Herr King wollte mit den Leuten nichts zu tun haben, verweigerte selbst die Geste einer Audienz.

Ja, doch, die tapferen Maorikrieger kämpften und starben (etwa eintausend) für Great Britain im Ersten und Zweiten Weltkrieg, aber was sind schon solche Kleinigkeiten? Sie erfüllten alle ihre Pflichten. Und die Maoris halfen auch an der Heimatfront aus, nachdem so viele Männer in den Krieg gezogen waren. Als die nach Ende des Krieges zurückkamen, verloren jene Maoris ihre Jobs, saßen jetzt in den Städten fest, ohne Arbeit und ohne eine anständige Bleibe. Und ohne eine gesunde Identität. „Fremde“ in ihrem eigenen Land. Warum, frage ich, warum kann es einer Regierung nicht gelingen, zumindest eine anständige, menschenwürdige Grundversorgung der Maoris sicherzustellen, für die notwendigen Gesundheitseinrichtungen zu sorgen, für gute Schulen, für gute Häuser. Ist das nicht das mindeste, was man aus purem Anstand diesen Menschen schuldet? Frau Ardern, wie wäre es mit Großmütigkeit? Aber nein, man lässt die Maoris klagen, lässt sie finanziell für Rechtskosten aufkommen, lässt die Zeit zerfließen, Lebenszeit von Menschen, deren Würde immer und immer wieder mit Füssen getreten wird. Seit fast 200 Jahren!

Man könnte sich natürlich auch sozusagen „außergerichtlich“ einigen. Aber da bräuchte man Männer und Frauen von Format in der Regierung, die dieser geschichtlichen Herausforderung gewachsen sind. Von denen ist weit und breit keine Spur.

Ein Paradies für Spekulanten – Casinowirtschaft Neuseeland

“Unless a country controls its financial system, it cannot control its economic and social development.” (Ein Land kann seine wirtschaftliche und soziale Entwicklung nur dann kontrollieren, wenn es sein Finanzsystem kontrolliert)
Dr. W.B. Sutch in “Takeover New Zealand”

Stellen Sie sich mal die wirtschaftliche Ausgangslage in Neuseeland vor dem allerersten Boom vor. Die Stunde Null: Es ist 1990..., sorry: 1840. Die britische Regierung herrscht über ein Land grösser als Großbritannien und hat sich das exklusive, milliardenschwere Alleinverkaufsrecht für alles Land unter den Nagel gerissen. Denn laut Vertrag mussten die Maoris ihr Land an die Regierung verkaufen (angeblich, um die Maoris vor Spekulanten zu schützen), und die edle Regierung verkaufte das Land dann weiter an Siedler und sonstige Interessenten. Auf diese Art und Weise konnte sich die Regierung nach Bedarf finanzieren: Billig Land von den Maoris erwerben und mit einem Aufschlag weiterverkaufen. Als sich das Geschäftsmodell herumgesprochen hatte, fielen die Spekulanten wie die Heuschrecken über das Land her. Ihr Ziel: So viel Land wie nur irgend möglich zu kaufen. Das konnte man dann erst einmal eine Zeit lang horten, um die Preissteigerungen abzuwarten, die kommen mussten. Oder man verkaufte das Land in kleineren Einheiten sofort mit Gewinn weiter.

Es hat bis heute (2019) nie eine "Capital Gains Tax" (Kapitalzuwachsgewinnsteuer) in Neuseeland gegeben. Alle Kapitalzuwächse bei Land, Haus, Aktien, Spekulationen jeder Art, alle, alle steuerfrei. Ist das nicht irre? Momentan will die Regierung das allerdings ändern. Mal wieder. Ja, man diskutiert zum tausendsten Male diese eventuelle, grauenhafte Möglichkeit. Teile der Regierung (Koalition) dafür. Die Opposition ist dagegen. Versprechen der Regierung: "Nichts geschieht vor der nächsten Wahl 2020." Das Gezeter ist groß im Lande. Die Zeitungen geben entsetzten Investoren eine Plattform zum Protest. Aufgebrachte Mehrfach-Hausbesitzer schimpfen in den Nachrichten. Der Kampf ums Geld tobt auf sämtlichen Medienkanälen. Obwohl doch fast alle zivilisierten Länder auf Erden solch eine Steuer haben, werden tausend Gründe angeführt, warum diese Steuer ausgerechnet in Neuseeland auf gar keinen Fall eingeführt werden darf, warum diese Steuer unumgänglich das Ende des neuseeländischen Lebensstils bedeuten würde. Ja, man redet tatsächlich, in aller Öffentlichkeit, ohne sich zu schämen, in diesem Zusammenhang vom „Kiwi way of life".

„Es ist doch alles so schön geregelt. Warum will diese dumme Regierung das ändern?", klagt das Volk. Und die bedrohten Menschen erzählen vor laufenden Kameras wie schwer sie doch arbeiten mussten, um sich diesen bescheidenen Lebensstandard zu erwirtschaften. Ja, ja.

Die simple Wahrheit: Natürlich stiegen die Landpreise in der Vergangenheit. Und natürlich steigen die Landpreise heute. Sie müssen einfach steigen. Warum? Nun, man ließ und lässt immer und immer mehr Leute ins Land kommen. Und die mussten und müssen ja schließlich irgendwo leben. Und auch die waren und sind oftmals an dem schönen, profitablen Spiel der Grund-, Boden und Immobilienspekulation interessiert. Easy money. Leicht erwirtschaftetes Geld. Und solange die Bevölkerung wuchs und wächst konnte und kann man bei diesem simplen Spiel einfach nichts falsch machen. Es sei denn, die Regierung greift ein mit drastischen Maßnahmen und ändert die Regeln des Casinos.

“Mein Gott, Sie meinen, ich soll mir die Hände schmutzig machen und so richtig investieren und etwas produzieren, was die Menschen auch brauchen?” JA!

Letztes Jahr (2018) standen Auckland und Tauranga auf der Liste der zwanzig teuersten Städte auf Erden. Zwei Städte aus Neuseeland. Aus Neuseeland!!! Einfach unglaublich. Obwohl die Bevölkerung nicht mal 5 Millionen erreicht hat. Und unbebautes Land gibt es in Hülle und Fülle. Aber die Immobilienpreise gehen trotzdem durch die Decke. Sie kriegen in den Städten kaum noch was unter 1 Million Dollar. In einem Land mit einem behaglichen, aber international durchschnittlichen Wohlstand für den Großteil der Bevölkerung, in einem Land, in dem kaum was hergestellt wird. Krankenschwestern suchen händeringend nach Wohnraum. Hey Kiwis, Wohnraum ist ein Grundrecht. Ein Grundrecht!

Natürlich beteiligen sich auch viele Ausländer an dem profitablen Wahnsinn. Obwohl die Regierung die Erlaubnis für den Erwerb von Immobilien von Ausländern dieses Jahr (2019) ein wenig einschränkte. Man muss jetzt im Lande wohnen, um im Casino mitspielen zu dürfen. Eine Herausforderung für die cleveren Advokaten, wie man die Einschränkungen problemlos umgehen kann.

Die Regierung hat außerdem ein wunderbares Programm aufgelegt, das reiche Ausländer animieren soll, im Land zu investieren. Mit ein paar Millionen Dollar können Sie sich in Neuseeland sozusagen “einkaufen”, sie bekommen dann das Recht, hier leben zu dürfen. Die brillante Absicht der Regierung dahinter: So können wir Investitionen im Industriebereich anstoßen. Die Ausländer investieren im Lande für uns. Dann brauchen wird das nicht zu tun. Ah ja, die Cleverchen in der neuseeländischen Regierung.

Was meinen Sie, wo all die schönen Millionen landeten? Natürlich in der Immobilienblase. War also keine so gute Idee. Aber, wie Sie wissen, Politiker geben nicht so schnell auf. Da hunderttausende von bedürftigen Kiwis inzwischen einen anständigen Platz zum Wohnen suchen wird jetzt die Regierung einschreiten und den

Wohnungsbau selbst in die Hand nehmen. Im Jahre 2018 schaffte sie schon mal fast 100 Einheiten. Hohn und Spott rieseln über die Bürokraten. Die Witze reißen nicht ab. Es ist auch wirklich lustig. Leider: Die Glaubwürdigkeit der Politiker landete in der Tonne. Wir alle wissen inzwischen im Lande: Es ist ausgeschlossen, dass die Regierung dieses Problem lösen wird. Warum? Wie wir bereits vorher im Buch feststellten: Die dürfen einfach nicht. Selbst wenn sie wirklich wollten und vor allem auch wirklich könnten.

Alldieweil verabschieden sich mehr und mehr Baufirmen in die Pleite. Und die Einwanderung geht weiter. Muss weitergehen. Denn Neuseeland braucht das Geld, das diese Leute ins Land bringen. Auf dem Wohnungsmarkt wird es also demnächst wieder kräftige Preissteigerungen geben. Wieso auch nicht?

Die Schulen und Universitäten versuchen unterdessen, mehr und mehr von den sehr profitablen ausländischen Studenten ins Land zu locken. Das gelingt auch in beachtlichem Masse. Das Problem ist allerdings in Orten wie Wellington, dass die Studenten keine Bleibe finden, und wenn doch, dann zu exorbitanten Preisen. Kiwis sind nette Leute, die Ihnen mit einem freundlichen Lächeln das Fell über die Ohren ziehen. Von irgendetwas muss man ja schließlich leben. Aber nicht von richtiger Arbeit. Der Produktivitätszuwachs pro Einwohner ist Null.

Wie Sie sehen, es ist alles wohl durchdacht. Oder nicht? Wenn nicht, dann steht auf jeden Fall Absicht dahinter. Vorhersehbarkeit ist eben langweilig. Das Motto der Kiwis: “She’ll be right, Mate”. Irgendwie wird sich schon alles richten. Diese Einstellung ist hier Religion. Kein Witz. Apathisch nennen Sie das? Im Gegenteil, das ist Optimismus. Wir vertrauen auf Gott, wir lieben den Kribbel des Ungewissen, wir lieben Lotto, Pferderennen, Immobilienspekulationen et cetera, denn: Neuseeland ist das Paradies der Zocker.

1984 befreite die damalige Labour Regierung den Aktienmarkt von seinen Fesseln. Von da an gab es Freiheit für alle. Vor allem für die Leute mit guten Beziehungen und für die Skrupellosen. Die Kurse schossen in die Höhe, aberwitzige Firmen erklärten sich für börsenfähig. Eine gigantische Blase baute sich auf. Die Leute pumpten sich Geld, um den größten Geldrausch aller Zeiten nur nicht zu verpassen. Insider Trading (Verwendung von Insiderinformationen für Börsengeschäfte) war keine Straftat. In Deutschland kommen sie dafür ins Gefängnis. Irgendwelche Interessenkonflikte wurden großzügig übersehen. Der Wirtschaftskriminalität waren Türen und Tore geöffnet. Vor allem auch bei der Privatisierung von Staatsvermögen. Die Privatisierung der Bank of New Zealand (BNZ) zum Beispiel verlief dermaßen abenteuerlich, dass man glauben musste, sich in einer Bananenrepublik zu befinden. Die Regeln der Vernunft wurden außer Kraft gesetzt. Es wurde gelogen und betrogen. Die BNZ, damals größte Bank im Lande und hoch profitabel (wie die meisten der staatseigenen Firmen), musste sturmreif geschossen werden. Die BNZ verlieh auf einmal an einzelne Kunden Geld in einer Größenordnung, die ihr Eigenrisiko in riskantes Territorium brachte. Als Sicherheit erhielt sie Aktien (Aktien!) von windigen Firmen. Die Gewinne der Bank sanken. Der Preis der Bank ging in den Keller. Aus irgendwelchen unerklärlichen Gründen. Inkompetente Politiker mitten drin in dem ganzen Schlamassel. Der Wahnsinn griff um sich. Die Gier kannte keine Grenzen. Und alle, alle, alle wussten, es konnte nur noch weiter aufwärts gehen. Bis dann natürlich…, Sie wissen schon…, eines schönen Tages… die Blase platzte.

No problem, die Freiheit, die neue Freiheit, die war ja noch immer vorhanden, denn man durfte ja jetzt Schulden machen. Gott sei Dank. Die freundlichen Banken standen bereit, ihre christliche Hilfe anzubieten.

Übrigens war die hochherzige Begründung für die lang ersehnte Befreiung der Wirtschaft damals, dass man endlich die Voraussetzungen schaffen würde, um eine hochmotivierende Konkurrenzsituation in der Industrie zu schaffen. Wettbewerb als Wunderwaffe. Alles würde ganz großartig werden. Garantiert. Schließlich hatten die Wirtschaftsbosse Jahr für Jahr geklagt, gejammert und hoch und heilig versprochen, dass sie investieren würden, wenn…, wenn sie denn nur richtig dürften. Oh, die Wirtschaft werde boomen, boomen, boomen. Denn wenn der Mensch, befreit von den Klauen der Bürokraten, erst mal so richtig kreativ sich in den Märkten durchbeißen, austoben kann, dann, ja, dann wird Neuseeland endlich eine moderne Produktionswirtschaft entwickeln.

Versprochen ist versprochen und wird auch nicht gebrochen. Ja, ja! Pustekuchen. Die Befreiung der Wirtschaft von den Fesseln der Bürokraten wurde damals von den Ideologen des Neoliberalismus, repräsentiert von klugen Köpfen der lokalen Thinktanks, wunderbar vorbereitet. Oh ja, Thinktanks haben wir hier auch. "New Zealand Business Roundtable" hiess die entsprechende Institution. Was meinen Sie, wer diese Idealisten finanzierte? Und wer da alles mitmachte? Klüngelwirtschaft vom Feinsten. Aber lassen wir das.

Sehen Sie, mal unter uns, Neuseeland ist ein kleines Land mit gerade mal 5 Millionen Menschen, die in einem Rechts- und Verwaltungssystem leben, das sie von Mutter Großbritannien abkupferten. Dort leben allerdings 66 Millionen Menschen. Wenn sie deren ausgeklügeltes, historisch gewachsenes System des Zusammenlebens von Menschen kopieren wollen, dann wird es sehr kompliziert. All diese Institutionen müssen ja von qualifizierten Leuten besetzt werden. Die müssen Sie unter 5 Millionen aber erst einmal finden. Das Ergebnis ist, dass der Standard sinkt, sinken muss, es sei denn die Kiwis vereinfachten das ganze System, vor allem auch das Wirtschaftssystem und die entsprechenden Gesetze. Das Steuergesetz muss auf eine DIN A 4 Seite passen. Sonst schaffen sie Heerscharen von Anwälten, Steuerberatern, Buchhaltern, Richtern... Und genauso ist es. Das Land verkommt zu einer Laberbude. Und genauso ist es. Das Land hat sich auf der Produktionsseite auf die Herstellung von "bla, bla, bla" spezialisiert. Es gibt mittlerweile sogar etwa 700 Werbeagenturen. Denn "bla, bla, bla" will durch "bla, bla, bla" schließlich auch entsprechend vermarktet werden. Der Schwachsinn ist sozusagen systemrelevant. Sie schütteln mit dem Kopf? Ich auch.

Was passierte damals in der Realität? Nun, mit der Konkurrenzfähigkeit im endlich freien internationalen Wettbewerb war es selbst nach ein paar Jahren nicht so weit her. Denn leider konnten sich die zumeist kleinen neuseeländischen Firmen auf den Weltmärkten nicht behaupten. Viele gingen pleite. Die wenigen Firmen, die plötzlich tatsächlich blühten und gediehen, wurden von Ausländern aufgekauft. Ansonsten spezialisierte man sich aufs Importieren. Früher reguliert, jetzt total frei. Das alte Zockerherz zuckte vor Begeisterung: Billig einkaufen und teuer verkaufen. Easy.

The Kiwi Way of Life. Es hatte sich nichts geändert. Und es wird sich nichts ändern. Spekulieren ist nun mal unser Ding. Einkaufen – Verkaufen. Haus oder Land kaufen und wieder verkaufen. Die Preise steigen. Das Bruttosozialprodukt steigt übrigens auch, obwohl nichts Zusätzliches produziert wird. Augenwischerei? In die Tasche lügen? Harsche Worte! Nun, wer schert sich schon um solche Kleinigkeiten. Unser Träume sind eben grösser als die Realität.

Was sagen Sie, Sie wollen mitmachen? Auswandern nach Neuseeland? Tolle Idee. Also dann, auf geht's, aber beeilen Sie sich. Noch können Sie nach Schnäppchen schnappen in Neuseeland. Steuerfrei.

P.S.: Ich habe in diesem Kapitel nicht den Goldrausch erwähnt, der in den Jahren 1861 bis 1863 über das Land (vor allem in Otago) herfiel. Irrelevant für heute.

Psychopathie

„Know what you are dealing with. This sounds easy but in fact can be very difficult. All the reading in the world cannot immunize you from the devestating effects of psychopaths. Everyone, including the experts, can be taken in, conned, and left bewildered by them." (Seien Sie sich bewusst, auf was Sie sich da einlassen. Das klingt einfach, kann aber in Wirklichkeit sehr schwierig sein. All das Studieren von Texten können Sie nicht gegen die verheerenden Einwirkungen der Psychopathen immunisieren. Jeder, einschließlich der Experten, kann getäuscht, betrogen und verwirrt werden)
Robert Hare, PhD, die weltweit anerkannte, führende Autorität auf diesem Gebiet

„Many spiritual traditions recognize that when the dark one appears he is most beautiful, most wonderful and most engaging. The truth only comes out later."

(In vielen geistigen Traditionen wird anerkannt, dass, wenn „der Dunkle“ erscheint, er sich als schön und wunderbar und einnehmend darstellt. Die Wahrheit kommt erst später heraus).

Autor unbekannt.

In seinem Buch „The Face of Imperialism“ schildert der Autor Michael Parenti einen Vorfall, von dem ihm der Journalist John Gerassi berichtete. John besuchte einen Oligarchen in Honduras, um Material für sein Buch „The Great Fear in Latin America“ zu sammeln. John Gerassi fragte den Oligarchen warum er seinen Arbeitern so wenig zahlte. Der Oligarch antwortete: „Das sind Schweine. Die respektieren nur Macht. Die müssen wissen, dass ich die Macht über ihr Leben und ihren Tod besitze. Sonst arbeiten sie nicht.“ Gerassi fragte: „Wissen die Arbeiter das?“ Der Oligarch lachte, rief einen der Arbeiter herbei, zog seine Pistole und schoss ihm in den Kopf. Als Gerassi den Vorfall der Polizei in Tegucigalpa berichtete, scherzte der Chef der Polizei: „Ja, der besitzt diese Farm.“

Diese Wesen, diese Oligarchen, regieren die Welt. Der Unterschied zwischen dem Typen in Honduras und den meisten anderen unter ihnen ist, dass die Oligarchen in der Regel nicht selbst töten, sondern töten lassen. Auf vielfältige Weise. Direkt oder indirekt. Sie haben dafür ihre Leute. Ein Menschenleben zählt für sie nicht. Eintausend Menschenleben zählen für sie nicht. Eine Million Menschenleben zählen für sie nicht. Das sind Wesen ohne Mitleid. Ich bin mir nicht sicher, ob wir hier überhaupt noch von Menschen reden.

Es gibt zwei Arten von Psychopathen, die in der Öffentlichkeit auftauchen: Die Kriminellen, die (in der Regel) im Gefängnis landen und die uns in vielen Filmen im Kino vorgeführt wurden und die Erfolgreichen, die Karriere machen, die Herrscher dieser Welt und ihre Lakaien, die durch ein Tabu geschützt sind. Wir beschäftigen uns hier ausschließlich mit der zweiten Kategorie.

Als ich vor vielen Jahren in den U.S.A. studierte, hörte ich mir auch Vorlesungen über Psychologie an. Damals stieß ich zum ersten Mal auf das Wort „Psychopath.“ In Deutschland später arbeitete ich ein paar Jahre bei der Telefonseelsorge. Während des Trainings als Vorbereitung auf diese Aufgabe hörte ich wieder von diesem Phänomen der Psychopathie. In vielen Gesprächen mit Menschen am Telefon ist mir dann die Realität bekannt geworden, die sich hinter diesem Problem versteckt. Vor allem Frauen erzählten von ihren Erfahrungen mit Männern, die sie erst liebevoll umgarnten, gar entzückten und dann unterwarfen und ausbeuteten. Von der einst geschworenen Liebe keine Spur mehr. Hören Sie, lieber Freund, liebe Freundin, Sie müssen sich unbedingt mit diesem Thema beschäftigen. Unbedingt. Bitte, versprechen Sie mir das. Sonst können Sie die Welt nicht verstehen. Psychopathie erklärt die Denkweise derjenigen, die uns beherrschen. Noch einmal: Psychopathie ist eigentlich kein Tabuthema, es wird schließlich ausgiebigst unter verschiedenen Aspekten von der Wissenschaft behandelt und findet sich täglich in den Gerichtssälen der westlichen Zivilisation wieder. Mit einer Ausnahme: Psychopathie in der Politik ist ausgeklammert.

Obwohl ausreichend belegt ist, und diese Behauptung entspricht auch den Erkenntnissen des gesunden Menschenverstandes, dass wir heute mehr Psychopathen in der Politik vorfinden als im Durchschnitt der Bevölkerung.

Je nach Expertenmeinung liegt der Anteil der Psychopathen zwischen 4 und 6 % der Bevölkerung. 5 % wären 250,000 Menschen in Neuseeland. In Deutschland kämen wir auf etwa 4 Millionen Menschen. 4 Millionen! In Führungspositionen von Wirtschaft, Militär und Politik liegt der Anteil der Psychopathen über 10 %. Je höher in der Hierarchie desto höher der Anteil an Psychopathen.

Ich will hier kurz auf Untersuchungen der amerikanischen Armee im Zweiten Weltkrieg hinweisen, die ergaben, dass angeblich nur zwischen 15 % und 20 % der Soldaten ihre Waffe in der Schlacht benutzten. Das ist unglaublich, wenn das stimmen sollte. Als ich zum ersten Mal darüber las, fielen mir die Worte von meinem Vater ein, der von solchem Verhalten im Zweiten Weltkrieg sprach. Es fällt den meisten Soldaten schwer, einen anderen Menschen zu töten. Für den Psychopathen ist das allerdings kein Problem. Ich frage mich, wie Frau Merkel damit umgeht, dass sie junge Menschen in den Tod schickt. Ich frage mich, wie Frau Merkel damit umgeht, dass sie jungen Menschen erlaubt, andere

Menschen zu töten. Ich frage mich, wie die Frau nachts schläft.

Wie kann man einen Psychopathen beschreiben? Ein Psychopath besitzt keine Empathie, keine gefühlsmäßige Verbindung zu seinen Mitmenschen. Er kann weder Liebe noch Mitleid empfinden. All sein Trachten ist auf die Befriedigung des eigenen Ichs ausgerichtet, konzentriert. Die anderen Menschen sind lediglich Werkzeuge, dazu da, seine Wünsche zu befriedigen. Wenn Sie das nicht freiwillig tun, wird er Sie manipulieren, mit vorgespielten Emotionen umgarnen, er wird Sie, wenn nötig, einschüchtern oder gar vernichten. Ohne mit der Wimper zu zucken. Egal ob ein Mensch dabei draufgeht, Tausende oder Millionen.

Man kann Psychopathen heute wissenschaftlich identifizieren. Die Region im Hirn, in der normalerweise die Emotionen wie Liebe, Mitleid erlebt werden, diese Region ist bei Psychopathen unterentwickelt, leer oder tot. Das ist keine Theorie. Es gibt auch in Deutschland Universitäten, die entsprechende Untersuchungen an Psychopathen durchgeführt haben. Sie können, bei entsprechender Stimulation, die Unterschiede im Gehirn auf dem Bildschirm des Computers ganz klar erkennen.

Menschen, die als Psychopathen aufwachsen, erleben, erkennen natürlich im Laufe der Jahre ihr anders sein. Sie verstehen die Vorteile und die Nachteile. Sie lernen als Mann, dass sie einer Frau Liebe vorspielen müssen. Der männliche Psychopath lernt, charmant zu sein, äußerst liebenswürdig, der wunderbarste Liebhaber, den Sie sich als Frau vorstellen können. Bis er die totale Kontrolle über die Frau erlangt hat. Dann lässt er oftmals die Maske fallen. Man kann solch einer Frau eigentlich nur einen Rat geben: Laufen Sie weg, so schnell Sie können. Hitlers Dolmetscher, Paul Schmidt, der alle großen Politiker Europas von 1924 bis 1945 persönlich kennenlernte, sagte: „Ich bin fast versucht zu glauben, dass Diktatoren irgendwie eine Art magische Kraft auf ihre Zuhörer ausüben."

Ich habe in meinem Leben, in Großunternehmen, mit Psychopathen zusammengearbeitet und mit staunendem Interesse ihr Umfeld beobachtet. Als Mitarbeiter müssen Sie sich diesen Menschen unterwerfen. Sonst funktioniert die Beziehung nicht. Ich behaupte, dass einige der Menschen in ihrem Umfeld, unter der Kontrolle von Psychopathen, über einen gewissen Zeitraum, sich in sekundäre Psychopathen verwandeln. Psychopathie ist ein Krebsgeschwür in der Gesellschaft.

Natürlich ist Donald Trump der aktuelle Prototyp eines Psychopathen. Er benutzt Menschen für seine Zwecke. Seine Geschäftsmethoden sind berüchtigt und gefürchtet. Der Mann geht über Leichen. Wie übrigens auch Hillary Clinton. Was sie oft genug bewiesen hat. Wie Rumsfeld, Cheney, Pompeo, Bolton und andere.

Psychopathen untereinander verstehen sich ausgezeichnet. Daher entstehen ganze Seilschaften dieser Männer und Frauen. Psychopathen sind auf dem Vormarsch, sie breiten sich aus. Was verständlich ist. Die Regeln unserer modernen Gesellschaft sind wie geschaffen für sie. Ihr rücksichtsloses, ungehemmtes Konkurrenzverhalten verschafft ihnen einen enormen Vorteil.

Hier jetzt kommt der entscheidende Punkt: Die Bevölkerung geht davon aus, dass alle Politiker so ticken wie sie selbst. Das tun die aber nicht alle. Das sind zum Teil andere Menschen. Ich wiederhole: Das sind andere Menschen!!! Es handelt sich hier also um eine großes, um ein riesengroßes Missverständnis. Sie erwarten etwas von Politikern, was viele Politiker, von ihrer Natur her, gar nicht leisten können. „Mitleid, was ist das denn?“

Im Juli 1914 schrieb Winston Churchill die folgenden Zeilen an seine Frau: „My darling one & beautiful: Everything tends toward catastrophy & collapse. I am interested, geared up and happy. Is it not horrible to be built like that?“

Selbst nach den ersten fürchterlichen Schlachten in Frankreich, mit hunderttausenden von Toten, änderte sich an seiner Sicht nichts. Zitat aus einem Gespräch mit Violet Asquith: „I think a curse should rest on me – because I am so happy – I cannot help it – I enjoy every second.“ (Ich glaube, ein Fluch lastet auf mir – weil ich so glücklich bin – ich kann nichts dafür – ich genieße jede Sekunde).

Erklären Sie mir doch mal, was das für ein Mensch war, dieser Winston Churchill.

Es scheint, dass niemand diesen Ersten Weltkrieg mehr wollte als er. Wenn Sie sich die Hauptfiguren in allen beteiligten Ländern im Ersten Weltkrieg genauer anschauen, werden Sie feststellen, dass das fast alle psychisch stark beschädigte Personen waren. Fangen Sie mal mit Österreich an. Meine These: Wir wurden und werden von seelisch kranken Menschen regiert.

Als im Jahre 1984 die Neuseeländer, angesichts der brutalen Verwerfungen in der Gesellschaft, um Gnade baten, setzten sich die „Technokraten", ohne Rücksicht zu nehmen, über die Interessen der Mehrheit der Bevölkerung hinweg und verfolgten unbeirrt ihren Kurs. David Lange, der damalige Premierminister, ein mitfühlender, sozial engagierter Mensch, der im Glauben, das richtige zu tun, diesen Technokraten freie Hand gelassen hatte, erkannte schließlich die grausamen Auswirkungen dieses Wahnsinns und feuerte den Finanzminister. Zu spät. Die Partei setzte den Finanzminister wieder ein. David Lange musste gehen. Er hätte das wichtigste Buch seiner deutschen Vorfahren lesen sollen: FAUST.

Wer sich auf Psychopathen einlässt muss seine Mitmenschlichkeit, sein Mitleid, seine Identität aufgeben. Neuseeland galt einst als eine anständige, faire Gesellschaft, in der man sich um Jeden kümmerte. Ab 1984 tauchte auf einmal eine andere Art von Führungspersönlichkeit auf, Menschen, die lediglich vorgaben, für die Bürger nur das Beste zu wollen. Lügen über Lügen. Die Interessen der Bürger waren ihnen völlig egal. Sie verwandelten das Land in ein Finanzinstitut.

Sie müssen wieder lernen, andere Menschen zu erfühlen. Es ist nicht sehr schwierig, Psychopathen zu durchschauen. Beobachten sie diese Menschen ganz genau. Die Augen, die Augen, konzentrieren Sie sich auf die Augen! Und auf Ihre innere Stimme. Was erkennen Sie? Ja, das sind Schauspieler. Sie haben duale Persönlichkeiten. Also tragen sie eine Maske. Und sie lügen. Zugegeben, das sind zwar gute Schauspieler und gute Lügner. Sie machen aber alle, über kurz oder lang, sie machen alle Fehler. Niemand kann konstant die Disziplin durchhalten, die notwendig ist, um seine Gefühlslosigkeit zu verstecken. Die Maske fällt ab und zu. Sie müssen nur mal richtig hinschauen. Erinnern Sie sich noch wie Hillary Clinton ausflippte als Gaddafi massakriert wurde? Sie freute sich. Sie war glücklich. Sie hatte gesiegt. Und das allein zählt für sie. Welcher Preis dafür gezahlt wurde war ihr völlig egal. Die Frau ist ein Monster.

Wenn wir dieses Thema nicht zum größten Thema unserer Zeit machen, wird sich nie etwas zum Besseren wenden. Wir sollten Psychopathen jedwede mögliche Hilfe zukommen lassen. Selbstverständlich. Aber wir sollten ihnen auf keinen Fall erlauben, Führungspositionen in der Gesellschaft einzunehmen. Das sind kranke Menschen, die eine kranke Gesellschaft geschaffen haben, eine Gesellschaft, die nur ihren Zwecken und den Zwecken ihrer Auftragsgeber dient. Aber wir anderen, wir sind über 90 %! Wenn wir kuschen, werden uns die Psychopathen vernichten. Ihr Hirn wird ihnen zwingend logische Ausreden zurechtbasteln. Wie immer. Sie haben gelernt, alles, aber auch alles, zu rationalisieren. Einschließlich der „Gefühle". Was sehen Sie in deren Augen???

Der italienische Psychiater Adriano Sagatori veröffentlichte im Mai 2017 einen Aufsatz zu Emmanuel Macron. Zuvor hatten sich lediglich Wissenschaftler wie Dr. Robert Hare oder Nancy MacWilliams in den U.S.A. vorsichtig zu dem Thema in Verbindung mit Politikern geäußert. Professor Sagatori sprach eine Warnung aus. Er hält Macron nicht nur für größenwahnsinnig sondern auch für gefährlich. Es gehe Macron nur um seine eigenen Interessen. Die Interessen von Frankreich seien ihm völlig egal. Und dann sagte er etwas, was die eigentlich gefährliche Essenz bei einigen dieser Psychopathen ausmacht (alle Psychopathen sind anders, und es gibt auch verschiedene Grade von Psychopathie): Sie erleben Zerstörung als Machtgefühl, als Kontrolle über andere Menschen, an der sie sich „erfreuen". Sie „genießen" Vernichtung, egal in welchem Ausmaß. Verantwortungsgefühl oder gar Mitleid seien ihnen völlig fremd. Sie berauschen sich an der Macht der Vernichtung.

Wenn Sie sich die Geschichte nur mal der letzten hundert Jahre vor Augen ablaufen lassen, wie viele Männer und Frauen werden Sie identifizieren, bei denen wenig Zweifel besteht, dass es sich um Psychopathen handelte? Und wie viele Psychopathen, darunter leider viele Frauen, sind an der Macht? Heute. In allen Ländern der Welt.

Einführung

„Yes, you have fine ships and things, but your country cannot equal New Zealand or you would never have left your parents and relations, the village you were born in, the chief under whose command you were brought up, and the wai tapu of your ancestors. You are all slaves in this country who have run away from your homes.“ (wai tapu = sacred memories)
An old Maori in the 1830s

„Ja, ihr habt feine Schiffe und andere Dinge, aber euer Land kann sich nicht mit Neuseeland messen, sonst hättet ihr nie eure Eltern und Verwandten verlassen, das Dorf in dem ihr geboren wurdet, den Häuptling unter dessen Herrschaft ihr aufgezogen wurdet, und die heiligen Erinnerungen eurer Vorfahren. Ihr, die ihr von euren Häusern weggelaufen seid, ihr seid alle Sklaven in diesem Land.“

Vor ein paar Jahren sahen wir im Fernsehen wie ein junger deutscher Tourist auf dem Flughafen in Auckland von neuseeländischen Beamten gefilzt wurde. Neben der routinemassigen Kontrolle hinsichtlich Lebensmittel, die nicht ins Land gebracht werden dürfen (wegen der Gefahr für die einzigartige Fauna und Flora in Neuseeland) wurde er auch gefragt, ob er Drogen bei sich habe. Der selbstbewusste junge Mann antwortete:
„I am German. We are not stupid“.

Das sind mittlerweile bei uns im Haushalt geflügelte Worte, wenn es darum geht, die „deutsche Fahne“ in einer Familie aufrecht zu erhalten, die verschiedene Nationen umfasst. „I am German. We are not stupid.“ Herrlich!

Die Deutschen haben natürlich in jedem Land auf Erden einen ganz spezifischen Ruf. Und so auch in Neuseeland. Sie gelten als sehr kompetent, zuverlässig, respektvoll der Natur gegenüber, und sie gehören sicherlich zu der Gruppe der Lieblingstouristen in Neuseeland. Abgesehen von denjenigen Deutschen, die im letzten Sommer in flagranti dabei gefilmt wurden, wie sie im hohen Gras nahe des Strandes ihr Geschäft verrichteten. Wie in den Abendnachrichten zu sehen ward. Selbst ein Deutscher muss eben, wenn er muss, und die Moral von der Geschichte endete letzten Endes in einem Ausbau der Infrastruktur für die Touristen. Die Erkenntnis, dass die Anzahl und strategische Verteilung der Klos auf die ansteigende Zahl der angepeilten 5 Millionen Besucher abgestimmt werden muss hat endlich auch in Neuseeland eingeschlagen. Deshalb, falls Sie es nicht bemerkt haben sollten, erhebt der neuseeländische Staat jetzt eine Extraabgabe von Touristen, um die anfallenden Investitionen bezahlen zu können.

Wahrscheinlich werden Sie trotz Jetlag, nach Eintreffen auf dem Flughafen in Auckland oder Christchurch oder Wellington, schnell den Eindruck gewinnen, dass Sie es in Neuseeland mit einem der üblichen Länder der hochentwickelten Welt zu tun haben. Aber der Eindruck täuscht. In zweierlei Hinsicht: Erstens ist, wie überall auf der Welt, das Leben in den wenigen Städten natürlich sehr verschieden von dem Leben auf dem weiten Land, was auch auf die Mentalität der Menschen einen starken Einfluss hat. Auf dem Lande ist man aufeinander angewiesen, man lebt in der Natur, und so hat sich dort eine humanere Lebensweise erhalten, die Sie auch im Dialog mit diesen Menschen spüren werden. In der Stadt sind Sie eine Nummer, auf dem Lande sind Sie ein Individuum. Das gilt sicherlich für alle Orte auf Erden, aber in der Einsamkeit der Weite Neuseelands wohl noch ein wenig mehr. So wie diese Erkenntnis auch auf Teile von z.B. Australien oder den U.S.A. zutrifft.

Der zweite Schein ist für Sie als Außenstehenden nicht so leicht zu durchschauen. Sie werden ein Land besuchen, das weit über seine Verhältnisse lebt. Neuseeland lebt nämlich auf Pump. Und zwar in solch einem Ausmaß, dass es nur eine Frage der Zeit ist bis sich der ganze Glanz einer hochentwickelten Welt in einer drastischen Durchsetzung des üblichen Maßnahmenkataloges des IWF auflöst, so wie wir das von Ländern wie Griechenland kennen. Wenn ein Land seine Auslandsschulden nicht bezahlen kann, bekommen die geschockten Bürger nämlich eines Tages angemeldeten Besuch von Leuten, die das Management ihres Landes übernehmen. Die Regierung können Sie dann vergessen. Die sogenannte Demokratie auch. Sie meinen vielleicht ich übertreibe hier. Leider nicht. Im Vergleich zu diesen Leuten ist die Mafia eine

Wohltätigkeitsorganisation. Ich empfehle als Lektüre das Buch von John Perkins „Bekenntnisse eines Economic Hit Man“, ein weltweiter Bestseller über die geschäftlichen Gepflogenheiten des Neokolonialismus. Der Mann weiß wovon er spricht. Er war nämlich selbst dereinst solch ein „economic hit man“. Sie können sich auch weniger dramatisch bei Professor Michael Hudson schlau machen, falls Sie der englischen Sprache mächtig sind. Der Mann behauptet: „The financial sector has the same objective as military conquest: to gain control of land and basic infrastructure and collect tribute.“ (Der Finanzsektor hat das gleiche Ziel wie eine militärische Eroberung: Die Kontrolle über das Land und die Infrastruktur zu erlangen und Tribut einzufordern). So einfach. Schulden sind ein Versklavungsinstrument. Der beste Rat, den ich Ihnen in diesem Buch geben kann: Machen Sie nie, niemals Schulden! Falls Sie es sich noch nicht gemerkt haben sollten: Die Reichen können nur noch reicher werden, wenn wir alle weitere Schulden machen. Diese Regel gilt für jeden einzelnen von uns als auch für die Mehrzahl der Staaten auf dieser Welt. Es ist eine Art von Sklavenhaltung, ohne dass der Sklave sich seines Status bewusst ist. Er wähnt sich in Freiheit. Daher noch einmal der Rat eines alten Mannes: Tapsen Sie nie, niemals in die Schuldenfalle. Sie werden viel besser schlafen können.

Das Finanzwesen hat Neuseeland fest im Griff. Wie bereits erwähnt: Produziert wird nur noch wenig. Importiert wird viel. Die unausgesprochene, klassische Regel: Kolonien und Länder der Dritten Welt sind angehalten, Rohstoffe zu exportieren und Fertigprodukte zu importieren. Neuseeland hält sich nach wie vor an diese Anweisung seiner Herren. Es ist über die Jahre nur noch schlimmer geworden. Die relativ bescheidene technische Infrastruktur für industrielle Produktion wurde 1984 und in den Folgejahren systematisch zerstört, um der finanziellen Ausbeutung Tür und Tor zu öffnen. Stellen Sie sich mal vor wie viele Kiwifrüchte Sie verkaufen müssen, um für einen einzigen Porsche zu bezahlen. Klar, wir haben mehr als nur Kiwifrüchte zu verkaufen. Aber die Natur setzt der Produktion Grenzen. Eine Fabrik kennt diese Grenzen nicht.

Die Finanzwelt kennt diese Grenzen schon gar nicht, denn die verkaufen nichts weiter als Phantasieprodukte, verpackt in digitalen Illusionen.

Wenn Sie in Deutschland mal in den Produktionsindustrien nachfragen, werden Sie feststellen, dass dort Gewinnspannen von 3 oder 5 oder 7 % als die Regel angesehen werden. Mit solch dürftigen Beträgen gibt sich ein Investor unserer Zeit in der Finanzbranche nicht zufrieden. Warum auch? Sie müssen lediglich die Kunst beherrschen, aus Geld noch mehr Geld zu machen, ohne irgendetwas Sinnvolles zu produzieren. Dann machen Sie so richtig Kasse. Kapitalismus (Kapital!) pur. Die Auswüchse dieser Logik können Sie hier im Lande prächtig studieren.

Was also produzieren, wenn es nichts zu produzieren gibt? Sehr gute Frage. Es könnte gar jemand auf die Idee kommen zu behaupten, dass die meisten sogenannten Berufe unserer Zeit völlig überflüssig seien. Denn die in jenen Berufen tätigen Menschen produzieren nichts, was der Mensch wirklich zum Leben braucht. Arbeit ist heute für viele eigentlich nicht mehr als ein Beschäftigungsprogramm. Sehen Sie das auch so? Sieht so die Zukunft aus? Wenn ja, dann also willkommen in der Zukunft. Willkommen in Neuseeland. Vor allem diejenigen, die die großen, vollgestopften Portemonnaies mit ins Land bringen. Wie sollen wir sonst die Autos und die Busse bezahlen, mit denen Sie durch das Land kutschieren. Die sind alle importiert und mussten und müssen mit harten Devisen bezahlt werden. Neuseeland produziert nichts an Fahrzeugen.

Trotzdem flitzen hier Millionen von Fahrzeugen durch die Gegend. Sogar aus Deutschland! Achtung, wir erinnern uns: „It is not what it looks like" (also: der Schein trügt). Glauben Sie nicht alles, was Sie sehen oder in den Werbebroschüren lesen. Die Marketingfritzen, die Schöpfer von Illusionen, haben die Welt fest im Griff. Auch in Neuseeland. Sobald Sie aus dem Flugzeug kommen ist ihr Aufenthalt bereits geplant. Von uns. Ob Sie wollen oder nicht. Es sei denn, Sie setzen sich ab. Sie verschwinden. Womit wir noch einmal zu einer der wirklich wichtigsten Aussagen zu Neuseeland kommen: Es gibt eine markante Unterteilung in Großstädte (vornehmlich Auckland, Wellington und Christchurch) und eben jenem platten Land oder gar der Wildnis. Wenn Sie die Addition der

Menschen in diesen Städten von der Gesamtbevölkerung von weniger als 5 Millionen abziehen, wird Ihnen sofort aufgehen, dass da nicht mehr viel übrig bleibt. Sie wollen wissen wie groß Neuseeland ist? Neuseeland: 268,021 Quadratkilometer. Deutschland: 357,386 Quadratkilometer. Das Vereinigte Königreich (242,495 Quadratkilometer), das Mutterland, ist also kleiner als seine Lieblingskolonie.

Das ist der Ruf, den Neuseeland genießt. Ja, selbst heute noch. Es ist übrigens eine gegenseitige Liebe. Kein wesentliches Ereignis in Buckingham Palace, das nicht in Neuseeland für Aufregung in den Medien sorgte. Offiziell ist die ehrwürdige Dame im Palast zu London nach wie vor das Staatsoberhaupt. Was immer das auch zu bedeuten hat. Zum Verdruss der Mehrheit der Bevölkerung hier lässt sie sich leider nur sehr selten im Lande sehen. Ihre Untertanen allerdings versuchen untertänigst, den untertänigen Kontakt über 20,000 Kilometer hinweg so eng wie möglich aufrecht zu erhalten. Die Medien lassen da keine Gelegenheit ungenutzt. Die am Ende der Welt lebenden Kiwis genießen gerne den aufregenden Kribbel des Dazugehörens.

Nun, zu unserer Verteidigung, es passiert halt auch zugegebenermaßen nicht sonderlich viel in Neuseeland. Viele junge Leute schimpfen es gar, langweilig zu sein. Nun, man kann ihnen diese Aussage nicht verübeln. Denn außer Natur hat das Land eigentlich nichts zu bieten. Sie werden nicht wegen Shopping kommen oder weil Sie sich im berauschenden Nachtleben in Auckland austoben wollen. Tote Hose. Daher, wenn Sie nicht gut zu Fuß sind und die Magie der Natur bei Ihnen kein Gramm Adrenalin in Bewegung setzt. wird Sie wahrscheinlich schnell der Bazillus der Langeweile in Neuseeland erhaschen.

Wie gesagt, die Frau Queen ist noch immer das offizielle Staatsoberhaupt von Neuseeland, aber sie lässt sich in dieser Rolle von eine Hofdame vertreten, die hier die Belange der Krone wahrnimmt. Die Diskussion um die Einführung einer Republik und damit des Absägens der Queen als Galionsfigur ist eingeschlafen. Monarchie ist eben viel schöner. Das Königshaus produziert halt, zugegebenermaßen, wirklich wunderbare, herzerwärmende, unschlagbare Bilder, die vor allem bei den älteren Semestern in der

Bevölkerung hier noch immer Begeisterungsstürme auslösen. Wer will's den Damen und Herren verübeln? Man ist halt gerne wer. Und wenn man selbst nichts hermacht, dann kann man sich zumindest in der Sonne derer wärmen, die auf Gottes schöner Erde eben als top Superstars gelten. The Royals.

Natürlich versteht es sich von selbst, dass da auch die guten alten Traditionen eine Rolle spielen. Schließlich war und ist Neuseeland vierteloffiziell eine Kolonie ihrer Majestät. Die Mehrheit der Bevölkerung stammt aus dem Vereinigten Königreich. Was wollen Sie da erwarten: „Long live the Queen."

Ich habe das Wort „Kolonie" in dem vorherigen Absatz eher zurückhaltend erwähnt. Offiziell ist Neuseeland natürlich ein unabhängiger Staat. Was immer das auch bedeuten mag. Und ich kann Ihnen nicht empfehlen, den Kiwis einreden zu wollen, dass sie Einwohner einer Kolonie ihrer Majestät seien. Das wird nicht so richtig gut ankommen. Wie in vielen anderen Ländern auch, drückt man sich halt gern vor dem Erkennen der Realität. Sie in Deutschland werden das verstehen.

Aber ich frage Sie: Kann ein Land sich als unabhängig bezeichnen, wenn es nicht in der Lage ist, seine eigenen Rechnungen zu begleichen? Nun, Neuseeland ist nicht Griechenland. Die Gläubiger des Landes verhalten sich eher vorsichtig, fallen nicht mit der Tür ins Haus oder drohen gar. Wie in den Jahren 1984 und 1990, als die Finanzwelt den Kiwis unmissverständlich klar machte, wer hier Herr im Hause ist. Aber seitdem wird leise getreten. Das hat wohl auch mit der Tatsache zu tun, dass recht viele gut betuchte Damen und Herren aus vielen Ländern hier ihr (zumeist zweites oder drittes) Domizil aufgeschlagen haben. Für den Fall der Fälle. Sie wissen wahrscheinlich, wovon ich hier spreche. Oder etwa nicht? Nun, wie soll ich sagen, falls es mal zu einem wirklichen Schiesskrieg kommen sollte, hat man halt gerne eine Option, sich von diesem ganzen Schlamassel zurückzuziehen, dorthin, wo es hoffentlich ruhiger und weniger gefährlich sein wird. Neuseeland steht da ganz oben auf der Liste der Refugien für den Fall der Fälle.

Ihnen zum Troste: Sollten sie nicht zu den wirklich gut Betuchten dieser Welt gehören, dann bleibt ihnen immerhin noch, sich einzuheiraten, so wie ich das vor vielen Jahren tat. Obwohl auch diese Option nicht ganz problemlos ist. Denn, tatsächlich, Geld spricht selbst lauter und stärker als die ach so verherrlichte Sprache der Liebe. Ich konnte nicht so einfach ins Land kommen und sagen: „Sehr her, ihr lieben Kiwis, ich bin jetzt mit einer eurer lieben Frauen verheiratet, gehöre also quasi zur Familie.“ So wie das damals umgekehrt bei meiner Frau der Fall war, als wir einige Jahre in Deutschland lebten. Da können Sie mal sehen. Ich erhielt eine Einladung zur neuseeländischen Botschaft, wo man mir alle möglichen Fragen stellte, und ich musste die nicht nur beantworten, sondern auch erklären, wieviel Geld ich denn nun ins gesegnete Neuseeland mitbringen würde. Ja, ja. Und das alles als Ehemann einer Neuseeländerin. Das ist hier nicht so wie mit der Einwanderung in Deutschland oder anderen EU Staaten. Die wollen in Neuseeland nicht einfach so von Millionen von Habenichtsen überrollt werden. Einwanderung muss sich auf jeden Fall für die Kiwis finanziell lohnen. Diese Abhängigkeit von den Immigranten ist mittlerweile so schlimm, dass wahrscheinlich die Wirtschaft zusammenbrechen würde, wenn nicht jedes Jahr so zwischen 40,000 und 70,000 Immigranten ins Land kämen. Alle mit ausreichend Geld versorgt. Sonst kriegst du die Tür vor die Nase geknallt. Denn, wie gesagt, irgendjemand muss ja für all die schicken Autos und Busse und Flugzeuge und Maschinen aus Deutschland und aus den anderen Ländern bezahlen. Und für all den anderen importierten Kram. Die Kiwis selbst können das doch nicht. Die sind auf andere angewiesen.

Diese Schwäche des Landes ist natürlich seit langem bekannt. Der berühmteste Ökonom des Landes, Dr. Sutch, sprach das Problem schon vor über 70 Jahren an:

„The weakness of New Zealand is that there is a lack of basic industries which have been established and developed solely by New Zealand capital and direction.“ (Die Schwäche ist also ein Mangel an eigener Industrie)

Genau. Das ist der Punkt. Viel selbst herstellen tun die Kiwis wie gesagt nicht. Nicht mehr. Früher schon, oh ja, früher war das tatsächlich anders: Früher produzierte man Schuhe in Neuseeland, und Klamotten aller Art und Maschinen aller Art, selbst Autos wurden hier zusammengebastelt.

Eine richtige industrielle Infrastruktur existierte. Aber dann nahmen ein paar hoch studierte Männer (damals waren das eben Männer) ihre Rechenmaschinchen in die Hand und stellten fest, dass es nun mal billiger sei, wenn man Autos importiert. Und auch bei Schuhen und anderen Produkten kamen sie zu dem gleichen Ergebnis. Und da die althergebrachten Religionen, die der Hände Arbeit segneten, in Neuseeland an Einfluss verloren, der Mensch aber nun mal ohne Religion nicht leben kann, da importierte man aus Amerika, angeblich God's own Country, den Götzen Mammon. Und betete ihn gar inbrünstig an. Und horchte demütig seinen weisen Ratschlägen. Verbreitet durch seine gesegneten Propheten. Das ganze Prozedere begann im Jahre 1984, als der Boss der Propheten, ein Messias, über das Land herfiel, ein Mann namens Roger Douglas, und das unerwartete Wunder dieser neuen Religion der grenzenlosen Begierde begründete. Und an der Unterwerfung unter diese verführerische, sehr populäre Religion hat sich bis auf den heutigen Tag nichts geändert.

Keine Angst, liebe Frau Touristin, lieber Herr Tourist, bei uns finden Sie alle liebgewonnenen Firmen, die Ihnen so vertraut sind. Wir haben MacDonalds und Burger King und Kentucky Fried Chicken und Starbucks und, und, und, und, und. Haben wir alles. Also, keine Angst. Wenn Sie denn unbedingt wollen, können Sie hier so weiterleben wie bisher. Nur die Landschaft ändert sich dann für Sie. Und die Leute reden ein wenig anders. Ja, doch, Spaß beiseite: Sie könnten gerademal so weitermachen wie in Deutschland. Wenn Sie denn wollen.

Jetzt hat selbst IKEA angedroht, in den nächsten Jahren ein paar von ihren Konsumparadiesen in Neuseeland aufzubauen. Stellen sie sich das mal vor. Natürlich alles importiert. IKEA allein, das ist meine Prognose, wird die Außenhandelsbilanz von Neuseeland um mindestens eine Milliarde Dollar pro Jahr verschlimmern. Stellen Sie sich das mal vor. Freudestrahlend werden all die Frauen mit erhöhtem Puls durch die IKEA Gänge gehen (angeblich bei einer durchschnittlichen Verweilzeit von 4 Stunden) und in ihrer Unschuld nicht kapieren, dass sie sich in den eigenen Untergang verkonsumieren. Also, ich werde denen das nicht verklickern. Ich will doch den Damen nicht das Herz brechen.

Die globale Konsumgesellschaft als der Hauptfreund oder als der Hauptfeind des Touristen: „Kaufen, kaufen, liebe Leute, immer mehr kaufen, kaufen, kaufen, sonst wird das Rad unserer Konsumgesellschaft zum Stillstand kommen. Das Ende der Welt.“

Ich weiß, wir Menschen sind wirklich doof.

Wie gesagt, früher war das alles anders in Neuseeland. Früher, das ist in unserer Zeitrechnung: Vor 1984. Sie wollen wissen was im Jahre 1984 in Neuseeland geschah? Eine Revolution. Aber nicht des Volkes. Eine Revolution der Reichen.

Damals, also vor 1984, hatten die Kiwis die abstruse Idee, dass der Sonntag wirklich ein Ruhetag sein sollte. Und die Familie sollte geschützt bleiben. Und alle sollten sich ein Haus leisten können. Und überhaupt, die Menschen sollten mehr oder weniger gleich sein, nicht vollkommen, aber beim Einkommen sollten keine extremen Unterschiede bestehen. Ein Lehrer verdiente soviel wie ein Politiker. Heute verdient der Politiker, als Einstiegsgehalt der unteren Kaste, mehr als doppelt soviel wie ein Lehrer. Und dann noch einiges mehr. Damals war Bildung völlig gebührenfrei und zugänglich für alle. Einschließlich Universität. Heute betteln die Schulen um eine Gabe, damit sie finanziell über die Runden kommen. Und wehe Sie rücken nichts raus. Früher konnten Sie in den Bergen unbesehen das Wasser aus den Bächen trinken. Und Arbeitslosigkeit war so gut wie unbekannt. Der Staat griff ein, wenn es notwendig war. Na klar, die Auswahl in den Läden war nicht so groß wie heute in den Supermärkten, aber wer braucht schon die Auswahl von 20 verschiedenen Sorten von Zahnpasta und zehn Sorten von Toilettenpapier? Vor allem, wenn man es sich nicht leisten kann.

Und dann, im Jahre 1984..., im Jahre 1984 verkauften die Kiwis ihre Seele. Sie kennen das ja aus der Bibel. Und Sie kennen sicherlich auch die Geschichte von unserem guten Herrn Goethe. Faust. Sie erinnern sich? Aber ich greife voraus. Lassen Sie uns zuerst von der guten alten Zeit berichten, von Hoffnungen und Träumen und von Männern mit Visionen. Sie werden sehen, wie weit Neuseeland einst dem Rest der Welt weit, weit, weit voraus war. Ja, tatsächlich...

Teil I

„Es war einmal, vor langer, langer, langer Zeit......“

„Ki mai ki au, he aha te mea nui o te au?
Makue ki atu, he tangata, he tangata, he tangata!“

„Tell me, what ist he most important thing in the world?
Well, I'll tell you: It's people. It's people, it's the people!“

„Sag mir, was ist das wichtigste auf der Welt?“
„Nun, ich werde es Dir sagen: Es ist das Volk, das Volk, das Volk!“

Wie stiehlt man ein Land?

„recte si possint, si non, quocunque modo“
Zitat aus einem Bericht des britischen Gouverneurs in Neuseeland 1859, Thomas Gore Browne, an den „British Secretary of State“ in London, in dem er sich auf die praktizierte Vorgehensweise gegenüber den Maoris bezog, um ihnen das Land abzunehmen: „Mit rechtlichen Mitteln, wenn möglich, wenn nicht, dann egal wie“. (W.B. Sutch „Poverty and progress in New Zealand, 1941)

Es gibt verschiedene Möglichkeiten, sich ein Land unter den Nagel zu reißen. Man könnte das Land natürlich kaufen. Vielleicht sehr, sehr billig, aber immerhin. Vielleicht sogar in einer anständigen und fairen Art und Weise. Ich meine, rein theoretisch. Das wäre doch eine Option. Eine von vielen. Meine Dame, mein Herr, ich bitte Sie, zu bedenken, dass sich im Laufe der Geschichte die Optionen veränderten. Im Zeitalter der Kolonisierung der Welt reichte es mitunter völlig aus, vor einer Insel die Fahne zu hissen und im Namen von König Soundso die Insel in Besitz zu nehmen. So geschehen im Süden Neuseelands von dem sehr verehrten Kapitän Cook am 31. Januar 1770 im Queen Charlotte Sound.

Sie fragen im Ernst: „Warum benahm der berühmte Mann sich derart ungehobelt?“ Nun, es war wohl die kecke Arroganz des Eroberers, ein Anflug von aufgeblasener Überheblichkeit und Überlegenheit, die im Angesicht von technisch unterlegenen Rassen jeglichen andressierten Anstand vergessen ließ. Eigentlich erstaunlich. Denn so ein Kapitän damals hatte schließlich Manieren. Bei Hofe wäre solch ein Verhalten sicherlich nicht ohne unangenehme Konsequenzen durchgegangen. Das hätte ihn seinen Kopf kosten können. Und da wunderten sich die Weißen später, dass sie infolge Fehlverhaltens bei den Maoris im Kochtopf landeten. Etikette, auf deutsch: Benimmregeln, kannten die Maoris nämlich auch. Mit festgelegten Konsequenzen, wenn der dumme weiße Mann mal ins Näpfchen latschte. Nicht dass der dumme weiße Mann sich darum scherte. Schließlich hatte er die größeren Kanonen.

Allerdings, wenn einen christlich erzogenen Eroberer die Gewissensbisse plagen, dann kommt der altbekannte Trick der Rationalisierung zum Einsatz. Sprich, eine blöde Ausrede muss her, die irgendwie Sinn macht. Man erklärt ein Stück Land einfach als „Terra Nullius“. Also zum Niemandsland. Die meisten Maoris lebten damals auf der vom Klima verwöhnten Nordinsel Neuseelands. Wer will schon in der Kälte hausen, wenn man ein paar Meilen weiter nördlich komfortabel im Sonnenschein das Leben genießen kann? Und wirklich, im ernst, die paar tausend Maoris auf der Südinsel konnten doch nicht gesunden Geistes behaupten, dass ihnen die gesamte Südinsel gehörte. Die lebten doch lediglich in einigen Nischen dieses riesigen Landes. So sahen das auch die Rechtsverdreher und Schwups hatten sie sich all das schöne Land unter den Nagel gerissen. Mit den paar Maoris würde man schon leicht fertig werden, sollten die sich tatsächlich beschweren wollen. Das taten die zwar auch. Aber man verstand die irgendwie gar nicht. Nicht so richtig. Nun, was sollte das Gelaber ohnehin, denn Taten, Taten sprechen bekanntlich lauter als all diese Worte. Also ging es bald richtig rund. Mitte des 19. Jahrhunderts sandten die Engländer tausende und tausende von Siedlern zur Südinsel. Man nennt das

„vollendete Tatsachen schaffen". Einige von denen hatten auch Musketen dabei. Außerdem war inzwischen die schneidige, schmucke englische Armee eingerückt. Die Rotröcke. Die Maoris hatten keine Chance.

Auf der Nordinsel hingegen gab es eine Reihe von Kriegen zwischen Maoris und Weißen. Und nicht zu selten bekamen die Weißen kräftig Prügel. Auf der Südinsel allerdings ging es eher friedlich zu. Ideale Bedingungen für eine Besiedlung. Außerdem war den Eindringlingen das Klima aus der Heimat vertraut. Sie mussten sich nur daran erinnern, dass zu Weihnachten eben Sommer war.

Terra Nullius ist natürlich eine Klausel der Rechtsverdreher. Das sind Leute, die aus dem Streit anderer Menschen sich den Lebensunterhalt verdienen. Und das meist auch nicht schlecht. Ich möchte Sie an dieser Stelle darauf aufmerksam machen, dass heute (2019) Neuseeland die relativ höchste Anzahl von Anwälten auf Gottes Erde vorweisen kann. Die Gesamtzahl betragt 12,100. Damit entfällt ein Anwalt auf etwa 400 Einwohner. Jetzt verstehen sie auch noch einmal besser, wie man in Neuseeland heutzutage Geld macht. Nicht so sehr durch produktive Arbeit, sondern meistens durch den sinnentleerten Einsatz von Gehirnschmalz. Viel braucht es allerdings nicht.

Die Südinsel haben wir gerade abgearbeitet. Das war ein Kinderspiel für die Europäer. Auf der Nordinsel verhielt es sich völlig anders. Die Maoris wagten es doch tatsächlich, sich zu wehren. Und zwar richtig. Sie hatten Festungsanlagen („Pa" genannt) entwickelt, in deren Labyrinthen sie mit Vorliebe die Weißen massakrierten. Ein Albtraum für die Soldaten, diese wirklich genialen Festungen zu stürmen.

Was also tun? Sie müssen bedenken, dass Krieg führen für die Engländer sehr teuer war. Wer sollte diese tausenden von Soldaten bezahlen? Und die schmucken roten Röcke. Und was die Fraßen! Und dann all die Munition, die Kanonen, die Pferde, die Huren und so weiter und so weiter und so weiter.

Die Kassen in Neuseeland waren leer. Aber man brauchte diese Soldaten gegen die uneinsichtigen Maoris. Man brauchte tausende von diesen Soldaten. Mehr als zehntausend. Die Engländer hielten unerbittlich die Hand auf. Von wegen: Wir sind doch eine große

Familie und so. Die Hauptregel des englischen Königshauses lautete: Ohne Kohle keine Streicheleinheiten. Ohne Kohle keine Hilfe. Ohne Kohle tut sich rein gar nichts. Also was blieb der Regierung in Neuseeland nur übrig? Genau. Schulden machen. Im Jahre 1863 nahm die neuseeländische Regierung Schulden in Höhe von 3 Millionen Pfund in England auf, um all diese Kriege gegen die Maoris bezahlen zu können.

Sie werden fragen: „Aber Neuseeland, das war damals doch England. England hatte doch diesen Vertrag unterschrieben, in dem es sich verpflichtete... Was sollte der Unsinn?" Eine gute Frage. Leider lebten Sie damals nicht. Heute sind das alles Fragen, die längst die Themse hinuntergeschwappt sind. Aber mal ehrlich: Was sollten die Kiwis der ersten Stunde auch tun als die Engländer die Hand aufhielten? „Thinking outside of the box" war damals noch nicht erfunden. Die Jungs in der Regierung in Neuseeland waren wohlerzogen. Die kannten die Regeln, die Regeln, die für jeden anständigen Engländer galten. Also geschah, was geschehen musste: Die Erbsünde ward vollbracht. Das ist dieser „Tag der Schande", den jedes Volk in seinen Annalen vorfindet. Drei Millionen Pfund Sterling waren damals eine richtig große Stange Geld. Die gute Nachricht: Von jetzt an ging es stets bergauf. Mit den Schulden. Die mussten natürlich zurückbezahlt werden. Und dann auch noch mit Zinsen. Aber woher sollte das Geld kommen? Woher? Nun, die Weisheit lehrt, es gibt immer einen Ausweg. Immer. Man muss nur die richtigen Leute ranlassen.

Also rief man die Advokaten an die Front. „Land der Maoris verkaufen und Kasse machen" war die Wunderformel. Und wenn die Maoris nicht wollten? Nun, Sie haben ja schon von der Philosophie des „alternativlos" gehört. Frau Merkel ist ein großer Fan von solch einem tollkühnen Ansatz. Die Advokaten auch. Erst wurde zwar brav verhandelt, dann aber beschiss man die Maoris nach Strich und Faden, und wenn die klagen wollten, dann sollten sie doch klagen. Je mehr desto besser. Wie Sie als Zeitzeuge wissen, können Sie zwar recht haben, aber das bedeutet noch lange nicht, dass sie auch Recht bekommen. Die Weißen legten fest, dass vor Gericht ein Anwalt zugegen sein musste. Der kostete Geld. Wenn die Maoris kein Geld hatten, dann blieb ihnen nur, Land zu verkaufen oder Land als Pfand einzubringen. Und dann, wissen Sie, so eine Gerichtsverhandlung kann sich lange hinziehen, sehr lange. Die Maoris mussten sich aber um ihre Felder kümmern, um ihre Familie, ihre Mittel waren zu knapp, um sich über Monate in einer Stadt über Wasser zu halten. Die Anwälte klappten ganz cool ihre große Trickkiste auf. Die Maoris hatten keine Chance.

Die größten Kosten bei Landgeschäften aber verursachte die Vermessung. Wenn der arme Maori also sein Land zum Schleuderpreis verkaufen musste, um seine Schulden zu zahlen, raten Sie mal, wer dann auch noch für die teure Vermessung aufzukommen hatte? Ich frage Sie, was sind das für Menschen, diese Weißen?
Selbst Jesus Christus ist mit seiner Bergpredigt bei denen, nach all den Religionsstunden, nicht bis ins Herz vorgedrungen. Kann er auch nicht. Denn dort regiert ihr lüsterner Lieblingsgott mit Namen Mammon. Und der versteht keinen Spaß.

Mister F. D. Fenton war der erste „Chief Judge of the Native Land Court", an dem die Landstreitigkeiten vorgetragen wurden. Der Mann sagte 1871 in aller Offenheit:
„It is against all our lessons of history, and opposed to the truth of human nature, so suppose that the soil of a country can, by any method within our powers of imagination, be transferred fron an ancient race, which has long held it as sovereign owners, to an intruding people, without suffering and unhappiness."
Also, kurz gesagt: Das Leiden lässt sich leider nicht vermeiden, wenn man den Eingeborenen das Land klauen will. Das ist halt so.

Wie Sie an einer Reihe von Beispielen sehen, die ich in diesem Buch erwähne, die Richter waren nicht auf der Seite der Maoris. Die Richter wussten ganz genau, was von ihnen erwartet wurde. Das ist so wie mit dem Bundesgerichtshof. Versuchen Sie dort mal die Regierung anzuklagen, weil sie die Bundeswehrsoldaten, entgegen der Vorgaben der Verfassung von 1949, zum Mord anstiftet. Viel Glück. Oder verklagen Sie mal die gute Frau Merkel, weil sie angeblich über eine Million Fremde einfach so ins Land gelassen hat, ohne das Volk zu fragen. Viel Glück. Allerdings, realistisch betrachtet: So viel Glück werden Sie nie haben. Sie haben keine Chance.

12,100 praktizierende Anwälte in Neuseeland heutzutage. Was für eine Verschwendung nicht nur von Geld, sondern auch von menschlicher Kreativität. Und was für Leiden die teilweise verursachen. Die müssen ja Geld verdienen. Und bei solch einer Konkurrenzlage ist das nicht so einfach. Die leben quasi von Streit oder Streitfragen oder potentiellen Streitfragen. Vertrauen ist gut, aber Anwalt ist besser, oder so ähnlich. Ich frage Sie: Können sich die Menschen nicht ohne Anwälte einigen? Brauchen wir die wirklich? Ausser vielleicht, wenn der eine den anderen totschlägt. Also, für Neuseeland schlage ich vor: Maximal 77 Anwälte. Das müsste doch reichen, oder?

Übrigens, womit man heute so alles Geld verdienen kann. Ich habe mir mal die Liste der Möglichkeiten in Neuseeland angeschaut. Das Bruttosozialprodukt im Lande beträgt etwa 300 Milliarden Dollar. „Manufacturing“ macht lediglich etwa 23 Milliarden aus. Das muss ich noch einmal wiederholen: 23 Milliarden Dollar! Jetzt wissen Sie auch, warum die all den Mist importieren. Importieren macht Spaß. Da braucht man nicht zu arbeiten. Nicht so richtig. Import plus 7,7 % im Januar 2019. 914 Millionen Dollar mehr in der Kreide. Aber das ist kein Thema. Keiner will wissen, wie hoch die Schulden sind und was man dagegen tun könnte. Man hat doch Immobilien, damit kann man prächtig spekulieren. Steuerfrei. Was kostet die Welt? Ergo die einzige heiß Frage am Kamin des abends: „Also, was meinst du Charlotte, sollten wir dieses Jahr nach Hawai oder reicht Fiji?“

Menschen machen Geschichte

„When I think of the government and unemployment I remember that there are ten Ministers of the Crown, and every one of them has twelve thousand million brain cells, all unemployed.“(Wenn ich an die Regierung im Zusammenhang mit der Arbeitslosigkeit denke, dann erinnere ich mich daran, dass es da zehn Minister gibt und jeder einzelne von denen hat zwölf tausend Millionen Gehirnzellen, alle unbenutzt.).

„Unemployed" kann arbeitslos oder unbenutzt bedeuten. Elizabeth McCombs (1873-1935), die erste weibliche Abgeordnete im Parlament

Eines der unerhörtesten Ereignisse in der Geschichte der Menschheit, im wahrsten Sinne des Wortes, fand am 17. April 1933 auf dem Parteitag der Labour-Partei in Neuseeland statt. Es ging eigentlich nur um ein einziges entscheidendes Problem. Der Antrag zur Lösung dieses Problems wurde schließlich einstimmig angenommen. Die Partei verpflichtete sich, sollte sie die Wahl im Jahre 1935 gewinnen, dass das gesamte Bankensystem der Kontrolle des Staates unterworfen würde. Die Zentralbank und die größte Bank des Landes würden verstaatlicht, so dass der Staat selbst das Geld kontrollieren würde. Nicht nur das, die Regierung könnte dann quasi sich selbst Kredit geben, zinsfrei, um die notwendigen Investitionen im Lande zu finanzieren. Als Labour dann 1935, zum ersten Mal in der Geschichte des Landes, tatsächlich an die Macht kam, erfüllte die Partei dieses Versprechen. Die verehrten Expertisen und Warnungen der Wirtschaftsweisen im Lande erwiesen sich als hanebüchen. Einfache, ehrliche Männer, die über gesunden Menschenverstand, Energie und Menschlichkeit verfügten, führten das Land aus der Wirtschaftskrise in eine Zeit der Blüte.

Geschichte wird von einigen wenigen, von ganz, ganz wenigen Männern und Frauen entscheidend geprägt. Wir haben da ja einige aus deutschen Landen vorzuweisen. Männer wie Luther oder Bismarck oder Willy Brandt. Leider gibt es anschließend immer dunkle Gestalten, die zerstören, was die Träumer und Idealisten aufbauten. Diese Sequenz des Ablaufs von Geschichte können Sie in allen Ländern der Erde verfolgen. Und da die dunklen Gestalten momentan Oberwasser haben, sieht die Welt so aus wie sie momentan aussieht. Luther war übrigens der Überzeugung, dass das Leben vorherbestimmt sei. Sollte er recht haben, dann können Sie sich eigentlich die ganze Strampelei sparen, und mein Rat wäre, dem Herrgott lediglich brav zu versichern, dass Sie gehorsamst auf dem vorgesehenen Pfad wandeln werden und einer der größten deutschen Tugenden frönen, der Gelassenheit (auch so ein deutsches Wort, das sich nicht wirklich in andere Sprachen übersetzen lässt). So einfach kann Leben sein. Sollten Sie allerdings aufbegehren, dann ist die Chance groß, dass Sie den Heerscharen der tragischen Gestalten beitreten, die sich nicht dem Schicksal beugen wollten.

Nun denn, für Neuseeland habe ich sieben Männer ausgemacht, die meiner Meinung nach entscheidend in den Ablauf der Geschichte dieses Landes im positiven Sinne eingegriffen haben. Nicht dass sie Heilige waren. Beileibe nicht. Auf sie trifft sicherlich die Geschichte vom krummen Holz zu, von der Immanuel Kant sprach. Aber immerhin leisteten diese Männer beachtliches. Sie werden wahrscheinlich keinen dieser Menschen kennen. Um Sie zu motivieren und mit Neugierde zu reizen, lassen Sie mich auf folgenden Tatbestand aufmerksam machen: Neuseeland war einst das sozial progressivste Land auf Erden mit einem der höchsten Lebensstandards auf Erden. Dieser Segen fiel nicht vom Himmel. Dieser Segen musste gegen erbitterten Widerstand hart erkämpft werden. Das Resultat, obwohl immer ein Kompromiss, konnte sich im düsteren Lichte der damaligen Zeit sehen lassen. Sprühende Funken der Hoffnung wiesen einen besseren Weg für die Geächteten, Rechtlosen und Unterdrückten. Das war exzellentes Menschenwerk, geschaffenen von Männern, die sehr wohl wussten, was sie da taten. Das war die sogenannte gute alte Zeit. Die dauerte viele Jahre.

Bis dann, eines Tages, die Habgier mit verlockenden Versprechen über das Land herfiel und im Verein mit der Dummheit leichte Beute unter den entwurzelten und entmündigten Menschen machte.

Unter dem Banner von Freiheit und Demokratie. Es ist stets die gleiche Mischung von Schwachsinn.

Wobei sich natürlich die Frage auftut, ob der moderne Mensch mit den Krücken des technischen Fortschritts tatsächlich in der Lage ist, mit dem puren, geballten, natürlichen Intellekt der Menschen des 18. Und 19. Jahrhunderts Schritt halten zu können. Es gibt durchaus berechtigte und logisch durchdeklinierte Ansätze, die zu dem Ergebnis kommen, dass der Mensch heute, trotz der ach so cleveren Maschinchen, der bewegten, bunten Bilder und totaler globaler Vernetzung, im Vergleich zu unseren Vorfahren als verblödet einzustufen sei. Was auch irgendwie, selbst bei oberflächlicher Betrachtung, sofort unmittelbar einsichtigen Sinn macht. Stellen Sie sich mal vor, was die Menschen vor zweihundert Jahren zur Belebung von Geist und Seele als Hilfsmittel zur Verfügung hatten. Abgesehen von Musik und Büchern war da nicht viel. Und unsere Vorfahren hatten sehr viel mehr Zeit zum Denken. Die heutigen Menschen werden primär von ihren wirtschaftlichen Anforderungen getrieben. Bildung gerät da leicht zur Indoktrination. Mit Muße, wahrer Muße sind nur noch wenige Menschen gesegnet. Woher soll es also kommen? Es ist doch wesentlich einfacher, alles zu konsumieren, einschließlich vorgegebener, vorgekauter Informationen, Illusionen, Ideologie, Weltsicht und Verhaltensmuster als Voraussetzung des psychischen und leiblichen Überlebens.

Der Mensch des 21. Jahrhunderts wird gelebt. Trotz Aufklärung und trotz totaler Verfügbarkeit jeglichen Wissens. Der Mensch des 21. Jahrhunderts ist dermaßen eingeschläfert und manipuliert und eingegoogelt und vergoogelt, dass er in den von Algorithmen vorgegebenen Bahnen denkt und lebt und dermaßen von Blindheit geschlagen ist, dass er dumpf an dem Trog des pulsierenden wahren Lebens vorbeitrottet, ohne jegliches Anzeichen von Neugierde an den Verführungen des geistig/seelischen Paradieses. Es ist ein globales Phänomen. Und natürlich finden Sie diese Art von geistig umnebelten Menschen auch in Neuseeland.

Nun denn, wenn Sie schon mal dieses Buch aufgeschlagen haben und sich auf Neuseeland einlassen wollen, ich will mein Bestes tun, um Sie mit ein wenig Aufklärung wachzuprügeln und Ihnen Optionen aufzeigen, die Ihnen Hoffnung einblasen könnten, selbst Deutschland dereinst zu einem besseren Land werden zu lassen. Wenn Sie denn Ihren Beitrag zu leisten bereit sein sollten.

Die Entdecker Neuseelands haben nichts geleistet, was der Erwähnung wert wäre. Wenn sie nicht Neuseeland entdeckt hätten, dann hätte es eben jemand anderes getan. Vielleicht 50 oder 100 Jahre später. Wahrscheinlich nicht. Wenn so viele Schiffe durch die Welt segeln..., es ist die altbekannte Geschichte vom blinden Huhn. Es gibt doch wesentlich interessantere Männer als Abel Tasman oder James Cook.

Sollten Sie je nach Neuseeland kommen und es bis zur Westküste im hohen Norden der Nordinsel schaffen, in die Gegend um Hokianga, dann werden Sie unweigerlich auf den Namen Charles, Baron de Thierry, stoßen. Der Mann, Franzose von Geburt (der französische König war sein Taufpate), eine wahrhaft schillernde Persönlichkeit, sogar für die damalige Zeit der Abenteurer und Welteneroberer, erklärte sich selbst zum König von Neuseeland. Stellen Sie sich das mal vor. Obwohl er damals noch nie, niemals in Neuseeland gewesen ward. Der gute Mann hatte lediglich im Jahre 1820, bei einem Aufenthalt von zwei neuseeländischen Maorihäuptlingen in England, von diesen Häuptlingen 40,000 Morgen Land im Norden gekauft. Für 36 Äxte. Alternativgeld. Was heute Bitcoin ist war damals die Axt. Oder die Muskete. Anyway, der gute Herr Baron hatte ehrlich bezahlt. Hier im Norden, an der Westküste, sollte die erste Siedlung seiner Herrschaft über Neuseeland entstehen. Der Mann war durchaus bei Trost.

Als de Thierry es am 4. November 1837 endlich bis nach Neuseeland geschafft hatte, wollte dort niemand mehr so richtig von diesem Vertrag wissen. Trotzdem versuchte er, die französische Regierung für seine Pläne zu begeistern und forderte sie auf, sich dieses schöne Land doch unter den Nagel zu Reißen. Er würde dann die Verwaltung übernehmen. Und alle würden glücklich sein.

Die französische Regierung war anfangs in der Tat an diesen Plänen durchaus interessiert, aber nachdem sie die Fakten vor Ort überprüft hatte und sich auch sonst die intrigierenden, politischen Figuren in Paris nicht so richtig auf eine Entscheidung festlegen konnten und viel Zeit schließlich verflossen ward, da stellte sich heraus, dass die Engländer inzwischen 1840 den Vertrag mit den Maoris abgeschlossen hatten. Die phantastischen Pläne des Herrn Barons lösten sich in Luft auf. Schade. Auf französisch: Quel Dommage!“ Nun, wie Sie sehen, es hätte durchaus mit Neuseeland einen anderen Lauf nehmen können. Interesse gab es genug in Europa. Aber letztendlich musst du als König Soldaten und Hardware (also Kanonen, Musketen, Kampfflugzeuge et cetera) vor Ort haben, um deine Ansprüche auch durchzusetzen. Irgendwann nutzt die ganze allerlieblichste französische Laberei nichts mehr. Und in Bezug auf Action waren die Engländer halt aufgeweckter als die aufgeplusterten, behäbigen Konkurrenten vom Festland Europas. Wie die Engländer so sagen: „Action speaks louder than words". In der Tat, wahre Worte.

Ich wollte diese Episode nur mal kurz erwähnt haben, damit Sie mir hinterher nicht vorwerfen können, ich hätte wesentliche Fakten der Geschichte Neuseelands unter den Tisch fallen lassen. Allerdings, Leute, mal ehrlich gesagt, wieviel Geschichte kann sich schon am Ende der Welt in 200 Jahren ereignen? Genau.

Man kratzt da schnell am Boden des Topfes der neuseeländischen Geschichte.

Lassen wir den idealistischen, von Träumen vor langer Zeit getriebenen Baron de Thierry auf dem Friedhof, nicht weit von hier, wo ich wohne, in seinem wohlverdienten Schlaf ruhen. Der Mann hatte durchaus das Zeug zum Helden, seine Ideen hätten zum Triumph auswachsen können, aber das Schicksal hatte sich aus irgendwelchen törichten Gründen gegen ihn entschieden. Hätte der Baron seinen Luther gelesen, hätte er sich viel Ärger ersparen können. Er wird gen Himmel geschrien haben: „Mon dieu, pourquoi?" „Warum, warum, warum? Tja, wie das halt so häufig in der Geschichte passiert: Viele Unwägbarkeiten müssen wie von Zauberhand geleitet zusammenkommen, damit ein Unterfangen, nach harter Arbeit und unvermeidlichen Rückschlagen, schließlich doch von Erfolg gekrönt, in ein happy ending ausläuft. Welch Verschwendung in dieser Welt! Welch Verschwendung!

Tragische Helden füllen ganze Regale in den Bibliotheken. „Vraiement desole, Monsieur de Thierry". Ganz im ernst, wir hätten alle so gerne hier in Neuseeland Französisch parliert. Und wie anders sähe unsere Speisekarte aus! Es hat halt nicht sollen sein. Allerdings, lassen Sie mich eines noch dazu anmerken: Mehr als einmal habe ich Persönlichkeiten in Neuseeland nahegelegt, doch nicht so viele Asiaten ins Land zu holen, sondern auf einen großen Schlag mal einhunderttausend Franzosen. Damit in diesem verschlafenen Land sich mal ein wenig richtig Leben regt. Ich wäre sogar für eine halbe Million. Genug Platz gäbe es hier allemal. Pas de probleme. Dann könnten wir hier auch eines Tages so eine richtige Revolution durchziehen, um das ganze Gesindel von Finanzschmarotzern ins Meer oder ins Flugzeug zu treiben. Und dann, dann, dann würde sich der große Traum vom lieben Baron vielleicht doch noch erfüllen.

Voila!

Nun, der Baron de Thierry gehört nicht zu meiner Liste der sieben Neuseeländer, die Sie unbedingt kennen sollten, um die Geschichte dieses Landes zu verstehen. Bevor wir zu den drei ganz Großen kommen, will ich kurz über vier Menschen sprechen, die entscheidende Beiträge zur Entwicklung Neuseelands leisteten.

Sieben Männer Neuseelands, die Sie kennenlernen sollten

Zuerst John McKenzie, Hone Heke, John A. Lee, Arnold Nordmeyer

John McKenzie

Ein Schäfer aus Schottland, der es bis zum Minister für Landwirtschaft brachte. Und er wurde geadelt (also korrekterweise Sir John McKenzie). Der Mann schaffte es von ganz unten nach ganz oben. Entgegen allen absurdesten Berechnungen der Wahrscheinlichkeit. Leute wir John McKenzie gibt es heute nicht mehr, geistige Berserker, die mit schier gigantischer Willenskraft gesegnet aus dem Dreck kriechen, sich mühsam aufrichten, immer und immer wieder auf die Schnauze fallen und in der Pfütze Dreck saufen, sich trotzdem noch einmal aufraffen und am Schluss im Triumph, voller Bewunderung, den Lorbeerkranz des Sieges gegen die Qualen und Herausforderungen des Lebens aufgesetzt bekommen. Dieser Schotte sprach Gälisch, kaum Englisch, das er mühsam in Neuseeland lernen musste. Und was haben sie sich nicht über ihn im Parlament lustig gemacht. In seinem bebenden Zorn wetterte er ihnen die aufbrausenden Tiraden auf Gälisch entgegen. Nie, niemals würde er sich geschlagen geben. Was galten ihm schon diese geschniegelten Laffen, dieses gekaufte Gesindel, diese Interessenvertreter der Reichen?

Der Mann hatte als Kind ein Schlüsselerlebnis, das ihn für den Rest des Lebens prägte. Es geschah in Schottland zur Zeit der Flurbereinigungen in der ersten Hälfte des 19. Jahrhunderts, als die kleinen Landbesitzer vertrieben wurden und nicht wussten, wo sie bleiben sollten. Der König hatte ihnen selbst die Straße als Unterkunft verweigert. Es blieb ihnen nichts anderes übrig, als nachts auf dem Friedhof unterzukommen. Ganze Familien kampierten dort. Sie, Sie als Mensch unserer Zeit, fragen nach der Scham des Menschen? Gier kennt keine Scham. Gier rafft und zahlt jeden Preis der Verachtung von Menschlichkeit, um noch mehr zu raffen. Im Verbund mit den Mächtigen dieser Welt. Schmach und Schande über solche Regierungen, die selbst die kleinsten Ansätze von Menschenwürde niederknuten. Die gab es damals. Die gibt es auch heute.

John ging nach Neuseeland, arbeitete erst als Schäfer, baute sich dann langsam eine eigene Existenz auf und begann, sich für die Interessen der Bauern einzusetzen. Damals herrschten auch in Neuseeland die Großgrundbesitzer. Dieser Mann schaffte es schließlich tatsächlich, diese Großen Ländereien aufzulösen und unter den Bauern zu verteilen. Eine schier unglaubliche Leistung.

Wenn Sie es je nach Palmerston schaffen sollten, gehen Sie zu der Statue von John McKenzie und verneigen Sie sich vor diesem Mann. Bei Gott, er hat es verdient.

Hone Heke

In einem Land mit einer aufgezeichneten Geschichte von lediglich etwa 200 Jahren ist es natürlich einfacher als in Deutschland, eine Liste von Leuten zusammenzustellen, die ich als die hervorragenden Persönlichkeiten dieses Landes sehe. Sie sind alle tot. Was schon mal einiges über die Gegenwart dieses Landes aussagt. Da ist nicht viel. Und das ist wohl auch so gewollt.

Lassen Sie mich jetzt über Hone Heke sprechen, einem Häuptling der Maoris in der ersten Hälfte des 19. Jahrhunderts, der in ausreichender Menge über die wichtigste Magie eines Menschen verfügte, die man hier „Mana“ nennt, nämlich eine übernatürliche, geheimnisvolle Kraft. Hone Heke galt nicht nur als ein gefürchteter Krieger, sondern war auch von einem starken Drang von Neugierde getrieben. Er ließ sich taufen, obwohl er mit der christlichen Religion eigentlich nicht viel am Hut hatte. Aber diese Religion nutzte ihm. Er lernte Lesen und Schreiben. Der amerikanische Konsul im Lande ermunterte ihn gar, das Buch des Thomas Paine mit dem Titel „Rights of Man" zu lesen. Stellen Sie sich das mal vor. Ein wahrlich revolutionäres Buch. Wie ich bei Wikipedia nachlese, hatte das Werk selbst in Deutschland Schwierigkeiten, einen Verleger zu finden. Wegen der sozialen Sprengkraft in dem Buche, das übrigens damals von einer sogenannten „Universitätsmamsell" aus Göttingen übersetzt wurde. Im Jahre 1791. Die gute Frau Meta Forkel-Liebeskind musste sich verteidigen:

"Also gleich zur Sache: Sie haben den Paine abgewiesen, und der gute Forster hat mir das mit einem Jammergesicht kund gethan, als spräche er ein Todesurtheil [...] Doch nebenher, mich hat Ihre Weigerung nicht betrübt, weil ich fest überzeugt bin, wenn Sie das Buch sehen, so können Sie nichts weiter als es drucken, und wenn Hochverrath drauf stünde."

Voss hatte Einwände an der Qualität der Übersetzung vorgeschoben, um das Werk nicht drucken zu müssen, was die Übersetzerin erkannte und empört von sich wies:

"An der Übersetzung selbst wird man, wie ich mir schmeichle, und wie auch HR. Forster mir schmeichelt, keine Spuren von Eile finden, denn bei einem Stück, das als Urkunde der Menschheit anzusehn ist, habe ich es mir zur Pflicht gemacht, jeden Ausdruck sorgfältig zu wiegen."

Eine resolute Frau. Ein wichtiges Buch. Vielleicht sollten Sie es doch einmal lesen.

Nun, Hone Heke war von da an für die Kleingeister der damaligen Zeit als ernst zu nehmender typischer Eingeborener total versaut. Der Mann war nicht nur klug, der wusste auch zu viel. Und er hatte mit eigenen Augen gesehen, wie diese weißen Heuchler in Australien die Aborigines auf grausamste Weise auszurotten versuchten. Er ahnte, dass könnte auch ihr Schicksal werden.

Obwohl Hone Heke als erster den Vertrag der Engländer mit den Maoris (den Vertrag von Waitangi 1840) unterzeichnet hatte, widersetzte er sich mehr und mehr der angestrebten Vorherrschaft dieser Eindringlinge. Er machte sich einen Spaß daraus, den Fahnenmasten der Kolonialherren umzuhauen. Das erste Mal am 8. Juli 1844. Dann am 10. Januar 1845. Die Regierung witterte Aufruhr und setzte einen Preis von 100 Pfund auf den Mann aus. Eine Woche später lag der gerade neu errichtete Fahnenmast wieder auf dem Boden. Dieses Mal wurde das untere Ende des Mastes mit Eisen verkleidet. Und eine Wache wurde aufgestellt. Aber schon am 11. März hatte es Hone Heke zum vierten Mal geschafft, das Symbol der Knechtschaft zu liquidieren. Nicht nur das. Er vernichtete den ganzen Ort (heute genannt Russell an der Ostküste im Norden der Nordinsel). Nur die Kirche ließ er stehen, die übrigens auch heute noch steht, einschließlich der Einschusslöcher als Folgen der Schlacht. Die Europäer zogen sich auf ihre Schiffe zurück und verschwanden nach Auckland, wo sie hinter ihren schnell aufgeschütteten Wällen zitterten. Ein Krieg begann. Hone Heke gewann einige Schlachten, was dem Ruf der Unbesiegbarkeit der Europäer ein Ende setzte. Am Ende erwiderte er die Aufforderung des Gouverneurs zum Frieden mit der Antwort: „Wenn der Frieden will, dann soll er zu mir kommen." Was Gouverneur Grey auch tatsächlich akzeptierte. Es wurde Frieden geschlossen. Von da an galt Hone Heke als der größte Mann im Lande. Die Weißen hatten richtig Schiss vor ihm. Im Jahre 1850 starb Hone Heke, geschwächt von seinen Kriegswunden, im Alter von etwa 40 Jahren.

Falls Sie die Frage stellen sollten, nein, mir ist kein Maori der heutigen Zeit bekannt, der auch nur entfernt, ansatzweise, in irgendeiner Form an Hone Heke heranreicht. Und das ist die eigentliche Tragik im aktuellen Schicksal des wunderbaren Volkes der Maori. Sie können durchaus eine großartige Armee haben, aber ohne eine entsprechend großartige Führung wird das alles nichts. Die Götter müssten halt mal wieder jemanden vorbeischicken.

John A. Lee

„There is a Golden Age of Government wherein it should attempt to make the fundamental changes that are necessary to its administrative continuance in office. That age is after the hour of victory and before an electorate grows sceptical and disillusioned at unfulfilled promises."
John A. Lee in „Socialism in New Zealand", 1938

Übersetzung: „Es gibt ein Goldenes Zeitalter für eine Regierung, innerhalb dessen sie versuchen sollte, die fundamentalen Veränderungen durchzuführen, die notwendig sind, um die Regierungskontinuität zu sichern. Dieses Zeitalter beginnt nach der Stunde des Sieges und endet bevor die Wähler skeptisch und enttäuscht werden wegen nicht eingehaltener Versprechen."

Was für großartige Männer doch Neuseeland in seiner Geschichte vorzuweisen hatte. Als Politiker kein Beruf war. Als Menschen aus dem Leiden, aus der Erfahrung von Elend und Ungerechtigkeit, aus Wut und Verzweiflung sich aufmachten, eine bessere Welt zu schaffen. Niemand verkörpert diese Idealisten mehr als John A. Lee. In unsägliches Elend hineingeboren, ohne Vater aufgewachsen, ein Außenseiter, der sich nicht den Regeln der Gesellschaft beugen wollte, trotz Prügel, Zwang und Gefängnis, ein Mann, der sich im Krieg bewährte, wo er seinen linken Arm verlor und dann, in der Heimat, als Behinderter, sich ein Leben aufbauen musste. Was hatte der liebe Gott nicht alles mit ihm angestellt, bis dieser widerspenstige Mann sich endlich willig aufmachte, die Welt zu verändern. Ein radikaler Sozialist, ein Kämpfer für Gerechtigkeit, so wie es sie heute nicht mehr gibt. Und als er mit der Politik fertig war, erfand er sich neu als erfolgreicher Schriftsteller. Er überlebte alle seine Feinde und starb im hohen, gesegneten Alter im Jahre 1982. Was für ein Leben!

John Lee, dieses Genie von einem Autodidakten, verstand unser Finanzsystem eines Tages aus dem Effeff. Er durchschaute völlig die Manipulationen nach der Einführung der Federal Reserve Bank in den U.S.A. im Jahre 1913 und warnte vor dem Siegeszug des

Finanzkapitalismus. Daher seine Frustration mit den Kollegen in der Regierung, die davon ausgingen, dass die Welt der Banker nicht ihre Welt sei, in die sie sich nicht einzumischen wagten, und schon gar nicht würden sie sich erdreistet haben, die Berechtigung dieses Bankensystems zu hinterfragen. John Lee hatte damit keinerlei Probleme. Seine Analyse war klar und unerbittlich. Seine daraus sich ergebenden Forderungen schrie er mit Brachialgewalt in die Welt hinaus. Der Kompromiss war seine Sache nicht. Lee drängte auf die Verstaatlichung der Zentralbank und dann der größten Bank im Lande. Und so geschah es schließlich auch. Er wollte, dass der Staat die notwendigen, fehlenden Häuser für die Arbeiter bauen sollte. Nach den besten Standards der Zeit. Zu einem erschwinglichen Preis. Mit Geld von der Zentralbank. Und so geschah es.

Sollten sie doch schimpfen und höhnen und drohen. Er hatte die Materie eingehend studiert. Man konnte ihm kein X für ein U vormachen. Die Bank und das Geld sollten den Menschen dienen. Nicht umgekehrt. Was war da nicht zu verstehen? Unermüdlich sprach er zu den Menschen, klärte sie auf über die größte Gefahr, die ihnen drohte, wenn sie die Kontrolle über das Geld an die privaten Banken abtraten. Im Jahre 1938, heute unvorstellbar, im Jahre 1938 versammelte sich in der Auckland Domain (einem riesiger Park) die größte Menschenmenge in der Geschichte Neuseelands, nur um den Worten dieses Mannes zu lauschen. John A. Lee, der größte Redner auch, der je im Parlament in Wellington auftrat. Die Menschen spürten, dass hier einer für sie kämpfte. Ein Mann der Tat. Tausende von schmucken Häusern entstanden. Für sie. Ja, der Mann hielt seine Versprechen. Er war ihr Held. Sie jubelten ihm zu.

Aber wie bei vielen brillanten Männern, die Probleme intellektuell total durchschauen und deren Lösung frustriert voranpeitschen, hatte er keine Geduld mit den Ignoranten, Zauderern und Gehirngewaschenen, die einfach nur vor Autoritäten und routiniertem Gewäsch kuschten und brav wiederkauten, was ihnen einst eingetrichtert ward.

Dieses Drängen nach immer radikaleren Reformen, dieser Aufschrei des mutigen Kämpfers für die Unterdrückten, Ausgebeuteten, Verfemten in der Gestalt ihres neugeborenen Messias konnte langfristig nicht gut gehen. Noch immer gab es Slums. Warum, warum, warum gaben sie ihm im Kabinett nicht die Erlaubnis, auch dieses Problem zu lösen? Als Lee selbst den Premierminister herausforderte und es zum Showdown kam, musste er gegenüber dem Herrscher der Macht doch endlich klein beigeben. Selbst die Partei der Arbeiter schloss ihn aus. Aber zu dem Zeitpunkt hatte er sein Hauptwerk beendet. Die Regierung Savage, zu der er gehörte, legte den Grundstein für das soziale Bauwerk Neuseelands, auf das ein ganzes Land über viele Jahre so stolz war. Aus aller Welt kamen sie, es zu bestaunen. Einer der Architekten dieses ungeheuren sozialen Fortschritts war ein ehemaliges Kind aus der Gosse der Slums von Dunedin, der einarmige John A. Lee. Was für ein Mann!

Arnold Nordmeyer

„...a remarkable politician and parliamentarian, as straight as they come..., probably the most brilliant mind of any politician in my time.“
(der ehemalige Ministerpräsident Robert Muldoon über Arnold Nordmeyer)

Wenn es jemals auf Erden einen gerechten, anständigen, ehrlichen, ehrenhaften Menschen gegeben haben sollte, dann hieß er bestimmt Sir Heinrich Arnold Nordmeyer.

Wie Sie an dem Namen erkennen, hatte Arnold Nordmeyer deutsche Vorfahren. Ich habe bisher keinerlei wissenschaftliche Beweise für die These gefunden, dass nicht nur die Gene innerhalb Ihrer Familie an die nächsten Generationen vererbt werden, sondern dass auch die kulturellen Eigenschaften, wenn Sie so wollen, das „Erbgut“ des jeweiligen Stammes, der Sippe, weiterlebt in den Söhnen und Töchtern. Zumindest auf Heinrich Arnold Nordmeyer würde das wahrscheinlich 100 % zutreffen.

All das Gute, das gemeinhin mit dem Deutschsein verbunden wird, setzte sich bei diesem Mann durch.

Nordmeyer war ein Mann der Kirche. Ein Pastor, der es bis zum stellvertretenden Premierminister brachte. Beinahe wäre er gar Premierminister geworden. Beinahe. Jemand sagte einmal: „Arnold Nordmeyer war der beste Premierminister, den wir nie hatten“ („the best Prime Minister we never had“). Können Sie sich vorstellen, dass die Bergpredigt tatsächlich die Anleitung sein kann zum Handeln der Regierungen in dieser Welt?

Aufgewachsen in anständigen Verhältnissen, brav zur Schule gegangen, die Universität besucht. Ab 1925 Pastor in einem kleinen Nest mit Namen Kurow, im Süden der Südinsel. Heutzutage beherbergt das Dorf etwa 350 Einwohner. Das größte Ereignis der Geschichte von Kurow: 1881 wurde eine Brücke über den mächtigen Waikato Fluss gebaut. Angesichts der geringen Anzahl von Einwohnern imponiert die Anglikanische Kirche. Googeln Sie mal. Schön, nicht?

Hier in Kurow erlebte Arnold Normeyer die Auswirkungen der Depression in den dreißiger Jahren des letzten Jahrhunderts. Ein praktisch denkender Mensch, ein sich sorgender, hilfsbereiter Mensch, ein Mensch auch der Tat, schloss er sich der Labour Partei an und machte schnell Karriere. So einen Mann hatte es noch nie in der Partei gegeben. Ein Mann Gottes, der nicht Marx sondern den Geist der Bergpredig zur Motivation der Genossen benutzte. Er wurde schließlich der jüngste Minister in der Geschichte. Alle mochten „Nordy“. Als Gesundheitsminister konnte er viele seiner Ideen umsetzen. Hoch geachtet und mit einem Fachwissen ausgerüstet, das stets beeindruckte, verbesserte er die Gesundheitsversorgung, pragmatisch, den Ärzten lauschend, den Menschen dienend, kein Bürokrat, sondern stets bemüht, Ideen in Segen verbreitende Taten umzusetzen.

Seine zweite Amtszeit als Finanzminister in der Regierung 1957 zeigte allerdings schnell auf, wo seine Grenzen lagen. Von der Überzeugung besessen, einen ausgeglichenen Haushalt vorlegen zu müssen, erhöhte er unter anderem die Steuern auf Alkohol und Tabak. Der Mann war nicht vertraut mit der Sentenz „Vox populi vox dei“ (die Stimme des Volkes ist die Stimme Gottes). Die öffentliche Meinung war gegen ihn. Die Reporter sprühten vor Freude. Dieser Puritaner wollte die Freuden des Kleinen Mannes kaputt machen! Dem werden wir es mal zeigen! Es endete alles im Fiasko. Nach der nächsten Wahl war es mit dem Regieren vorbei.

Nordmeyer brachte es dann noch bis zum Parteivorsitzenden, aber der große Sprung gelang ihm nie. Was hätte aus Neuseeland mit einem Premierminister Nordmeyer werden können? Ein Pastor regiert das Land. Stellen Sie sich das mal vor. Ein richtiger Pastor, nicht so einer von den Luschen, die die Kirchen heute durchfüttern. Es kann doch wohl nicht sein, dass die Pfaffen nur für das Paradies im Jenseits zuständig sind. Wer kümmert sich dann um das Paradies auf Erden?

Das sind doch alles Feiglinge heute. Der Vatikan, 1,3 Milliarden Katholiken!!!

Eine der reichsten Organisationen auf Erden. Etwa 20 % der Immobilien in Italien gehören der katholischen Kirche. Niemand weiss es ganz genau. Die Kirche hat gelernt, ihre Reichtümer zu verstecken. Wo ist all das Blutgold geblieben, das die Kirche den Eingeborenen in Mittel- und Südamerika klaute?

Der Papst: Ein Schwätzer.

Stalin fragte einst: „Wie viele Divisionen hat der Papst?"

Der meinte das ironisch. Aber der Papst hat eine größere Armee als Russland.

Allerdings nutzt er sie nur aus, er setzt sie nicht ein für den Zweck der Kirche, für die Armen und Geknechteten. Wenn die Kirchen nur wollten, was dann los wäre auf Erden. Die Engel würden ihre Trompeten entstauben und zum Angriff blasen.

Ich frage Sie: Wo sind diese Christen heute, wo sind diese Kirchen heute?

Dass die sich nicht schämen!

I have a dream: Jesus als Premierminister.

Die drei größten Premierminister in der Geschichte Neuseelands (den Rest können Sie getrost vergessen)

Aber lassen wir die Luft raus aus solchen Phantastereien und kommen wir zur platten Sache: Sollten Sie aus Zeitmangel oder Faulheit ganz geringes Interesse daran haben, sich ernsthaft mit der Politik Neuseelands zu beschäftigen, Sie brauchen sich lediglich nur noch drei Namen zu merken: SEDDON, SAVAGE, KIRK. Den Rest können Sie unbedenklich einfach schlicht vergessen. Einschließlich der netten Dame, die momentan das Amt der Premierministerin inne hat. Wissen Sie, ohne irgendwelchen abstrusen Verschwörungstheorien zu verfallen, es macht mich doch irgendwie bedenklich, dass alle drei der Helden des Landes im Amt starben. Der charismatische und voller Hoffnungen im Jahre 1972 ins Amt gekommene Norman Kirk war bereits nach zwei Jahren tot. Mit seinem Ende begann auch das langsame Sterben der tollkühnen Idee von einem unabhängigen neuseeländischen Paradies. Als alle Helden gestorben waren öffnete God's own country den Investoren Tür und Tor. Langsam erst, dann, ab 1984, in einem rasenden Tempo, um die fassungslosen Bürger des Landes einfach zu überfahren und auszubeuten. Die altbewährte Strategie des Schocks. Prügeln Sie den Menschen Angst ein und die werden Ihnen aus der Hand fressen. Quasi über Nacht verzauberten die kühl kalkulierenden und manipulierenden Ökonomen den ahnungslosen, von Angst aufgescheuchten Menschen in nichts weiter als einen Produktionsfaktor und Konsumenten. Tausende von Arbeitsplätzen verschwanden sofort. Was meinen Sie, wie die Leute kuschten.

Nun, ganz so einfach und reibungslos, wie sich das vielleicht im letzten Absatz anhört, geschah es dann doch nicht. Einige Proteste fanden tatsächlich später im Lande statt. Und so mancher hatte da eine Frage.

Bitte lesen Sie, was Sir Bob Harvey, einer der ehemaligen Bürgermeister von Auckland, 2013 geadelt, über das Ende von Norman Kirk sagte, den er persönlich kannte. Zuerst Auszüge aus einem Interview mit der größten Tageszeitung „The New Zealand Herald“, Ausgabe vom 30. Juni, 2000:

„Mr. Harvey said he made no secret about his longheld suspicions and unanswered questions surrounding Mr. Kirk's death in 1974.

‚I think that Shipley (die damalige Premierministerin, Anmerkung des Autors) – and I am serious about this – should ask Clinton when he returns up at Apec, ‚Did the American Central Intelligence Agency have a role to play in the removal of the... Kirk Administration?" (Es ist mir sehr ernst, Shipley sollte Clinton bei der APEC Konferenz fragen: Hat der CIA eine Rolle bei der Beseitigung der Kirk Regierung gespielt?)

Interview mit Sir Bob Harvey in dem einzigen politischen Programm im öffentlichen Fernsehen, Q & A (steht fur questions and answers) am 27. Juli 2014. Der Reporter Corin: „And you were outspoken because you got in trouble for raising this idea that the CIA knocked off Norm Kirk. You still believe that don't you?" (Also, glauben Sie immer noch, dass Kirk vom CIA beseitigt wurde?)

Sir Bob: „Yeah I do. Well no I don't actually – I am not saying that – I'm not saying that the CIA knocked off Norm Kirk. I say Kirk I felt was removed, and I put a whole lot of dots together which thought in those times he was so outspoken about dealing with China, dealing with Russia, at a time of the oil crisis, and suddenly this robust man with enormous energy, starts to deteriorate within six months. He is going downhill, he's getting seizures, I'm thinking what goes. So if you put a whole lot of those things together on the table, we didn't do enough work about the loss of a phenomenal Prime Minister. " (Ich sage nicht, dass die CIA Norm Kirk erledigte. Ich sage, er wurde beseitigt. Ich verbinde eine Reihe von Punkten. Kirk war so freimütig hinsichtlich seiner Verhandlungen mit China, mit Russland, zur Zeit der Ölkrise, und dann, plötzlich, schwindet die Gesundheit dieses Mannes, der über eine enorme Energie verfügte, innerhalb von 6 Monaten dahin. Es geht abwärts mit ihm, er hat Anfälle, ich denke mir, was ist denn da los? Daher, wenn Sie eine ganze Reihe solcher Dinge zusammenfügen..., wir taten nicht genug, um den Verlust dieses außergewöhnlichen Premierministers aufzuklären.)

Es wurde keine Autopsie an Norman Kirk durchgeführt.
Ich erwähnte diese obigen Zitate in einem Buch, das ich 2018 in Neuseeland herausbrachte („1984 – The Year New Zealanders Became Slaves“) und schickte eine Kopie des Buches an Sir Bob. Ich erhielt ein Email von ihm. Er nahm kein einziges seiner Worte zurück.

Erweisen wir den drei vom Schicksal auserwählten Giganten unter der langen, langen Reihe von ansonsten bestenfalls mittelmäßigen Politikern in diesem Lande unsere Ehre:

RICHARD SEDDON

„Our country is one of the best under the sun. There is only one thing wrong: the land is in the hands of the few instead in the hands of the many... the financial and transport monopolies have destroyed confidence and undermined the living conditions of most New Zealanders.“ (Unser Land ist eines der besten unter der Sonne. Nur eines ist nicht in Ordnung: Das Land ist in den Händen von wenigen anstatt in den Händen von vielen... die Finanz- und Transportmonopole haben das Vertrauen zerstört und die Lebensbedingungen der meisten Neuseeländer untergraben).
Richard Seddon in 1890

Er sprach von Neuseeland als „the colony“. Seddon war kein Mann, der sich von Großbritannien lösen wollte. Da war er schließlich geboren. Selbst für die Kriege der Engländer ließ er sich einspannen. Aber er war der Überzeugung, dass Neuseeland eine Chance bot, ein gerechteres Wirtschaftssystem als zuhause aufzubauen. Sein Traum: „Build a better Britain.“ Voller Zorn erkannte er Ende der 70er Jahre des 19ten Jahrhunderts, dass die Übel der Heimat auch in der neuen Welt hausten: Armut, Ausbeutung, Arbeitslosigkeit in einem Land des Überflusses. Seine Mahnung donnerte durchs Parlament, dass nur radikale Reformen ein Unglück ähnlich der Französischen Revolution in Neuseeland verhindern würden. Sie sollten ihn mal machen lassen. Er hatte einen Plan.

Und wahrlich, wo der Mann dann zupackte schaufelte er Geschichte um.

Ein Tipp für die Politiker der Gegenwart: Man kann durchaus eine Wahl gewinnen, wenn man tatsächlich ein überzeugendes, konkretes Programm den Menschen anbietet, Humor in die Regierung einbringen kann und dazu noch über eine prächtige Singstimme verfügt. Sie kennen das doch: „Wo man singt da lass dich nieder..." Richard Seddon besaß all diese Eigenschaften. Und gewann die Wahl zum Premierminister nach dem Tode von John Ballance im Jahre 1893. Der Mann hatte Format und zwar so richtig, ein erfolgreicher Boxer in jüngeren Jahren..., er barst vor Energie und Ideen und scherte sich den Teufel um Konventionen. Seine Herrschaft versprach eine neue Zeit. Daher sein Spitzname: King Dick. Wohl nicht zu Unrecht. King Dick war schließlich nicht nur Premierminister sondern auch Verteidigungsminister, Minister für MaoriFragen, Finanzminister, Bildungsminister, Immigrationsminister und Arbeitsminister. Sollten die Würstchen im Parlament doch einmal versuchen, den brachialen Kerl aufzuhalten!

Sie erkennen am Studium der Großen Männer und Frauen in der Geschichte sofort, dass mit so einem Heuler wie der Merkel in der Tat kein Staat zu machen ist. Es braucht schon ein Format von mindestens zehn zusätzlichen Größen. Es braucht einen Menschen, den Gott aus Mitleid mit den Menschen in der Wüste des Leidens über Jahre gnadenlos harter Lebenserfahrungen formte, und dann in die Welt hinausschicke, um ein wenig Segen zu verbreiten.

Richard Seddon war ein widerspenstiges, eigensinniges, verträumtes Kind, das von Schulbildung nicht viel hielt. Getrieben später im Leben nicht von der Gier nach Geld und Wohlstand, sondern von Idealen und Großen Ideen, wie Gerechtigkeit für die Armen. So eine Mission fällt nicht vom Himmel. So ein Apostel wird geformt durch die Herausforderungen auf dem frühen Lebensweg und durch Leiden menschenverachtender Erfahrungen. Ein Liberaler war Seddon, aber ohne die Ideologie des Liberalismus. Er hielt nicht viel von Akademikern.

Obwohl er später gerne den Ehrendoktortitel von Cambridge annahm und sich für die Gründung der Universität in Wellington einsetzte. Ein Mann voller Widersprüche. Denn obwohl er auf den

Ehrendoktortitel stolz war verweigerte er die Annahme des Adelstitels. Aber dann nahm der ehemalige Bergmann doch die Ernennung zum „Grand Master of New Zealand“ der Freimaurer an.

Dennoch: King Dick war letztendlich wohl doch der König des kleinen Mannes. Sollten sie ihn im Parlament wegen seiner rudimentären Bildung und seines proletarischen Lebensweges ruhig aufziehen, was sind schon Worte gegen Taten. Nein, der Mann war wahrlich nicht aufzuhalten. Er begann einen Kreuzzug gegen die sogenannten Eliten und Geldsäcke, verbunden mit ein paar saftigen Skandalen. Das waren übrigens noch Zeiten als Stiefelmacher, Schneider, Tischler es zum Minister in Neuseeland bringen konnten. Das waren richtige Menschen aus Fleisch und Blut und Träumen. Keine von der PR stromlinienförmig vorgestanzten Kunstprodukte, die lediglich vorgekauten, albernen, hohlen Unsinn ausspucken wenn eine Kamera läuft oder ein Reporter sich herablässt, ihre Nichtigkeiten in den Medien zu verbreiten. Diese Männer (damals waren es nur Männer) hatten tatsächlich etwas zu sagen. Erstaunlich, in der Tat, dass diese einfachen Menschen, die über keinerlei Ministererfahrung verfügten, ein Land in eine gesegnete Zukunft führen konnten. Sie konnten.

Eine Rente wurde eingeführt. Die so kostspieligen Streiks wurden verboten. Ein bahnbrechender Schlichtungsprozess wurde vorgeschrieben, der für sozialen Frieden über viele Jahre sorgte, Ländereien wurden aufgelöst und an Kleinbauern verteilt, der Bergbau verstaatlicht und und und... Und obwohl Seddon gegen das Stimmrecht für Frauen sich aussprach, so ließ er es dennoch geschehen. Und so kam es, dass Neuseeland im Jahre 1893 als erstes Land auf Erden das Frauenwahlrecht einführte.

Am 10. June 1906, plötzlich und unerwartet, verstarb der große Herr im Amt. Am gleichen Tage noch hatte er ein Telegramm von seinem Schiff, auf dem Wege nach Hause von Australien, geschickt: „Just leaving for God's own country.“
Als er Neuseeland erreichte war er tot. Gott hatte seinen Missionar heimgeholt.

MICHAEL JOSEPH SAVAGE

Am 2. April 1938 richtete sich der Premierminister über eine Rundfunkansprache an das neuseeländische Volk. Was die Bürger hörten verschlug vielen von ihnen die Sprache. Nicht weniger als eine soziale Revolution versprach diese Stimme aus dem Radio:

- Freie ärztliche Versorgung
- Rente für alle
- Eine verbesserte Schulausbildung für alle
- Eine soziale Unterstützung für alle Bedürftigen
- Die Einrichtung einer nationalen Bibliothek
- Eine soziales Hausprogramm mit niedrigen Mieten

In der Regierung fanden sich brillante Köpfe, Individualisten, die es wagten, den Status Quo herauszufordern und sich mit den etablierten Interessen anzulegen. Selbst ein Pastor, der Reverend Arnold Nordmeyer, hatte es in das Kabinett geschafft. Ein Mann der Kirche. Wann hatte es das schon mal gegeben? Keine Überraschung daher, dass Savage sein Programm „applied Christianity“ (praktizierte Christlichkeit) nannte. Stellen Sie sich das mal vor. Die machten damals, was der gute Jesus in der Bergpredigt den Politikern bereits vor zweitausend Jahre ans Herz gelegt hatte. Die machten das!

Und heute? Was ist nur aus den Kirchen geworden? Gibt es die überhaupt noch?

Aber zurück: Die Nationalbank wurde verstaatlicht. Die größte Bank wurde verstaatlicht.

Die Währung wurde gemanagt und nicht dem Markt überlassen. Für den Import von Gütern brauchte man jetzt eine Lizenz. So bekam man das Defizit, die Schulden dem Ausland gegenüber, in den Griff.

Film, Rundfunk, Literatur, Theater, Musik wurden großzügig unterstützt.

Der Entwicklung der Kinder wurde besondere Aufmerksamkeit gewidmet.

Selbst Kleinigkeiten, wie freie Schulmilch für alle Kinder, wurden organisiert.

Das Resultat all dieser Maßnahmen: Neuseeland hatte einen der höchsten Lebensstandards auf der Welt.

Mal ehrlich, war das irgendwie kompliziert? Im Rückblick muss man doch wohl bewundernd feststellen, wie einfach es ist, das Leben der Menschen im Lande einschneidend zu verbessern. Die Frage drängt sich auf: Warum nicht heute? So blöd können doch die Politiker der heutigen Zeit gar nicht sein, dass die nicht auch auf ähnliche Ideen kommen. Zumindest einige von denen. Aber entweder die sind tatsächlich so blöd oder sie dürfen einfach nicht tun, was sie eigentlich tun möchten. Sind wir vielleicht tatsächlich zu Sklaven einer Marktwirtschaft geworden? Marktwirtschaft bedeutet bekanntlich, dass der Markt herrscht. Und genauso ist es ja auch. Kronzeugin ist doch wohl Frau Merkel mit ihrer berühmten Aussage: „Wir dürfen die Märkte nicht beunruhigen." Das Credo all der von ihr angeführten Regierungen. Die totale Bankrotterklärung der Menschlichkeit. Was wollen Sie da noch erwarten?

Übrigens, sollte einer der Politiker in Wellington heute sich aufschwingen wollen, von den Giganten der neuseeländischen Geschichte zu lernen, ich kann die Bücher von Dr. W.B. Sutch empfehlen. Die stehen alle in der Bücherei. Braucht man nur hineinzugucken. Die drei politischen Giganten Neuseelands waren damals selbst unserer Zeit um Lichtjahre voraus. Also!

NORMAN KIRK

„It's time"
Labour Party election slogan 1972

Hier ist der letzte aus der Triade der Großen Männer Neuseelands. Seine Geschichte bricht einem fast das Herz.

Ein Mann, der aus den ärmlichsten Verhältnissen kommend, sich sein Leben mühsam aufbaute. Ein Mann, der wie viele andere vor ihm bewies, dass es eben doch nicht auf die Schulbildung ankommt, sofern man lesen kann und Zugang zu Büchern erhält.

Fragen Sie Abraham Lincoln. Norman Kirk baute das Haus für seine Familie mit eigenen Händen. Sogar die Bausteine dafür schuf er selbst. 1053 Zementblöcke. Er arbeitete in vielen beschwerlichen Jobs. Der Mann wusste ganz genau, was ein Arbeiter im Lande zu leisten hatte, um finanziell über die Runden zu kommen. Und auch sonst kannte er sich sehr genau im Leben aus.

Später, als Premierminister, sagte er: „Die Menschen verlangen nicht viel im Leben: Jemanden den sie lieben, eine Bleibe, einen Arbeitsplatz und Hoffnung."

Norman Kirk war der erste Premierminister in der Geschichte des Landes, der eine eigenständige neuseeländische Politik betrieb. Er holte alle Truppen aus Vietnam zurück. Er sandte ein Kriegsschiff zum Protest gegen die französischen Atomtests im Pazifik zu den Inseln. Ohne die Amis zu fragen sprach er mit den Chinesen (öffnete sogar eine Botschaft dort), den Russen und verfolgte eine Friedenspolitik mit allen Ländern auf Gottes Erde. War der durchgeknallt? Wusste der nicht, dass wir Kalten Krieg hatten und er sich dementsprechend zu verhalten hatte? Die Russen und die Chinesen waren doch unsere Feinde!

Für mich ist Norman Kirk der erste freie Neuseeländer. Übrigens auch in Neuseeland geboren.

Zitat: „Let us have a sense of pride in being New Zealanders. Let us recognize the value of the unique way of life we have built here – a humane, nonviolent society, free from the social and economic injustices that plague so many societies." (Lasst uns stolz darauf sein, dass wir Neuseeländer sind. Lasst uns den Wert des einzigartigen Lebensstils anerkennen, den wir hier geschaffen haben – eine humane, gewaltfreie Gesellschaft, frei von allen sozialen und wirtschaftlichen Ungerechtigkeiten, die so viele Gesellschaften plagen)

Ein freies Neuseeland, ein wahrhaftig freies Neuseeland. Stellen Sie sich das einmal vor. War der Mann verrückt geworden? Das konnte nicht gut gehen. Der Mann war eine Gefahr. Und deshalb musste er verschwinden. Er starb im Amt am 31. August 1974.

Übrigens, einen Monat später verhaftete der neuseeländische Geheimdienst den größten Ökonomen in der Geschichte des Landes, Dr. W.B. Sutch, der über viele Jahre einen eigenständigen, neuseeländischen Sozialismus gepredigt hatte. Seine Ideen und Gedanken speisten die Arbeiterbewegung. Seine Bücher waren Bestseller. Er wurde der Spionage für die Sowjetunion beschuldigt, eine hanebüchene Anklage. Freispruch zwar. Aber ein Jahr später war auch Bill Sutch tot.

Bitte gestatten Sie mir, dass ich Ihnen die Liste der Sozialisten aufreihe, die seit 1973 aus ihren Ämtern entfernt wurden:
1973: Salvador Allende in Chile
1974: Norman Kirk in Neuseeland
1974: Willy Brandt in Deutschland
1975: Gough Whitlam in Australien
1976: Harold Wilson in England

Der letzte Sozialist war Olof Palme, der am 28. Februar 1986 auf offener Straße ermordet wurde.

All das Gesindel, das sich danach als Sozialist oder Arbeitervertreter aufspielte und aufspielt, hat von dem Erbe dieser Menschen nichts weiter als den Namen. Dabei gibt es längst keine Sozialisten mehr, die nicht einmal diesen Namen verdienen.

Die Märkte regieren heute die Welt. Und die Märkte werden vom Kapital regiert. Von Spielgeld also, das aus dem Nichts geschaffen wurde (heutzutage Zahlen in einem Computer) und irgendwann einmal wieder im Nichts verschwinden wird. Nachdem es sein Ziel erreicht hat: Die Zerstörung der Welt. Warum? Nun, die Herrscher dieser Welt sind Psychopathen. Psychopathen erfreuen sich an der Macht, andere Menschen und die Welt mit ihnen zu beherrschen und zu vernichten. Kranke Menschen. Und das funktioniert? Ja, schauen Sie sich um. Warum? Nun, jeder Mensch ist gehirngewaschen. Jeder Mensch kann eingeschüchtert werden. Und jeder Mensch ist käuflich. Natürlich ist daher auch jeder Politiker käuflich. Sie müssen den idealistischen Politikern (auch die gibt es) nur helfen, sich einzureden, dass eben alternativlos die Märkte regieren oder dass sie tatsächlich irgendeinem Ideal dienen. Aber nicht nur die sind käuflich. Millionen von Wissenschaftlern sind ebenfalls gerne bereit, bei entsprechender Bezahlung Hilfe zu leisten. Zu den Medienfritzen brauche ich nichts zu sagen.

Die haben die Psychopathen einfach aufgekauft. So einfach? Ja. Geld regiert die Welt.

Quod erat demonstrandum. Was zu beweisen war. Die Welt liegt im Koma.
Der kopflastige, gehorsame Mensch hat aus Verzweiflung, Dummheit und Angst seine Seele verkauft. Für 30 Silberlinge.

Vom „The Hellhole of the Pacific“ zum Paradies von Investoren

„You must not allow us to become slaves. You must preserve our customs, and never permit our lands to be wrested from us“. (Du darfst niemals erlauben, dass wir Sklaven werden. Du musst unsere Bräuche bewahren und darfst niemals zulassen, dass uns unser Land weggenommen wird).
Ngapuhi chief Tamati Waka Nene an den ersten Gouverneur von Neuseeland William Hobson im Jahre 1840

Abel Tasman entdeckte 1642 Neuseeland und ward nie wieder gesehen. Es dauerte bis zum Jahre 1769, als Kapitän Cook auftauchte und sich das Land ein wenig genauer ansah. Spätestens zu dem Zeitpunkt erschien Neuseeland auf den Karten der neugierigen Seefahrer. Jetzt existierten diese Inseln wirklich. Sozusagen eine offizielle Einladung, doch mal das Land zu besuchen. Der Abschaum der Menschheit kam zuerst: Walfänger und Robbenschlächter, entlaufene Gefangene aus Australien, Glücksritter, die schnell reich werden wollten. Allerdings hatte man vorerst, außer Holz und Flachs, nichts an verwertbaren Gütern ausfindig gemacht. Abgesehen von den Lebensmitteln, die man den Maoris abkaufte, um zu überleben. Und natürlich waren diese Herren auch an Frauen interessiert.

Die ersten Spelunken machten auf, die ersten Bordelle. Schießereien, Mord und Totschlag waren an der Tagesordnung.

Die rauen Gesellen ließen die Sau raus, wenn sie aus den engen Quartieren der Walschiffe für ein paar Tage auf die Maoris losgelassen wurden. Meistens ging es um die Frauen.

Die weißen Eindringlinge hatten sich in Russel festgesetzt, ein Ort an der Ostküste der Nordinsel mit einer Bucht, die von Kapitän Cook gepriesen ward. Der Mann hatte einen guten Ruf. Und in der Tat, sollten Sie dereinst Russel besuchen, werden sie sicherlich dergleichen Meinung wie Kapitän Cook sein.

Zu dem Zeitpunkt hätten die Maoris dem ganzen Spuk noch ein Ende bereiten können. Nach neuesten Schätzungen gab es damals etwa 200,000 Maoris in Neuseeland. Es wäre für sie ein leichtes gewesen, diese Eindringlinge alle totzuschlagen und aufzuessen. Das taten sie aber nicht. Das hatte zum einen damit zu tun, dass die Maoris Menschen nur aus ganz bestimmten Gründen aßen, nicht als Grundnahrungsmittel. Letztendlich galt die Verspeisung des Feindes als die schlimmstmögliche Erniedrigung dieses Feindes. Das Gleiche galt für das Kopfabschneiden und Schrumpfen der Köpfe, die man dann noch über viele Jahre verhöhnen konnte. Ich weiß, was Sie denken. Ich finde das auch nicht so gut. Lassen Sie mich daher das voreingenommene Bild über diese Menschen ein wenig korrigieren:

Die Maoris waren, wie alle Polynesier, in der Lage, seefähige Kanus mit zwei Rümpfen herzustellen, die über kurze Strecken bis zu 200 Personen aufnahmen und bei Überseestrecken etwa 100 Personen plus Verpflegung mitnehmen konnten. Und bedenken Sie, Kompass und derlei Schnickschnack war diesen Menschen unbekannt. Und trotzdem erreichten sie ihr Ziel in den riesigen Weiten des Ozeans. Über tausende von Kilometern!

Die Polynesier galten als die Wikinger des Pazifiks. Aber eigentlich müsste es natürlich gerade umgekehrt heißen, da die Polynesier die älteren Ansprüche der Seekunst vorweisen können.

Oh ja, ich höre Sie höhnen: „Das waren doch Menschen der Steinzeit, sogar ohne Pfeil und Bogen oder andere Waffen, mit denen sie wirkungsvoll den Mordinstrumenten der Weißen hätten Widerstand leisten können... Die kannten übrigens nicht einmal das Rad. Und eine Schriftsprache hatten die Maoris auch nicht entwickelt..."

Alles korrekt. Die Geschichte ihres Volkes wurde mündlich überliefert. Aber ich kann Ihnen versichern, jeder Maori kennt wirklich die lückenlose Geschichte seines Stammes, seines Volkes. En detail. Gegen die wird kaum ein Deutscher bestehen können. Und dann fragen Sie doch mal einen Maori nach seinem Namen und nach seiner Familie. Der wird Ihnen stolz die langen Ahnenreihen seiner Vorfahren aufzählen können, falls Sie genug Zeit haben.

Diese kranken Deutschen schämen sich ihrer tausendjährigen, zweitausendjährigen, dreitausendjähringen, zehntausendjährigen Geschichte. Ein Maori würde für Sie nur Mitleid aufbringen können. Ohne Ihre Vorfahren sind Sie nichts. Wenn Sie sich mal mit den Maoris über dieses Thema unterhalten, wird Ihnen aufgehen, was für ein Verbrechen Frau Merkel und ihresgleichen an dem deutschen Volk begangen haben. Heute, heute definiert sich doch der seelisch verkrüppelte Deutsche krankhaft an dem was er hat, nicht an dem was er ist. Armes, armes Deutschland.

Aber zurück zur ersten Stunde der Besiedlung Neuseelands durch die Weißen. Nach den Kriminellen und Abenteurern folgen in der Regel die ersten mutigen Siedler, die meistens überzogene Illusionen von dem neuen Paradies haben. Und auf dem Fuße der ersten Schäfchen folgen natürlich die Priester mit ihrem Eifer, die primitiven Eingeborenen mit dem lieben Gott vertraut zu machen.

Die Maoris waren tief beeindruckt von dem Gott der Christen, der ihnen diese tollen Schiffe und all den anderen materiellen Kram verschafft hatte. Das musste schon ein mächtiger Gott sein, der sogar über mächtige Kanonen herrschte. Mit dem wollten sie sich auch gern einlassen. Und so ließen sie sich taufen und lernten von den Geistlichen. Was aber nicht bedeutete, dass sie ihre alten Götter vergaßen. Die Erfolgszahlen der Missionare waren also getürkt. Die mussten natürlich Erfolg vorweisen, wie das halt eben so ist. Nun, um ehrlich zu sein, selbst ich mit meinem Herzog Widukind glaube nach wie vor, dass in den Eichen der deutschen Wälder im Norden die Götter wohnen. Und als ich vor vielen Jahren Japanisch lernte erfuhr ich, dass die Japaner mir da voll zustimmen.

Christianisierung kann durchaus die spirituelle Verbindung der

Menschen zur Natur und zu den Göttern zerstören. Mit dem Herausplärren von ein paar Hymnen und dem Lauschen von Worten aus einem Buch für die linke Hirnhälfte ist es nicht immer getan. Wenn Sie mir diesen Gedanken gestatten?

Aber zurück zur Zeit der Besiedlung Neuseelands durch die Weißen. In einer dritten Phase kommen die ersten organisierten Einwanderungen. Das läuft folgendermaßen ab: Man kauft den Maoris riesige Ländereien zu einem jämmerlichen Preis ab, teilt das Land in Parzellen und verkauft dann die einzelnen Parzellen an interessierte Einwanderer zu überhöhten Preisen. So einfach kann man schnell reich werden. Manchmal wurden in London auch Teile Neuseelands verkauft, die man den Maoris noch gar nicht abgeschwatzt hatte. Ein Katasteramt kannten die Maoris nicht. Sie können sich das Chaos vorstellen. Die absurde Vorstellung, dass man Land wirklich verkaufen konnte, war den Maoris anfänglich fremd. Aber sie merkten natürlich schnell, dass so ein Vertrag richtige Konsequenzen hatte. Und dann noch ein Problem: Es war nicht immer klar, wer auf Seiten der Maoris wirklich berechtigt war, dieses Land abzugeben. Manchmal wurde das gleiche Land mehrmals verkauft. Und dann: Ein Teil des Landes gehörte der Gemeinschaft (was man in England einst „commons“ nannte). Wikipedia definiert Commons folgendermaßen: „Der Begriff Commons bezeichnet Ressourcen, die aus selbstorganisierten Prozessen des gemeinsamen bedürfnisorientierten Produzierens, Verwaltens, Pflegens und/oder Nutzens hervorgehen“. Alles Störfaktoren für die Investoren. Daher Beschluss: Die Sitten und Gebräuche des Landes beim Abwickeln von Geschäften benötigten eine zivilisatorische Überholung. Sobald das Land dann vermessen war wurde es zu einer schön verpackten Ware. Jetzt konnte es mit dem Kapitalismus richtig losgehen.

Neuseeland wurde eigentlich im Laufe seiner Geschichte zweimal verkauft. Die Maoris verkauften das Land an die Weißen. Und nach 1984 verkauften die Neuseeländer jeglicher Couleur das Land wiederum an die ausländischen Investoren. Noch einmal: Geld regiert die Welt. Seit unendlichen Zeiten. Und doch kommen die Leute dieser Wahrheit nicht auf die Schliche. Was ist daran so kompliziert? Das ist doch ganz einfach zu verstehen. Mal ehrlich gefragt: Warum machten sich damals die Leute aus England auf, umsegelten den halben Globus, um sich der Knute der Krone zu entziehen, wenn doch dann ihre Nachfahren heuer wieder zu Sklaven werden..., ich kann es nicht verstehen. Und dann behaupten so manche Irrlichter von Menschen doch tatsächlich: „Der Fortschritt ist nicht aufzuhalten." Ich frage Sie: „Welcher Fortschritt?"

Als mehr und mehr Siedler ankamen, die wirklich arbeiten wollten und das Tollhaus der größten Kolonie im Lande damals, nämlich Russel, für Sodom und Gomorrha hielten, da riefen sie bald nach einer starken Hand, die so richtig für Ordnung sorgen sollte. Man besprach sich mit den Pfaffen, die doch über die wichtigen Kontakte im Mutterland verfügten. Und als genug Männer den Mund aufgemacht hatten, hörte man schließlich in London richtig zu und machte sich so seine Gedanken. Die wichtigste Frage: Rechnet sich der Aufwand? Viele Jahre regte sich kein Investor. Es gab eben damals Kolonien zuhauf und Geld ließ sich am liebsten dort nieder wo der höchste Gewinn winkte. Neuseeland rangierte unter ferner liefen. Hohes Risiko, jämmerliche Ertragsaussichten. Und man kannte sich nicht so richtig aus. Indien war da viel attraktiver. Oder die Vereinigten Staaten von Amerika.

Bedenke: Kolonisierung kostete Geld: Soldaten wollten Sold, dann musste man die Kerle auch noch verpflegen, Unterkünfte, Beerdigungen und so weiter und so weiter. Über Jahre füllten die Buchhalter in London Seiten um Seiten. Es dauerte und dauerte, bis sich endlich, eines Tages, ganz unten tatsächlich eine schwarze Zahl ergab. Ein Hoffnungsschimmer. Denn ohne Gewinnaussichten regte kein König seinen kleinsten Finger. Aber dann kam es natürlich auch noch darauf an was für ein Typ von König oder von Königin gerade an der Macht war. Die Könige der Zeit, Georg IV und Wilhelm IV galten als eher vorsichtige Herrscher. Im Jahre 1837 starb Wilhelm IV. Eine Frau folgte im Amt, eine Frau..., und was für eine Frau! Königin Victoria beschloss schließlich, ihre behütende Hand über diese Wilden auf der anderen Seite der Erdkugel zu halten und sie mit der Zivilisation der Engländer zu beglücken. Bei entsprechender Bezahlung. So kam es im Jahre 1840 zum Vertrag zwischen ihrer Majestät und den Maoris.

Die Krone wurde von Kapitän Hobson vertreten, der dann ja dann auch als erster Herrscher im Lande blieb. Das war halt praktisch.

Nachdem der Vertrag im Kasten ward, schickte die Königin ein paar ihrer feschen Soldaten, und die räumten in Russel und anderen Teilen des Landes mal so richtig auf. Man konnte sich endlich abends wieder auf die Straße wagen.

Alle waren happy. Auch die Königin. Sie hatte noch eine weitere Kolonie vereinnahmt. Victoria besuchte nie Neuseeland, wusste also gar nicht, was für ein Juwel sie sich da in ihre Krone gesetzt hatte. Ein treuer Untertan. Sie konnte wirklich nicht behaupten, dass Neuseeland sie je im Stich ließ. Was die Kolonie in dem Burenkrieg und in all den anderen Kriegen anschließend immer wieder bewies.

Aber zurück zum Jahre 1840. Die Zahl der Weißen wuchs schnell. Die Zahl der Maoris ging schnell zurück. Von den einst etwa 200,000 Maoris zu Anfang der Besiedlung waren um die Jahrhundertwende nur noch etwa 35,000 übrig geblieben. Warum? Nun, natürlich waren die eingeschleppten Krankheiten ein Faktor und die hygienischen Bedingungen in ihren Siedlungen waren katastrophal. Aber der Hauptfaktor waren die Kriege untereinander, nachdem einige der Stämme sich Musketen beschafft hatten. Die Maoris sind von Natur aus Krieger, wenn man das so sagen kann. Im Ersten Weltkrieg wurden die Maoris ihres Rufes völlig gerecht. Bis dahin galten die Gurkhas aus Nepal als die Elite von der Elite im Commonwealth. Von da an die Maoris. Wenn Menschen es als Ehre empfinden, im Kampf zu sterben, dann sollte man sie mit Vorsicht genießen. Die Polynesier sind die Menschen mit dem mächtigsten Knochengerüst auf Erden. Wenn die Männer austrainiert sind, wollen Sie sich besser nicht mit denen anlegen. Und das Kriegsgeschrei lässt ihnen das Blut in den Adern gefrieren. Sollten Sie tausend Maorikriegern gegenüberstehen und sollten die ihren berühmten Kriegstanz „Haka“ aufführen, dann könnten Sie schon leicht die Fassung verlieren. Der Zweck des „Haka“ ist natürlich, den Gegner einzuschüchtern. Während Sie damals, in fiebriger Erwartung des Kampfes, bereits beim „Haka“ zitterten, spukte auch noch die Aussicht in ihrem von Panik geschüttelten

Hirn, später als Leiche in einem der Kochtöpfe der Maoris zu landen. Mal ehrlich, wollen Sie sich mit denen wirklich anlegen? Schon besser, die friedlich übers Ohr zu hauen.

Wir schreiben das Jahr 1850. Jetzt, nachdem alle Grundfragen der Verwaltung im Lande geregelt waren, machten sich diejenigen Herren auf, die über ein wenig Kapital verfügten und kauften auf der Südinsel riesige Ländereien. Einige von denen grösser als manche der Kleinstaaten in deutschen Landen. Aber was machen mit all dem Land? Man brachte Tiere aus Europa nach Neuseeland. Alles was man so liebte und schätzte. Vor allem Schafe. Denn das Land auf der Südinsel war wie geschaffen für die Schafzucht. Und damals konnte man mit Wolle viel, viel Geld verdienen. Und so geschah es.

Bald ging es richtig herrschaftlich zu auf all den Latifundien. Nicht nur Schafe und anderes Getier hatten den Weg ins neue Land geschafft. Auch der Lebensstil, der britische Lebensstil, Kultur also auf höchstem Niveau, breitete sich in der neuen Welt aus. Einschließlich der Klassengesellschaft, die ich dem deutschen Leser ein wenig erläutern muss, denn der Brite ist natürlich sozusagen von Haus aus mit diesen Gepflogenheiten vertraut. Das kennt der gar nicht anders und ordnet sich ganz automatisch in sein ihm zugeordneten Rang und Glied ein. Ganz brav. Dies ist schließlich eine gottgewollte Ordnung. Mit Mum Queen ganz oben.
Also:
Upper Class
Upper Middle Class
Lower Middle Class
Upper Working Class
Middle Working Class
Lower Working Class

Da können Sie mal sehen. So ein Brite wird als Prolet mit den besten, verlockendsten Aussichten konfrontiert, in seinem Leben richtig ganz große Karriere zu machen. Theoretisch. Denn von da unten, von Lower Working Class, es nach ganz oben zu schaffen, zur Upper Class, das gelingt angeblich nur wenigen Menschen. Ich habe mir sagen lassen, dass ein Mitglied der Upper Class schon am

Akzent oder Zungenschlag eines Mitmenschen erkennen kann ob es sich hier um ein Mitglied der gleichen Zucht handelt oder aber nicht. Das mit der Zucht ist übrigens nicht herabwürdigend gemeint. Die verstehen sich da oben tatsächlich als die prächtigsten Prachtexemplare der menschlichen Zuchtauswahl. Und vermehren sich dementsprechend auch meistens nur mit ihresgleichen. Die wollen doch nicht ihr schönes blaues Blut versauen. Was soll ich sagen: Wir Menschen haben es in der Tat weit gebracht.

An dieser Stelle muss ich Ihnen unbedingt noch erklären, was ein „Gentleman" ist, dieses göttliche Geschöpf westlicher Zivilisation, ein Produkt gnadenloser Erziehung privater Internate und gefühlskalter Eltern, denen Ruf und Etikette mehr gelten als einfache, herzenswarme Menschlichkeit. In den Kreisen von Upper Class und Upper Middle Class galt nur der Gentleman als Mensch erster Klasse. Ich bin sicher, dieses Wertesystem ist selbst heute noch in der anglophilen Welt anzutreffen. Millionen von Menschen müssen sich über die Jahrhunderte dem Traum hingegeben haben, einst als „Gentleman" zu gelten. Der Fairness halber sei erwähnt, dass Geburt allein nicht den Gentleman schafft. Obwohl dieser Tatbestand selbstverständlich eine große Rolle spielt. Aber Charakter, Persönlichkeit, das Beherrschen vollendeter Manieren, das ganze Auftreten drücken, in toto, den vollendeten Gentleman aus. Unter ihnen gab und gibt es wahre Ehrenmänner. Und jede Menge Psychopathen, arme Schweine eigentlich, die im Laufe ihrer Erziehung als eigenständige Menschen vernichtet werden. Diese gedrillten Befehlsempfänger müssen sich lediglich bemühen, in eine vorgegebene Schablone hineinzupassen. Dann sind Mama und Papa happy. Was die so happy nennen. Aber lassen wir die psychologische Aufarbeitung dieser Wesen.

Es handelte und handelt sich also im Fall von Britain um eine Klassengesellschaft. Und wie vieles andere auch transferierten die Briten ihre Klassengesellschaft nach Neuseeland. Groß war das Geschrei, als die ersten Neuankömmlinge unter den Vertretern der Hautevolee in der neuen Heimat eintrafen und selbst, ja, selbst (!) kochen und sauber machen mussten. Später erinnerten sie sich an diese Zeit mit Schrecken und Grauen und Schaudern. Lange sollte es allerdings nicht dauern, bis man ausreichend Personal über den

Großen Teich geholt hatte. Bald hatten sie auch Paläste gebaut, umgeben von riesigen Gärten, Gestüt, Golfplatz, Tenniscourt und was ebenso alles zu einem anständigen Lebensstil gehört. Zum ersten Mal erklangen sogar die lieblichen Töne des Klaviers in der neuen Welt. Luxus wie zuhause. „Smashing“ ist wohl das richtige Wort. Oh ja, man hatte sich jetzt trefflich eingerichtet. „Darling, kannst Du bitte noch mehr Pudding reichen?“

P.S.: Übrigens wurden die Maoris stets mit einigem Respekt in dem ethnischen Rangsystem der Weißen eingeordnet. Im 19. Jahrhundert platzierten die wohlwollenden Europäer die Maoris tatsächlich an die Spitze der Liste aller eingeborenen Völker auf Erden. Böse Zungen behaupteten, dass hatte damit zu tun, dass die Maoris den Engländern eine Reihe empfindlicher, militärischer Niederlagen beigebracht hatten. Und das konnte man nur rechtfertigen, indem man dem Gegner als solchem hohe Anerkennung zollte. Man sprach also von dem „edlen Maori“. In dem globalen Hierarchiebaum aller Völker brachten die Maoris es auf einen Platz gleich hinter den Slaven und Latinos. Das galt als Auszeichnung. Die Aborigines in Australien hingegen standen ganz unten. Die Chinesen übrigens ordnete man über die Schwarzen, aber unterhalb der Maoris ein. Die Maoris können sich also, im dem Geiste der damaligen Zeit betrachtet, nicht beklagen. Ich bin sicher, sie würden nicht mit dem Schicksal der Aborigines oder der Indianer in Amerika tauschen wollen. Die Maoris waren trotzdem Menschen zweiter Klasse. Aber doch immerhin irgendwie anerkannt. Vielleicht kam der Großmut der Weißen jedoch lediglich daher, dass die davon ausgingen, dass die Maoris ohnehin aussterben würden. Das Maoriproblem würde sich also von ganz allein lösen.

DAS WUNDER VON NEUSEELAND

„Another factor which has been consistently in favour of increased use of New Zealand resources is social security benefits, superannuation payments to older people, and family benefits for young people. The demand, mainly for goods and services with a high New Zealand content, has increased as the numbers in the older age groups have increased and as the number of children has increased. Social Security payments are sometimes referred to as „built-in“ stabilisers for
the economy.“ (Dr. W. B. Sutch „Problems of Prosperity“, page 20)

Der größte Denker, den Neuseeland jemals besaß, hieß William Ball Sutch. Der Mann war Ökonom, Historiker, hoher Beamter in der Regierung, Schriftsteller und vieles mehr. Vor allem aber war er ein Genie, also eine Art von Mensch, die von Neuseeländern in der Regel mit intensivem Hass verfolgt wird, so lange, bis jene Frau oder jener Mann tot vor ihnen liegt. Im September 1974, einen Monat nachdem der grosse Norman Kirk zu Grabe getragen ward, einen Monat später, ohne den Schutz dieses Mannes, fielen sie über William Ball Sutch her. Er wurde verdächtigt, ein russischer Spion zu sein. So macht man das. Die absurdesten Behauptungen werden aufgestellt. Es kommt erst einmal zur Anklage. Man setzt den Menschen unter Druck, quält und demütigt ihn. Es bleibt immer Dreck an dem Angeklagten kleben. So macht man einen Menschen fertig. Dann das Gerichtsverfahren gegen Dr. Sutch. Er wurde freigesprochen. Aber lange konnte er diese Freiheit nicht genießen. Im September 1975 war er tot. Warum? Nun, der Mann durfte einfach nicht überleben. Er war der letzte Zeuge und Verfechter eines Wirtschafts- und Sozialsystems, das Freiheit und Gerechtigkeit und Würde für alle Neuseeländer garantierte. Der Mann musste verschwinden. Und es war einfach. Hochsensible Menschen sind leicht zu brechen.

Dr. William Ball Sutch war der letzte der Gerechten in Neuseeland. Kaum einer kennt den Mann heutzutage. Es gibt Idioten, die ab und zu, wenn sein Name einmal auftauchen sollte, in

Zuschriften an Zeitungen sich über die Anklage als Spion hermachen. Noch immer. Selbständig denken haben sie nie gelernt. Woher soll es also kommen? Neuseeland ist eine intellektuelle Wüste, bewohnt von Menschen (die Maoris ausgenommen), die keine Kultur besitzen. Sklaven halt, die sich amüsieren wollen, keinen Gott kennen, raffen und Schulden machen.

Die Neuseeländer sollten, wenn sie einen Rest von Anstand besäßen, im ganzen Land „Denkmäler" bauen für Dr. Sutch. ihn verehren. Seine Bücher studieren. Nicht ihn beschmutzen und verhöhnen. Ein ganzes Volk sollte sich schämen!

Pause.

Sie sind wahrscheinlich wie ich zur Schule gegangen. In Deutschland. Wir lernten den ersten Hauptsatz der Thermodynamik, der besagt, dass in einem geschlossenem System die Energie erhalten bleibt. Ein Zuwachs an Energie muss von außen in das System hineingebracht werden. Die Behauptung unserer Wissenschaftler ist nun, dass dieses Gesetz überall auf Erden gilt. Nicht nur das, dies sei angeblich ein Naturgesetz unseres Kosmos. Leider muss ich hinzufügen, dass das Gesetz überall in Gottes schöner Welt gelten mag, aber es gilt nicht in Neuseeland. Lassen Sie mich erklären.

Vor 50 Jahren verdiente ein Lehrer in Neuseeland etwa 20.000 Dollar im Jahr. Ein Haus kostete etwa 40.000 Dollar. Das heißt, zwei Jahreseinkommen des Lehrers reichten aus, um für das Haus zu bezahlen. Er ging zur Bank des Staates, wies die erforderlichen 5 % Eigenkapital nach und bekam den Rest bei 3 % Zinsen über 40 Jahre geliehen. Seine Frau konnte sich, wenn sie denn wollte, voll um das Aufziehen der Kinder kümmern. Das Einkommen des Mannes reichte für die ganze Familie. Fast 80 % der Menschen lebten in ihrem eigenen Haus.

Arbeitslosigkeit war in Neuseeland unbekannt. Da die meisten Großbetriebe dem Staat gehörten fand sich immer ein Job für jeden, der arbeiten wollte. Das Wort Hunger gab es in Neuseeland nicht. Warum auch?

Neuseeland ist wie der Garten Eden. Man sagt, Sie können hier einen Stock in den Boden bohren und der wird anfangen zu sprießen.

Das Gesundheitssystem kümmerte sich um jeden Bürger. Egal ob arm oder reich. Die Kosten dafür wurden von den Steuern bezahlt.

Wie gesagt, das war vor etwa 50 Jahren. Wir können noch weiter zurückgehen. Am Anfang des 20. Jahrhunderts bekam Neuseeland Besuch von dem Franzosen Andre Siegfried, der anschließend ein Buch über das Land schrieb, das 1904 unter dem Titel „Democracy in New Zealand" herauskam. Auf Seite 58 schrieb er Folgendes: „They have certainly been a little spoilt by being always spoken of as the most advanced people in the world... In this way they have become so accustomed to being taken seriously that they have become conscious of a mission to humanity." (Sie sind sicherlich dadurch verwöhnt worden, dass man sie als das fortschrittlichste Volk in der Welt bezeichnet... Dadurch haben sie sich dermaßen daran gewöhnt, dass man sie ernst nimmt, dass sie sich einer Mission für die Weltgemeinschaft bewusst geworden sind.)

50 Jahre sind vergangen. Über 100 Jahre sind vergangen seit Andre Siegfried sein Buch schrieb. Und was geschah in der Zwischenzeit mit dem ersten Hauptsatz der Thermodynamik in Neuseeland? Was ist nicht alles geschehen, um aus dem Paradies ein Superparadies zu machen:

Innovationen noch und nöcher, Investitionen in neueste Technologien, high tech, low tech, no tech, die digitale Revolution kam über das Land, der Fortschritt war einfach nicht aufzuhalten: facebook, amazon, youtube, google, Computer aller Orten. Wir können jetzt Geld in Sekunden um den Erdball schicken. Falls wir es haben. Und dann all die Schulden! All die Energie, die wir in das System Neuseeland pumpten, all die Energie..., wo, wo, wo, bitteschön, wo ist sie geblieben?

Den meisten Menschen geht es heute schlechter als in der Vergangenheit. Sie sind verschuldet über beide Ohren, arbeiten wie die Wilden und kriegen kein Bein auf den Boden. Sklaven eben. Sklaven nicht einmal für die eigenen Herren, sondern vornehmlich für ihre Herren in Übersee, die den Laden hier weitestgehend aufkauften. Warum war das erlaubt? Keine Ahnung. Nun, die Menschen im Lande wurden nicht gefragt. Die Politiker machten einfach drauf los. Die hatten wahrscheinlich so ihre Instruktionen. Warum sonst diese Verbrechen?

Wahrlich, ein gigantisches Wunder des Fortschritts: Neuseeland produziert heute Lebensmittel im Übermaß. Das meiste wird in die große weite Welt exportiert. Im Lande hungern die Kinder. Zweihundertundfünfzigtausend Kinder wachsen in Armut auf, müssen oft ohne Essen zur Schule gehen. Manche barfuß, da sie keine Schuhe haben. Es ist so schlimm, dass über Schulspeisung nachgedacht wird. Gegen Monatsende geht den Familien das Geld aus. Das ist der Wahnsinn des sogenannten Fortschritts. Wie bescheuert muss ein Tier sein, sich auf diesen Schwachsinn einzulassen. Was soll das?

Passen Sie mal auf: In den letzten drei Monaten des Jahres 2018 in Neuseeland: 385,043 Menschen brauchten Staatshilfe bei den Lebensmitteln, um über die Runden zu kommen. Die Ministerin für Social Development, Carmel Sepuloni: „Obviously people are not having enough for their basic needs because housing costs are so high.“ Dabei geht die Arbeitslosigkeit immer weiter zurück und beträgt nur noch 3.9 %. Aber die Menschen können von dem Einkommen ihrer Arbeit nicht leben. Tafeln haben wir hier natürlich auch, die nicht genug haben, um alle zufrieden zu stellen. Wir sammeln bei uns in der Gemeinde dauernd Lebensmittel für die Bedürftigen. Aber das ist alles nur ein Notbehelf. Die Gemeinschaft, die einst für jeden Einzelnen sorgte, diese Gemeinschaft wurde zerstört. Sie musste abgeschafft werden. Sie war zu erfolgreich.

Jetzt haben wir den Kampf jeder gegen jeden. Jeder ist für sich selbst verantwortlich. Kennen Sie das? Wir haben hier in Neuseeland zwar keine Verfassung. Aber mir kommt doch an dieser Stelle der schöne deutsche Gedanke: „Die Würde des Menschen ist unantastbar.“ Was für eine großartige Idee. Leider nur eine Idee.

Mal ehrlich: Würden Sie das, was wir als Gegenwart bezeichnen, würden Sie diese Gegenwart im Vergleich zur Vergangenheit als Fortschritt bezeichnen? Die Leute haben nichts zu fressen, aber sie können sich jetzt digital vom Hunger ablenken lassen? Die starren wie hypnotisiert auf diese digitalen Spielzeuge.

Der Status Quo der Gegenwart bestätigt, was ich schon immer vermutet habe: Dieser ganze Technowahn ist total für die Katz, eine gigantische Irreführung der Leute. Von wegen Fortschritt. Ich dachte immer wir dürfen jetzt weniger und weniger arbeiten. Und mehr Geld verdienen. Das war doch wohl der ganze Witz bei dem Fortschrittsdenken, oder? Nun, die Produktivität stieg tatsächlich an. Das lässt sich mit Zahlen leicht beweisen. Aber was geschah mit den Früchten der Produktivitätssteigerungen? Eine kleine Minderheit von Leuten profitierte davon, und der Rest ging leer aus.

Technologie und Fortschritt? Ich lach mich tot. Aber wie sie alle staunen! „Wow, ich habe jetzt so ein tolles Handy. Und demnächst, ich kann es kaum erwarten, demnächst geht das alles mit 5 Gigabits. Noch tollere Bilder, noch tollere Filme, Fußball, Porno ohne Ende. Was für ein Leben!" Ja, was für ein Leben!

Anyway, zurück zum ersten Hauptsatz der Thermodynamik und Neuseeland. Soviel Energie wurde in das Land gepumpt. Diese Energie ist allerdings irgendwo verschwunden gegangen. Futsch. Und nicht nur das. Die Gesamtenergie ging zurück. Ein Wunder geschah und geschieht noch heute in Neuseeland. Ein Land wie ein Paradies wandelt sich langsam in ein Armenhaus.

Es begann im Jahre 1984. Ein Fluch kam über das Land: DIE REICHEN.

Dr. Sutch schrieb im Jahre 1962:

„In 1947 total imports into NewZealand were valued at 129 million Pound Sterling – approximately 27.5 % of the gross national product. In the year ended March 1960 imports amounted to 217 million Pounds – only 17,6 per cent of gross national product. If New Zealand had imported in 1959-60 at the same comparative rate as in 1947 we would have needed 338 million Pounds – 121 more than was actually the case. We, of course, could not have paid for this amount of imports because we did not have the overseas funds to do it with"

(Seite 16 in „Problems of Prosperity").

Daraus folgern wir mit brutalster Klarheit, dass diejenigen Leute im Lande das Problem sind, die am meisten importieren. Das sind die Reichen. Diese Minderheit verschwendet die knappen

Devisen. Diese Minderheit besteht auf ihren Luxus. Und/oder sie transferieren ihren Reichtum ins Ausland. In Devisen natürlich. Wenn keine Devisen vorhanden sind, dann werden eben Schulden gemacht. Soll doch die Mehrheit dafür schuften, die nicht die Einkommen hat, um sich die teuren Importe zu leisten. Und die auch keine Gewinne macht, um sie ins Ausland zu transferieren. Daraus folgern wir ebenfalls mit brutalster Klarheit, dass Neuseeland die Reichen loswerden muss. Dann haben die Leute eine Chance, ihre Freiheit wiederzuerlangen. Es macht keinen Sinn, die Steuern für die Reichen auf zum Beispiel 90 % zu erhöhen, da sie die Steuern in Spielgeld (Neuseelanddollar) zahlen, das wir nicht benutzen können, um Produkte aus Übersee zu kaufen oder um den teuren Urlaub der Reichen in zu finanzieren.

Wir müssen die Reichen schlicht und einfach bitten, zu verschwinden. Ich könnte mir vorstellen, dass Länder wie Australien, Großbritannien und vor allem die U.S.A. sehr scharf auf diese Schmarotzer sind.

Übrigens, hier kommt der größte Witz in dem ganzen Buch. Frage: Wer, wer, na wer finanziert diese globalen Schmarotzer vor allem? Na, kommen Sie drauf? Na, na, na? Genau. Der Exportweltmeister. Die bescheuerten Deutschen malochen sich zu Tode für Spielgeld oder Schulden der Reichen. Denn die Deutschen produzieren viel, viel, viel mehr als sie brauchen und schenken den Überschuss den Schmarotzern in aller Welt. Das Volk der Dichter und Denker, ich gehöre ja auch dazu, also gestatten Sie es mir zu sagen: Heuer das dämlichste Volk auf Erden!!!

WUNDER NUMMER II: 19. September 1893: Die ersten Frauen in der Welt dürfen wählen

Die Neuseeländer sind sehr stolz auf das folgende Ereignis, also dürfen wir es nicht unterschlagen.

Am 19. September 1893 unterzeichnete der Gouverneur von Neuseeland, Lord Glasgow, das neue Wahlgesetz, das erstmals in der Welt Frauen das Recht gewährte, an Parlamentswahlen teilzunehmen. Lord Glasgow überreichte anschließend, als Geste der Bewunderung, den Stift an Mrs Sheppard, die 50 Jahre für dieses Recht der Frauen gekämpft hatte.

Hier ist die Botschaft von Kate Sheppard:

„ We the mothers of the present, need to impress upon our children's mind how the women of the past wrestled and fought, suffered and wept, prayed and believed, agonised and won for them the freedom they enjoy today."

„Wir, die Mütter von heute, müssen unseren Kindern ins Gedächtnis einprägen wie die Frauen der Vergangenheit rangen und kämpften, litten und weinten, beteten und glaubten, sich quälten und schließlich für sie die Freiheit errangen, die sie heute genießen."

Im nachhinein erscheinen viele Taten einfacher als sie in Wirklichkeit waren. Es ist schwierig für uns Menschen des 21. Jahrhunderts uns in die Jahre Ende des 19. Jahrhunderts zu versetzen. Lassen Sie mich Ihnen ein Beispiel der damaligen Ignoranz und Dummheit aufzeigen. Aber bitte, zügeln sie Ihren Hochmut. Ich bin sicher, dass in hundert oder zweihundert Jahren die Menschen dereinst kopfschüttelnd und bemitleidend manches Handeln unserer Zeit beurteilen werden. Das Gesetz vom 19. September 1893 erlaubte es übrigens den Frauen nicht, selbst gewählt zu werden. Das dauerte noch weitere 26 Jahre, bis 1919 auch diese Hürde genommen ward. Und was für eine gewaltige Hürde es auch dieses Mal zu überwinden galt. Hier ist ein Auszug einer Rede im Parlament in Wellington damals vor der Verabschiedung des neuen Wahlgesetzes:

„Ich beantrage, dass der ehrwürdige Gentleman, der für diesen Gesetzesentwurf zuständig ist, doch bitte eine Klausel einfügen möge, die vorschreibt, dass lediglich schlichten Frauen erlaubt sein sollte, ins Parlament zu kommen. Dann, denke ich, wäre die drohende Gefahr beseitigt. Sollten aber auch schöne Ladies im Parlament erscheinen, ich bin sicher, dann würden sie die zarten Herzen einiger honoriger Gentlemen, vor allem der älteren Mitglieder, vom rechten Wege wegführen... Zusammenfassend sage ich, dass, falls attraktive Frauen im Parlament zugelassen werden, da bin ich ganz sicher, meine eigene Frau es mir nicht erlauben wird, hier weiterhin zu erscheinen."

Nein, ich habe das nicht erfunden.

Die Maoris

„Ahakoa iti taku iti ka tu ahau ki te aroaro o nga iwi nunui o te ao."
„Even though I be but a small tiny nation, I shall stand before the presence of the world's great nations."
„Obwohl wir ein kleines, winziges Volk sind werden wir aufrecht stehen in der Gegenwart der größten Völker dieser Welt."
Der Maori Häuptling und Prophet Riwha Titokowaru

„History, as nearly no one seems to know, is not merely something to be read. And it does not refer merely, or even principally, to the past. On the contrary, the great force of history comes from the fact that we carry it within us, are unconsciously controlled by it in many ways, and history is literally present in all that we do." Also: Die Geschichte unserer Vorfahren steckt in uns!
Der amerikanische farbige Schriftsteller James Baldwin

Es fällt den meisten Menschen schwer, sich in eine fremde Kultur hineinzudenken und hineinzufühlen. Falls das überhaupt möglich ist.

Als die Europäer in Neuseeland ankamen, sahen sie die einheimische Bevölkerung als Wilde, als unzivilisierte, stinkende, gottlose Wesen, die es zum rechten Glauben zu bekehren galt und denen bei Widerspenstigkeit der Segen der westlichen Kultur mehr oder weniger aufgezwungen werden musste. Dass die Kultur der Aborigines in Australien oder die Kultur der Maoris in Neuseeland der Kultur der Europäer in irgendeiner Hinsicht überlegen sein könnte wäre den weißen Supermenschen nie in den Sinn gekommen. Daher machten sie nicht einmal den Versuch, von diesen „Wilden" zu lernen. Bedenken Sie, dass die Aborigines 60,000 oder gar etwa 80,000 Jahre Zeit hatten, um ihre Kultur auf ein so hohes Niveau zu entwickeln, dass sie in perfekter Harmonie mit ihrer Umwelt lebten. Das ist den hoch zivilisierten Eindringlingen bis auf den heutigen Tag nicht aufgefallen. Und damals, damals sahen sie diese einheimischen Wesen nicht einmal als Menschen, sondern eher als Tiere, die sie in Australien eine Zeit lang wie Karnickel abschossen. Sie störten irgendwie. Eine Plage eben.

Soweit kam es nie in Neuseeland. Obwohl die Ignoranz und Grausamkeit der Eroberer sich aus der gleichen Quelle nährte. Schließlich kamen diese Eroberer sowohl in Australien als auch in Neuseeland aus Großbritannien. Aber der Raub der Besitzungen der Maoris verlief wesentlich friedlicher als dies in Australien der Fall war. Ironischerweise, weil die Maoris sich wehrten. Und zwar so richtig. Sie verschafften sich Respekt. Immerhin gab es seit 1840 sogar einen Vertrag zwischen den Maoris und den Europäern (der Vertrag von Waitangi). Daraus lernen wir folgendes: Der dämliche, gierige und moralisch versaute weiße Mann versteht nur die Sprache der Gewalt. Früher Faust in die Fresse, heute Atombomben. Das hat sich sogar in Nordkorea herumgesprochen.

Wie gesagt, für die Europäer stand von Anfang an fest, dass es darum ging, den Maoris ihre minderwertige Kultur auszutreiben und ihnen die europäische Kultur aufzuzwingen. Genauer gesagt, die Briten wollten ihre britische Welt nach Neuseeland transferieren. Und das gilt noch bis auf den heutigen Tag, obwohl jetzt durch den Zuzug von Menschen aus Asien ein Kulturschlamassel entsteht, der aber alles andere als eine eigenständige, neuseeländische Identität darstellt.

Ich will gar nicht erst versuchen, Sie in die Welt der Maoris hineinzuführen. Selbst wenn ich der Sprache der Maoris mächtig wäre würde mir das nicht gelingen. Wir haben es hier mit einer recht komplizierten, komplexen, vor allem oral vermittelten Kultur zu tun, die sich nicht einmal anstrengt, ihr Kulturgut mit Fremden zu teilen. Es gibt viele Fälle, in denen sich die Sprecher eines Stammes geweigert haben, ihre Geschichte an Fremde weiterzureichen. Sie betrachten die Geschichte ihres Stammes als ein Vermächtnis ihrer Vorfahren, das sie nur an ihre Nachfolger weitergeben. Stolz weiß ein jeder die Eigenarten und die besondere Geschichte seiner Vorfahren hervorzuheben.

John Rangihau, der Maori-Führer der Ngai Tuhoe: „Jeder Stamm hat seine eigene Geschichte. Und diese Geschichte gehört nicht anderen Stämmen. Wie kann ich die Geschichte meines Stammes mit den Stämmen Ngati Porou oder Te Arawa oder Waikato teilen, denn ich gehöre nicht zu jenen Stämmen? Ich gehöre zum Stamm der Tuhoe, und ich kenne nur die Geschichte des Tuhoe Stammes.“

„Es ist ein ungebrochenes Gesetz von meinen Vorfahren, dass ein Tuhoe jederzeit demütig sein muss. Demut ist ein lebenswichtiger Aspekt für uns. Aber ich kann doch nicht in der Welt herumlaufen und allen Menschen sagen, sie sollen demütig sein. Das ist vielleicht nicht deren Art. Aber es ist meine Art. Und ich sage allen jungen Tuhoes sie sollen demütig sein, weil ich sie kenne, sie sind Teil unseres Stammes, sie sind Teil meiner Geschichte, sie sind ein Teil von mir.“

Da sehen Sie mal, was die eingebildeten Engländer zum Beispiel von den Maoris hätten lernen können. Aber es kommt noch besser: Über allem steht die eigene Familie. Dann der Stamm. Der Stamm ist die Großfamilie eines jeden Maori. Ohne seinen Stamm ist ein Maori ein entwurzelter Mensch, auf der Suche nach sich selbst. Krankheit, Elend und Tod überkommen ihn ohne die Verbindung zu seinen Ahnen und den Mitgliedern seines Stammes.

Versuchen Sie mal, das der Frau Merkel klarzumachen. Die würde Sie fassungslos mit ihren geistesleeren Augen anstarren.

Ihre Aussage, dass es in Deutschland zwei Gruppen von Menschen gäbe, jene die schon länger dort leben und jene, die erst kürzlich dazugekommen sind, und alle sollen sie Deutsche sein, solch eine Aussage würden die stolzen Maoris kopfschüttelnd, traurig und voller Mitleid für die armen Deutschen aufnehmen. Trotz Mercedes Benz.

Wenn ich noch etwas dazu sagen darf: Ich lebe seit vielen Jahren in Neuseeland, aber ich werde nie ein Neuseeländer sein. Als ich vor zwei Jahren zum letzten Mal in Deutschland war, begegnete ich Menschen, die deutsch sprachen und von sich behaupteten, Deutsche zu sein. Aber ich spürte sofort, dass das keine Deutschen waren. Es gehört viel mehr zu einer Identität als nur ein Personalausweis. Das brauchen sie keinem Maori zu erklären.

Wir lernten in der Schule im Norden Deutschlands noch folgendes Lied:

„Wir sind die Niedersachen, sturmfest und erdverwachsen, heil Herzog Widukinds Stamm.“ Ich bin Deutscher, aber vor allem bin ich stolzer Sachse.

Ich glaube nicht, dass die das Lied noch heute im hohen Norden singen. Frau Merkel würde einen Herzinfarkt bekommen. Übrigens ist für mich Karl der Große der Sachsenschlächter. Der widerlichste Herrscher, den Europa je gekannt hat. Eine Massenmörder gigantischen Ausmaßes, selbst für seine Zeit. Und nach diesem Psychopathen ist sogar ein Preis benannt. Unglaublich! Dieser Verbrecher ist die Wurzel unseres Übels heute. Das ganze Gefasel von Europa (das Europa der Bürokraten und Mafiosi) ist ein krankhaftes Kunstprodukt, gegen die Natur des Menschen. Das wusste sogar Charles de Gaulle.

Mal ehrlich, meine Leute im Norden und die Bayern haben so ihre Unterschiede, und auch zwischen Hamburgern und den Menschen im Saarland gibt es Unterschiede. Deutschland gibt es erst seit 1871. Sachsen und Bayern et cetera gibt es seit vielen, vielen hundert Jahren. Die Familie ist dir näher als dein Stamm. Dein Stamm ist dir näher als dein Volk. Dein Volk ist dir näher als Europa. Banalitäten. Das ist genauso hier in Neuseeland bei den Maoris. Und fragen Sie mal bei den Aborigines in Australien nach.

Nach 80,000 Jahren Lebenserfahrung sollte man denen vielleicht mal zuhören wie so ein Mensch tickt. Und wie die Natur tickt.

Noch einmal: Wir Europäer fassen die Maoris als eine Gruppe zusammen. Das sind sie aber nicht. Der Maori gehört zu seinem Stamm. Von denen gibt es viele. Der Maori gehört zu einem bestimmten Gebiet, das ihm heilig ist. Dort existiert die Geschichte seiner Vorfahren. Dort lebt der Geist seiner Vorfahren. Außerhalb dieses Gebietes ist er nicht mehr er selbst. Die Vorstellung der Maoris von Seele, Geist und Sinn von weltlicher Existenz mag der christlichen Vorstellung von geistigem Erleben haushoch überlegen sein. Obwohl sie vor zweihundert Jahren weitgehend nackt durch die Gegend liefen.

Am Anfang dieses Kapitels finden Sie das berühmteste Zitat von James Baldwin.
Hier ist noch ein Zitat, dieses Mal von dem farbigen Schriftsteller Richard Wright (erschienen in seinen „Journals"): Again, I say that each and every Negro, during the last 300 years possesses from that heritage a greater burden of hate for America than they themselves know. Perhaps it is well that Negroes try to be as unintellectual as possible, for if they ever started really thinking about what happened to them they'd go wild. And perhaps that is the secret of whites who want to believe that Negroes really have no memory; for if they thought that Negroes remember, they would start out to shoot them all in sheer self-defense." (Jeder Schwarze besitzt durch das Erbe der letzten 300 Jahre eine größere Last des Hasses auf Amerika als sie selbst wissen. Vielleicht ist es gut so, dass die Schwarzen versuchen, so wenig intellektuell wie möglich zu sein, denn wenn sie wirklich anfingen, darüber nachzudenken, was mit ihnen geschah, würden sie durchdrehen. Das Geheimnis der Weißen liegt vielleicht darin, dass sie glauben, dass die Schwarzen kein Gedächtnis haben, denn wenn sie glaubten, dass die Schwarzen sich erinnern könnten, würden sie aus bloßer Selbstverteidigung heraus anfangen, die Schwarzen zu erschießen). Haben Sie das verstanden?

Stellen Sie sich mal vor, was los wäre, wenn allen Deutschen morgen „ein Licht aufginge." Frau Merkel würde in ihr Refugium nach Paraguay fliehen.

Der „technische" Begriff, um den es hier geht ist „collective memory", also ein kollektives Gedächtnis. Die Geschichte meiner Vorfahren steckt in mir und sie steckt in den Mitgliedern meiner Sippe, meines Stammes. Da kann die Frau Merkel in ihrer Ignoranz schwafeln was sie will. Was sie begangen hat ist kein Verbrechen an dem deutschen Volk, sondern an den vielen Stämmen, die das deutsche Volk bilden. Das hat nichts mit überzogenem Nationalismus zu tun. So weit reicht dieser „Mechanismus" wahrscheinlich ohnehin nicht. Mein Volk sind die Sachsen. Und die unterscheiden sich von den Chinesen. Die Chinesen haben ein völlig anderes kollektives Gedächtnis. Wenn man eine Million Chinesen mit einer Million Deutschen mixte würde das Chaos ergeben. Das ist keine Theorie. Ich habe etwa 15 Jahre lang mit Chinesen in Asien gearbeitet. Die sind einfach anders. Übrigens wird dieses Phänomen des kollektiven Gedächtnisses auch demnächst erklären, warum die Chinesen wieder die stärkste Kultur auf Erden sein werden. Diese Stellung hatten sie bereits über viele tausend Jahre in der Geschichte der Menschheit inne. Sind die Chinesen Eroberer? Nein. Was haben die U.S.A. demgegenüber aufzuweisen? So einfach? Ja, so einfach.

Ich möchte Ihnen empfehlen, sich mit Rupert Sheldrake zu beschäftigen, einem britischen Autor und Biologen. Am 12. Januar 2013 gab er eine TED Präsentation in Whitechapel, England. Diesen Vortrag sollten Sie sich anhören. Obwohl er inzwischen bei TED verschwunden ist. Aber sie finden ihn noch im Internet. Die Wissenschaft empörte sich, dass so ein Mann, mit seinen kontroversen Theorien, sich öffentlich äußern durfte. Mein Gott, Skandal! Rupert Sheldrake hatte doch tatsächlich die Wissenschaften als Religionen bezeichnet und behauptet, dass jede Wissenschaft als Grundlage ein Wunder benötige, auf dem aufbauend sie dann den Rest erklärt. „Na und?" Soll der doch behaupten was er will. So entsteht Fortschritt, indem jemand den Status Quo des Denkens herausfordert. Das war schon immer so. Rupert

Sheldrakes Bücher sind alle auch auf deutsch erschienen. Seine These besteht darin, dass die Schöpfung Geist ist und dass der Materialismus allein unmöglich die Schöpfung erklären kann. Was einen Wissenschaftler in Deutschland in Rage bringen mag. Ein Aboriginee oder ein Maori haben damit kein Problem. Die Natur hat ein Gedächtnis. Und der Mensch ist Teil der Natur. Es ist völlig offen, ob dieses Gedächtnis in ihrem Hirn oder anderswo steckt und womit dieses Gedächtnis verbunden ist. Das mag so weit gehen, dass die Geschichte Ihrer Vorfahren, in direkter Verbindung mit Ihren Vorfahren, einen wesentlichen Teil von Ihnen ausmacht.

Ich muss Ihnen an dieser Stelle unbedingt zwei Bücher empfehlen, die Sie lesen sollten. Das erste Buch ist von Martin Jacques, ein weltweiter Bestseller, mit dem Titel „When China Rules The World.“ Das zweite Buch ist von Boyd und Richerson: „Culture and Evolutionary Process“. Ich werde jetzt aus dem Buch von Martin Jacques einen Abschnitt zitieren (Seite 131), der jedem, der noch über 3 Pfennig wert gesunden Menschenverstand verfügt, zu denken geben wird. Bitte beachten Sie, dass China eine Kulturnation ist, kein zusammengezimmerter Nationalstaat. Daher ist es auch völlig wurscht, ob die sogenannte Demokratie haben oder nicht. Was übrigens für Japan ebenfalls zutrifft. In Japan gehen die zwar wählen. Das haben die Amerikaner denen nach dem Ende des Zweiten Weltkrieges verordnet. Aber das ist keine Demokratie wie wir sie verstehen. In Kulturvölkern geht es erst einmal um die eigene Rasse, um das eigene Volk (etwa 90 % der Chinesen halten sich zu den HAN zugehörig und sind sehr stolz darauf) und um die soziale Struktur, die tausende von Jahre zurückgeht. Der Staat ist die oberste, geachtete Instanz dieser sozialen Ordnung, die mit der Familie beginnt. Mit der Familie! Ohne Familie kein Staat! Das können Sie bei meinem Freund Konfuzius im Einzelnen nachlesen. Was sollen die in China mit Demokratie?

Sie können unmöglich mit unserer Denke der westlichen Welt die Kulturen in Asien verstehen. Vor allem nicht die Chinesen. Es wird Ihnen wahrscheinlich schwer fallen, zuzugeben, dass die Kultur der Chinesen der momentanen westlichen Kultur (was noch davon übrig geblieben ist) haushoch überlegen ist. Die Arroganz des Westens versperrt einem den Blick auf die Wirklichkeit. Wir im

Westen, mit unserer Fixierung auf Individualismus, Materialismus, Oberflächlichkeit und Spaßgesellschaft, sind am Ende. Die Zukunft gehört dem Osten.

Ich lasse die folgenden Zeilen einfach auf Englisch stehen, dann klingen sie für Ihr manipuliertes Gehirn nicht so schlimm. Sie werden jetzt auch verstehen, warum die Chinesen oder die Japaner keine Fremden aufnehmen. Das sind doch keine Selbstmörder. Die wollen ihre Kultur erhalten. Hier ist der Text:

„The irresistible conclusion is that the reason why the Chinese have a deep sense of their own identity is to be found in their long, continuous and rich history; in contrast, as products of a relatively new and young nation, Americans are in constant search of their identity.

The recognition that the Chinese exhibit certain cultural traits which can be explained by their history does not imply cultural essentialism, the idea that all nations and ethnic groups have a bundle of characteristics which remain fixed and unchanged over time. On the contrary, identities are constantly changing and being renegotiated. But that does not mean that cultural characteristics, stemming from profound and very longrun influences – like climat, patterns of agriculture, language, the environment, family structure, cosmological beliefs or the longevity of history – don't persist from the past and leave their mark on the present. According to Robert Boyd and Peter J. Richerson, who have extensively researched the relationship between cultural and genetic evolution, „an enormous amount of circumstantial evidence suggests that culturally transmitted traits are stable over time and in the face of changing environments."

Wenn Sie das verdaut haben wird ihnen aufgehen, was für einen Wahnsinn die Deutschen da in den letzten Jahren mit sich selbst angerichtet haben. Unter anderen in folgenden Büchern nachzulesen: „Finis Germania" und „Die Deutschen, das klügste Volk auf Erden verabschiedet sich von der Geschichte." Die Deutschen sind in der Lage, jedweden Schwachsinn mit einer klug daherkommenden, angeblich zwingenden Logik, zu beweisen. Hat ihnen leider nichts geholfen. Klugscheißerei allein ist halt nicht genug. Hätten besser von den Chinesen lernen sollen. „Aber die haben doch nicht einmal Demokratie." Ja, ja, ihr Idioten, diesen Schwachsinn der Versklavung, ausgeheckt von einer Bande von Cowboys, die die Welt zusammenschießen und ausrauben, diesen so geliebten Schwachsinn, den werden wir euch auf den Grabstein schreiben.

Die Arroganz, Ignoranz und Anmaßung der Europäer gegenüber fremden Kulturen kann man nur mit verständnislosem Kopfschütteln begutachten. Was diese Idioten sich darauf einbilden, die Welt in einen Zustand versetzt zu haben, der vielleicht demnächst unser aller Ende zur Folge haben wird. Was nützt dir dein tolles iPhone wenn es keine Bienen mehr gibt, die Wale sich zu hunderten auf die Strande stürzen und jedes Jahr neue Hitzerekorde vermeldet werden? Das Bereitstellen von sauberem Trinkwasser wird das dringlichste Problem der Menschheit sein. Wasser! Nicht das Bereitstellen von Computern. Vom größten Artensterben seit tausenden von Jahren ganz zu schweigen. Ja, wirklich, wir haben es weit gebracht. Man kann sich das dumme Geschwätz der Politiker auf all den Klimakonferenzen gar nicht mehr anhören. Dabei ist der Klimawandel nicht mal das größte Problem. Denn wir haben die Natur bereits vergiftet. Und damit uns selbst vergiftet. Selbst im Trinkwasser finden Sie heute Spuren von Pestiziden, Psychopharmaka, Antibiotika und anderem Zeugs. Ist das so schwierig zu sehen? Die Politiker leben in einer total anderen Welt als der Realität. Die glauben tatsächlich, dass Quatschen mit Arbeit gleichzusetzen sei und Wunder geschehen. Die sind völlig überfordert. Völlig. Wer hat nur diese Leute gewählt?

Ich muss unbedingt noch die Rolle der Kirche bei der „Zivilisierung" Neuseelands erwähnen. Wie stets bei Kolonisierungen üblich schickte die Kirche schnellstens ihre Missionare, um die Herde der Schafe um ein paar hunderttausend Exemplare zu erweitern. Es besteht kein Zweifel, dass die Maoris Kannibalismus, Kindestötung und vorehelichen Geschlechtsverkehr praktizierten. Der gute Pastor William Williams äußerte sich im 19. Jahrhundert folgendermaßen: „Der Satan hat diese Menschen fest im Griff und führt sie nach seinem Willen." Nun, Kindestötung in der Form von Abtreibung wird in unserer Kultur jeden Tag ausgeführt und zum

Thema Geschlechtsverkehr vor der Ehe brauche ich wohl nichts zu sagen. Aber die Maoris haben nicht ihre Frauen auf Scheiterhaufen verbrannt, ihre „Pfaffen“ missbrauchten nicht kleine Kinder und die Idee, dass ein König über sie herrschen sollte war ihnen auch nicht bekannt. Und die Moral von der Geschicht: Als der Gott der Liebe über sie kam ging es ihnen immer schlechter.

Die Maoris waren in den Augen der Kirche Menschen zweiter Klasse. Dementsprechend saßen sie später, nach ihrer Bekehrung, hinten in der Kirche, hinter den Europäern. Sie mussten sich natürlich auch entsprechend anständig anziehen, um überhaupt Zugang zum Missionshaus zu erhalten. Alles musste streng gesittet nach den Vorgaben der Eindringlinge zugehen. Denn die waren von dem Wahnsinn befallen, dass jetzt hier ihre Regeln galten. Das war für die ganz selbstverständlich. Stellen Sie sich das mal vor. Was für eine bodenlose Frechheit. Was sagen Sie, das war halt der Preis der Herrlichkeit? Ja, ja, ich weiß, welch Glück hatten doch die Maoris, von diesen weißen Engeln auf den rechten Weg des Glaubens geführt zu werden. Fast wären sie ausgestorben.

Trotz der Kehrtwendung bei der Bevölkerungsentwicklung ist die Malaise der Maoris nach wie vor das größte Probleme in Neuseeland. Ein entwurzelter Maori ist ein kranker Maori. Heute wie damals kämpfen diese Menschen um ihre Identität, um ihre Werte, um ihren Glauben, um ihre Loyalität gegenüber den Stammesältesten und den Anforderungen ihrer Vorfahren, die mit einem Wertesystem kollidieren, das der oberflächliche Materialismus der westlichen Welt ihnen aufzwingen will. Daran hat sich bis heute wenig geändert. Das sind oftmals zerrissene Menschen. In dem U.S. Bestseller „Lost Connections“ von Johann Hari können Sie nachlesen, wie wir Menschen uns selbst verloren haben. Dementsprechend breitet sich eine Epidemie von Geisteskrankheiten aus.

Kein Wunder daher auch, dass die Selbstmordrate unter den Maoris sehr hoch liegt. Neuseeland hat bei den Jugendlichen, relativ, bezogen auf ihre Bevölkerungszahl, die höchste Selbstmordrate in der westlichen Welt. Und die Maoris sind überproportional in dieser Zahl vertreten. Ähnliches gilt für die Zahl der Gefängnisinsassen. Ähnliches gilt für eine lange Reihe von Krankheiten.

Für die Todgeburten. Für die Lebenserwartung. Für die Arbeitslosen. Und so weiter. Menschen zweiter Klasse. In ihrem eigenen Land.

Ich will Ihnen zum Schluss in diesem Kapitel noch eine kleine Geschichte erzählen, um das Ehrgefühl der Maoris aufzuzeichnen und einen Aspekt ihrer besonderen Art von Humanität: Am 29. April 1864 fand die Schlacht um Gate Pa in der Nahe von Tauranga an der Ostküste der Nordinsel statt. Ein Pa ist ein befestigtes Dorf der Maori. Erdwälle, Gräben und Tunnel dienen der Verteidigung. Die Maoris verfolgten die Landung von Soldaten im Hafen und warteten auf den Angriff der Europäer. Als Einladung schickten sie den Weißen eine Liste der Regeln, die in diesem Kampf zu beachten sein sollten. Sie schlugen vor, die Verletzten nicht zu töten, die Leichen nicht zu verstümmeln und Unbewaffnete oder Unbeteiligte sollten nicht behelligt werden. Kurzum, es sollte ein fairer Kampf sein. Die Maoris erhielten keine Antwort, was die Maoris als sehr unhöflich ansahen. Schließlich hatte man auch die Engländer informiert, dass man in Mühe die 13 km vom Hafen zu ihrer Festung vom dichten Busch befreit hatte, um einen breiten Weg zu schaffen, auf dem die Engländer marschieren konnten, ohne vor dem Kampf bereits zur ermüden. Aber die Engländer nahmen die Einladung erst einmal nicht an. Vielmehr mussten die Maoris beobachten, dass immer mehr Schiffe eintrafen und immer mehr Soldaten an Land kamen. Und mit ihnen kamen auch die Kanonen. Zum Schluss waren es insgesamt fast zweitausend englische Soldaten im Vergleich zu etwa 230 Maoris. Es sollte also ein leichtes Spiel für die Engländer sein, nach einer intensive Kanonade die Erdwälle zu stürmen. Nun, um es kurz zu machen, nach schweren Kämpfen, bis in die Nacht hinein, waren 31 Engländer tot, 80 verletzt und man musste sich zurückziehen. Das war eine schwere Schlappe. Am nächsten Morgen waren alle Maoris verschwunden. Aber bevor sie sich auf und davon machten hatten sie dafür gesorgt, dass alle verwundeten englischen Soldaten mit Wasser versorgt wurden. Das nennt man Großmut. Ich will Ihnen nicht erzählen, was anschließend mit den Maoris geschah. Mein Herz wird bluten.

Wie können Sie sich mit Speeren und Keulen gegen Kanonen und Schnellfeuerwaffen wehren? Es gibt daher viele Völker, die sich bei Androhung von Gewalt bereitwillig versklaven lassen. Aber es gibt andere Völker, die kämpfen. Trotz der winzigen Chance eines wahrscheinlich nur vorläufigen Sieges. Warum? Nun, wie wir alle wissen, stirbt bei stolzen, vom Großen Geist ihrer Vorfahren geleiteten Völkern, stets die Hoffnung zuletzt. Sozusagen mit dem letzten Atemzug des letzten Kämpfers. Die Wahrscheinlichkeit des Sieges sinkt mit jedem Tag, aber sie brennt flackernd wie eine Kerze im Winde, der stärker und stärker wird, bis er die Flamme der Hoffnung schließlich ausbläst. Diese Völker mögen in den Geschichtsbüchern verschwinden, aber ihr göttlicher Geist weht durch den Kosmos in alle Ewigkeit. Die Götter verneigen sich vor ihnen.

Von diesem Geiste getrieben hat es in der Geschichte aller Unterjochten immer Propheten gegeben, die einen Ausweg aus der Misere versprachen und eine bessere Zukunft in Aussicht stellten. So war es auch unter den Maoris. Drei Personen stechen hervor. Die Propheten TE WHITI, T. W. RATANA und RUA KENANA.

Te Whiti

Vor Mohandas Karamchand Gandhi (1869 bis 1948) und vor Nelson Mandela (1918 bis 2013) gab es einen Mann in Neuseeland, der die Kunst des passiven Widerstandes predigte und entsprechend handelte. Sein Name war Te Whiti o Rongomai (1830 – 1907). Er gewann keine Schlacht und scheiterte auch sonst an der Erreichung aller seiner Ziele. Trotzdem wird er von den Maoris verehrt.

Te Whiti lehrte den moralischen Kampf um Ehre, Integrität, Frieden und der Vision von einer besseren Welt. Die Europäer, die Pakeha, sahen ihn als Feind. Sie provozierten Te Whiti, sie suchten einen Vorwand, ihn mit Waffengewalt zu bekämpfen. Angeblich sei er ein Verrückter, ein unberechenbarer Aufwiegler. Der Mann sei gefährlich, sehr gefährlich. Dieser Mann müsse beseitigt werden. Aber wie macht man das? Wenn man ihn nur zu einer Torheit verleiten könnte, um einen Anlass zu haben, ihn festzusetzen. Aber Te Whiti folgte einem Prinzip, das wir Deutschen als sture „Gelassenheit“ bezeichnen würden und blieb, unbeirrbar, sich selbst und seinen pazifistischen Werten treu bis in den Tod.

Te Whiti war ein Prophet und spiritueller Führer der Maori, der auf friedlichem Wege mit den Pakeha zu einer Übereinkunft kommen wollte. Das Land sei groß, sagte er, es gäbe genug Platz für alle, um gemeinsam in Frieden zu leben.

Um die Lebensbedingungen seiner Anhänger zu verbessern, lernte er viel über Landwirtschaft, vor allem von den deutschen Missionaren, die unter den Maoris lebten. Mit Johannes Riemenschneider, dem Missionar aus Bremen, verband ihn eine enge Freundschaft.

Als die Maoris immer mehr Land an die Gier der Siedler verloren, zog sich Te Whiti schließlich mit seinen Anhängern in eine Gegend zurück, die noch nicht erschlossen war und wo er hoffte, abgeschieden von der Welt, in Frieden leben zu können. Dort, nördlich von Wellington, an der Küste, bauten sie das Dorf Parihaka auf, die größte Maorisiedlung in Neuseeland zu der Zeit, betrieben erfolgreich Landwirtschaft, Gewerbe, Schulen, entwickelten alle damals bekannten und verfügbaren Infrastrukturmaßnahmen. Die landwirtschaftlichen Geräte waren das Beste, was sie kaufen oder selbst herstellen konnten.

Die Regierung hatte allen Maoris gedroht, dass sie ihr Land verlieren würden, wenn sie sich mit Waffengewalt gegen die Regierung stellten. Noch immer kämpften einige der Stämme gegen die Weißen. Te Whiti predigte den passiven Widerstand. Er fiel also nicht in die Kategorie der Feinde entsprechend der Definition der Regierung. Trotzdem wollte die Regierung schließlich auch das Land übernehmen, auf dem sich Te Whiti mit seiner Gemeinde niedergelassen hatte. Die Regierung brauchte Geld. Die neuen Siedler brauchten Land.

Te Whiti liess Zäune bauen, seine Leute beackerten das Land, das die Regierung Siedlern gegeben hatte. Alles friedlich in dem Geiste von Gelassenheit. Trotzdem: Ein Aufschrei ging durch das Land. Die Zeitungen heizten die Stimmung auf: Wie konnten diese Maoris es wagen, auf ihrem eigenen Land zu ackern? Man traf sich, es wurde geredet, verhandelt, Versprechungen wurden von der Regierung gemacht, den Maoris Land zuzuweisen, wo sie in Frieden leben konnten. Die Versprechungen wurden nicht gehalten. Die Maoris protestierten weiter durch ihre friedlichen Maßnahmen.

Das Volk, der Pöbel schrie nach dem Einsatz von Gewalt. Man werde es diesen Banditen schon zeigen! Aber welches Gesetz würde Waffengewalt rechtfertigen? Am 29. Juni 1879 wurde es ernst. Die Pakehas verloren ihre Geduld. Schließlich wurde die Anweisung gegeben, sich um das Gesetz keine Gedanken zu machen: „You take the men and the government will find the law." Also: Es wird sich schon ein Gesetz finden, um die zu verhaften. Das waren zuerst nur einzelne Verhaftungen von Männern, die aus Protest die Zäune errichteten oder das Land der Siedler pflügten. Für den großen Wurf musste die Regierung erst noch genügend Propaganda betreiben, um die Stimmung des Volkes gegen die Maoris bis zum Siedepunkt hochzukochen. Außerdem musste man eine Truppe sammeln, die stark genug war, um jeden möglichen Kampf gewinnen zu können. Eine Niederlage wäre eine Katastrophe. So entwickelte sich die Situation. Die Stimmung im Volk der Weißen kannte schließlich keine Zweifel mehr: Den Maoris musste eine Lektion erteilt werden, die sie nie vergessen würden.

Am 5. November 1881 wurden über 1,500 bewaffnete Männer zusammengezogen, um den erwarteten Widerstand der Maoris in ihrer Siedlung Parihaka zu brechen. Allerdings kam es nie zu einem Kampf. Bei Ankunft der Pakeha Armee saßen die Maoris friedlich auf dem Boden, boten ihren Gästen Essen und Trinken an. Alle Maoris waren ruhig, gelassen, diszipliniert. Selbst als die Massenverhaftungen begannen, leistete niemand der Maoris Widerstand. Hunderte wurden verhaftet. Die Gefängnisse waren übervoll. Das Dorf Parihaka wurde zerstört. Die Früchte auf den Feldern wurden vernichtet.

Es gab kein Gesetz, um diesen Gewaltakt zu rechtfertigen. Also fertigten sie im Parlament ein Gesetz an, dass die Verhaftungen vorläufig als gesetzmäßig erscheinen ließ. Es kam nie zu Gerichtsverhandlungen. Die Politiker wussten, dass sie vor Gericht keine Chance hatten. Das heilige „habeas corpus“ Gesetz wurde übrigens außer Kraft gesetzt, das bestimmt, dass ein Verhafteter unverzüglich einem Richter vorgeführt werden muss. Die Männer verschwanden einfach. Monate vergingen. Ein Jahr verging.

Am 9. März 1883 konnte Te Whiti schließlich wieder in seine Heimat zurückkehren. Der Neuaufbau von Parihaka begann. Aber die Regierung hatte ihnen 5,000 Morgen Land weggenommen, um für die der Regierung entstandenen Kosten der ganzen Aktion zu bezahlen. Die Demütigungen fanden kein Ende. Ihr Land hatte jetzt keine Verbindung mehr weder zu ihrem heiligen Berg „Mount Taranaki“ noch zu den Stränden des Meeres. Die Regierung wollte diese Maoris brechen, sie sollten zu Sklaven werden, bedingungslos gehorchen und vor allem keinerlei Widerstand mehr leisten, weder passiv noch mit Gewalt. Die Weißen waren schließlich die Herrscher im Land. Die Weißen wussten ganz genau was gut für die Eingeborenen war. Die sollten nur brav die Schnauze halten und vor sich hinleben. Der Name PARIHAKA ist noch heute wie ein rotes Tuch für die Maoris.

Wie oft haben wir diese Geschichte gehört?

Rua Kenana

Nachdem die Europäer das Land unter ihre Kontrolle gebracht hatten, erließen sie ihre eigenen Gesetze. Diese Gesetze galten für alle. Und die Europäer hatten die Macht, diese Gesetze auch durchzusetzen. Wenn die Maoris gegen diese Gesetze verstießen oder ihre eigenen, „seltsamen“ Ideen für ihre eigenen Leute durchsetzen wollten, dann gab es richtig Ärger. Zivilisation ist eben Zivilisation.

Im Jahre 1916, mitten im Ersten Weltkrieg, verbot einer der charismatischen Maoris, der sich Prophet nannte, Rua Kenana, der Regierung, unter seinem Volke Soldaten für den Krieg zu werben. Anschuldigungen wurden gegen ihn erhoben. Es wurde behauptet, dass Rua Kenana prodeutsche Aussagen gemacht hätte. Dazu kam noch seine Weigerung, Land zu verkaufen und dann seine überdreiste Forderung, dass das Gesetz für Europäer und Maoris gleichermaßen gelten sollte. Das war offensichtlich nicht der Fall. Und außerdem, es war kaum zu glauben, da hatte dieser Mensch doch tatsächlich den Kindern verboten, in die Schulen zu gehen. Sie brauchten, so sagte er, kein Englisch zu lernen, da die Europäer demnächst sowieso wieder verschwinden würden. Und er, Rua Kenana, befand es für schädlich, den Übeln der Weißen ausgesetzt zu sein. Also mussten die Schulen mangels Interesse schließen. Die Kinder kamen nicht mehr. Doch damit noch nicht genug. Briefe mit unerhörten, teilweise abstrusen Behauptungen landeten auf den Tischen der Regierenden. Die Behörden horchten auf. Da hatten sie es wieder mit einem Aufrührer zu tun. Dem würden sie mal zeigen wer hier im Lande herrschte. Also schickten sie 77 bewaffnete Polizisten los, den Mann zu verhaften. Legal? Illegal? Scheißegal.

Rua Kenana wurden Handschellen angelegt. Ein Schuss erschall. Niemand weiß mehr woher der kam. In der anschließenden Schießerei wurden einer von Rua Kenana's Söhnen und ein weiterer Maori getötet. Die Gefangenen brachte man nach Auckland. Die Stunde der Gerechtigkeit hatte endlich geschlagen.

Doch erstens kommt es manchmal anders und zweitens als man denkt. Die Öffentlichkeit war entsetzt als nach 47 Gerichtstagen Rua Kenana für unschuldig befunden wurde. Die aufgebrachte Presse hetzte die Massen auf. Der gute Richter Chapman verwarf das Urteil und entschied auf 12 Monate harte Arbeit und 18 Monate Arrest. Die Jury protestierte. Sie verlangte eine Untersuchung. Allein, die Appelle stießen auf taube Ohren. Man hatte schließlich Recht gesprochen. Ganz offiziell. Gnade konnte man sich in diesem Fall leider nicht leisten.

Wie oft haben wir in der Geschichte der Menschheit über ähnliche Fälle gelesen. Die Eroberer diktieren was Recht ist. Denn ein

Rechtsstaat ist nicht unbedingt ein Staat, in dem Recht gesprochen wird. Wir kennen das ja alle auch in Deutschland. Angeblich sollten deutsche Soldaten nie wieder im Ausland morden. Die Regierung wollte aber, dass die morden. Also änderte man das Gesetz. So einfach.

Stellen Sie sich mal vor: Erst stecken die Europäer die Maoris ins Gefängnis, weil sie gegen die Europäer kämpfen. Die Maoris sehen schließlich ein, dass das mit dem Töten keine so gute Idee ist und schließen Frieden. Dann kommt der weiße Mann und will, dass die Maoris andere weiße Männer töten. Als die sich weigern, das zu tun, landen sie wieder im Gefängnis. Das nennt man Zivilisation.

Der weiße Mann geht immer davon aus, dass diese anderen Völker alle primitiv und doof seien. Das sind die aber nicht. Sie können sich vorstellen, wie beeindruckt die Maoris über diese Verhaltensweisen der Europäer waren und sind. Taten sprechen wie immer lauter als Worte. Solche Verbrechen erhalten sich im kollektiven Gedächtnis eines Volkes. Bis auf den heutigen Tag.

Als Rua Kenana 1918 aus dem Gefängnis entlassen wurde musste er noch die Gerichtskosten aufbringen. Er hatte kein Geld. Also war er gezwungen, sich den Betrag zu leihen. Diese Schuld belastete ihn für viele Jahre. Man muss sich Recht eben auch leisten können. Sie kennen doch die schöne Geschichte von der Würde des Menschen, die angeblich unantastbar sei. Es ist leider nur eine Geschichte, eine sehr alte, aber sehr schöne Geschichte. Die Wirklichkeit: Der Staat wollte diesen Mann fertigmachen, ihn demütigen, ihn zerstören, ein für alle Mal. Zum Teufel mit der Würde des Menschen! Wie konnte dieser Kerl es nur wagen, wie konnte er sich erdreisten, sich der Autorität der Regierung zu widersetzen, und dann auch noch eine andere Meinung zu diesem Krieg zu haben als offiziell vorgegeben war. Es geschah in Neuseeland. Aber diese Geschichte hätte auch in den U.S.A. stattfinden können. Oder in Australien. Oder in Deutschland.

Dabei wollte Rua Kenana nur, dass das Massensterben unter seinem Volk aufhörte, dass sie sich organisierten und ihre eigene Lebensweise wiederfanden und dass sie die guten Taten der Weißen, wie die bessere Hygiene, übernahmen. Aber nach ihren

Vorstellungen. Mit ihm als Boss. So Verrückte wie Jesus Christus kann man einfach nicht frei herumlaufen lassen. Auch wenn sie keine Waffen benutzen. Diese Leute sind gefährlich. Wie kann ein Mann straffrei behaupten, dass der englische König kommen werde, um sich mit Rua Kenana zu treffen und dass man sich dann einigen werde, wie die Engländer alles Land an die Maoris zurückgeben und sich anschließend in ihre schicken Boote verziehen und zurück in ihre Heimat segeln werden. Wie Propheten halt so sind. Gefährliche Aufwiegler. Dabei hatte Rua Kenana, wie gesagt, viele praktische Besserungen eingeführt und versucht, seinem Volk die eigene Identität zurückzugeben. Er verglich das Los der Maoris mit dem Schicksal der Israeliten in der Bibel. Sie verloren ihr Land und sehnten sich danach, eines Tages wieder auf ihrem eigenen Boden zu leben. Verrückter Typ.

Nebenbei praktizierte Rua Kenana noch eine Reihe von Heilungen. Ohne Krankenschein. Mein Gott, was hatte der Mann nicht alles verbrochen?

Im September 2017 erfolgte endlich die Entschuldigung der neuseeländischen Regierung:

"The Crown will formally apologise for "the lasting damage to the character, mana and reputation of Rua Kenana" as well as the "deep hurt, shame and stigma" his people suffered as a result of the invasion." (NZ Herald, September 9, 2017)

Als Rua Kenana 1937 starb hatte sein Nachfolger noch zwei Jahre zu leben.

T.W. Ratana

„I, Ihoa (Jehova), have heard the cry of the people, this is the reason why I have come to you, the Maori people, to be my footstool upon the earth. Go forth and unite the Maori people under me, Ihoa, heal them in all their infirmities, in the name of the Father, the Son, the Holy Spirit and the Faithful Angels.“ T.W. Ratana, 1918

Wir machen einen Sprung in das Jahr 2019, genauer gesagt zu dem Tag an dem die Politiker zur Ratana Siedlung pilgerten. So wie jedes Jahr. Warum? Well, sie gehen auf Stimmenfang. Sie wollen die Stimmen der Maoris. Am 25. Januar feiert die Ratana Kirche mit Musikkapellen, Reden und Festessen den Geburtstag ihres Begründers. Und sie planen die Zukunft. Auch ihre politische Zukunft. Und das macht die Ratana Bewegung so interessant für die Politiker. 4 Sitze im neuseeländischen Parlament sind für die Maoris reserviert. Auf die sind die Politiker scharf. Außerdem ist es zunehmend wichtig, im guten Buch der Maoris zu stehen. Ihre Bevölkerung, ihr Einfluss nimmt stetig zu. Alles gute Gründe, hier zu sein: In der Politik geht es ja auch darum, an den richtigen Orten zur richtigen Zeit gesehen zu werden und ein paar vielversprechende Worte zu plappern. Der 25. Januar ist solch ein wichtiger Termin, um im Norden Neuseelands unter den Maoris zu weilen.

Im Unterschied zu Rua Kenana begründete Ratana eine Kirche, die noch heute besteht (die Mitgliederzahl liegt über 30,000, manche behaupten über 100,000). Außerdem entschied sich Ratana, nach dem Ende des Ersten Weltkrieges, in die Politik zu gehen und dort für die Rechte der Maoris zu kämpfen. So ist es auch heute noch: RATANA ist eine Kirche und gleichzeitig eine politische Bewegung mit höchster Integrität. Jeder der in RATANA organisiert ist arbeitet umsonst. Jeder. Hier wächst eine sich weitgehend selbstversorgende Gemeinschaft, die Vorbild sein könnte, nicht nur für die Maoris.

Aber zurück zur Ratana Geschichte. Ein anderes wichtiges Datum in der Ratana Bewegung ist der 21. August, der Tag, an dem Ratana und der König der Maoris, Te Rata Mahuta, ein Bündnis bildeten: „Du bist der König der Maoris und ich bin deren Prophet. Zusammen können wir die Zukunft gestalten."

Ratana Pa, die Siedlung, besteht aus über 100 Häusern, eine Gemeinde mit Vollversorgung sozusagen, eine enge Gemeinschaft von Menschen, die alle für einander da sind. TW Ratana war ein einfacher, bescheidener Mensch. Ein Bauer. Ein Prophet für das Jenseits. Ein Vorbild aber auch für diese Welt. Seine Stärken gründeten im Glauben und in der Gemeinschaft der Menschen. Diese Werte leben seine Nachfolger noch heute. Und diese Werte scheinen langsam die Oberhand zu gewinnen in der traditionell vor allem geistig geprägten Welt der Maoris, die in der materiell ausgerichteten Scheinwelt ihrer Eroberer so viele Jahre unterzugehen drohte.

Meiner Meinung nach sind die Maoris die Hoffnung Neuseelands. Das mag verrückt klingen, aber die Vorhersehungen weiser Häuptlinge von Eingeborenen in vielen Teilen dieser Welt scheinen sich bald tatsächlich zu bestätigen. Man kann halt in der Tat Geld nicht fressen.

Berühmt wurde Ratana vor allem durch die vielen Heilungen, die er vollbrachte. Aus dem ganzen Land kamen die Kranken zu ihm. Nicht dass er seine eigenen Heilkräfte für die Genesungen verantwortlich machte, sondern angeblich aktivierte er lediglich die Heilkräfte seiner Patienten, die aus ihrem starken Glauben heraus wirkten.

Sein großer politischer Wunsch war es, sich mit den Weißen zu versöhnen und den Vertrag von Waitangi mit neuem Leben zu erfüllen. Gegen den Widerstand der eigenen Regierung reiste er schließlich nach England. Er wollte sich mit König Georg treffen, um mit ihm diese Angelegenheiten zu diskutieren. Der gute König Georg verweigerte ihm allerdings dieses Gespräch. Und so dauerte es viele, viele Jahre, bis endlich die Zeit reif zu sein schien, ernsthaft die Klagen der Maoris zu hören und die Ungerechtigkeiten rückgängig zu machen. Zu der Zeit war Tahupotiki Wiremu Ratana schon lange tot. Er starb am 18. September 1939 in Ratana Pa.

Das Dorf, Ratana Pa, nicht weit von Whanganui, am südlichen Ende der Nordinsel, hat natürlich auch einen Tempel, umgeben von wunderschönen Gärten. 1,500 Gäste kann diese Kirche aufnehmen. Gottesdienst am Sonntag, jeweils um 11.00 Uhr. Jeder ist willkommen.

„ONCE WERE WARRIORS“ (deutscher Titel des Films: „Die letzte Kriegerin“)

1991 kam der vielgekrönte Film „Once were Warriors“ heraus. Der Film zeigt das Leben der Maoris in den Städten, er zeigt die Entwurzelung dieser Menschen, die Gewalttätigkeit, die Orientierungslosigkeit als Symptome ihrer Entfremdung und der verzweifelten Suche nach sich selbst. Der Autor des gleichnamigen Buches, Alan Duff, ist Maori. Ich erinnere mich noch gut, wie umstritten das Buch damals war, und wie umstritten der Ansatz von Alan Duff, in der Gesellschaft für seine Ideen von der Zukunft der Maoris einzutreten. Er gründete ein Hilfsprogramm „Books in Homes“, das den Analphabetismus bekämpfen sollte. Er glaubte, dass Bücher den wahren Fortschritt einleiten könnten. Ich bin 100 % seiner Ansicht. Letzten Endes biss Alan Duff auf Granit. Neuseeland zu verändern, selbst mit den edelsten Absichten, grenzt heute an einer Unmöglichkeit. Mittlerweile lebt Alan mit seiner Frau in Frankreich. Man muss sich nicht unbedingt Neuseeland antun. Man muss sich auch nicht unbedingt Deutschland antun.

Die Geschichte der Maoris ist mit dem Titel sehr gut umrissen. Wenn Sie sich erinnern, wie Jungen in Sparta als Krieger aufgezogen wurden, dann haben Sie in etwa ein Bild davon, wie der Maori aufwuchs. Alles in seinem Leben drehte sich um Kampf und Krieg. Ein sehr stolzes Volk diese Maoris, ein sehr selbstbewusstes Volk. Manche der Maori Häuptlinge kamen Anfang des 19. Jahrhunderts nach Australien und mussten mit Grauen sehen, was die Engländer mit den Aborigines angerichtet hatten. So wollten sie nicht enden. Aber hatten sie jemals eine Chance?

Die Engländer kamen mit der Absicht, aus Neuseeland ein zweites England zu machen. Es lag ihnen fern, sich auf die Kultur der Maoris einzulassen und einen Teil von deren Sitten und Gepflogenheiten zu übernehmen. Obwohl die Maoris sich durchaus bemühten, sie zu unterrichten. Ein verärgerter Missionar schrieb damals nach Hause: „They want to instruct us how to treat our children, to cook, and many other things, saying it is very good in New Zealand thereby implying that the Englishmen did not have it right." (quote from „Hongi Hika, Warrior Chief by Dorothy Ulrich Cloher, Seite 97).

Also: „Sie wollen uns belehren wie wir unsere Kinder behandeln sollen, wie wir kochen sollen und viele andere Dinge mehr. Sie sagen alles sei sehr gut in Neuseeland, womit sie durch die Blume ausdrücken wollen, dass die Engländer es nicht richtig machen." Ha! Stellen Sie sich das einmal vor. Ich bin sicher, die Engländer waren ganz begeistert von solch dreisten Vorschlägen.

Aber so waren sie dereinst, die mutigen Maoris, verwurzelt in ihrer eigenen Kultur, verwurzelt in ihrer eigenen Geschichte, von der sie Ihnen über Stunden erzählen können. Wenn es sein muss vor tausenden von Menschen. No problem!

Man muss es einfach so sagen: Die Europäer haben sie zerbrochen. Den menschlichen Scherbenhaufen können Sie heute sehen, wenn Sie denn wirklich hinsehen wollen. In allen Statistiken des Elends führen die Maoris die Listen an, obwohl sie lediglich 16 % der Bevölkerung ausmachen.

Erst in den 70er Jahren des letzten Jahrhunderts fanden die Europäer sich bereit, die Vergangenheit aufzuarbeiten und einiges Unrecht wieder gutzumachen. Leider ging es nur über die Gerichte. Warum hat man sich nicht zusammensetzen können, wie in einer Familie, um die Probleme zu lösen? Damals, im Vertrag von Waitangi, hieß es doch, dass sie jetzt zusammengehören. Davon allerdings ist die Realität weit entfernt. Der weiße Mann hatte immer nur die Absicht, den Maoris seine Zivilisation aufzuzwingen. Das ist seine, von Gier angefeuerte, messianische Mission. In Australien. In Amerika. In Asien. Überall.

„Once were Warriors." Es blutet einem das Herz zu sehen, was aus diesen stolzen Menschen geworden ist. Oftmals nicht mehr als Menschenwracks. Verdammt noch mal, lasst sie doch leben wie sie leben wollen. Helft ihnen, ihre Kultur wieder aufzubauen. Nicht jeder will diesen Scheiß Kapitalismus.

In dem oben genannten Buch von Dorothy Ulrich Cloher heisst es auf Seite 43 in einem Bericht eines anderen Missionars, der einen der Häuptlinge zitiert: „If you told a New Zealander to work he fell asleep, but if you spoke of fighting he opened his eyes as wide as a tea cup; that the whole bent of his mind was war, and that he looked upon fighting as fun."

Also: „Falls du einem Neuseeländer sagst er solle arbeiten, er würde einschlafen, aber wenn du vom Kampf sprichst, dann öffnet er seine Augen weit wie eine Teetasse; sein ganzes Denken ist auf Krieg ausgerichtet. Er betrachtet Kämpfen als Spaß."

Stellen Sie sich vor, der arme Kerl muss 10 Stunden im Büro hocken oder bei MacDonalds Burger braten. Zugegeben, das ist eine recht übertriebene Sicht der Dinge. Aber noch einmal: Die Eindringlinge sollten sich nicht erdreisten, den Maoris vorzuschreiben, wie sie ihr Leben leben sollen. Sie sollten ihnen helfen, die Zukunft zu meistern, den jungen Maoris Orientierung zu vermitteln, dass sie nicht psychisch zerrissen werden zwischen zwei so unterschiedlichen „Kulturen".

Und stellen Sie sich mal die Lage der Flüchtlinge in Deutschland vor. Wer hat diesen Wahnsinn angerichtet? Was soll das? Mit den gleichen finanziellen Mitteln, die in Deutschland für diese Fremden aufgebracht werden müssen, könnte man ihnen in ihrer eigenen Heimat oder nahe ihrer Heimat zehnmal mehr helfen. In ihrer Heimat. Dort wo sie hingehören. Sie gehören nicht nach Deutschland. Deutschland ist das Land der Deutschen.

Politiker überall auf der Welt fallen leider in die gleiche Gruppe von geistigen und moralischen Armleuchtern. Sie haben nichts zu bieten, außer leere Versprechungen. Globalisierung hat leider auch zur globalen Infantilisierung, Verblödung nicht nur dieser Politiker, sondern aller betroffenen Menschen geführt.

In Harmonie mit der Natur zu leben, in Harmonie mit sich selbst, ist heute kein Thema mehr. Das rechnet sich nun mal leider nicht. Die Maoris müssen sich uns anpassen. Nicht umgekehrt. Ja, ja, wir zivilisierte Menschen ohne Kultur haben es wirklich weit gebracht. In den Supermärkten können Sie heuer unter 20,000 oder noch mehr Artikeln wählen (ich habe Angaben gefunden, die von bis zu 45,000 Artikeln sprechen). In den 60er Jahren waren es zwischen 3,000 und 5,000. Mal ehrlich, wie viele Artikel brauchen Sie denn so in der Woche? Und dann noch eine Frage: Wann ist es endlich genug? Oder müssen wir es noch bis auf 100,000 Artikel treiben (in den U.S.A bereits Realität)? Oder noch mehr?

Die Aborigines in Australien hatten vor dem Auftauchen vom weißen Mann über 60,000 Jahre lang keine Probleme mit der Natur. Die nahmen sich was sie brauchten und respektierten die Gesetze, die für alles Leben auf Erden galten. Und sie hatten Glück. Warum? Nun, sie hatten nicht die Schule erfunden, auf denen die Weißen ihre Kinder verblödeten. Und bis heute weiterhin verblöden. Jetzt rennen die mit so einem Handy durch die Gegend, besessen von dem Wahn, von dem Fortschritt gesegnet zu sein. Das sind keine Menschen mehr, das sind nur noch dressierte, manipulierte Wesen, die zu dem Handy gehören, also Anhängsel zu einem Handy, nicht umgekehrt. In den U.S.A. gibt es bereits zehntausende von Kindern in psychiatrischer Behandlung. Die sind süchtig nach diesem Ding. Die können nicht zehn Minuten mit sich allein sein. Ja, ja, das nennen wir Zivilisation. Kinder, die vor unser aller Augen vor einem Bildschirm seelisch verkümmern und geistig verblöden, auf dem irgendwelche suchtmachenden Signale den Menschen verführen, auf diese oder jene Tasten oder Knöpfe zu drücken. Der ist wie verzaubert von den Spielchen. „Mann, das ist geil!" Ich bin froh, dass ich das Ende von diesem Wahnsinn nicht miterleben muss. Übrigens, falls es Sie interessiert, hatte Steve Jobs seinen Kindern untersagt, mit diesen Maschinchen zu spielen. Der wusste warum er das tat. Die Elite will schließlich die Idioten regieren. Nicht umgekehrt.

Diese Orchidee unter den Menschen, der weiße Mann mit seiner Zivilisation und zerstörerischen Technik, die ihn zum Killer und zum Trottel hat verkommen lassen, dieses Wesen schwingt sich auf, den Maoris vorzuschreiben, wie sie leben sollen. Wenn es nicht so traurig wäre könnte man sich totlachen. Dabei wollen die Maoris nichts weiter als leben. Und zwar wirklich, richtig, intensiv leben. Selbständig leben. Nicht mithilfe von Psychiatern, Alkohol, Drogen, digitaler Gehirnwäsche und Almosen von weißen Besserwissern. Ist das zu viel verlangt?

Once were Warriors.

Einer der Halbgötter der Maoris heisst Maui. Ich beende dieses Kapitel mit Weisheiten seines Bruders: “These are the ways by which men gain influence in the world”, said Maui’s brother, “by labouring for abundance of food to feed others – by collecting property to give others, and by similar means by which you promote the good of others.” Das Zitat stammt aus dem Buch des Historikers James Belich “Making Peoples – A History of the New Zealanders.” Weiter heißt es dort unter dem obigen Text: “Other traditions confirm that the ability to obtain food, generous distribution and hospitality were among the talents expected of a chief.” (Mauis Bruder sagte: Auf diese Art und Weise kann der Mensch Einfluss in der Welt gewinnen: Arbeiten, um reichlich Nahrung zu gewinnen, um andere zu speisen – Eigentum sammeln, um es anderen zu geben und ähnliche Maßnahmen, um das Wohl der Anderen zu fördern. Andere Traditionen bestätigen, dass die Fähigkeit, Essen zu besorgen, dessen großzügige Verteilung und Gastfreundschaft die von Häuptlingen erwarteten Talente waren)

Wir nannten das einst eine Fürsorgepflicht. Das Grundgesetz spricht von der Würde des Menschen. Alles nur noch Gelaber. Was für ein jämmerliches Gesindel in unserer westlichen Welt sich heute als Führungspersonal einer erbärmlichen, degenerierten, verrotteten und verblödeten Gesellschaft aufspielt.

TEIL II

WELCOME TO THE NEW ZEALAND CORPORATION

“EVERYTHING IS FOR SALE”

EVERYBODY IS FOR SALE

Motto: “Enrichissez-vous” –“Bereichert euch”

“Vom Himmel hoch da komm ich her...”

Technokraten und Experten und Lobbyisten ersetzen Demokratie.

“Economics is not the source of all values: it provides a method for achieving things on the basis of values determined elsewhere. In a twenty-first century world, globalization on free market terms can produce economic benefit in the short term for a small country like New Zealand, but such gains are likely to be made at the cost of exploitation and loss of sovereignty in the longer term. If New Zealanders wish to have a sustainable society, or a reasonably equitable society, or one that values full employment, or one in which there is adequate sovereignty, then they need to look elsewhere.” (Chris Nobbs in “The Failure of Free Market Economics and the Future of New Zealand)

Die Weltwirtschaftskrise in den 1930er Jahren zerstörte zum ersten Mal in weiten Teilen der Bevölkerungen den Glauben an den Kapitalismus als Quelle des Wohlstandes für alle. Ein bisher nie gekanntes Elend überfiel die Armen und Schwachen, obwohl die Produktionsanlagen bereit standen, jedwede benötigte Menge an Lebensmitteln zu produzieren. Aber aus irgendwelchen, Gott nicht gefälligen Gründen, kam die ganze Maschinerie zum Stillstand und lauschte nur noch den Befehlen eines einzigen Herren: Der Finanzwirtschaft. Die Absurdität war eigentlich nicht mehr zu überbieten. Für Neuseeland stellte sich die Situation folgendermaßen dar:

Nachdem weltweit die Nachfrage auch von Produkten aus Neuseeland gefallen war und die Banken den Finanzhahn abgedreht hatten überfiel die Regierung ein Gefühl der Panik. Was sollten die Politiker tun? Nun, die Regierung ernannte eine Kommission von Professoren, die doch bitte Rat erteilen sollten. Das taten die dann auch brav. Die Empfehlung lautete, den Lebensstandard der Neuseeländer zu senken, obwohl die Produktivität über die letzten Jahre gestiegen war. Vor allem die Löhne müssten stark reduziert werden. Die Empfehlung lautete weiter, Ausgaben der Regierung zu kürzen und die Produktionskosten der Wirtschaft zu senken, damit Neuseeland auf den Exportmärkten die Konkurrenz preislich unterbieten konnte. Der Export war wichtig, denn von den Einnahmen aus Übersee musste man die Zinsen bezahlen, die man den Banken schuldete. Das war schließlich Priorität Nummer eins.

Nun, welcher Politiker kann schon gegen Experten anstinken? Und so geschah das Unglaubliche. Die Neuseeländer selbst würgten sehenden Auges die Wirtschaft ab und schufen ein Elend, das einen Teil der Bevölkerung fast in den Hungertod trieb.

Im Dezember 1930 hatte Neuseeland eine registrierte Arbeitslosigkeit von 11,442. Die Löhne und Gehälter wurden gekürzt, die Ausgaben sanken, aber die Arbeitslosigkeit stieg und stieg und stieg. Bei einer Bevölkerung von etwa eineinhalb Millionen erreichte sie schließlich 120,000.

Die bisher so erfolgreich praktizierten Schlichtungsgespräche zwischen Gewerkschaften und Arbeitnehmern wurden eingestellt. Die Ausbildung von Lehrern wurde eingestellt. Das Bauprogramm der Regierung wurde fast vollständig eingestellt. Obwohl tausende von qualifizierten Bauarbeitern arbeitslos waren. Obwohl Neuseeland, abgesehen von den Nägeln, alles Material selbst im Lande herstellen konnte. Und für das wenige Geld, das die Regierung den

Arbeitslosen zahlte, mussten diese, ohne Einspruchsmöglichkeit, jede Tätigkeit annehmen, die ihnen die Regierung zuwies, oftmals in Arbeitslosenlagern irgendwo im Lande, wo die Männer, weit weg von ihren Familien, für einen Hungerlohn mehr oder weniger sinnvolle Arbeit leisteten. Der nackte Wahnsinn breitete sich in einem Land aus, das doch bisher so stolz auf seine sozialen Leistungen war. Und all diese Maßnahmen der Regierung trieben das Land nur noch tiefer in die Krise.

Der alte Spruch von Henry Ford, dass man seine Leute anständig bezahlen muss, damit sie sich auch die Produkte leisten können, die sie herstellen, diese Weisheit sollte plötzlich keine Bedeutung mehr haben.

Nun, 1935 kam es zur Wahl. Die bisherige Regierung wurde aus dem Amt gefegt, die Arbeiterpartei, Labour, unter Michael Joseph Savage, übernahm das Bankensystem, pumpte Geld in die Wirtschaft und es ging bergauf. So einfach? Ja, so einfach. Die Kartoffeln hatten doch nicht plötzlich beschlossen, nicht mehr zu wachsen, nur weil die Banken kein Geld mehr herausrückten. Die Produktionsanlagen standen doch da und langweilten sich. Und keiner wusste warum. Die Absurdität des Kapitalismus grenzt doch oftmals an absolutem Schwachsinn.
Aber wer will sich schon mit hochqualifizierten Experten anlegen? Gegen die hat der gesunde Menschenverstand keine Chance. Die Experten triefen doch nur so von Ideologie. Und Ideologie ist wie Religion. Allerdings hatte man die Experten jetzt erst einmal vorläufig auf Eis gelegt.

Es ging aufwärts und aufwärts. Ein Land nahm sein Schicksal wieder selbst in die Hand und beschloss, dass nicht mehr das Recht des Stärkeren im Lande gelten sollte, sondern dass Solidarität und die Würde des Menschen und ein gerüttelt Maß an Chancengleichheit und Respekt vor dem Mitmenschen die Richtlinien des Handelns im Lande sein sollten. Die größte Waffe des Kapitalismus, das Kapital, das Geld, die Geldschöpfung, lag jetzt doch tatsächlich in den Händen des Volkes. Wie vom lieben Gott wohl auch ursprünglich vorgesehen.

Aber, wie Sie wissen, es kann der edelste und gütigste Mensch nicht in Frieden leben, wenn es dem bösen Kapitalisten (es gibt natürlich auch gute, aber die sind leider in entscheidenden Momenten meistens in der Minderheit) nicht gefällt.

1976 organisierte sich die Wirtschaft zum Aufstand gegen das sozialistisch angehauchte Modell Neuseeland. Norman Kirk war tot. Dr. Bill Sutch war tot. Niemand würde sich ihnen mehr in den Weg stellen. Der New Zealand Business Roundtable entstand, eine Lobbyorganisation der Superlative, in der sich die führenden Bosse der Wirtschaft versammelten, um die Wirtschaft nach ihren Vorstellungen zu formen. Der Plan war einfach: Ihre eigenen Leute in die Politik zu bringen und die Gesetzesinitiativen zu kontrollieren. Sie kennen sicherlich das berühmte "Revolving Door" Prinzip, nach dem ausgesuchte Vertreter der Elite mal ein paar Jährchen in der Politik verbringen, um dann anschließend wieder in der Wirtschaft eingesetzt zu werden. Der Prototyp der Neuzeit ist John Key: Er kam aus den höchsten Bankenkreisen in die Politik, spielte ein paar Jahre Premierminister, um die Interessen seiner Clique durchzusetzen. Als er das alles brav erledigt hatte verschwand er wieder in einer Führungsposition einer Bank. Schamauszeit etwa ein halbes Jahr. So einfach.

Ganze Seilschaften von Experten übernahmen die Funktionen in der Regierung. Wo früher sogar einfache Leute, aus allen Bereichen des Lebens, Verantwortung für die Bürger übernehmen konnten fanden sich jetzt hochstudierte Männer und Frauen. Die studierten auch im Ausland und kamen mit ihren tollen Ideen zurück in die Heimat. Wahrscheinlich wäre ohne die entsprechende Gehirnwäsche der in den U.S.A. studierenden Bürokraten des Treasury (Finanzministeriums) die Revolution der Elite von 1984 gar nicht möglich gewesen. Die pilgerten erwartungsdurstig gen Chicago und soffen gierig vom ihnen servierten ökonomischen Tränklein. Wie in Chile war alles ordentlich, langfristig organisiert.

Der Schwur der Elite: Nie wieder sollte das Volk regieren. Und den Schwur hat die Elite bis zum heutigen Tag auch brav eingehalten. Was passierte ist recht einfach zu durchschauen. Alle Organisationen der Proleten wurden zerstört oder ausgeblutet. Die eigenen Organisationen wurden professionell gestärkt und mit ausreichend finanziellen Mitteln versehen. Ihr Einfluss erreicht jetzt jeden wichtigen Winkel der Gesellschaft.

2012 vereinigte sich der “Business Roundtable” mit der anderen wichtigen Lobbygruppe “New Zealand Institute” unter dem neuen Namen “New Zealand Initiative”. Der Boss der Organisation, ein Herr Doktor aus Deutschland, der schon vorher in anderen Ländern ausgeholfen hatte. Da können Sie mal sehen. Alles vom Feinsten. Neuseeland ist mittlerweile auch international in das wohl organisierte Netzwerk des Herrschaftssystems “Kapital” bestens eingebunden.

Wenn Sie das Privileg zugesprochen bekommen, Mitglied bei der Eliteorganisation “New Zealand Initiative” zu werden, müssen Sie erst einmal ihren Obolus entrichten. Das ist nicht billig. Die letzte mir zugängliche Preisliste spricht von 45,000 Dollar im Jahr (NZ Herald, 19. January 2018, Artikel von Liam Dann).

Frage an den CEO der Organisation in dem Artikel von Liam Dann:
“So what is the motivation to join?”
Antwort: “It’s philanthropic.”

Das ist so eine typische Antwort dieser Eliten. Eine Organisation von Menschen, die gutes in der Gesellschaft bewirken wollen? Wirklich? Nun, von Ausbeutung oder Einflussnahme in der Politik würden die natürlich nie sprechen. Auch nicht von Geld. Denn die Botschaft muss immer schön positiv daherkommen. Und immer schön von den eigentlichen Themen ablenken. Sie weben sich ein weites Mäntelchen von Wohltaten unter dem sich viel verstecken lässt.

Mittlerweile kann man sich dieses Geschwätz ja nicht mehr anhören. Warum? Nun, weil die Plapperer alle in der gleichen Weise von den gleichen Trainern ausgebildet sind. Die Botschaften kommen von Public Relations Firmen und Werbeagenturen. Die klingen alle gleich. Die Vorgaben lauten: Nur nicht von wirtschaftlichen Interessen sprechen. Das Gegenteil behaupten. Sich als edlen Menschen präsentieren. Ablenken. Et cetera… Man kriegt schon fast das Kotzen.

Das Volk seinerseits wird leider nicht von Trainern über die Regeln der Manipulation und Propaganda unterrichtet. Das Volk ist und bleibt ignorant. Und dieser absichtlich, ganz bewusst gewünschte Zustand ist die Voraussetzung für derlei erfolgreiche Volksverdummung. Wir stellen fest: Bisher haben die Menschen solch Unsinn ja leider auch mehrheitlich brav gefressen.

In den globalen Netzwerken der Denkfabriken und Universitäten der Eliten befinden sich tausende von Psychologen und Soziologen, deren Aufgabe es ist, Strategien zu entwickeln, um das hinterhältige Ideengut der Wirtschaft den tumben Bürgern auf attraktive Weise zu verkaufen.

Und die stehen natürlich gerne auch bei Wahlkämpfen hilfreich den richtigen, also auserwählten, Politikern zur Seite. In seinem Buch "The Hollow Men – A study in the politics of deception" (also flapsig ausgedrückt: "Die Hohlköpfe"), untersucht der neuseeländische investigative Journalist Nicky Hager den Wahlkampf der National Party unter ihrem Kandidaten Don Brash im Jahre 2005. Whistleblowers hatten Nicky mit Bergen von Material versorgt, aus dem sich wunderbar aufzeigen lässt, wie Wahlkampf heutzutage betrieben wird. Das ist Marketing wie bei Waschpulver oder Käse oder Hundefutter. Daten der Wähler werden gesammelt, sortiert, Zielgruppen identifiziert, und dann wird auf diese Wähler mit auf ihre speziellen Wünsche ausgerichteten Versprechungen eingeschlagen. Ob diese großartigen Versprechungen jemals eingehalten werden interessiert anschließend niemanden mehr. Das Gedächtnis des Menschen reicht doch über ein paar Wochen nicht hinaus. Wenn überhaupt. Wer wird da also schon aufschreien und Gerechtigkeit fordern?

Die Bürger haben diesen hochprofessionellen, mit Milliardenbeträgen finanzierten Organisationen nichts entgegenzustellen. Vor allem nicht in Neuseeland. Und so kam es wie es kommen musste.

1979: Katastrophe in der Antarktis

"I am forced reluctantly to say that I had to listen to an orchestrated litany of lies." High Court Judge Peter Mahon (1923 – 1986)

"Ich bin leider gezwungen zu sagen, dass ich einer orchestrierten Litanei von Lügen zuhören musste." Der Richter am höchsten Gerichtshof Peter Mahon

Am 28. November 1979 verlor Neuseeland seine Unschuld. 258 Menschen mussten dafür mit ihrem Leben bezahlen.

Die für diese Katastrophe Schuldigen stürzten sich anschließend auf den Richter Peter Mahon, der nicht zu kapieren schien, dass seine Aufgabe lediglich darin bestand, abzunicken, was schon längst beschlossen ward, nämlich die Unschuld der Schuldigen und die Übertragung der Schuld auf einen Menschen zu bestätigen, der sich nicht mehr verteidigen konnte. Denn er war tot.

Es wird Sie vielleicht überraschen zu erfahren, dass im Jahre 1979 die neuseeländische Luftfahrtgesellschaft "Air New Zealand" Flüge in die Antarktis durchführte. Sightseeing mit einer MCDonnell Douglas DC-10, einem dreistrahligen Großraumflugzeug. So ein Flugzeug fliegt normalerweise in einer Höhe von etwa 30,000 feet (etwa 10 Kilometer). Wenn es dann in der Antarktis zum Sightseeing ankam, durfte es auf 16,000 feet hinuntergehen, damit die Leute auch wirklich was zu sehen hatten. Aber es ging noch tiefer, viel tiefer. An bestimmten Stellen flog das Flugzeug nicht höher als ein paar hundert Meter. Ohne den Kribbel dieser Erfahrung, ohne den optischen Schmaus dieser beeindruckenden Umgebung hätte das Ganze ja wohl auch keinen Sinn gemacht.

Am 28. November 1979 flog der Pilot, Flugkapitän Jim Colins, zum ersten Mal (!) in diese Gegend. Ein sehr erfahrener Pilot, der allerdings gewohnt war, mit dem automatischen Flugleitsystem zu fliegen. Das funktioniert folgendermaßen: Die Flugdaten werden beim Abflughafen in den Computer eingegeben, und dann folgt das Flugzeug automatisch dieser vorgegebenen Strecke. Für den Piloten bleibt dabei nur noch wenig zu tun. Aber es ist ein Unterschied ob sie von Frankfurt nach New York fliegen oder in einer von gefürchteten, unvorhersehbaren Wetterphänomenen geprägten Schnee- und Eiswüste, unter möglicherweise schnell wechselnden Wind- und Sichtbedingungen.

Die Wetterverhältnisse in der Antarktis sind in der Tat einmalig. Der gesunde Menschenverstand allein sollte ausreichen, um vorzuschreiben: Bevor ein Pilot über 200 Menschenleben in diese Welt bringt muss er sich dort auskennen. Besonders gefährlich ist ein Phänomen, das "White Out" genannt wird. Es bedeutet, dass das grelle Weiß von Eis und Schnee es unmöglich macht, den Horizont auszumachen. Nicht einmal einen vor ihnen auftauchenden Berg können Sie erkennen. Sie sehen nur eine scheinbar endlos weiße Fläche.

Am 28. November 1979 wurden die Flugdaten in der Software kurz vor dem Abflug geändert. Mit Fehlern. Anscheinend wurde der Kapitän nicht über die Änderung entsprechend informiert. Als er dann zu seinem Rundflug in der Antarktis ansetzte, immer tiefer flog, ging er davon aus, dass der 3794 m hohe Mount Erebus, dessen Spitze in dem teilweise wolkenverhangenen Himmel nicht zu sehen war, auf seiner rechten Seite lag. Dabei lag der Berg direkt vor ihm. Er flog geradewegs auf den Berg zu. Das Alarmsystem schrillte durch das Cockpit. Kapitän Collins versuchte, die Maschine hochzuziehen. Zu spät. Das Flugzeug zerschmetterte in den unteren Hängen des Berges. Alle Passagiere und die 20 Besatzungsmitglieder waren sofort tot.

Sie werden vielleicht fragen, warum sollte es so einem riesigen Flugzeug, mit so vielen Menschen, erlaubt sein, in solch niedrigen Höhen in einer der gefährlichsten Gegenden auf dem Planeten zu fliegen? Nur mal so, aus Spaß?

Nun, man nennt das Marketing. Die Kunst des Marketing besteht darin, dem Konsumenten etwas Einmaliges anzubieten, das er unbedingt gerne hätte. Air New Zealand gehörte damals dem Staat, war in finanziellen Schwierigkeiten und das Management suchte nach neuen Einkommensmöglichkeiten. Sie können sich vorstellen wie sie da alle in dem Besprechungszimmer beisammen saßen, diese Manager, und sich in Kreativität austobten, Leute in Büros, die vom wahren Leben nicht den blassen Schimmer einer Ahnung haben. Sie kreierten ein neues „Produkt." Dass es hier um

Menschenleben ging und dass die Firma vielleicht technisch und organisatorisch ein wenig überfordert sein könnte, dass man also ein hohes Risiko einging, damit schien man sich nicht ausreichend beschäftigt zu haben. Und dann: Die offizielle Mindesthöhe des Überfliegens der Antarktis betrug 16,000 feet, also weit oberhalb der Spitze von Mount Erebus.

Am 28. November 1979 wurden Fehler gemacht. Die Fluggesellschaft beschloss, dass diese Fehler von dem Piloten begangen wurden. Das Urteil der Investigation der neuseeländischen Untersuchungsbehörde, die für die Aufklärung von Flugunglücken verantwortlich ist, kam zu dem Urteil: "Pilot error."

Damit war eigentlich der Fall erledigt. Aber die Regierung wollte das Ganze doch lieber noch mal, sozusagen offiziell, abnicken lassen und beauftragte einen der höchsten Richter des Landes mit dieser Aufgabe. Die Regierung hatte sich allerdings den falschen Mann für diesen Job ausgesucht. Der Richter Peter Mahon war ein Mann von purer Integrität und absoluter Unabhängigkeit. Seine detaillierten Untersuchungen warfen schnell eine Reihe von Fragen auf. Er lud sie alle vor, die Marketingfritzen, das Management und die Experten. Er flog vor Ort, sprach mit vielen Piloten, setzte sich hinter die Piloten von einer DC 10, um genau zu verstehen, was da technisch ablief. Außerdem waren da noch die vielen Bilder, die man aus den Kameras der Passagiere gewonnen hatte, die der bisherigen offiziellen Wetterversion widersprachen. Fragen über Fragen über Fragen, Ungereimtheiten über Ungereimtheiten, die einfach nach neuen Antworten verlangten.

Und dann passierten unglaubliche Dinge. Im Haus der Witwe des Piloten wurde eingebrochen. Dokumente verschwanden. Der erfahrene Richter spürte, wie einige der Zeugen mächtig ins Schwitzen gerieten.

Sein Urteil schließlich: Das Management von Air New Zealand war für die Katastrophe verantwortlich.

Wie konnte der Mann es wagen???

Die Pilotenvereinigung war auf seiner Seite. Das Volk war auf seiner Seite. Die Regierung und Air New Zealand erklärten ihn (ohne das natürlich in der Öffentlichkeit zu sagen) zum Feind und gingen ans Werk, diesen Mann zu zerstören.

In den Berufungsverfahren, selbst vor dem höchsten Gericht des Common-wealth in London, wurde das Urteil bestätigt. Allerdings störte sich das Berufungsgericht an der Anmaßung von Peter Mahon, dem Management Verlogenheit und absichtliche Vertuschung von Tatbeständen, also eine Art von Verschwörung, vorzuwerfen. Der Richter, in seiner Ehre tief getroffen, nahm seinen Abschied.

Aber Peter Mahon musste seinen Lebensunterhalt verdienen. Er brauchte Arbeit. Dieser hoch angesehene Richter bewarb sich für zwei ausgeschriebene Lehraufträge an zwei Universitäten. Seine Bewerbungen wurden abgelehnt. Was sollte er nur machen?

Sein Gesundheitszustand verschlechterte sich.

Dann tat er etwas sehr ungewöhnliches für einen Richter. Er schrieb ein Buch über seine Untersuchungen mit dem Titel „Verdict on Erebus". 20,000 Exemplare wurden von dem Buch verkauft, in einem Land von damals etwa 3 Millionen Einwohnern. Die Bürger erklärten ihn zum Volkshelden. Ein Mann gegen das Establishment.

Er schrieb dann noch ein Buch, ein Vermächtnis an seinen Sohn, Sam Mahon.
Im Jahre 1986 starb Peter Mahon im Alter von 62 Jahren.

An dem Mann wurde ein Exempel statuiert. Das Establishment, die Elite, warnte jeden, der es wagte, sie herauszufordern: So wird es euch allen ergehen. Und tatsächlich, es funktionierte. Bis heute hat niemand mehr gewagt, die Wahrheit offiziell vor aller Welt zu verkünden. Ein Volk von völlig harmlosen Kriechern erschöpft sich jetzt, brav und gehorsam, in den billigen Lüsten der Konsum- und Spaßgesellschaft.

Die großen Männer der Geschichte, wo, wo sind sie geblieben?

1980: Alea Iacta Est

"New manufacturing industries flourished, transforming an economy whose prosperity was formerly based on sheep and cows. We never had been wealthier and we'd never been healthier; not only were we living longer, the defeat of most serious infectious diseases and improvement in housing and hygiene since the Second World War meant fewer of us were dying in early childhood as well. Our modern welfare state, forged after the Great Depression of the 1930s, expanded constantly; if we fell ill, couldn't afford a house, had an accident, lost our job, grew old or were deserted by our spouse, the benevolent, increasingly munificient state was always there...
(Neue Industrien blühten auf, sie verwandelten eine Wirtschaft, deren Wohlstand bisher von Schafen und Kühen abhing. Niemals zuvor waren wir reicher, und nie zuvor waren wir gesünder. Wir lebten nicht nur länger, der Sieg über die meisten Infektionskrankheiten, die Verbesserungen beim Hausbau und bei Hygienemaßnahmen bedeuteten auch, dass weniger von uns im frühen Kindesalter starben. Unser Wohlfahrtsstaat, der nach der Depression von 1930 begründet wurde, erfuhr ständige Erweiterungen. Wenn wir krank wurden, wenn wir uns kein Haus leisten konnten, wenn wir einen Unfall hatten, unseren Arbeitsplatz verloren, alt oder von unserem Ehepartner verlassen wurden, dann war der gütige, freigebige Staat immer für uns da...)

Kirk ended military conscription and our divisive support for America's war in Vietnam. He recognized the government of the People's Republic of China, opened an embassy in Beijing and sent a Navy frigate to Moruroa Atoll in a spectacular protest against French atmospheric nuclear testing...
(Kirk beendete die Wehrpflicht und unsere umstrittene Unterstützung für Amerika in Vietnam. Er erkannte die Regierung der Volksrepublik Chinas an, öffnete eine Botschaft in Peking und sandte eine Fregatte zum Moruroaatoll, um in einer spektakulären Aktion gegen die französischen Atomtests dort in der Atmosphäre zu protestieren...)

A lasting memory of the year is the famous photograph of Norman Kirk walking hand-in-hand with a young Maori boy, Moana Priest, across the parade ground at Waitangi on 6 February, Waitangi Day, which he made a public holiday to mark the nation's constitutional founding in 1840…
(Eine anhaltende Erinnerung des Jahres ist das berühmte Foto von Norman Kirk, wie er Hand in Hand mit dem jungen Maorijungen, Moana Priest, den Paradeplatz in Waitangi durchschreitet, am Waitangitag, den er zu einem nationalen Feiertag zur Erinnerung an die Gründung von 1840 machte…)

How quickly it all ended.
(Wie schnell alles vorbei war)

The problem is, we have never recovered. While most of the world has moved forwards, New Zealand has gone backwards."
(Das Problem ist, dass wir uns nie wieder erholten. Während der größte Teil der Welt sich in die Vorwärtsrichtung entwickelte ging Neuseeland rückwärts).

David McLoughlin in "The Undeveloping Nation. New Zealand's Twenty-Year Fall Towards the Third World". Das Buch kam 1992 heraus. Wenn Sie Ihr eigenes Schicksal nicht selbst in die Hand nehmen, wird jemand anderes über ihr Schicksal bestimmen. Diese Weisheit trifft auf Individuen wie auf Staaten zu.

Sie haben im Leben die Wahl zwischen Aktion und Reaktion. Norman Kirk, der größte Premierminister, den Neuseeland je hatte, war auch der letzte Premierminister Neuseelands, der einen Plan verfolgte, der eine Vision, einen Traum besaß von der Zukunft dieses Landes. Hätte er länger gelebt, Neuseeland sähe heute anders aus. Diese Aussage erinnert mich immer an John F. Kennedy.
Hätte er zwei Amtszeiten ausgefüllt, nicht nur die U.S.A. auch die Welt sähe heute anders aus. Das Schicksal scheint die guten, entschlossenen, hartnäckigen, von Güte erfüllten Männer und Frauen auf Erden, in den entscheidenden Stunden, immer von uns zu nehmen.

Alle Premierminister nach Kirk haben nur auf Situationen reagiert, haben versucht, die von außen auf sie einstürmenden Probleme in den Griff zu bekommen, zu managen, aber nicht zu lösen. Sie haben sich den Einflüssen anderer ausgeliefert und deren Wünschen gehorcht, wahrscheinlich oftmals, ohne sich dessen bewusst zu sein.

Ich will Ihnen nur ein kleines Beispiel geben, das unwichtig erscheint, aber von immenser Bedeutung für Neuseeland ist. Norman Kirk führte die Pflichtversicherung für die Rente ein. Arbeitgeber und Arbeitnehmer zahlten in den ganz großen Topf. Alle. Sie kennen das ja aus Deutschland. Allerdings haben in Deutschland die Ärzte, die Beamten, die Apotheker et cetera ihre eigene Altersversicherung, es ist also keine wirkliche Solidargemeinschaft. Das ist der Kernfehler des deutschen Systems.

Die neuseeländische Rentenkasse wäre das größte Kapitalsammelbecken des Landes geworden, mit dem man leicht all die wichtigen Großprojekte hätte finanzieren können. Als Norman Kirk starb und "National" schließlich die Macht übernahm, schafften die dieses Rentensystem wieder ab. Seitdem wird die Rente von dem Steueraufkommen bezahlt. Bis auf den heutigen Tag. Wenn Sie 65 Jahre alt sind bekommen Sie Ihre Einheitsrente. Alle, egal ob arm oder reich. Finanziert von den Steuern. Was meinen Sie, ist diese Rente sicher? Nichts wird erspart. Nichts. Es sei denn, Sie sorgen privat für eine Zusatzversicherung. Die Kiwis leben von der Hand in den Mund. Wenn sie unbedingt Geld brauchen, diese Kiwis, dann müssen sie eben Schulden machen. Bei ausländischen Banken.

So kann man kein kleines Land regieren. So kann man keine Solidargemeinschaft formen. So kann man keine wirtschaftliche Unabhängigkeit erreichen. Wenn das Land vom Kapital aus dem Ausland abhängig ist hat es keine Chance, jemals Selbständigkeit, Freiheit oder wieder ein gesundes Maß von sozialer Gerechtigkeit zu bekommen. Das wussten die Geldsäcke natürlich.
Es war alles bestens geplant.

Nach dem Tod von Norman Kirk verlor Labour die nächste Wahl. Von 1975 an regierte "National", eine konservative Partei. Vor allem aber regierte der Premierminister mit Namen Robert Muldoon, sagen wir mal, eine starke Persönlichkeit, die sich selbst als der größte Mensch ansah, den Gott je geschaffen hatte. Ein intellektuell brillanter Mann. Ein exzellenter Rhetoriker. Eine Führungspersönlichkeit der sogenannten alten Schule, in der Rang über allem stand (die englische Krone für ihn ganz oben). Im Notfall musste den Bürgern eben mit Brachialgewalt klargemacht werden, wer hier das sagen hatte.

Wo viel Licht da ist auch viel Schatten. Wir wollen es kurz machen. Die auf ihn zukommenden Probleme waren beachtlich. Inzwischen war nämlich Großbritannien der EU beigetreten. Damit verschwand der größte Markt für neuseeländische Landwirtschaftsprodukte. Außerdem waren die siebziger Jahre des letzten Jahrhunderts von den Ölkrisen geprägt. Öl wurde teurer, viel teurer. Die Auslandsschulden stiegen. Was also tun?

Die Idee der neuen Regierung: "Think Big!" Der Plan bestand darin, in ein paar Großprojekte zu investieren, deren Erträge durch Exporte dann die notwendigen Investitionen zurückzahlen würden. Denn das Geld für den Bau oder Ausbau der tollen Projekte hatte man ja nicht. Das Geld in Milliardenhöhe musste sich die Regierung im Ausland pumpen. Das sollte der Ausweg sein aus der Schuldenkrise. Also noch mehr Schulden machen in der kühnen Annahme, dann mithilfe der Erträge aus den Investitionen der neuen Schulden alle Schulden langfristig bezahlen zu können. In der Tat, ein kühnes Unterfangen. Sie kennen diesen magischen Trick ja aus vielen Ländern der Dritten Welt.

Die größten Projekte unternahm man in der Energieindustrie und in der Stahlproduktion. Die Regierung hätte durchaus aus bisherigen Erfahrungen lernen können. Bereits 1971 hatten ihre Vorgänger, in Absprache mit einem Investor, einen neuen Staudamm im Süden der Südinsel gebaut, dessen billige Energie für die Herstellung von Aluminium eingesetzt werden sollte, dass man dann exportierte. Ursprünglich war der Plan, dass der ausländische Partner auch für den Staudamm zahlen sollte. Aber daraus wurde nichts. Und so trug die Regierung Kosten und Risiko. Der

Energiepreis wurde langfristig im Vertrag festgelegt. Der Preis war so niedrig (viel niedriger als der Preis, den die eigene Bevölkerung zahlen musste), dass man sich schämte, ihn zu veröffentlichen. Über viele Jahre zahlte der Eigentümer keine Steuern. Was da wirklich im Einzelnen in den Verträgen steht ist nicht veröffentlicht. Die Höhe der Subventionen ist auch nicht bekannt.

Business zwischen einem einzigen Anbieter und einem einzigen Abnehmer ist, Vertrag hin oder her, ein Pokerspiel. Der Betreiber (momentan ein Konsortium, das von der Firma Rio Tinto beherrscht wird) hat lediglich wirtschaftliche Interessen. Wenn man seinen Wünschen nicht folgt wird gedroht: "Dann machen wir eben dicht." Viele sagen: "Großartige Idee."

Da Strom aus Wasserkraft spottbillig ist, könnte man den Energieüberschuss (falls die wirklich dichtmachen) an die Neuseeländer verteilen. Jeder bekäme etwa 300 Kilowattstunden pro Monat für umsonst. Auf ewig. Aber stellen Sie sich mal vor, die Regierung machte das tatsächlich. Kann natürlich nicht sein. Denn die Stromversorger sind inzwischen privat organisiert (obwohl die Regierung immer noch Anteile nach der Teilprivatisierung besitzt). Die würden der Regierung die Hölle heiß machen: "Umsonst kann ja wohl nicht sein. Business ist Business. Wir müssen Geld verdienen. Was schert uns das Volk?"

Anway, Mr. Muldoon hatte sich, wie gesagt, auf zwei Gebiete festgelegt: Energieversorgung, um die zukünftigen Ölschocks zu überstehen und Stahlgewinnung.

Bereits 1841 wurde in Neuseeland Eisensand gefunden und Muster sofort nach England zur Untersuchung geschickt. Erfreuliche Nachrichten kamen zurück. Es handelte sich hier um Eisensand der besten Qualität. Ja, die Freude war groß. Leider stellte sich bald heraus, dass es nicht so einfach war, das Eisen aus dem Sand zu gewinnen. Der relativ hohe Titanium-Anteil bereitete Schwierigkeiten. In vielen Ländern der Welt versuchte man, das Problem wirtschaftlich zu lösen. 1965 endlich gründete die Regierung "New Zealand Steel Limited", also ein staatseigenes Unternehmen, wie es damals viele gab in Neuseeland. Mit weiterer finanzieller Unterstützung der Regierung machte man schließlich Fortschritte und im Jahre 1976 produzierte Neuseeland tatsächlich 120,000 t Stahl.

Aber die Zahlen, die verdammten Zahlen wollten einfach keinen Gewinn ausweisen. Die Firma wurde schließlich verkauft und wieder verkauft und landete 1994 bei BHP, einer australischen Firma, der größten Bergbaufirma der Welt. Das Werk in Neuseeland stellt jetzt etwa 600,000 t Stahl aus Eisensand her und ist eine der bedeutendsten Firmen im Lande.

Sehen Sie und das nennt man Kapitalismus. Der Staat entwickelt, forscht, investiert, baut aus und verkauft dann den ganzen Laden an die Privatwirtschaft. Da fällt einem sofort das Internet ein. Und viele andere Technologien. Wenn alle Kinderkrankheiten bewältigt wurden und das Risiko überschaubar ist, wenn der Steuerzahler die wesentlichen Vorauszahlungen geleistet hat, dann…, dann kommt der clevere Unternehmer und macht Kasse. Und prahlt mit seinem Unternehmertum. Der Segen der freien Marktwirtschaft.

Es ist übrigens ein Mythus, dass die Privaten alles besser können als die staatlich geführten Betriebe. Wo sollte sonst die ganze Technologie herkommen??? Es ist ein Mythus, der herhalten muss, um die Raubzüge der Privaten zu rechtfertigen. Der Mensch wandelt sich doch nicht etwa, wie von Magie berührt, in einen fleißigen, wohl organisierten Menschen, nur weil da einer vor ihm steht, der einen schöneren Anzug und eine eindrucksvollere Krawatte trägt als der bisherige Boss. Und selbst wenn die Privaten da Vorteile haben sollten, dann müssen sich die Staatsbetriebe halt wandeln. Besser natürlich, den ganzen Laden in eine Genossenschaft umzuwandeln.

Ich habe von 1996 bis 1997 in einem neuseeländischen Staatsbetrieb gearbeitet. Wir erwirtschafteten Gewinne. Hoch innovativer Betrieb. Warum auch nicht? Alle Menschen wollen schließlich gerne erfolgreich sein und zeigen, was sie drauf haben. Das ist die menschliche Natur. Die wird sich doch nicht ändern, gar verbessern, weil der Kapitalist dahinter steht und nicht der Staat oder das eigene Management. Das ist doch Unsinn.

Noch ein Beispiel. Neuseeland verfügt über beachtliche Erdgasvorkommen an der Westküste der Nordinsel. Nach vielen Jahren und vielen Versuchen gelang es, aus Erdgas Benzin herzustellen in Neuseeland. Das Fischer-Tropsch-Verfahren wurde durch ein von

Mobil entwickeltes Verfahren ersetzt und es gelang, synthetische Brennstoffe zu produzieren. Damals war Neuseeland sogar ein Pionier auf diesem Gebiet.

Was passierte dann? Nun, der Ölpreis ging nach unten, und als die Bürokraten die Zahlen verglichen kamen sie zu der Erkenntnis, dass es billiger sei, Benzin zu importieren. Alles für die Katz.

Den Bürokraten war nicht die Einsicht vergönnt, den Unterschied von Geld und Geld zu erkennen. Sehen Sie, in Deutschland haben Sie Euro und damit kommen Sie eigentlich gut zurecht, selbst wenn sie das importieren wollen, was es in Deutschland nicht gibt. Die Situation ist in Neuseeland völlig anders. Wir können mit Neuseelanddollar im Inland einkaufen gehen. Und das wars. Wenn wir importieren wollen brauchen wir Devisen. Die müssen wir uns durch Export verdienen. Devisen haben wir nie genug. Daher der große Schuldenberg.

Da hatte die Regierung Muldoon so um die 8 Milliarden Dollar in Auslandswährung verpulvert und wenig dafür zurückerhalten. Da hätte doch jemandem aufgehen müssen, dass zwar laut den Regeln der Mathematik es damals billiger war, Öl zu importieren, aber das importierte Öl musste in Devisen bezahlt werden. Das eigene Öl kostete nichts. Denn Neuseelanddollar können wir selbst drucken, in jeder gewünschten Höhe. Das ist der entscheidende Unterschied bei kleinen Ländern. Geld ist eben nicht Geld. Das werden die Politiker hier nie kapieren.

Was passierte? Nun, die machten die Anlagen dicht, verkauften die Firma an Ausländer und erlaubten denen doch tatsächlich, die Anlage umzubauen, Methanol herzustellen und zu exportieren, also die Rohstoffquellen des eigenen Landes schließlich zu erschöpfen, im Austausch von Geld. Methanol ins Ausland. Und der Gewinn der Firma geht ins Ausland. Je erfolgreicher die sind, desto mehr Gewinn geht ins Ausland, desto mehr steigen Neuseelands Auslandsschulden.

Die Moral von der Geschicht: Heute haben die Politiker zwar fast alle studiert. Aber den Politikern von einst können die nicht das Wasser reichen. Es gibt eine weltweit grassierende Art von formaler Bildung, die trotz intensivster Indoktrination durch auserwählte und von Ideologien gesegnete Fakten dennoch verschiedene Auswüchse von Idiotie im Hirn hinterlässt. In Frankreich hat das ein Schäfer vor kurzem auf den Punkt gebracht: "Macron est instruit mais pas intelligent." Also: Er ist geschult aber nicht intelligent. Monsieur Macron, was für ein Exemplar der Spezies Mensch in all seiner Selbstherrlichkeit. Der Liebling der Götter. Solchen Psychopathen haben wir das Schicksal der Welt anvertraut.

Aber ich muss es noch einmal zu ihrer Entschuldigung sagen: Den Politikern der heutigen Zeit ist es leider nicht erlaubt, Probleme zu lösen. Die dürfen das einfach nicht. Das Lösen von Problemen, das müssen sie den privaten Firmen überlassen. Aber denen die Kohle zuschieben, das ist durchaus erlaubt. Thank you.

Sie sehen schon, sogar vor der großen Wende 1984 war bereits der richtige Geist am Werke. Die Männer und Frauen vom Lobbyistenverein New Zealand Roundtable hatten großartige Arbeit geleistet, und sie würden auch für die Zukunft sicherstellen, dass der Kontakt zwischen ihnen und den entscheidenden Politikern stets sehr, sehr eng sein sollte.

Ich habe in diesem Kapitel bisher nur von den Politikern gesprochen. Was war mit dem Volk? Hatten die all das Treiben und Trachten ihrer gewählten Vertreter passiv, teilnahmslos verfolgt? Nicht ganz. Es gab ein letztes Aufbäumen der Wähler im Jahre 1981. Die "Social Credit Party" bestand bereits seit vielen Jahren in Neuseeland, ohne einen entscheidenden Einfluss zu haben. Bei den Wahlen im Jahre 1981 jedoch erreichte sie 20,6 % der Wählerstimmen. Ein fürwahr beeindruckendes Ergebnis. Aber was bekam sie dafür an Vertretern im Parlament? Lediglich 2 Abgeordnete. Dabei hätte sie gemäß des erreichten Prozentsatzes an der gesamten Wählerschaft eigentlich 18 oder 19 Abgeordnete zugesprochen bekommen müssen. Aber so war das Wahlsystem damals. Nur der Gewinner des Wahlkreises zog ins Parlament ein. Die Chance einer dritten Partei im Lande, an Einfluss zu gewinnen, war fast aussichtslos.

Immerhin, es zeigte sich, dass große Teile der Bürger aufgewacht waren und gegen das System und gegen die althergebrachten Parteien protestierten. Es ist wohl nicht zu weit hergeholt, anzunehmen, dass vor allem die etwas aufgeklärteren Bürger die Social

Credit Party wählten. Denn deren Wahlplattform, ihre Forderungen, waren nicht ganz so einfach zu verdauen. Es brauchte schon ein wenig Engagement, Idealismus und Verzweiflung, um eine eigentlich revolutionäre Bewegung zu unterstützen. Der Kiwi ist im Grunde ein tief konservatives Wesen.

Lassen Sie mich den Kern der Botschaft von Mr. Douglas aus seinem Buch "The Monopoly of Credit" (herausgekommen im Jahre 1931!!!) zitieren: "Unrestrained by the financial system, the resources of modern production would be sufficient to provide for the material desires of the whole population of the world at the expense of a small and decreasing amount of human labour. But the release of humanity from the necessity of toil would also mean their release from industrial government, a result so undesired by the governors that production for the sake of consumption is becoming the least important objective of industry." Haben Sie das verstanden? Eine unglaubliche Aussage. Da behauptet dieser Mann im Jahre 1931 doch tatsächlich, dass wir mit wenig Arbeit leicht alle materiellen Bedürfnisse der Menschheit erfüllen könnten. Aber das sei nicht der Punkt. Es gehe vielmehr in unserm Wirtschaftssystem vor allem um die Kontrolle der Bevölkerung. Solange die Bürger malochen und Existenzangst schwitzen hat man die im Griff. Wenn die Zeit haben sollten zum Denken, kämen die nur auf dumme Ideen.

Nicht "Arbeit macht frei". Arbeit ist das Versklavungsinstrument schlechthin.

In der neuseeländischen Bibliothek finden Sie natürlich die Werke dieses Mannes. Ich habe einige der Bücher gelesen. Faszinierend. Ich kann Ihnen nur raten, sich damit zu beschäftigen. Es ist immer interessant, Männern und Frauen zu lauschen, die Wirtschaft aus einer naturwissenschaftlichen Perspektive betrachten. Die stellen die sogenannten dummen Fragen und kommen zu naiven Einsichten, die oftmals das ihnen unbekannte Tabu beschädigen. So auch hier.

Gestatten Sie mir bitte, ein paar Zitate aus den Werken von Mr. Douglas vorzutragen. Sie werden verstehen, warum die Social Credit Party einst so populär in Neuseeland war. Bitte beachten Sie, diese Schriften stammen aus den dreißiger Jahren des 20. Jahrhunderts. Und wenn der Mann selbst..., wenn er in der Öffentlichkeit auftrat, dann sprach er damals in brechend vollen Sälen.

Johannes 10:10: "Ich aber bin gekommen, um ihnen Leben zu bringen – Leben in ganzer Fülle." Douglas sagte er habe alle Weisen der Welt studiert. Keiner von denen versprach besseren Handel oder Vollbeschäftigung. Er behauptete diese total materielle Ausrichtung unseres Lebens, unserer Denke sei unser Verderben. Der Überfluss bestehe doch bereits. Sollen wir noch mehr produzieren, nur um noch mehr Geld zu verdienen? Alle materiellen Voraussetzungen zum Lösen aller Probleme seien bereits vorhanden. Hier und heute. Wie haben bloß die falschen Leute an der Spitze, die nicht in der Lage sind und auch nicht in der Lage sein können, diese Probleme zu losen. Und darum geht es, darum allein geht es: Um die wirkliche, tatsächliche, faktische Lösung von Problemen. Sie beauftragen die Politiker mit dem Lösen eines konkreten Problems. Das ist die Vorgabe. Wenn die das Problem nicht lösen, werden sie entlassen. Schlicht und einfach.

Der deutsche Manager Dr. Markus Krall brachte die Situation in einem Vortrag im Frankfurter Hayek Club am 19. November 2018 auf den Punkt. Er behauptete, dass es eine Korrelation von Einkommen und Intelligenz gäbe und "dass ich da nicht die hellsten Lampen in der Birne in die Politik bekomme."
Weitere Zitate aus dem Vortrag:
"Die intellektuelle Elite dieses Landes geht nicht in die Politik."
Natürlich gäbe es Ausnahmen. Wie einst Joseph Strauß. Der sagte über Politiker:
"Man muss sich die Gestalten nur anschauen."
Das Listensystem der Parteien vor allem sieht Dr. Krall als Problem bei der Auslese von Politikern. Darauf Bezug nehmend führte er aus: "... dann bedeutet das, dass unsere Parteienpolitik rückhaltlose Minderbemittelte an die Spitze bringt... Und ich meine das genauso wie ich das gesagt habe."

So ähnlich sah das auch Mr. Douglas. In seinen Augen sind die Politiker völlig überfordert, da sie keine Fachleute auf den Gebieten sind, mit denen sie sich beschäftigen müssen. Er schlägt vor, dass die Bürger den Politikern ein Ziel vorgeben, dass es unbedingt zu erreichen gilt, und die Politiker wählen dann die Experten aus, die in der Lage sind, dieses Ziel auch tatsächlich in das gewünschte Ergebnis umzusetzen. Es geht nur um "results"! All das Gelaber im Parlament interessiert niemanden. Wie wir alle wissen bringt das sowieso nichts. Ab jetzt: Die Wünsche der Mehrheit des Volkes bestimmen die Vorgaben an die Politiker. Was ist dagegen zu sagen? Na? Nun, mit seinen Forderungen hatte sich der gute Herr Douglas gleich zwei Gegner geschaffen: Die Banker und die Politiker.

Beim Lesen seiner Schriften bekommen Sie schnell den Eindruck, dass Douglas davon ausgeht, dass da Kräfte am Werk sind, die einfach die Glückseligkeit der Menschen verhindern wollen. Zitat aus "The Tragedy of Human Effort" (die Tragödie des menschlichen Bemühens):

"How is it that in 1495 the labourer was able to maintain himself in a standard of living considerably higher, relatively to his generation, than that of the present time, with only 50 days' labour a year, whereas now millions are working in an age of marvelous machinery the whole year round, in an effort to maintain themselves and their families just above the line of destitution? Why is it that 150 years ago the percentage of the population which could be economically classed as of the middle and upper classes was two or three times that which it is at the present time? Why is it that while production per man-hour has risen 40 or 50 times at least in the past hundred years, the wages of the fully employed have risen only about four times, and the average wage of the employable is considerably less than four times that of a hundred years ago, measured in real commodities? How is it that the nations are given over to the dictatorship of men of gangster mentality?" (Wie kann es sein, dass im Jahre 1495 ein Arbeiter in der Lage war, einen Lebensstandard zu unterhalten, der, auf die damalige Zeit bezogen, höher war als heute, bei nur 50 Arbeitstagen im Jahr, wohingegen heute Millionen von Arbeitern im großartigen Maschinenzeitalter das ganze Jahr über arbeiten, nur um sich und ihre Familien gerade mal über Wasser zu halten? Wie kam es, dass vor 150 Jahren der Anteil der Bevölkerung, der der Mittelschicht und Oberschicht zugehörte, zwei- bis dreimal höher war als heute? Wie konnte es geschehen, dass die Produktivität pro Stunde mindestens 40 oder 50fach stieg, die Löhne der vollzeitig Beschäftigten sich aber lediglich um den Faktor vier erhöhten? Und die Kaufkraft ist um weniger als den vierfachen Wert gestiegen, im Vergleich mit vor einhundert Jahren. Warum wird das Wohl der Nationen in die Hände von Diktatoren gegeben, die eine Gangstermentalität besitzen?)

Man könnte sicherlich seine Zahlen in Frage stellen, aber der grundsätzlichen Richtung seines Denkens muss man einfach applaudieren. Wer Augen hat zu sehen, der wird es sehen. Heute, fast 100 Jahre später, ist doch der Überfluss noch eindringlicher zu erkennen als zur Lebenszeit dieses Revolutionärs.

Gemäß den Regeln der aktuellen Gesellschaft existieren die Individuen, laut Douglas, nur, damit jemand über sie herrschen kann. Denn Herrscher müssen schließlich über irgendjemanden herrschen, sonst können sie angeblich keine Herrscher sein. Es ist die Perversion von Mittel und Zweck, die die Tragödie unserer Zeit besiegelt. Da ist in der Geschichte der Menschheit etwas grundlegend falsch gelaufen. Beide Seiten können doch nur überleben, wenn sie einander achten und sich dem altehrwürdigen Aufruf unterwerfen: “Ich Dien”.

Douglas, der Ingenieur, ging davon aus, dass alle Ziele erreichbar seien. Man müsse nur die richtigen Leute ranlassen und ihre Kreativität nicht beschränken.

“In other words, a genuine political democracy must essentially be a device based upon trial and error. A political democracy which will never try something which has never been tried before is useless, because things which have been tried before can be reduced to the routine of administration, and administration is not susceptible to the democratic principle, in which it is wholly out of place.”

(Mit anderen Worten, eine echte politische Demokratie muss auf dem Prinzip Versuch und Irrtum basieren. Eine politische Demokratie, die niemals etwas ausprobiert, was bisher noch nicht ausprobiert wurde, ist nicht zu gebrauchen, denn das Althergebrachte ist lediglich für die Routine der Verwaltung geeignet. Die Verwaltungsmentalität ist für das demokratische Prinzip ungeeignet, sie ist völlig fehl am Platz)

"The business of bureaucracy is to get us what we want, not to annoy and hinder us by taking from us by taxation and irritating restrictions those facilities which we otherwise should have." (Die Aufgabe der Verwaltung ist es, uns das zu verschaffen, was wir haben wollen. Es ist nicht die Aufgabe der Verwaltung, uns auf die Nerven zu gehen und uns Steine in den Weg zu rollen, indem sie uns Steuern und Beschränkungen auferlegt, die unsere Entfaltungsmöglichkeiten limitieren)

"Once the idea is grasped, the criminal absurdity of the party system becomes evident." (Sobald die Idee verstanden ist, offenbart sich die kriminelle Absurdität des Parteiensystems). Oh wei, Parteien als kriminelle Einheiten!

Douglas betrachtete die Banker und Financiers als die entscheidenden Hindernisse in unserer Gesellschaft, da die materiellen Voraussetzungen für eine erfolgreiche Gesellschaft bereits gegeben waren. Lassen Sie mich erwähnen, dass der Wert des US Dollars seit der Übernahme der Geldkontrolle durch die private Federal Reserve Bank um 98 % gefallen ist. Die Finanzmafia regiert die Welt.

Und die Zukunft?

Douglas glaubte, dass, wenn der Mensch materiell versorgt sei, er sich vom Geld abwende und sich spirituellen, intellektuellen und kulturellen Aufgaben widme.

Nun, wie gesagt, letztendlich konnte die "Social Credit" Bewegung, trotz beachtlicher Erfolge bei den Wahlen, nicht den entscheidenden großen Sprung schaffen. Das politische System in Neuseeland war ein Hindernis. Und die Zeichen der Zeit zeigten in eine neue, manipulierte, sorgfältig getarnte Richtung. Die beiden alten, führenden Parteien von Labour und National waren jetzt durchsetzt mit Leuten, die total andere Vorstellungen hatten von einer besseren Welt, Leute, die das Geld zum neuen Gott erheben wollten, genau das Gegenteil also im Vergleich zu jenen idealistischen Zielen der Träumer von der Social Credit Party. Das Volk sollte entscheiden.

Es kam 1984 zur Wahl. Das Ergebnis war eindeutig.

Alea Iacta Est. Die Würfel sind gefallen.

Das Wendejahr 1984

„The root-cause of the whole of our economic and financial difficulties has been a faulty money system – a system wherein over 90 per cent of all money – or what we are in the habit of calling money – consists of privately created credit money, which may be removed from circulation at any time and whenever it may prove to the advantage of the creators of this money. A system, therefore, built upon the shifting sand of credit money; a system uncontrolled by a Government elected by the people ostensibly to safeguard and promote their welfare; a system that exists solely and entirely by the grace of the people's ignorance; and a system that has been used and abused to fool and victimise the people to an almost unbelievable extent." (Die Wurzel allen Übels bei unseren wirtschaftlichen und finanziellen Schwierigkeiten ist das fehlerhafte Geldsystem, ein System, bei dem über 90 % allen Geldes – oder was wir so Geld nennen – aus privat geschöpftem Schuldgeld besteht, das jederzeit aus dem Verkehr gezogen werden kann, wenn es denn dem Nutzen der Schöpfer des Geldes dient. Ein System, aufgebaut auf dem Treibsand von Schuldgeld, ist ein System, dass der Kontrolle der vom Volk gewählten Regierung entzogen ist, die doch angeblich die Wohlfahrt des Volkes schützen und fördern

soll. Es ist ein System, das nur durch die Gnade der Ignoranz der Bevölkerung besteht. Ein System, das benutzt und missbraucht wurde, um das Volk in einem fast unglaublichen Ausmaß zu schädigen).
Sir Henry Kelliher in „New Zealand at the Cross-Roads“

Wir kommen jetzt zum „Casus Knacktus“. Ich schlage vor, Sie holen ganz tief Luft oder nehmen einen kräftigen Schluck aus der Tasse mit dem Tee oder Kaffee (kann auch Glas mit einem „Trostmittel“ sein).

Die U.S.A. haben in der Zeit seit dem Zweiten Weltkrieg viele Kriege geführt und viele politische Umstürze inszeniert und exekutiert. Aber sie sind nie, nicht ein einziges Mal, über ein kapitalistisches Land hergefallen. Ihre Opfer waren stets Länder, in denen seltsame sozialistische Ideen praktiziert wurden. Mittlerweile haben die fleißigen Amis fast alle diese Fälle abgearbeitet. Es bleiben eigentlich nur noch die folgenden Länder übrig: Kuba, Syrien, Nordkorea, China, Russland, Iran und Venezuela. Fällt Ihnen etwas auf? Die stehen alle auf der U.S. Abschussliste. Die können sich alle darauf vorbereiten, demnächst Besuch von der Nato zu erhalten, diesem edelmütigen Bündnis der Weltverbesserer und Idealisten.

Sie erkennen sofort, dass die Deutschen natürlich unbedingt dabei sein müssen. Beim Thema Weltverbesserer kennen die sich bestens aus. Auch beim drei gerade sein lassen oder beim Kriechen in den Allerwertesten. Auf die Deutschen ist da stets Verlass. Die Amis erwarten, verständlicherweise, dass die Deutschen, wie gewohnt, hervorragendes Kanonenfutter abgeben werden, wenn es demnächst so richtig losgeht. Nur das Drehbuch ist dieses Mal ein wenig anders. Ansonsten alles beim alten. Die braven Deutschen werden ihr Herrchen auch beim dritten schönen Weltkrieg sicherlich nicht enttäuschen. Sehr gut bezahlt dieses Mal, übrigens, denn alles ist privat organisiert. Also Söldner anstatt Soldaten. Aber das supertollste ist, dieses Mal darf der Gefreite Günther gemeinsam mit der Gefreitin Kunigunde morden und dann im letzten Gefecht gemeinsam den Arsch zukneifen. Das ist doch richtig cool, gell?

Der lang ersehnte Traum der romantisch veranlagten Feministinnen erfüllt sich doch noch, wenn auch recht spät. Und dann, es ist kaum zu glauben als ehemaliger Offizier der Bundeswehr, dieser ganze erbärmliche Haufen unserer Tage, der sich noch immer Bundeswehr nennt und weltweit für jede Schweinerei bereit steht, wird sogar von einer Frau angeführt!!!

Der klassische Fall einer Umwandlung von Sozialismus zu Kapitalismus ist am besten am Beispiel von Jugoslawien zu demonstrieren. Sie erinnern sich? Der Vielvölkerstaat Jugoslawien war dereinst so etwas wie ein Vorzeigeland des Sozialismus. Neutral. Was auch von den Russen akzeptiert wurde. Aber ab 1990 nicht mehr von den Vereinigten Staaten von Amerika. Nachdem die Sowjetunion sich von der Weltgeschichte verabschiedet hatte, glaubten die Amerikaner, jetzt völlig freie Hand auf der Weltenbühne zu haben, um da mal richtig aufzuräumen. Die Mission lautete: Der Kapitalismus werde jetzt weltweit, in jedem Winkel der Erde, Einzug erhalten. Wenn nicht friedlich, dann eben mit Gewalt. Mit der Bibel in der Hand fielen sie über die Welt her.

Leider lebten die vielen Völker in Jugoslawien in Frieden miteinander. Warum sollten die Krieg führen? Sie genossen einen bescheidenen, aber ausreichenden Wohlstand. Gesundheitsversorgung umsonst. Bildung umsonst. Garantiertes Recht auf ein Einkommen. Sogar ein Monat bezahlter Urlaub stand den Jugoslawen zu. Die Lebenserwartung lag bei über 70 Jahren.

Die Amerikaner schauten sich das an und waren entsetzt: „Wenn das Schule machte, nicht auszudenken."

Über 60 % der Beschäftigen in Jugoslawien arbeiteten in Betrieben, die dem Staat gehörten. Dabei durfte das laut Theorie überhaupt nicht funktionieren. Wir erinnern uns: Staat – Scheiße, Privat – Super.

Die Kapitalisten lockten mit der Karotte, mit jeder Menge Geld, das Jugoslawien zum Ausbau der Wirtschaft einsetzen sollte, um international noch erfolgreicher zu sein. Die Jugoslawen begingen den größten Fehler ihres Lebens. Sie machten im Westen Schulden. Und eines morgens wachten sie auf und bemerkten, dass sie die Schulden nicht zurückzahlen konnten. Denn der Westen hatte inzwischen alles getan, um ihnen das Wasser abzugraben, sprich, um ihrem Export das Leben so schwer wie möglich zu machen. Woher also sollten sie die Devisen bekommen, um die Schulden, oder um zumindest die Zinsen zu zahlen? Genau!

Und so geschah es, dass die lieben Jugoslawen Besuch erhielten von der Weltbank und vom IMF. Das Gespräch verlief etwa folgendermaßen:

„Da ihr lieben Jugoslawen offensichtlich zu doof seid, eure Wirtschaft entsprechend zu managen, um unsere Schulden zurückzuzahlen, werden wir jetzt für euch die Wirtschaft managen." Die Jugoslawen schauten entsetzt in den Verträgen nach und entdeckten Dinge, von denen sie gar nichts wissen wollten.

Jetzt nahm sich die internationale Finanzmafia des Landes an, privatisierte, rationalisierte, verscherbelte nach Lust und Laune. Es ging natürlich immer weiter mit dem Land bergab. Die Arbeitslosigkeit stieg, die Sozialleistungen wurden gekürzt et cetera. Fragen Sie mal im nächsten Urlaub die Griechen, falls Sie sich da noch hin trauen.

Und eines schönen Tages verfiel die Finanzmafia auf den entscheidendsten, perfidesten Trick. Sie stellte sicher, dass nicht alle Völker im Vielvölkerstaat im gleichen Masse belastet wurden, so dass der Neid bald hervorbrach, denn Ungerechtigkeiten passierten allerorten. Bewusst arrangiert. Und dann das Todesurteil, bei den nächsten Wahlen wurde in den einzelnen Provinzen getrennt gewählt, also nicht mehr eine einzige Wahl im Lande.

Die Finanzmafia schaffte Millionen über Millionen über die Grenze zu den Parteien, in die sie sich verliebt hatte. Das half ungemein bei den Ergebnissen.

Ja, die richtigen Parteien gewannen und faselten auf einmal von Unabhängigkeit.

Die Deutschen horchten auf. Hatte da jemand von Freiheit gefaselt? Tatsächlich. Man konnte einfach nicht anders, der Deutsche drehte völlig durch..., Freiheit, Freiheit, Freiheit..., man konnte nicht an sich halten... und so erkannte Deutschland diese Länder an. Sofort. Wie Deutsche halt so sind. Amerikaner befehle, wir folgen dir. Oder etwa nicht? Nun, dann beweisen Sie mir das Gegenteil. Der Deutsche darf für die Amis schuften (Exportüberschuss) und sterben (1. Weltkrieg, 2. Weltkrieg, 3. Weltkrieg).

Den Rest der Horrorgeschichte Jugoslawien können wir uns wohl sparen. Auch Waffen gelangten über die Grenzen, Gangster wurden mitgeschickt, um das ganze schöne Feuer zum Lodern zu bringen. Eines Tages war der Bürgerkrieg geschaffen. Die Friedensmission der NATO begann. Jetzt hatte man endlich die so lang ersehnte Ausrede, um diese ganze, vom Teufel geschaffene, Infrastruktur in Stücke zu zerbomben. Nie wieder sollte Jugoslawien auch nur den Hauch einer Chance haben, diesen verdammten Sozialismus zu praktizieren. Als die edlen Deutschen und ihre edlen Verbündeten fertig waren, hatten tausende von Männern, Frauen und Kindern in Jugoslawien ihr Leben verloren, die Überlebenden die Grundlage ihrer Existenz und den Glauben an die Menschheit. Jetzt wissen Sie auch, warum diese armen Menschen heuer in Deutschland um Almosen betteln. Aber was interessiert das schon das kapitalistische Schwein? Ein Konkurrent weniger. Gewonnen. Wer ist der nächste?

Man hätte das auch so mit Neuseeland machen können. Ein einziger Flugzeugträger hätte gereicht. Aber in Neuseeland lebten Engländer. Das konnte man doch nicht machen. Also verfiel man auf eine „humanitäre" Variante. Nicht ganz so effektiv. Aber effektiv genug.

Ich werde Ihnen kurz beschreiben wie das Alltagsleben vor 1984 für die Kiwis aussah. Etwa 80 % der Neuseeländer lebten in ihrem eigenen Haus. Auf ihrem eigenen Grund und Boden. Ein eher bedächtiges Leben mit fest eingefahrenen Regeln. Alles recht bescheiden. Hinsichtlich Unterhaltung und Ablenkung, es sei denn man organisierte das selbst oder in der Gemeinschaft, wurde wenig geboten. Abgesehen von Sport. Und Alkohol (allerdings sehr kontrolliert). Es gab nicht einmal Lotto. Lotto wurde erst 1987 eingeführt. Aber man konnte auf Pferde wetten. Pferderennen waren sehr populär. Oder Sie konnten bei Hunderennen ihr Glück machen. Natürlich keine Millionen. Wie gesagt, es war alles recht provinziell und harmlos. Ja, harmlos. Polizisten trugen keine Waffen.

Samstags mittags wurden die Geschäfte geschlossen, die Bürgersteige hochgeklappt. In der Stadt herrschte übers Wochenende Ruhe. Im Sommer verbrachten die Menschen ihre Freizeit an oder auf dem Meer. Kein Land der Welt hat mehr Schiffe/Boote per 1000 Einwohner als Neuseeland. Als Kind lernen Sie, wenn Sie denn wollen, mit so einem kleinen Segelboot umzugehen.

Rugby war und ist der Nationalsport. Man ging zu den Spielen mit den Kameraden, anschließend besuchte man die Pubs, die allerdings zu genau festgelegten Zeiten schließen mussten. Die Frauen wie die Männer waren in tausenden von Clubs organisiert. Es war ein eher bedächtiges Leben, selten von Intellektualität belastet, ein Leben in einem Wohlstand, der jeden zumindest einigermaßen anständig leben ließ. Jeden!

Arbeitslosigkeit war so gut wie unbekannt. Die großen Unternehmen gehörten fast alle dem Staat. Die Zentralbank gehörte dem Staat. Die größte Bank gehörte dem Staat. Der Staat hatte also den zentralen Einfluss auf die Wirtschaft. Die Wälder gehörten dem Staat. Der Bergbau gehörte dem Staat. Auch die Eisenbahnen. Und so weiter und so weiter und so weiter.

Gesundheitsversorgung war weitgehend frei. Bildung war frei. Jeder erhielt beim Erreichen des Rentenalters die gleiche staatliche Rente. Die Energieversorgung lag in den Händen des Staates. Der Staat baute Häuser für die Bedürftigen.

Wenn Sie so wollen, das einzige große Problem, das wie das Damoklesschwert über Neuseeland hing, waren die Auslandsschulden. Vor allem durch das „Think Big“ Programm der Muldoon Regierung hatten die sich enorm erhöht. Neuseeland exportierte nicht genug, importierte zu viel, um das Auslandsschuldenproblem in den Griff zu bekommen. Selbst die Importkontrollen reichten nicht aus.

Ach ja, sogar Autos wurden damals in Neuseeland hergestellt, sagen wir mal, zusammengesetzt. Aber es gab eine richtige industrielle Infrastruktur. Und man höre und staune: Die Kiwis waren einst tatsächlich in der Lage, die eigenen Lokomotiven herzustellen.

Für die Kinder war es ein Paradies. Für viele Erwachsene aber, die ihr Land mit dem Rest der Welt verglichen, tat sich langsam ein Wohlstandsgraben auf. Was die nicht alles hatten in den U.S.A. oder in Europa. Manche wanderten aus, wollten ihr Glück in vielversprechenden Ländern suchen. Andere schnupperten mal für ein paar Jahre in der großen, weiten Welt. „OE“ ist auch heute noch ein geläufiger Ausdruck: „Overseas experience“. Vor allem junge Leute zieht es in der Zeit nach der Schule nach Großbritannien. Australien reichte und reicht da nicht aus. Es gibt übrigens seit vielen Jahren ein Abkommen zwischen Neuseeland und Australien, das erlaubt, dass man im anderen Land arbeiten darf. Da liegt also die offensichtliche, naheliegende Alternative für die Kiwis.

Aber zurück zu der Zeit vor 1984.

Durch den starken Einfluss des Staates konnte der auch über die Gewinner und Verlierer in der Wirtschaft bestimmen. Man musste halt gute Kontakte zur Regierung haben. Aber Korruption hat es im Neuseeland der Neuzeit nie wirklich gegeben. Zumindest nicht in offener Form. Bei entsprechenden internationalen Veröffentlichungen stehen die Kiwis immer auf einem der ersten Plätze.

Premierminister Muldoon hatte die Restriktionen in der Wirtschaft ein wenig gelockert, um dem Druck im Lande nachzugeben. Sein Hauptaugenmerk galt jetzt allerdings der Landwirtschaft, die er weiter ausbauen wollte, um den Export zu erhöhen. Nach der Pleite mit den Großprojekten bei Energie und Stahl besann er sich wieder auf die eigentliche Stärke von Neuseeland: Aus Gras Geld zu machen. Dementsprechend hatte er auch die Farmer motiviert. Selbst bei den Bewässerungsanlagen hatte er ihnen finanzielle Unterstützung versprochen. Die Farmer hatten entsprechend investiert, d.h. sie hatten weitere Schulden gemacht, im Vertrauen auf die Versprechen von Premierminister Muldoon. Ein großer Fehler, wie sich bald herausstellen sollte.

Die Achillesferse von Neuseeland lag blank vor den Augen der internationalen Investoren. Sie hatten Neuseeland schon vor langer Zeit als ihre Beute auserkoren. Die Jahre der Vorbereitung auf den großen Coup würden sich jetzt bald auszahlen. Geduldig hatten sie ihre Netzwerke aufgebaut und ihre Männer und Frauen in die notwendigen Position der Macht dirigiert. Sie müssen beachten, dass es viel einfacher und viel wirksamer ist, ihre eigenen Männer und Frauen in den Ministerien und einflussreichen Denkfabriken zu installieren als die Politiker zu manipulieren. In den Ministerien sitzen Experten, ohne die ein meist auf dem Fachgebiet unbeleckter

Politiker nicht überleben kann. Politiker kommen und gehen. Die Experten, Fachleute, Bürokraten in den Ministerien bleiben. 1984 saßen im Finanzministerium in Neuseeland fast ausschließlich Vertreter des Neoliberalismus, die an die Magie des total freien Marktes glaubten. Einige von ihnen hatten sogar im Paradies des Neoliberalismus, auf der Universität in Chicago, bei dem Allmächtigen selbst, studiert. Sie saßen da in ihren Büros und warteten geduldig, bis ihnen der neue Minister, Roger Douglas (ein gelernter Buchhalter), grünes Licht gab. Von da an brauchten sie nur noch einzuleiten und umzusetzen, was sie über all die Jahre bereits ausgearbeitet hatten.

Der ehemalige Gouverneur der neuseeländischen Zentralbank (1988 – 2002), Don Brash, sagte während seines Hayek Memorial Vortrages 1996 in London über die Ereignisse im Jahre 1984:

„The economic debate brought together a small but strategically influential team of civil servants, think tankers, policymakers and politicians around Roger Douglas. This group of quite remarkable people understood clearly what needed to be done and was committed to seeing it through.“ (Die Debatte über Wirtschaftsfragen brachte ein kleines, aber strategisch einflussreiches Team von Beamten, Leuten aus den Denkfabriken, Politikexperten und Politikern um Roger Douglas zusammen. Diese Gruppe bemerkenswerter Leute verstand, was gemacht werden musste und setzte es um).

Ist das nicht unglaublich? Was mir immer wieder auffällt, ist die Arroganz und Frechheit, mit der diese Leute in aller Offenheit ihre Machenschaften zugeben. Sie halten sich für die Heilsbringer. Und sie halten sich für unangreifbar. Sie wissen, dass sie von dem Volk nichts zu befürchten haben. Ihr allumfassendes Netzwerk der Macht sichert sie gegen Verfolgungen seitens der Medien und sogar der Justiz. Was der Mann da von sich gab hätte doch sofort die obersten Richter des Landes auf den Plan rufen müssen.

Die Professorin des Rechtes und ehemalige Vorsitzende des neuseeländischen Parlaments, Margaret Wilson, schreibt in ihrem 2015 herausgebrachten Buch „The Struggle for Sovereignty“:

„At the present time the ability of the public to assert authority through state institutions is seriously threatened by the privatisation agenda of neoliberal gouvernments. The value of democratic buyin is therfore under threat. In New Zealand some key public functions of the state are being transferred to the private sector through the use of new public management practices.“

(Gegenwärtig ist die Möglichkeit der Bevölkerung, ihre Autorität durch staatliche Institutionen auszuüben, wegen der Privatisierungsagenda der neoliberalen Regierungen ernsthaft gefährdet. Ihre Möglichkeit der Einflussnahme ist bedroht. Einige Schlüsselfunktionen des Staates werden in Neuseeland durch den Gebrauch neuer Managementmethoden in den Privatsektor transferiert).

Gab es einen Aufschrei im Lande? Von wegen. Schweigen herrschte im Lande. Die Hauptwaffe der Mächtigen gegen nicht erwünschte Meinungen: Ignorieren. Solange sie die Medien kontrollieren ist das nicht sehr schwierig.

Wie Sie wahrscheinlich inzwischen bemerkt haben: Jedes Detail ist geplant, jede Eventualität ist abgesichert. Die Profis in den globalen Denkfabriken leisten hervorragende Arbeit. Die besten Psychologen und Soziologen arbeiten für sie. Deren Empfehlung: Das Rezept der Machtergreifung variiert von Land zu Land, aber ein Bestandteil ist immer unerlässlich: Die Gier. Die Parole für Neuseeland: „Enrichissezvous“. „Bereichert euch!“ Die „Moneymaker“ hatten die Psyche der Kiwis eingehend studiert und richtig eingeschätzt. Drogensüchtige sind leicht auszumachen. Der Köder wurde ausgelegt. Als sich zum ersten Mal in der Geschichte des Landes die Gelegenheit ergab, leichtes Geld zu machen, drehte ein ganzes Volk völlig durch. Im Rausch der angeblichen Freiheit verloren sie den Kopf. Die meisten von ihnen haben bis heute nicht kapiert, was damals geschah.

Wir schreiben das Jahr 1984.

Der sozialistische Wahnsinn von Norman Kirk lag 10 Jahre zurück. Der Mann war tot, vergessen. Das Leben geht weiter. Der Fortschritt ist bekanntlich nicht aufzuhalten. Vor allem nicht, wenn man als kleines Land in die große, weite Welt eingebunden ist und von der Welt da draußen angeblich wirtschaftlich abhängt. Das lag doch alles als Erkenntnis sozusagen auf der Hand. Oder?

Die smarten Banker, Finanzexperten und Think Tanks nahmen sich die Politiker vor und predigten denen die neueste Mantra von Globalisierung, von Freiheit und Fortschritt ins Hirn. Nachdem die

Politiker von den Experten auf Vordermann gebracht waren trugen sie das neue Evangelium vor das Volk: „Hört mal Kiwis, die Welt ist im Wandel, wir müssen jetzt so modern werden wie der Rest der zivilisierten Gemeinschaft. Wir müssen den Wandel schaffen von einer Gesellschaft, die lediglich produziert zu einer Gesellschaft, die sich auf die Rentabilität von Kapital spezialisiert. Was wir zu teuer im Lande herstellen werden wir jetzt importieren. Dann können wir alle viel billiger einkaufen. Und dann, dann, können wir viel mehr kaufen. Mit der gleichen Menge Geld. Ist das nicht toll? Und wenn das Geld mal nicht reichen sollte, na, dann machen wir es so wie die Amerikaner. Das Geld besorgen wir uns dann anderswo. Wir sind doch nicht doof!"

Einfach gesagt: Es war der dramatische Wandel von einer realen Wirtschaft, die reale Dinge herstellte, zu einer Finanzwirtschaft, in der nur noch Zahlen von Geld Bedeutung hatten und die lediglich an der Finanzierung von Dingen interessiert war. Es ging um digitale Zahlen im Computer. Was sich nicht rechnete hatte seine Daseinsberechtigung verloren. Dieser Maßstab galt für alles. Dieser Maßstab galt auch für Menschen. Wenn das Leben des Menschen sich nicht rechnete, war der Mensch für das neue System lediglich eine Last, ein Kostenfaktor, der die Rentabilität negativ beeinflusste. Kapiert? Also rausschmeißen den Mann! Ist doch eigentlich ganz einfach: Geld bestimmt von heute an unser Leben. Mit Geld könnt ihr von heute an alles haben, denn die Märkte, die Finanzmärkte, die Warenmärkte, die Arbeitsmärkte sind jetzt alle frei, frei, frei...

Nun, ganz so einfach war es doch nicht. Der Muldoon, der alte Haudegen, bockte, und selbst nachdem er die Wahl verloren hatte, wollte er nicht erlauben, dass der Neuseelanddollar abgewertet wurde. Der saß da zuhause wie in einem Bunker. Sollte man den Muldoon erschießen? Natürlich nicht. Nein, wir hatten zwar im Jahre 1984 in Neuseeland eine ähnliche Situation wie in Chile 1973, aber den Umsturz konnte man ohne den Einsatz von Waffen vollstrecken. Allerdings, den Schock, den man in Chile fabriziert hatte, um das Volk einzuschüchtern, diesen Schock, den brauchte man auch in Neuseeland, um Angst und Schrecken zu verbreiten, um das Hirn auszuschalten. „Das Land ist pleite", plärrten die

Halunken. „Das Ende der Welt ist nahe," waberte es aus den Kanälen der Medien.

Naomi Klein hat in ihrem Buch „The Shock Doctrine" folgende Mahnung ausgesprochen: „The Chicago Boys' first adventure in the seventies should have served as a warning to humanity: theirs are dangerous ideas. By failing to hold the ideology accountable for the crimes committed in its first laboratory, this subculture of unrepentent ideologues was given immunity, freed to scour the world for its next conquest." Ja, sie hat recht, die Vorgänge in Chile 1973 hätten uns allen eine Warnung sein sollen. Als die Kriminellen damals mit ihren Schandtaten durchkamen wurden sie frecher und frecher und breiteten sich weltweit aus.

Sie können die Strategie dieser Heilsbringer aber auch direkt vom dem großen Guru selbst verabreicht bekommen. In seinem Aufsatz „Capitalism and Freedom" schreibt Milton Friedman: „Only a crisis – actual or perceived – produces real change. When the crisis occurs, the actions that are taken depend on the ideas that are lying around. That, I believe, is our basic function: to develop alternatives to existing policies, to keep them alive and available until the politically impossible becomes politically inevitable." (Nur eine Krise, eine wirkliche oder eine als solche empfundene Krise, bringt wirklichen Wandel. Die dann während der Krise zu ergreifenden Maßnahmen hängen von den verfügbaren Ideen ab. Darin sehe ich unsere fundamentale Aufgabe: Alternativen zur bestehenden Politik zu entwickeln, sie zu pflegen und verfügbar zu machen, bis dann schließlich das politisch unmögliche zum politisch unvermeidlichen wird).

Er mahnt dann noch, schnell, sehr, sehr schnell zu handeln, bevor die Krise verschwindet und die „tyranny of the status quo" zurückkommt. Noch irgendwelche Fragen?

Die Chicago boys saßen, wie gesagt, alle brav im Finanzministerium in Wellington, wohl vorbereitet und warteten auf ihre Stunde.

Da diese Krisen und die Reaktion auf diese Krisen die entscheidenden Momente des Umsturzes sind, lassen Sie mich noch einen weiteren Zeugen anführen. In einer Publikation eines australischen New Right think-tanks schrieben Michael Jensen und William Meckling zu dem Thema:

„As entrepreneurs, politicians employ marketing strategies just as entrepreneurs do in the private economy. One such strategy in the political sector is the practice of creating crises, or more accurately, the impression of crises, which demand government action to save us all from the impending disaster. The creation of crises is an old political strategem for turning contingencies into a resource for accumulating force in the government. In recent times, politicians in the United States have used the crisis ploy as a pretence for expanding their powers in one area after another." (Brian Easton: „The Commercialisation of New Zealand", page 244). Übersetzung: Wie Unternehmer in der Privatwirtschaft, so benutzen auch Politiker Marketingstrategien. Eine solcher Strategien in der Politik besteht darin, eine Krise zu schaffen, oder, genauer gesagt, den Eindruck einer Krise, die dann den Eingriff der Regierung verlangt, um uns alle vor der drohenden Katastrophe zu retten. Die Schaffung von Krisen ist eine alte Strategie in der Politik, um eine Gefahr in eine weitere Ansammlung von Macht umzulenken. In letzter Zeit haben Politiker in den U.S.A. diesen Krisenköder als Ausrede zur Ausweitung ihrer Macht eingesetzt.

Der Neuseelanddollar wurde 1984 durch Finanzmanipulationen unter Druck gesetzt, was bei einem solch geringen Geldvolumen im Markt einer kleinen, eigentlich unbedeutenden Währung relativ einfach ist. Angeblich bestand nur ein einziger Ausweg. Sie erinnern sich? Das ist immer der alte Trick von „Es gibt keine Alternative." Wenn Sie den Spruch hören (denken Sie an Frau Merkel), dann werden Sie garantiert verarscht. Es gibt immer eine Alternative. Und dann: Was ist schon eine Devisenkrise? Das ist ein kurzfristiges, einmaliges Bäuerchen, eine Verdauungsstörung des Systems, mehr nicht. Deswegen braucht man doch nicht gleich das ganze System wegzuwerfen. Aber die Neuseeländer waren eingeschüchtert und desinformiert. Nein, nein, da brauchte man keine Waffengewalt. Die Neuseeländer waren und sind ein so braves und gehirngewaschenes Volk, da erübrigte und erübrigt es sich völlig, zu drastischen Mitteln zu greifen. Man erzählte der Bevölkerung ein paar Märchen der Experten, untermauert immer und immer wieder mit der Mantra „es gibt keine Alternative“, „es gibt keine Alternative“, und damit war der Fall erledigt.

Nach der langen Ankündigung der bevorstehenden Abwertung war jedem einigermaßen wachen Geist die Möglichkeit gegeben, hier richtig viel und einfach Geld zu verdienen. Hunderte von Millionen flossen ins Ausland in Erwartung eines 20 %igen Währungsgewinnes. Und genauso kam es auch. Das bedeutete, dass auf einen Schlag die Importe sich um 20 % verteuerten und dass der ausländische Schuldenberg um 20 % anstieg. Schlimm, schlimm! Doch dann kam der Hammer: Die Schuldner wollten angeblich ihr Geld zurück.

Was tun? Leider, leider, leider, so sprachen die Gurus, die Experten, die ehrfurchtgebietenden Propheten der Wirtschaft, leider, leider geht es nicht anders..., große Teile der Wirtschaft müssen privatisiert werden, um mit dem daraus erzielten Geld die Auslandsschulden zu bezahlen. Denn die Kassen sind ja leer.

Und so verschwand das Tafelsilber im Ausland. Nun, besser gesagt, die Eigentumsrechte an dem Tafelsilber. Die Unternehmen befinden sich selbstverständlich nach wie vor in Neuseeland. Und erwirtschaften Gewinne, sogar großartige Gewinne. Auch die verschwinden im Ausland. Wenn die Erträge aus den Unternehmen im Ausland verschwinden, kann nur eines geschehen: Langfristig werden sich die Auslandsschulden nicht verringern, sondern sich in immer schnellerem Masse erhöhen. Ein einfacher Mechanismus. Ich bin überzeugt, dass die im neuseeländischen Parlament das bis heute nicht durchschauen. Denn die wollen noch immer mehr und mehr Investoren ins Land holen. Es ist unglaublich!

Wenn Sie das mal in Ruhe durchdenken werden sie erkennen, dass die Politiker damals die Souveränität des Landes verkauften. Es wäre heute oder morgen früh ein leichtes, die Kiwis wieder unter Druck zu setzen. Man müsste nur die Zinsen für die Auslandsschulden erhöhen oder die Kredite aufkündigen. Oder wieder die

Währung manipulieren. So einfach? Ja, so einfach. Daher die stillschweigende Übereinkunft in der Gesellschaft in Neuseeland: Besser für alle, wenn man nicht darüber spricht. Diese Diskussion findet daher in den Medien nicht statt.

In den letzten Wochen (Mai 2019) wurde die zweitgrößte Milchgenossenschaft an Chinesen verscherbelt und die größte Speiseeisfabrik nach Europa. Viel bleibt nicht mehr zu verkaufen. 70 % der Wälder sind weg. Selbst wenn die mehr Häuser bauen wollten, wo nehmen die das Holz her? Denn die ausländischen Eigentümer wollen doch exportieren. Exportieren, wirklich? Na, da kann man eben nichts machen... Die Kiwis nehmen das alles gelassen hin, blicken wahrscheinlich nicht durch. Wollen gar nicht durchblicken.

Warum auch so düstere Vorhersagen in die Welt setzen. Lasset uns das Leben genießen. Lasset die Emotionen der Freude in riesigen Wogen über das Land schwappen. Enjoy life! Das war die lockende Botschaft im Jahre 1984. Das ist die verlockende Dummheit heute im Jahre 2019.

Und so geschah es, dass erst einmal der Aktienmarkt von seinen Fesseln befreit wurde, zum ersten Mal in der Geschichte des Landes. Können Sie sich die Erregung der ohnehin spiel- und spekulationshungrigen Kiwis vorstellen? Da hatte man doch schon die 20 % Gewinn bei den Devisen eingesteckt. Und jetzt ging es mit dem Kohle scheffeln einfach so weiter. Ein Wunder, ein richtiges Wunder fiel segensreich über das Land: Die Kurse stiegen, dass es eine Wonne ward. Die Börse brummte. Und hörte gar nicht mehr auf zu brummen. Oh, der Champagner floss in Strömen, und die besoffenen Neuseeländer kamen aus dem Staunen gar nicht mehr heraus. So macht man das also. So also wird man reich. Warum schwer schuften, wenn man so leicht Geld verdienen kann? Jeder, der Geld erübrigen konnte, spielte mit im Kasino. Und sie pumpten sich Geld. Die Banken waren happy. Eigentlich waren sie alle happy im Lande. Wie gesagt, es war der erste Rausch dieser Art in der Geschichte von Neuseeland. Man hatte einfach keine Ahnung was da ablief, aber egal, die Freunde und Bekannten machten alle soviel Geld. Wer wollte da schon abseits stehen? Man musste doch wirklich dumm sein, hier nicht mitzumachen. Alle schwärmten vom Kapitalismus. Nun, es kam natürlich wie es kommen musste. Eines Tages zog jemand an der Reißleine. Die Profis sackten ihr Geld ein. Geld an der Börse macht man nur im Wechselspiel von Hausse und Baisse. Es muss irgendwann mal nach unten gehen. Und das taten die Kurse auch ganz brav. Sie stürzten ab, immer und immer tiefer. In keinem Land der Erde fielen damals die Kurse tiefer als in Neuseeland. Am Ende blieben nur noch etwa 40 % des Höchststandes. Das Spiel war erst einmal aus. Die Verlierer mussten nun die Rechnungen bezahlen. Für die Reichen. Lektion Nummer eins. Willkommen im Raubtierkapitalismus.

Nicht nur die Börse wurde von ihren Fesseln befreit. Vor allem die Banken mussten natürlich befreit, sprich privatisiert werden. Wegen des freien Flusses des Geldes. Sonst konnte das ganze System ja nicht funktionieren. Die total durchgeknallten Politiker waren dafür. Ja, Freiheit, Freiheit, Freiheit. Freie Marktwirtschaft. Globale, freie Marktwirtschaft. Man wollte ja nicht als Trottel dastehen. Von Wissen völlig unbelastet, redeten und redeten und redeten sie. Ja, reden, reden konnten sie alle, und dass klang so richtig beeindruckend. Sie lernten ein paar abgefahrene neue Worte. Die Leute kamen aus dem Staunen gar nicht mehr heraus. Wer wollte da schon wagen, ein paar simple dumme Fragen zu stellen?

Der Premierminister damals, David Lange, hatte deutsche Vorfahren. Leider half das in diesem Falle nicht. Er bekannte öffentlich: „Ich habe von Finanzen keine Ahnung, und darauf bin ich stolz. Ich will nur daran erinnern, dass Stalin einst diese Art von Leuten hat erschießen lassen.“ Das sagte der tatsächlich. Sie und ich, wir fassen uns an den Kopf. Als der gute Herr Lange dann endlich durchblickte, das böse Spiel durchschaute, da wandte er sich enttäuscht ab von seinen ehemaligen Freunden, die ihn nur für ihre pekuniären Zwecke missbraucht hatten. Er feuerte sogar seinen Finanzminister, der ihm das alles eingebrockt hatte. Aber die Partei holte den Mann zurück. Da warf Lange das Handtuch. Zu spät. Übrigens, Sie werden nie darauf kommen, welche Partei damals am Ruder war und auch den Premierminister, eben unseren Herrn Lange, stellte. Wer hat uns verraten? Es ist schon fast komisch, dass der Wahnsinn unserer Tage sich überall auf Erden zu wiederholen scheint. Die Labourpartei zog das alles durch.

Drei Jahre später, bei der nächsten Wahl, ging sie zähneknirschend in sich, bekannte: „Mea culpa“ und versprach Besserung. Die Bevölkerung wollte ihnen, in einem Zustand geistiger Umnebelung, noch eine zweite Chance geben. Wie so ein Volk eben ist. Es wurde leider noch viel schlimmer. Jetzt ging es so richtig los. Der Ausverkauf des Landes wurde professionell vorangetrieben. Trotzdem stiegen die Auslandsschulden weiter. Und stiegen und stiegen und stiegen...

Bitte lachen Sie nicht. Können Sie mir erklären, wie ein deutsches Volk über viele Jahre in ein geistloses Gesicht schaut und dieses geistlose Gesicht wählt? Leute, habt ihr jede Sensibilität für Menschen verloren. Wie könnt ihr das nicht sehen?

Als 1990 die Bevölkerung tatsächlich die Nase von der Labourpartei voll hatte, votierte sie für die Nationalpartei. Das ist so etwa die „CDU“ von Neuseeland. Also „National“. Half das? Nein, die machten gerade mal da weiter wo Labour aufgehört hatte. Die armen Bürger konnten wählen was sie wollten. Es gab nichts mehr zu wählen. Das war alles eine Sauce. Die Politiker spielten keine Rolle mehr. Das Wort von diesen Wesen war keinen Pfifferling mehr wert. Wenn es keine Alternativen mehr gibt in der Demokratie ist die Demokratie am Ende. Korrekt? Von nun an ging es bergab in Neuseeland. Nun, natürlich nicht für alle.

Ich will Ihnen die Einzelheiten ersparen. Sonst wird es langweilig. Man hätte damals halt eine spezielle Polizeieinheit aufstellen müssen, die dann am Flughafen jeden ankommenden Passagier kassierte, der sich Investor oder Consultant nannte. Und alle mit dem nächsten Flug sofort wieder aus dem Lande schmeißen. Das wäre wohl die einzige Möglichkeit gewesen, um dem Wahnsinn Einhalt zu gebieten.

Eine Gesellschaft, in der ehrliche Arbeit geschätzt und belohnt wurde, eine Gesellschaft, in der Kooperation, Zusammenarbeit die Gemeinschaft zusammenhielt, wandelte sich in eine Gesellschaft von gnadenloser Konkurrenz von Jeder gegen Jeden, in der nur noch das Geld als Maßstab Anerkennung fand. Haste was dann biste was. Kennen Sie doch, nicht wahr? Viel haben, wenig sein.

Ich muss dabei immer an unsere armen Mitbürger aus der DDR denken, die die Geldsäcke aus dem Westen damals gnadenlos ausbeuteten. „Wie..., Brüder und Schwestern? Es geht ums Geschäft, Kohle machen... Das werden die noch lernen.“

Wie hatte man sich damals im Westen über die Menschen im Osten lustig gemacht: „Stell dir vor, da hat doch der Rohwedder tatsächlich behauptet, die Betriebe im Osten seien 300 oder 400 Milliarden wert... Na, jetzt haben sie ihn ja ausgeknipst, und siehe da, auf einmal läuft das ja alles mit der Wiedervereinigung ganz prima. Selbst unsere Banken haben die Gerichte überzeugt, dass Schulden Schulden sind, für die zahlt jeder anständige Mensch Zinsen... und dann..., überhaupt..., man muss denen einbläuen, dass die dumme Ausrede von Volksvermögen bei uns nicht zieht. Und da haben die Banken auch richtig zugelangt. Muss man schon den Hut ziehen vor soviel Frechheit. Der Kohl hatte natürlich keine Ahnung. Dem ging es nur um Ruhm und um die nächste Wahl. Demnächst geht den letzten Idealisten im Osten die Luft aus, dann nehmen wir die noch ein wenig mehr in den Schwitzkasten, und der Rest ergibt sich wie von ganz alleine, wirst schon sehen...“

Ja, so war das damals. Die vom Kapitalismus total versauten Westdeutschen hatten inzwischen verlernt, sich zu schämen. Selbst das Grundgesetz wurde den Regeln des Kapitalismus angepasst. Ohne dass sich jemand groß aufregte. Nun, das musste auch so kommen, ich meine, das mit dem Ändern des Grundgesetzes. Von wegen keine Auslandseinsätze der Bundeswehr. Das ist doch nicht pur kapitalistisch durchdacht. Denn nichts ist profitabler als Krieg. Klar, ist nicht schön. Aber hoch profitabel. Und daher hat es bisher noch nie ein richtiger Politiker gewagt, da zu kneifen. Sogar der Dauerschwätzer Schröder und der liebe, grüngiftige Joschka Fischer haben mitgemacht. Die wollten wohl nicht so enden wie der Rohwedder oder der Herrhausen. Kann man auch irgendwie verstehen.

Der Altbundeskanzler Helmut Schmidt hatte sich ja damals, Sie erinnern sich, der hatte sich bei dem „Zeit"-Interview absichtlich verplappert und doch tatsächlich behauptet, dass der Staat die schlimmsten Terroristen beschäftigt. Das darf man nicht mal laut denken. Mein Gott, wenn der Mann Recht hätte...

Aber lassen wir das Thema ruhen.

Übrigens, wie bereits erwähnt, es gibt bis heute keine Kapitalgewinnsteuer (capital gains tax) in Neuseeland. Ehrliche Arbeit muss doch belohnt werden. Steuerfrei! Sie müssten mal den Schwachsinn lesen, der hier in den Zeitungen steht, um dieses Paradies der Spekulanten zu erhalten. Es gibt zwar auch einige Verrückte, die tatsächlich behaupten, ein Dollar Einkommen sei ein Dollar Einkommen, egal wo der herkommt der Dollar, und der müsse entsprechend besteuert werden. Aber wer hört Verrückten schon zu?

Und wer schert sich schon um Realität? Schon gar nicht im Jahre 1984 in Neuseeland. Die wichtigste Quelle des „Reichtums" in Neuseeland war und ist, wie schon immer, die Landwirtschaft. Folglich überließ man die Bauern erst einmal sich selbst. Das war die neue Logik. Alle bisher üblichen Subventionen wurden über Nacht gestrichen. Neue Bewässerungsprojekte mussten sie jetzt selbst bezahlen, obwohl der Staat Hilfe versprochen hatte. Die Zinsen stiegen bis auf 20 %, 30 % für ihre Kredite. Die Preise auf den Weltmärkten gingen in die Knie. Der Bauer hatte keine Chance. Er musste verkaufen. An die Jungs, die sich durch Nichtstun und Spekulation ein Vermögen verdient hatten. Hunderte von Bauern nahmen sich das Leben. Nein, der Bauer hatte nichts falsch gemacht. Er wurde schlicht und einfach geopfert auf dem Altar des Kapitalismus. So wie viele Kinder heute, hier in Neuseeland und überall auf der Welt. Moral, Ethik, Verantwortung, simple Humanität spielen keine Rolle mehr. Natürlich hat Neuseeland die Ressourcen, um jeden einzelnen Menschen hier ausgezeichnet zu ernähren. Und für jede Familie ein anständiges Haus in dem großen Land zu bauen sollte auch kein Problem sein. Aber anscheinend rechnet sich das nicht für bestimmte Leute.

Gestatten Sie mir bitte, dass ich Ihnen ein paar Zitate aus dem Buch von Neal Wallace „When the Farm Gates Opened – The Impact of Rogernomics on rural New Zealand" vorlege:

„... and a cloud of helplessness descended on rural New Zealand. Some responded with denial, some became depressed, some knuckled down and found solutions, and some gave up... A small number who couldn't cope did the unthinkable and took their own lives." (... eine Wolke der Hilflosigkeit kam über die ländlichen Gebiete Neuseelands. Manche wollten die Wirklichkeit nicht wahr haben, manche wurden depressiv, manche bissen die Zähne zusammen und fanden Auswege, und manche gaben auf... Eine kleine Anzahl, die mit dem für sie undenkbaren nicht zurechtkamen, beging Selbstmord)

„On one occasion, for example, Ministry of Agriculture and Fisheries staff asked Beverly to sit with a farmer's wife while they destroyed emaciated farm stock. The wife had been oblivious to the fact that animals on the family farm had been starving to death: paralysis from shame, fear and worry had prevented her husband from arranging feed for them, making decisions to sell them or talking about his problems. While Beverly sat with the wife in the homestead, the air was peppered by the noise of gunshots as the animals were put out of their misery." (In einem Fall baten die Angestellten des Landwirtschaftsministeriums Beverly, bei der Frau des Bauern zu bleiben, während sie die abgemagerten Tiere töteten. Es war der Ehefrau entgangen, dass Tiere auf dem Hof verhungerten. Der Ehemann war durch Scham, Angst und Sorge wie gelähmt und sein Zustand hatte verhindert, dass er sich um die Tiere kümmerte, sie verkaufte oder mit anderen über seine Probleme sprach. Während Beverly bei der Frau im Haus sass hörten sie die Schüsse aus den Gewehren, die die Tiere von ihrem Elend befreiten)

„On one occasion she saw a boy coming home from school in the middle of winter with his shoes tied together around his neck. The shoes were too small but the family did not have money to replace them." (Einmal sah sie, mitten im Winter, einen Jungen von der

Schule nach Hause gehen. Er trug die zusammengebundenen Schuhe um den Nacken. Die Schuhe waren zu klein, aber die Familie hatte kein Geld, um sie zu ersetzen).

Neuseeland in den 80er Jahren des 20. Jahrhunderts. Neuseeland Anfang des 21. Jahrhunderts. Wenig hat sich verändert. Die lassen Menschen verrecken für eine Hand voll Silber. In einem reichen Land. Diese Verbrecher!

Was ist der Wert eines Menschenlebens? Es kommt darauf an. Wenn Sie in den U.S.A. im Privatgefängnis schmoren beträgt ihr Wert etwa 50,000 Dollar im Jahr. Soviel muss der Staat an das Privatgefängnis pro Einwohner zahlen. Das rechnet sich großartig. Ein Privatgefängnis haben wir übrigens in Neuseeland auch. Man will doch nicht den Fortschritt verpassen. Wir haben sogar jetzt Schulen, die von privaten Investoren gebaut und betrieben werden. Ja, tatsächlich. PPP: public-private-partnerships. Der letzte Schrei. Diese Art von Investoren planen, bauen und betreiben die ganze Infrastruktur im Lande, wenn Sie das gerne möchten. Alles, alles, aber auch wirklich alles privatisiert! So sieht das Geschäftsmodell der Zukunft aus. Der Schein heiligt die Mittel. Mehr Schein als Sein. Virtual Reality: It is not what it looks like. It is not what it looks like. It is not what it looks like? Ja, genau. Der Schein trügt. Aber Sie mögen diesen Schein, oder? Ist doch so schön, sich einzureden, dass alles ganz großartig sei. „Wir haben doch Freiheit. Und dann haben wir auch noch Demokratie. Ja, wirklich, wir müssen doch zufrieden sein. Es könnte alles viel, viel schlimmer kommen. So wie in Afrika oder in Indonesien. Uns geht es doch gut." Das ist dieser berühmte Spruch. Den kennen Sie auch aus Deutschland. Angela Merkel O-Ton: „Deutschland geht es gut. Und das ist ein Grund zur Freude." Na klar, Mädchen, hast du toll gemacht. Komm, hier ist ein Zuckerl."

Haben Sie von dem „Wellbeing Budget" gehört, also einem Wohlsein Budget? Das ist der neueste Schrei von Volksverarschung. Wahrscheinlich von irgendeiner Denkfabrik ausgeheckt. „Wellbeing Budget" haben wir jetzt auch in Neuseeland. Das Thema verfügt über einen eindrucksvollen, langfristigen

Unterhaltungswert. Mal ehrlich, das ist doch herzerwärmend schön, dass sich Politiker jetzt endlich nicht nur um schnöde Zahlen kümmern, sondern mehr den Bürger selbst im Zentrum ihres Denkens und Handelns erkennen. Das hatten wir doch noch nie. Nun, nach dreihundert Jahren Kapitalismus wird es wohl auch höchste Zeit. Aber ich hätte da mal eine Frage: Wird der „Wellbeing Budget" eine Kartoffelpflanze mehr aus dem Boden sprießen lassen? No? No! Es ist ein erbärmlicher Trick, die Verpackung schöner aufzubereiten. Obwohl genauso viel oder weniger oder gar nichts in der Verpackung steckt. Mogelpackung halt. Marketing eben. Wie Sie wissen kann man jahrelang als Politiker über so etwas reden. Das Ding sollte doch problemlos 10,000 Stunden Unterhaltung wert sein. Mindestens. Und absolut nichts kommt dabei raus. Kann und darf auch nichts dabei herauskommen. Zumindest nichts, was den Bürgern hilft. Oder fällt Ihnen eine einzige große Tat irgendeines Politikers irgendwo auf der Welt ein, der das in den letzten Jahren geschafft hat? Sagen Sie es mir, bitte, bitte, bitte.

Wellbeing Budget. Das wird eine ganz famose Sache. Die Verwaltung von Armut unter dem Prinzip Hoffnung. „Es wird halt schon noch ein wenig dauern, Geduld bitte. Aber, ganz sicher, wir arbeiten dran." Wenn ich dem Geschwätz der sicherlich lieben Frau Ardern durchaus wohlwollend zuhöre, überkommt mich immer und immer und immer wieder der widerspenstige Eindruck: Die Frau hat von Tuten und Blasen null Ahnung. Die schwafelt: „Bla, þla, bla..." Aber die Leute nehmen ihr das ab. Es klingt doch alles irgendwie vernünftig. Und ist sie nicht ein liebes Frauchen? So sympathisch. Und das Baby! Wer fragt da schon nach Substanz? Die Menschen reagieren lieber auf Emotionen und basteln sich Ausreden.

Denn das menschliche Gehirn ist ein Meisterwerk. Es findet dämliche Ausreden in jeder Situation. Garantiert. Es kann auch jeden Schwachsinn rechtfertigen. Mit Gründen, die so vernünftig klingen, dass selbst der größte Zweifler auf den Weg der neuen Erkenntnis geführt wird und mit sich selbst in Frieden leben kann. Zumindest für eine gewisse Zeit. Bis er wieder Hilfe braucht. Es bleibt doch trotz allem immer so ein gewisses schwammiges Gefühl von Unbehagen. Sollte vielleicht doch nicht alles so großartig sein wie uns eingeredet wird? Na, come on, kann ja wohl nicht sein. Schau, was gibt es heute Abend im Fernsehen? Amüsiere dich. Du denkst zu viel. Das ist nicht gut. Das ist überhaupt nicht gut. Denk an deinen Blutdruck. Und..., wie soll ich sagen..., du kannst doch sowieso nichts ändern. Wenn die nächste Wahl ansteht, dann..., dann kannst du es denen da oben mal richtig zeigen. Aber bis dahin: „Lieb Vaterland, magst ruhig sein." Obwohl, das mit dem Vaterland kann man heute ja auch nicht mehr so sagen. Das sagt man einfach nicht mehr, oder? Es gibt eben Leute im Lande, die kürzlich hier eingetroffen sind und dann gibt es Leute, die schon längere Zeit hier wohnen. Und damit hat es sich. Sehen Sie, Frau Merkel, wir haben das kapiert. Wir sind wirklich so doof wie Sie denken. Und auch die anderen wichtigen Botschaften haben wir brav verinnerlicht. Na klar, wir sind doch heuer eine Weltgemeinschaft. Die smarten Politiker reden von a new world order. Der alte Busch konnte damit überhaupt nicht aufhören, konnte gar nicht genug kriegen von seiner new world order. Eine neue Weltordnung. Ja, ja. Eine neue Zeit. Darum geht es.

Auch in Neuseeland ist die Regierung schwer dafür. Dem Wahnsinn werden weltweit Türe und Tore geöffnet. Das ist die inoffizielle Definition von Freihandel unserer Tage. Vernunft pur: Zollfrei Äpfel von Neuseeland nach Deutschland karren. Dabei haben die angeblich selbst Äpfel in Deutschland. Aber eben nicht aus Neuseeland. Also rauf auf diese großen Schiffe und dann lasst uns doch mal sehen, ob wir die Umwelt nicht doch noch mal so richtig versauen können. Warum? Nun, weil die in Deutschland unbedingt Äpfel aus Neuseeland essen wollen. Oder all den anderen Kram, den sie ebenfalls selbst haben oder haben könnten. Oder zumindest aus einem der Länder in der Nachbarschaft.

Die Chance, dem Homo Sapiens wieder etwas Vernunft einzubläuen ist längst vertan.

Früher war Neuseeland eine Kolonie der Engländer. Heute ist das Land eine Kolonie des internationalen Finanzkapitals. Das internationale Finanzkapital, die treibende Kraft hinter der Bewegung der Globalisierung, strebt in letzter Konsequenz die Weltherrschaft an. In deren Denken existieren Länder nicht mehr. Es ist also nicht leicht, auszumachen, wo die entscheidenden Leute hocken. Und das, das ist ganz bewusst so organisiert. Niemand in der Öffentlichkeit, als Vertreter dieser Mafia, ist verantwortlich. Und die wirklich Verantwortlichen sind nicht mehr greifbar. Daher: Selbst, wenn die Kiwis sich entscheiden sollten, zu den Mistgabeln zu greifen und eine Revolution zu starten, wird es sofort zu ernsthaften Problemen kommen. Warum? Man kann die Ganoven nun mal nicht so leicht aufspüren. Die sind überall und nirgends. Und vor allem nicht in Neuseeland.

Elf Jahre nach den Ereignissen von 1984, im Jahre 1995 also, schrieb einer der Politikberater, Peter Keenan, rückblickend in einem Artikel: „Children should be marching in celebration in the streets, chanting the praises of the great helmsman, and carrying placards reverentially displaying the faces of Douglas, Richardson and Birch." (zitiert aus „The Hollow Men" by Nicky Hager, Page 57). Auf deutsch: „Kinder sollten feiernd in den Straßen marschieren, sie sollten dabei Lobeshymnen auf den großen Steuermann singen und Schilder mit den verehrten Gesichtern von Douglas, Richardson und Birch tragen." (den drei Hauptpersonen des wirtschaftlichen Umsturzes).

Wenn ich solche Worte lese oder höre von Menschen, die Schulen und Universitäten durchlaufen haben, dann frage ich mich nach dem Sinn von Bildung überhaupt in unserer Gesellschaft. Diesen Wesen scheint eine wesentliche Dimension von Menschlichkeit vollkommen abhanden gekommen zu sein. Und leider, leider haben wir es zugelassen, dass diese Wesen in einflussreichen Positionen die Welt regieren helfen. Sie und ihre Helfershelfer vergiften momentan das Karma auf Erden mit einer Denkweise, die Mensch gegen Mensch kämpfen sieht, anstatt dass sie in Eintracht und Liebe gemeinsam den Lebensweg durchschreiten.

TEIL III

DAS NEUSEELAND DER GEGENWART

Ein Land vollgestopft mit Apathie und Resignation und Ignoranz und Illusionen

Nationalsport Nummer I: Das Jagen nach dem nächsten Dollar

Nationalhymne: „Haste was, dann biste was“

Eine Nation von Gewinnern und Verlierern, in der sich die einen nicht um die anderen kümmern. Eine Nation, die von der Droge „Schulden“ abhängt und davon, dass genug Fremde Geld ins Land bringen, entweder als Touristen oder als Einwanderer.

Ist Neuseeland eine Demokratie?

„Niemand ist hoffnungsloser versklavt als der, der fälschlich glaubt, frei zu sein“
Johann Wolfgang von Goethe

Das Verdikt dieses Autors: Neuseeland ist eine Kolonie, die zum Ausverkauf auf den freien Märkten angeboten wird. Unter dem Schein von Souveränität. Das ist der notwendige Trick, um das Volk nicht aufzuwecken in seinem Freiheitsrausch.

Frage: Darf diese angebliche Kolonie bis zum Ende des totalen Ausverkaufs zumindest den Trostpreis einer richtigen Demokratie für sich beanspruchen?

Well, kein Land auf Erden ist eine Demokratie. Also kann die Antwort nur lauten: Nein! Dasjenige Land auf Erden, das einer Demokratie am nächsten kommt, ist wohl nach wie vor die Schweiz. Etwa 75 % der Schweizer unterstützen ihre Regierung. Und falls die Regierung nicht spuren sollte, können die Schweizer durch eine Volksabstimmung direkt ins Regieren eingreifen. Vorgabe: Die Schweizer müssen 50,000 Unterschriften innerhalb von 100 Tagen sammeln. Dann können sie zu jedem Problem eine Volksabstimmung erzwingen. Deren Ergebnis ist bindend. Bindend! Das klingt doch schon mal nicht schlecht.

In Neuseeland gibt es auch Volksabstimmungen. Zu Lappalien. Wie zum Beispiel zur Frage: Soll Neuseeland eine neue Fahne bekommen oder nicht (die Mehrheit entschied für ein Beibehalten der alten Fahne). Demnächst könnte auch über den Gebrauch von Marihuana abgestimmt werden. Also, alles Dinge, die den Schein von Demokratie vorspielen sollen, ohne allerdings das System als solches jemals in Frage zu stellen. Wählen können Sie in Neuseeland natürlich auch. Und wie in fast allen sogenannten Demokratien spielt es keine Rolle, welche Partei sie da wählen. Es wird sich nichts Wesentliches ändern. Wie gesagt, die große soziale Umwälzung im Jahre 1984 wurde von der Labour-Partei durchgeführt. Die taten das gegen die Interessen ihrer eigenen Wähler. Und kamen damit durch. Der Schröder in Deutschland fabrizierte ja mit Agenda 2010 ein ähnliches Wunder. Sogar die Opposition war happy, so happy, dass die später einfach so weiter machten. Man nennt das Realitätsverweigerung. Ein globales Phänomen, wobei man tatsächlich, nach Analyse der Gegebenheiten in einer Reihe von Ländern, nicht umhin kommt, zu erkennen, dass das Gespenst von „the new world order“ längst in den Köpfen aller Herrschenden herrscht. Ergo: Diese Regierenden sind austauschbar. Daher mein Vorschlag: Wie wäre es, wenn wir Frau Ardern mal eine Zeit lang nach Deutschland ausliehen und wir bekämen dann im Gegenzug Frau Merkel. Das hätte doch richtig Unterhaltungswert.

Als Realityshow, gleich nach den Kardashians, zur besten Sendezeit im Fernsehen. Was meinen Sie?

Definition Demokratie: Demos gleich Volk. Kratos gleich Herrschaft. Herrscht in Neuseeland das Volk? Sagen wir mal, das Volk wird durch den Einsatz von wohl dosierten Emotionen geführt. Wie sich das sehr schön an dem in diesem Falle außerordentlich passenden Bild von dem Schäfer und den Schafen aufzeigen lässt. Und die Neuseeländer sind wirklich ganz brave Schafe. Da muckt so schnell keiner auf. Die Schmerzgrenze liegt sehr hoch.

Sorry, but no democracy in NZ!

MMP (Mixed-Member-Proportional-System) oder der letzte Akt vom endgültigen Abgesang der Demokratie

Dieses 1996 eingeführte Wahlsystem ist mehr oder weniger von dem deutschen Wahlsystem abgekupfert. Sie kennen das also: Ein Teil der Abgeordneten wird direkt in das Parlament gewählt. Der andere Teil gerät über die Parteilisten ins Parlament. Ganz einfach. Und wie in Deutschland hat man in Neuseeland ähnliche Probleme bei der Bildung von Regierungen. Eine Mehrheit von über 50 % für eine einzige Partei zu erreichen ist sehr schwierig. Also bilden sich Koalitionen, Leute kommen zusammen, die eigentlich nicht zusammengehören. Kompromisse werden eingegangen. Es wird viel geredet. Entscheidungen, vor allem bei kontroversen Themen, sind Mangelware. Die richtig wichtigen Probleme werden nicht mehr gelöst. So verkommt das Parlament zur Quatschbude. Das Ansehen der Politiker verzeichnet zusehends neue Minusrekorde. Es gilt nach wie vor die unantastbare, heilige Regel von der Unverletzbarkeit des politischen Systems. Daran darf und daran wird sich nichts ändern. Welche Spielart nun innerhalb des Systems die Leute unterhält ist völlig irrelevant.

Früher fanden Sie in der Politik in Neuseeland gestandene Männer und Frauen, die sich bereits im Leben bewährt hatten. Nur wenige von denen hatten eine höhere Schulbildung. Die hatten sich selbst ausgebildet, hatten viel gelesen und viel an persönlichen Erfahrungen mitgebracht. Heute sitzen im Parlament vor allem stromlinienförmige, studierte Politiker, perfekt angepasst, von Beratern umgeben, die Ihnen empfehlen, welche Meinung es aktuell zu vertreten gilt und wie man es schaffen kann, die Wahl zu gewinnen, welche Themen im Volk angeblich wichtig sind und wie man die Macht erhalten kann.

Bei den letzten Wahlen erhielt die National Party zwar die relative Mehrheit der Stimmen, es reichte allerdings nicht zum Regieren. Die sich dann ergebene Koalition von Labour/Green/NZ First hatte niemand der Wähler gewählt. Aber so ist halt Politik heutzutage. Die Parteien entscheiden, wer zur Wahl steht und die Parteien entscheiden, wer regiert. Die Idee vom „Stimmvieh" ist vielleicht ein wenig überzogen, aber da ist doch zumindest was dran. Was meinen Sie?

Der Wahlausgang ist also nicht entscheidend, da der Wähler in der anschließenden Kungelei in der realen Welt keinen Einfluss ausüben kann. Richtigen Einfluss haben andere Leute. In einem Ihnen bekannten drastischen Beispiel kann man die Irrelevanz der Wähler in den heutigen Demokratien demonstrieren. In Brüssel agieren etwa 30,000 nicht gewählte Lobbyisten, die die EU Angestellten bearbeiten, um ihre Interessen durchzuboxen. Die meisten dieser EU Angestellten (einschließlich von dem Herrn Jean Claude Juncker) sind auch nicht gewählt. Jemand hat die da hingesetzt, und jetzt verhalten die sich als gehöre ihnen die Welt. Etwa 80 % der Gesetze in Deutschland kommen aus Brüssel. Sorry, ich muss schon wieder die Frage stellen: Das soll Demokratie sein?

In Deutschland schreibt das Grundgesetz das Prinzip der Subsidiarität vor, das heißt, dass auf der unterst möglichen Ebene über Probleme entschieden werden muss. Eigenverantwortung der Gemeinden ist angestrebt. Nur Probleme, die nicht im Rahmen der Gemeinde gelöst werden können, werden an die nächst höhere Instanz weitergereicht. Die EU hat teilweise das Grundgesetz ausgehebelt. Aber wen stört das schon?

Ähnliche Probleme haben wir auch in Neuseeland. 85 % der Einnahmen für den Staatshaushalt werden von der Regierung in Wellington verteilt. Selbst die bei weitem größte Stadt Auckland muss regelmäßig, mit der Mütze in der Hand, in Wellington um Geld betteln. Da hat sich eine Bürokratie entwickelt, die das Land fest im Griff hat. Was ja von den Bürgern oft unterschätzt wird. Wir sehen nur die Politiker. Aber dahinter steht eine mächtige Bürokratie, die auch nach der nächsten Wahl noch immer ihren Einfluss ausüben wird. Der Sachverstand sitzt in den Ministerien oder in den Büros der angeheuerten, nicht gewählten Experten, jedoch selten in den Köpfen von Politikern.

Dazu kommt noch, dass Gemeinden in immer größere Einheiten zusammengefasst werden, wodurch der Kontakt der Bürger zu Entscheidungsträgern selbst auf unterster Ebene sehr erschwert wird. Und das in einem kleinen Land wie Neuseeland, wo doch Transparenz und Gemeinschaft wesentlicher Teil der Verwaltung sein sollten. Der Bürger wird so weit wie möglich ausgegrenzt. Die Technokraten übernehmen die Verwaltung des Lebens. Wobei soviel wie möglich privatisiert werden soll. Aber die Leute von den Public-Private-Parnterships hat ja auch niemand gewählt.

So zerrinnt langsam, aber stetig den Bürgern die Kontrolle über ihr eigenes Land zwischen den Fingern. Sie können nicht mehr viel festhalten. Das Wohl der Gemeinschaft steht nicht mehr an erster Stelle der Liste der Prioritäten. An erster Stelle steht das Geld. Alles wird kommerzialisiert. Das bedeutet letzten Endes, dass Gewinn verdient werden soll. Und dieser Ansatz von privatisieren und Gewinn maximieren hat natürlich mit dem Prinzip der Vollversorgung der Bürger durch öffentliche Dienste nicht mehr viel zu tun. Die Gemeinschaft wird durch kommerzielle Interessen gemolken. Der Staat als Beute. Und alle Parteien sind dafür. Alle!

Ergo: Sie können sich heutzutage dumm und dämlich wählen. Es ändert sich nichts. Weil das System von allen Parteien getragen wird. Das System ist unantastbar. Erinnern Sie sich an das alte Prinzip: „Alles muss sich ändern, damit sich nichts ändern muss." Es muss halt nur so aussehen, als ob es um Wandel geht. Nein, Alternativen werden überhaupt nicht mehr angeboten. Ob Sie SPD oder CDU wählen ist doch gehupft wie gesprungen. Das ist genauso in Neuseeland.

Die großen Probleme werden nicht mehr gelöst. Vor allem nicht das aktuellste Problem, die Armut immer grösser werdender Teile der Bevölkerung. Der Schandfleck unserer Zeit: Die Kinderarmut. Wie kann es denn sein, dass in einem Land, das sich als „God's own Country" preist, in dem es alles, was der Mensch zum Leben braucht, im Überfluss gibt, wie kann es denn sein, dass in diesem Land Kinder hungrig zur Schule gehen? Was für eine Schande! Die Gemeinschaft müsste doch unbedingt eingreifen, um diesen Überfluss gerechter zu verteilen. Dabei geht es nicht um Gleichmacherei. Sollen die Reichen ruhig ihre vielen Jachten hier in Neuseeland behalten. Es geht lediglich um Anstand. Die Würde des Menschen..., jedes Menschen.

Soziale Probleme heutzutage in Neuseeland

„Ich habe lediglich eine einzige Frage an Sie: Wie konnte es geschehen, dass aus jenen wunderbaren Kindern diese Menschen wurden?"
Hans-Jürgen Geese

In Deutschland erkranken jedes Jahr etwa 500,000 Menschen an Krebs. Die dringendste Notwendigkeit in der Gesellschaft besteht darin, zu erkennen, dass es sich bei Krebs meistens um ein Symptom handelt. Um ein Symptom. Der Krebs ist nicht das eigentliche Problem. Sie könnten ähnliches auch über Depressionen sagen, die sich wie eine Epidemie unter den Völkern ausbreiten. Eine Depression ist ein Symptom, ein Hilfsschrei der Seele. Der Mensch ist krank, weil die Gesellschaft krank ist, die ihm diese Krankheit aufgezwungen hat.

Es gibt viele verschiedene Ansätze, um das Elend dieser Welt zu erklären. Für mich besteht eines der Grunddebakel in Neuseeland darin, dass diese hochstudierten Politiker nicht einmal in der Lage sind, zwischen Kernproblemen und Symptomen dieser Kernprobleme zu unterscheiden. Zahlreiche Studien der Wissenschaft haben immer wieder belegt, dass die erfolgreiche Bekämpfung der

Armut eine drastische Reduzierung von Krankheit, Kriminalität, Obdachlosigkeit, Gewalt in der Familie, Bildungsdefizienz und vielen anderen Folgeerscheinungen von Armut bewirkt. Diesen Mechanismus zu erkennen ist, aus welchen Gründen auch immer, nur ganz wenigen Menschen gegeben. Aber ist das kompliziert?

Nehmen wir das Wohnungsproblem. In Neuseeland werden momentan akut etwa 90,000 Häuser benötigt. Die vorhergehende Regierung überließ das Problem den Kräften des Marktes. Diese Kräfte kümmerten sich um die einkommensstarken Menschen, die in der Lage sind, eine Million oder mehr für ein Haus auszugeben. Es gibt aber in Neuseeland nicht nur Millionäre. Die Einkommensschwachen blieben auf der Strecke. Man kennt das ja auch aus anderen Ländern. Die simple Erkenntnisse: Der Markt verlangt Geld für die auf ihm angebotenen Güter. Was aber geschieht mit den Menschen, die eben kein oder nicht genügend Geld haben? Was schlägt der Markt in solchen Fällen vor? Krepieren?

Vor und nach dem Wahlsieg der Labour Partei wurden all die Benachteiligten natürlich mit Versprechen überhäuft. Ein neues Programm für den Bau von Häusern wurde aufgelegt. Der Staat würde jetzt direkt in den Markt eingreifen und Häuser bauen, die selbst die Ärmeren sich leisten können. Nach einem Jahr hatte der Staat etwa 100 (in Worten: hundert) Häuser gebaut. Und wie der gute Wohnungsbauminister Phil Twyford am 23.Januar 2019 bekannt gab, wird leider aus den angepeilten 1,000 Häusern dieses Jahr nichts. Nicht mal die Hälfte wird er schaffen. Er spricht zuversichtlich von 300. Sein Plan: einhunderttausend Wohnungen in zehn Jahren. Stellen Sie sich das mal vor. Die fleischgewordene Inkompetenz. Gehen wir mal zur Inspiration ein wenig in die Geschichte:

Als im Jahre 1942 über 20,000 amerikanische Soldaten über Nacht ins Land kamen (die Aktion wurde geheim gehalten, um die Japaner nicht zu warnen), wurden Häuser für diese Soldaten innerhalb von 6 Wochen gebaut. Natürlich nicht der reine Luxus. Aber immerhin. Wenn Sie kein Dach über dem Kopf haben sinkt ihr Anspruch vorübergehend.

Im Jahre 2002 verkaufte Thyssen eine Stahlproduktionsanlage an die Chinesen. Die Chinesen schickten über 600 Leute nach Dortmund, um die Anlage abzubauen und dann in China wieder aufzubauen. Innerhalb von Wochen hatten sich die 600 Chinesen selbst auf dem Gelände in Dortmund eingerichtet. Die brauchten keine Hotels.

Im Jahre 1923 organisierte die Eisenbahngesellschaft hier in Neuseeland den Hausbau für ihre Leute selbst. Sie gründete eine Firma, die eine Art von Fertighäusern entwickelte, die in Einzelteile zerlegt am Wohnort ankamen und innerhalb von zwei bis drei Wochen zusammengesetzt wurden.

Es gibt in Australien eine Reihe von Beispielen, wie aus 40' Containern hübsche Bungalow-Wohnungen gemacht werden können.

Und dann gibt es natürlich Fertighäuser erster Qualität wie wir sie ja auch in Deutschland seit vielen Jahren bauen.

Wo also liegt das Problem? Neben der völligen Phantasielosigkeit und dem Mangel an Initiativen liegt das Problem in Neuseeland darin, dass die Regierung diese 100,000 Häuser in Zusammenarbeit mit dem privaten Sektor bauen will. Zu Preisen von Momentan um die 600,000 Dollar. Die Baugesellschaft will Geld verdienen. Der Makler will Geld verdienen. Die Bank will Geld verdienen. Es geht denen allen primär ums Geld verdienen. Die Regierung aber will so schnell wie möglich, so viele Häuser wie möglich, so billig wie möglich bauen. Hallo Politiker, beißt sich das nicht? Wenn da jemand im Ministerium den gesunden Menschenverstand eingeschaltet hätte, wäre ihm oder ihr schnell aufgegangen, dass sie sich da mit ihrem wunderlichen Programm auf den reinen Wahnwitz eingelassen haben, der den Regeln des gierigen Götzen Marktwirtschaft entspringt. Sollten die jemals 100,000 Häuser bauen, dann wird in der Zwischenzeit der Bedarf wahrscheinlich auf 200,000 Häuser gestiegen sein. Denn noch immer kommen jedes Jahr zwischen 50,000 und 70,000 Einwanderer ins Land. Da am 21. November 2020 schon wieder gewählt wird, könnte es sein, dass die momentane Regierung abgelöst wird. Dann wird eine neue Regierung mit ihren eigenen Ideen wieder bei Null anfangen. Und so weiter und so weiter und so weiter...

Nebenbei sei noch angemerkt, dass etwa 70 % der Wälder Ausländern gehören, die das geerntete Holz exportieren. In Neuseeland werden aber die Häuser aus Holz gebaut!!! Sie schütteln verständnislos mit dem Kopf? Was soll man da noch sagen? Der Schwachsinn in der Politik Neuseelands ist wirklich grenzenlos!

Die schiere Inkompetenz dieser Politiker ist einfach unglaublich. Die Regierung müsste selbstverständlich das ganze Bauprogramm selbst übernehmen und unter eigener Federführung und eigener Finanzierung von Anfang bis Ende durchziehen. So wie Ende der dreißiger Jahre des letzten Jahrhunderts. Das gab es alles schon mal. In den Bibliotheken stehen Bücher, die das alles en detail erklären. Ich weiß das, weil ich diese Bücher gelesen habe. So einfach? Ja!

Wem gehört Neuseeland? - Die Zahlen

(Quelle: CAFCA, Campaign Against Foreign Control of Aotearoa, eine Organisation, in der ich auch Mitglied bin, Stand: 2. Februar 2019)

„The bank hath benefit of interest on all moneys which it creates out of nothing."
William Paterson, der Mann, der die Königliche Genehmigung für die Bank of England im Jahre 1694 bekam. Im Jahre 1700 betrugen die Schulden Englands 12 Millionen Pfund. Im Jahre 1815 betrugen die Schulden Englands bereits die erkleckliche Summe von 850 Millionen Pfund. Heute betragen die Schulden etwa 1,8 Billionen Pfund. Die Zinsen darauf nähern sich 50 Milliarden Pfund pro Jahr.
Der gute William Paterson wird im Himmel jeden Sonntag freudigst ein Tänzchen aufziehen. Zu Tode lachen kann er sich ja nicht mehr. Wahrlich, Leute, wir werden von Idioten regiert. 320 Jahre sind vergangen..., 320 Jahre später geht dieser Wahnsinn noch immer weiter.

Von 1989 bis Marz 2018 stiegen die bekannt gewordenen Direktinvestitionen von Ausländern (Firmenkäufe) in Neuseeland von 15,7 Milliarden Neuseelanddollar (NZD) auf 117,6 Milliarden NZD.

Wenn man die Direktinvestitionen der Neuseeländer im Ausland von dieser Summe abzieht, verbleibt eine Netto Summe der Direktinvestitionen von 85,2 Milliarden NZD. Die Profite von diesen Investitionen fließen zum größten Teil aus dem Land, was zu einer zunehmenden Erhöhung der Auslandsverschuldung des Landes beiträgt. Gesamtprofit der ausländischen Investitionen im Finanzjahr 2017/18: 18,7 Milliarden NZD.

1989 wurden 19 % des Aktienmarktes von Ausländern kontrolliert, 2019: 50 %

Das Bruttosozialprodukt (BSP) von Neuseeland liegt etwas über 300 Milliarden NZD (etwa 170 Milliarden Euro).

Sie mögen sagen, dass die Zahlen nicht beunruhigend hoch seien. Aber zum einen zeigt sich ein beunruhigender Trend, zum anderen ist Neuseeland nicht Deutschland. Die Statistiken hier sind nicht vollständig. Die Datensammlung des Staates erfasst leider nicht die gesamte Wirklichkeit. Sie können zum Beispiel nicht erfahren, wie hoch der Anteil von Ausländern bei den Immobilien ist.

Auch bei den Landverkäufen ist die Statistik sehr lückenhaft.

Der Wert des kommerziellen Gesamtvermögens in Neuseeland beträgt 1,9 Billionen Neuseelanddollar. Momentan gehören davon etwa 22% Ausländern.

Es ist anzumerken, dass manche ausländische Investoren die neuseeländische Staatsangehörigkeit annehmen. Firmen, die sie kontrollieren, tauchen dann natürlich nicht in der Statistik als ausländische Investitionen auf.

Es ist anzumerken, dass bei PPP Projekten der Staat formal Eigentümer der Projekte bleibt und diese Projekte daher nicht in den Statistiken auftauchen, obwohl die Kontrolle und Finanzierung bei privaten, meist ausländischen Investoren liegt.

Frage: Ist Einwanderung gut oder schlecht für Neuseeland?
Nettoeinwanderung Neuseeland 2017: 72,400
Nettoeinwanderung Neuseeland 2018: 65,000

Diese 65,000 Einwanderer bringen Geld ins Land, kaufen Häuser, Autos und so weiter. Sie konsumieren. Sie belasten die Infrastruktur. Sie treiben die Preise für Immobilien in die Höhe. Aber sie treiben nicht die Produktivität nach oben. Einwanderer sind wie Drogen für Neuseeland. Neuseeland braucht kurzfristig das Geld der Leute, um zu überleben, aber die Wirtschaftskraft, die Produktivität der Wirtschaft steigt nicht. Neuseeland hat die niedrigste Produktivität aller westlichen Industrieländer. Das Land importiert und macht Schulden, da der Exportsektor nicht mit dem Import Schritt halten kann. Die Produktivität ist in den letzten 15 Jahren nicht gestiegen. Warum? Einfach: Es wird kaum noch in die Realwirtschaft investiert. 1984 wurden 24.5 % der Kredite in der Industrie investiert. 2017: Nur noch etwa 3 %. Die Wirtschaft ist völlig auf den Konsum ausgerichtet. Das ist leichtes Geld. Wie gesagt, man kann die Situation durchaus mit einer Sucht vergleichen. Wenn die Einwanderung zum Erliegen kommen sollte, wird die Wirtschaft zusammenbrechen.

Gewinne aus Kapitalinvestitionen werden nicht versteuert. Stellen Sie sich das mal vor. Neuseeländer haben ihr Geld in Immobilien investiert. Die Kiwis verkaufen sich gegenseitig Häuser bei steigenden Preisen. Oder sie verkaufen an die Immigranten. Again: Das ist leichtes Geld. Solch ein schönes Geschäftsmodell will man sich doch nicht kaputt machen lassen. Demzufolge haben Umfragen gezeigt, dass die Mehrheit der Neuseeländer gegen die Einführung einer Kapitalgewinnsteuer ist. Die unterstützen also, dass der Zocker an der Börse seine Gewinne einstreichen kann, ohne davon Steuern zu zahlen. Aber der Malocher zahlt.

Ein Dollar Einkommen ist ein Dollar Einkommen. Warum soll es da Unterschiede bei der Besteuerung geben? Demzufolge gibt es in fast allen entwickelten Ländern (einschließlich Deutschland) diese Kapitalertragssteuer.

Sogar bei unserem lieben Nachbarn Australien.

Aber zurück zu den Zahlen:

Im Jahre 2018 genehmigte das neuseelandische Amt „Overseas Investment Office (OIO)“ ausländische Investitionen in Höhe von 12,5 Milliarden Dollar. Es ist zu beachten, dass lediglich Investitionen in Firmen über 100 Millionen Dollar eine Genehmigung erfordern. Für Australien gilt der Betrag von 516 Millionen Dollar. Wie hoch die Gesamtinvestitionen von Ausländern im Jahre 2018 waren wissen wir also nicht. Meine Vermutung: Wir sollen das auch nicht wissen.

Noch einmal, die Datensammlung der Regierung weist beachtliche Lücken auf. Noch einmal: Wie kann es zum Beispiel sein, dass die Regierung nicht weiß, wie viele Immobilien Ausländern gehören? Vielleicht wollen die bei der Regierung aber auch einfach nicht diese Daten herausrücken, um nicht die Bevölkerung zu beunruhigen.

Das Endresultat , sozusagen die Rechnung am Ende des Jahres, ist jeweils die Höhe der Auslandsverschuldung. Diese Auslandsverschuldung (privat und öffentliche Hand zusammen) betrug im Jahre 1989 47,5 Milliarden NZD, 2018: 273,6 Milliarden NZD.

Die Verschuldung von Griechenland beträgt über 300 Milliarden Euro. Die Griechen sind nichts weiter als Schuldensklaven. Neuseeland ist auf dem besten Wege dahin. Was passiert, wenn die Gläubiger die Zinsen erhöhen? Dann ist ein Schuldnerland wie Neuseeland sofort in großer Not. Ist solch eine Situation bereits einmal eingetreten? Ja und zwar 1984 und 1990, immer zu dem Zeitpunkt, wenn eine neue Regierung gerade an die Macht kam. Wahrscheinlich reiner Zufall. Und rein zufällig blieb dann der Regierung angeblich nichts anderes übrig als schnellstens noch mehr von dem Tafelsilber zu verkaufen, um eben diese Auslandsschulden abzubauen, die sich aber trotzdem, irgendwie, der Teufel weiß wie das geschah, die sich irgendwie trotzdem immer weiter erhöht haben.

Wird Neuseeland jemals die Auslandsschulden zurückzahlen können? No way.

Die Konsequenz: Die Auslandsschulden werden weiterhin ansteigen. Das Schicksal des Landes liegt also demnächst völlig in der Hand der Gläubiger. Aber wen stört das schon? Solange weiterhin die Einwanderer kommen und Geld mitbringen, solange die Touristen ins Land fluten, solange können die Kiwis konsumieren, tanzen, dass es eine wahre Freude ist, sie können sich den letzten Mist im Ausland kaufen, können in alle Welt reisen und happy ever after auf Pump leben. Nun, nicht ganz. Nur so lange bis es eines nicht so schönen Tages knallen wird. Ich weiß, die Leute können sich das nicht vorstellen. Es ist immer die gleiche Geschichte in der Geschichte.

Wie erkannte doch der gute Herr Goethe: „Niemand ist hoffnungsloser versklavt als jene, die fälschlicherweise glauben, frei zu sein."

Bitte, tun Sie mir einen Gefallen, gehen Sie nie wieder wählen. Da gibt es nichts zu wählen. Es sei denn, es gäbe eines Tages tatsächlich richtige Volksabstimmungen. Und dann, bitte, noch einen Gefallen, wenn Sie einkaufen gehen, versuchen Sie mal mit der Hälfte von dem auszukommen, was Sie momentan einpacken. Kaufen Sie nicht all diesen Schrott. Nicht gut für Sie. Sie wollen doch die Welt retten, oder?

Neuseeland ist auch bekannt unter dem Namen Lalaland

„Unser Land ist jetzt mit einer Waffenindustrie verbunden, die eine künstlich induzierte Psychose von Kriegshysterie erzeugt, die durch eine ununterbrochene Angstpropaganda genährt wird."

Der gefeierte US General Douglas MacArthur, zitiert in dem Buch von Colonel Edward T. Imparato „General Mac Arthur, Speeches and Reports 1908 – 1964“

Ehrlich gesagt, die Machtelite dieser Welt ist lediglich an einem Kriegsschauplatz interessiert: Ihr Hirn. Die müssen unbedingt kontrollieren, was sich da abspielt.

Ich habe 15 Jahre in Südostasien gearbeitet. Wenn Sie wüssten unter welchen Bedingungen manche Ihrer Kleidungsstücke in Ländern der Dritten Welt hergestellt werden, würden Sie sich voller Scham im Spiegel betrachten. Manchem würden die Tränen kommen. Dabei könnte man diese Sachen auch unter menschenwürdigen Bedingungen in Deutschland herstellen und verkaufen. Dann natürlich ohne Schnäppchen schnappen. Aber was gehen Sie diese armen Frauen und Kinder in Südostasien an? Ist doch chique, was ich da im Spiegel sehe, oder? „Und soooo billig.“ Nun, das stimmt nicht. Dafür wurde mit Blut und Elend bezahlt.

Wenn Sie wüssten unter welch grauenvollen Bedingungen einige der Rohstoffe für Ihr Handy von Kindern unter Qualen aus dem Boden geschürft werden, würden Sie schreiend vor Schmerz gen Himmel Gott um Erbarmen anbetteln. Aber das werden Sie nicht tun. Das Ding heißt auf Englisch „Smartphone“. Es müsste eigentlich Verarschungsphone heißen. Denn das ist seine Aufgabe. Aber angeblich würde sich das Ding dann nicht so gut verkaufen. Das sind alles Fakten, die Sie wahrscheinlich leicht auf Ihrem Handy herausfinden könnten.

Professor Manfred Spitzer, dem zuzuhören sich wahrlich lohnt, behauptet doch tatsächlich, dass der IQ seit über 15 Jahren sinkt. Übrigens war der IQ von Anfang des 20. Jahrhunderts bis vor kurzem stetig angestiegen. Ich kann es mir nicht verkneifen, zu bemerken, dass ergo meine Generation wahrlich als die Krone der Schöpfung gelten muss. Von nun an geht's bergab. Der Trend ist ganz eindeutig: Technologie wird immer smarter, der Mensch verblödet immer mehr.
In Deutschland und in allen Ländern der westlichen, zivilisierten Welt.

Ausverkauf Neuseeland? Wie kann es sein, dass die Kiwis das mit sich und ihrem Land machen lassen? Warum hauen die nicht selbstbewusst auf den Tisch und räumen mal so richtig im Lande auf, schmeißen die Spekulanten und Investorhaie aus dem Land und bauen sich ein Paradies nach ihren eigenen Vorstellungen auf? Warum lassen die sich leben anstatt selbst zu leben?

In dem großartigen Buch „The Big Con – The Death of the Kiwi Dream" beschreibt der Autor Gordon McLauchlan, wie sich Neuseeland im Jahre 1984 wie ein Versuchskaninchen bereitwillig für ein Experiment hergab:

„No other government in a democracy had ever had the raw political nerve (or stupidity) to apply economic theory in a textbook way to a country without putting it through the filter of common sense." (page 124)

Auf deutsch: Keine andere demokratische Regierung hat jemals die Frechheit (oder Dummheit) besessen, eine Wirtschaftstheorie aus dem Lehrbuch in einem Land anzuwenden, ohne sie durch den Filter des gesunden Menschenverstandes zu prüfen.

Er führt dann weiter aus, dass nur in einem kleinen Land wie dem unserem die Ökonomen die Erlaubnis erhalten, hier ihre Experimente am lebenden Objekt durchzuführen, ohne dass sie selbst dabei Schaden nehmen müssen.

Selbst der U.S. Guru, Professor Michael Porter, wurde wie ein Gott hofiert und entsprechend für seine abgedroschenen Plattheiten bezahlt, die doch bereits seit Jahrzehnten von allen möglichen Experten empfohlen wurden. Wie sollte auch Michael Porter für Neuseeland von Nutzen sein, wenn er nie in dem Land gelebt hatte und von den sozialen Bedingungen und den geschichtlichen Erfahrungen null Ahnung besaß. Aber die Kiwis fielen ihm zu Füssen und dankten ihm inbrünstig für den Segen seiner Herrlichkeiten.

Was für armselige Menschen sind das, die sich ängstlich in der Welt nach Experten umschauen, weil sie ihrer eigenen Intelligenz und Kreativität nicht über den Weg trauen? Was wollen sie von solch psychisch beschädigten Menschen erwarten? Der große Norman Kirk hatte das durchschaut und seine Landsleute ermutigt, ermuntert, aufgerufen, endlich ihr Schicksal selbst in die Hand zu nehmen.

Das größte Problem ist wahrscheinlich, dass die Neuseeländer einfach nicht den Mut haben, erst einmal richtig unerschrocken, wissensdurstig, neugierig die Augen aufzumachen und sich in ihrem eigenen Land unvoreingenommen umschauen. Angefangen in ihrer Geschichte, die sich in der Geschichtsschreibung wiederfindet, meistens in einer offiziellen Geschichtsschreibung, vom Staat gesponsert, Auftragsarbeit also an die Professoren auf den Universitäten. Wie auch sonst? Denn wer kann es sich hier schon leisten, kontroverse Bücher zu produzieren? Wahrscheinlich würden Sie nicht einmal einen Verlag dafür finden.

Ich zumindest habe keinen gefunden. Stellen wir daher die große Frage:

Was ist Realität? Wie oft habe ich in der Zeitung gelesen und im Fernsehen oder Radio gehört: „Neuseeland ist ein kleines Land am Ende der Welt. Aber wir sehen uns gerne als ein Land, das mehr leistet als man ihm zutraut und welches in mancherlei Hinsicht sogar führend in der Welt ist.“ Dann ist die Rede vom Sport, von sozialen Errungenschaften, vom Stimmrecht für Frauen und von dem relativ großzügigen Verhalten gegenüber den Maoris. Selbst als Friedensstifter sieht man sich gern. Nun, es ist wohl nicht bestreitbar, dass Neuseeland die führende Nation im Rugby ist. Und tatsächlich bekamen die Frauen der Welt zuerst in Neuseeland das Stimmrecht im Jahre 1893. Aber ansonsten ist das Gerede vom besonderen Status mehr Gefühlsduselei, das mit Fakten nicht viel zu tun hat. Flächenmäßig ist Neuseeland grösser als das Vereinigte Königreich, viel grösser als die Schweiz und fast so groß wie Italien. Mittlerweile leben hier fast 5 Millionen Menschen. Nur etwas weniger als zum Beispiel in Dänemark (5,7 Mio). Und die Bevölkerung wächst und wächst. Man sollte meinen, es sei endlich an der Zeit für das Land, erwachsen zu werden.

Menschen wie der ehemalige Premierminister Geoffrey Palmer kämpfen seit Jahren für eine eigene Verfassung. In seinem Buch „New Zealand’s Constitution in Crisis“ lamentiert er frustriert: „It was clear New Zealanders knew little about how government worked and the ordinary New Zealander did not seem to care much.“ Und dann sein Urteil: „New Zealanders must be amongst the most constitutionally underdeveloped people in the developed world." Bisher waren sie sogar eher stolz darauf, keine Verfassung wie all die anderen Länder auf Erden (außer Israel, aus vor allem religiösen Gründen, und Großbritannien) zu haben. Nun, Underdog kann ja manchmal ganz toll sein, aber es gibt da eine feine Grenze zwischen Underdog und Jammerlappen (Sklave).

Es besteht wohl kein Zweifel, dass Neuseeland an einem ausgewachsenen Minderwertigkeitskomplex leidet. Der Grund liegt vor allem darin, dass man sich noch immer als gehorsamen, unterwürfigen Sprössling der allmächtigen Mutter Großbritannien sieht, deren hohen Anforderungen es zu entsprechen gilt. Ein schier unmögliches Unterfangen, selbst für jeden einzelnen Menschen unter uns, der sich bemüht, die Kopie von einem anderen Menschen zu werden. Dementsprechend verfällt der Neuseeländer leicht der Versuchung, zu schummeln, die Realität ein wenig aufzupolieren oder gar die Aufstellung der Bausteine der Realität ein wenig zu korrigieren, um der gewünschten und ach so inbrünstig gefeierten Illusion zu entsprechen. Dabei hat das Land, wie gesagt, selbstverständlich durchaus einige bewundernswerte Errungenschaften aufzuweisen, aber eben doch manchmal nicht in der Größenordnung wie es oftmals stolz propagiert wird. Warum die Kiwis, nach so vielen Jahren, sich nicht mal endlich entschlossen und tapfer mit dem Problem des psychischen Loslösens von Mütterchen England befassen und sich eine eigene Identität verpassen? Ich weiß es auch nicht.

Die lügen sich noch immer in die Tasche. Mit ein wenig vorsichtigem, zahmen Nachfragen erweist sich doch so manche kühne Behauptung als äußerst wackeliger Mythos, als ein von allen Seiten gewünschtes und als Realität angesehenes Märchen gar. Der Wunsch ist so oft der Vater all dieser schönen Geschichten. Und wehe, jemand, noch dazu ein deutscher Spielverderber, wagt, ein wenig kecker als gemeinhin akzeptiert, nachzuforschen, Dinge in Frage zu stellen, Dinge beim Namen zu nennen, so richtig frisch frei heraus..., erdreistet sich gar, diese schönen Träume zu zerstören..., dann gibt es kräftig was auf die Mütze.

Nie würde ich es allein gewagt haben, einige der Lieblingsmythen zum Platzen zu bringen, aber dann las ich die Arbeiten des neuseeländischen Historikers Professor James Belich, und seitdem traue ich mich nun doch, die folgenden Aussagen zu machen, wobei ich mich feigerweise zum Teil auf seine Texte beziehe, insbesondere auf seinen Aufsatz „War" in dem Buch „The Future of the Past - Themes in New Zealand History", veröffentlicht von dem Department of History, Massey University. Professor Belich lebt mittlerweile in England. Der kann sich Wahrheit leisten. Ich lebe in Neuseeland.

In dem Kapitel über „Krieg" habe ich erwähnt, dass der Neuseeländer mit einem gewissen Stolz als der geborene Soldat angesehen wird. Das wird die Historiker unter unseren Lesern nicht überraschen, denn etwa die Hälfte der nun fast zweihundertjährigen Geschichte des Landes unter europäischer Herrschaft war das Land in Kriege verwickelt. Das hat mich allerdings überrascht, denn bei dem Namen Neuseeland überfallt einen doch eher ein Gefühl des Friedens, des Ausgleichs und vielleicht sogar der Harmonie. Denkste!

Der Mythos ist die Geschichte vom „Underdog". Neuseeland gegen den Rest der Welt. David gegen Goliath. Und irgendwie muss David natürlich immer siegen. Wie ist das möglich? Nun, das ist nur möglich, wenn die Neuseeländer Elitesoldaten sind. Sonst geht die Geschichte natürlich nicht auf. Professor Belich nennt drei enttarnende Beispiele aus dem zweiten Weltkrieg und bringt damit die armen Kiwis auf den Boden der Tatsachen:

Die Verteidigung von Griechenland gegen die Wehrmacht im März/April 1941. Fast die Hälfte der Soldaten der Alliierten kamen aus Neuseeland. In drei Wochen hatte die Wehrmacht die alle weggefegt. 2.500 Neuseeländer waren tot. Die Kiwis verloren den größten Teil der schweren Waffen. Die Verluste der Deutschen waren gering.

Kreta im May 1941. Die Verantwortung der Verteidigung der Insel lag in den Händen von neuseeländischen Offizieren. Die deutschen Fallschirmjäger waren zahlenmäßig unterlegen. Und gewannen trotzdem.

Was der Rommel in Nordafrika anrichtete brauche ich nicht weiter zu erklären. Selbst Dünkirchen wird in der neuseeländischen Geschichtsschreibung als Erfolg gewertet. Man kann ja auch moralisch gewinnen. Oder sonst irgendwie anders.

Was mir als Neuseeländer besonders stinken würde ist die allgemeine Verheizung der Kiwis, insbesondere aber die Verheizung der Kiwis in der Türkei (Gallipoli) im Jahre 1915. Eine von Churchills großartigen Ideen. Ich kann es nicht anders sagen: Die Kiwis lassen sich nun mal gerne als Kanonenfutter benutzen. Und dann plärren sie von Heldentaten. Jedes Jahr an den Feiertagen werden wir aufgeklärt, wer da nicht alles damals die dicken Orden für außergewöhnliche Leistungen bekam. Das Grauen, das Schlachten, der ganze Wahnsinn des Krieges gleitet an denen ab wie Wasser. Die Verlustzahlen der neuseeländischen Truppen, bezogen auf die Bevölkerung, waren höher als in irgendeinem anderen Land, das an den Weltkriegen teilnahm. Soll ich das noch einmal wiederholen? Wie man darauf stolz sein kann ist mir ein Rätsel. Und das ganze wofür? Wenn Sie hierher kommen, bitte, tun Sie mir einen Gefallen: Fragen Sie doch einfach mal?

Und nun der Hammer: Am 19. Februar 1942 griffen die Japaner Australien an. Es ist verständlich, dass die australischen Truppen, die in Europa kämpften, zum größten Teil nach Australien zurückgebracht wurden. Die wollten natürlich ihre Heimat verteidigen. Es bestand die berechtigte Befürchtung, dass die Japaner auch Neuseeland angreifen würden. Was taten die Kiwis? Brachten die auch ihre Soldaten nach Hause, um die Heimat zu verteidigen? Weit gefehlt. Die Engländer befahlen, dass sie brav da bleiben sollten wo sie waren. In Europa. Die Kiwis kuschten. Wie immer. Das lernen die schon in der Schule. Stattdessen sandten die U.S.A. mehr als 20,000 Soldaten, die sich dann hier um die neuseeländischen Frauen der neuseeländischen Soldaten kümmerten, die in Übersee einen Krieg führten, der nicht der ihrige war. Die Amis hatten das Paradies entdeckt.

Sehen Sie, dass muss alles psychisch verdaut werden und zwar in einer Art und Weise, dass man morgens in den Spiegel schauen kann. Wir Menschen mühen uns bekanntlich ab, um nicht nur physisch zu überleben, sondern auch mit dem Ziel, psychisch einigermaßen zufrieden durch den Tag zu kommen. Wie wir halt so sind. Das „einigermaßen“ reicht dann meistens für die Routine des gewöhnlichen Lebens. Wer bin ich: „Ein Mensch wie jeder andere eben.“

Allerdings: Wirklich prächtige, schillernde, gloriose Gründe müssen her, um am Ende gar als Held dazustehen. Sich selbst und die Welt dermaßen beeindruckend zu betrügen, dass es selbst für die Geschichtsbücher reicht, ist nicht so einfach. Napoleon sagte dereinst: „Ich habe eine erstaunliche Entdeckung gemacht: Der Mensch ist bereit, für ein buntes Bändchen zu sterben.“ Also doch einfach? Wenn Sie je in Frankreich waren und das mit dem Napoleon mal mit den Franzosen diskutiert haben sollten, dann werden Sie vielleicht ein wenig erschrocken festgestellt haben, dass der Napoleon in Frankreich nicht als Massenmörder oder so angesehen wird. Nein, der Mann ist der Stolz der Nation. So einen Napoleon hatte natürlich Neuseeland auch.

Der Superheld war General Freyberg, in England geboren, in Neuseeland aufgewachsen. Er arbeitete als Zahnarzt, bevor er sich für den Ersten Weltkrieg begeisterte und unbedingt mitmachen wollte. Im Zweiten Weltkrieg führte er die neuseeländischen Truppen. Sein Motto und Ansporn für die neuseeländischen Soldaten: „The spirit of the British Bulldog wins“.

Wir sprachen über Griechenland, Kreta und Nordafrika. Er hat dann am Ende des Krieges in Monte Cassino noch einmal mächtig Prügel bezogen, aber irgendwie hat es dann doch noch zum großen Helden gereicht. Freyberg bekam seine Orden und Titel, durfte vom 17. Juni 1946 bis zum 15. August 1952 sogar den Vertreter von König Georg und Königin Elisabeth in Neuseeland spielen, bevor er sich dann absetzte. Geboren in England. Gestorben in England. Ein großer Neuseeländer. Wir sind alle sehr stolz auf ihn.

Was die Kiwis sich so alles in die Tasche lügen. Und ich dachte immer wir Deutschen seien darin die Weltmeister.

Neuseeland, seine Armee und der Krieg

„In Deutschland gilt derjenige, der auf den Schmutz hinweist, für viel gefährlicher als derjenige, der den Schmutz macht."
Kurt Tucholsky

„If any question why we died, tell them because our fathers lied."
Grabspruch von Rudyard Kipling, englischer Schriftsteller und Nobelpreisträger für seinen Sohn John, der im Ersten Weltkrieg fiel.

Wie ich in einem lokalen Geschichtsbuch lese seien die Neuseeländer von Natur aus gute Soldaten, die wenig Training benötigen, um gut zu kämpfen. Das ist in etwa der Geist seit 1899 bis heute, der dazu beigetragen hat, dass die Kiwis so gut wie keinen Krieg ausgelassen haben. Oftmals konnten sie es kaum erwarten bis es endlich losging. Was wir im Deutschen „vorauseilenden Gehorsam" nennen ist in Neuseeland weit verbreitet. Und als Kolonie hatte man oftmals das Bedürfnis, zu beweisen, dass man dazugehörte und richtig mitmachen wollte. So in etwa wie klein Johny dem Papa beweisen will, dass er jetzt ein Mann sei.

Neuseelands erster Krieg, außerhalb des eigenen Landes, war das Mitmachen im Burenkrieg 1899, der von den Engländern angezettelt wurde, weil sie das Gold und die Diamanten in einem Gebiet haben wollten, das dummerweise von den Buren besiedelt war, die ihre Unabhängigkeit nicht aufgeben wollten. Es gab damals in Deutschland einen großen Aufschrei, da die Buren bekanntlich teilweise auch deutschstämmige Siedler waren. Der gute Kaiser Wilhelm Zwo hielt sich brav zurück, obwohl, nach Auszug von über 400,000 Soldaten aus dem Königreich, Großbritannien wie eine leichte Beute sich anbot. Aber die Großmutter, Queen Victoria, hätte wohl ihrem Lieblingsenkel Wilhelm die Hölle heiß gemacht, wenn er solch Unterfangen angestiftet hätte. Nachdem sie dann 1901 in den Armen von Wilhelm gestorben war sah das Verhältnis zwischen Großbritannien und Deutschland leider anders aus. Aber das nur nebenbei.

Trotz der zahlenmäßig riesigen Übermacht konnten die Engländer die Buren nicht schlagen und verfielen auf die Idee, die Kinder und Frauen der Buren in Konzentrationslagern einzupferchen, wo zwischen 20,000 und 30,000 von ihnen elendigst verreckten. So macht man das. Was sollten die Buren tun? Sie ergaben sich. Vom edlen Krieg also keine Spur. Aber ich bin sicher, davon wusste in Neuseeland kein Mensch. Bei der Entscheidung für den Krieg im Parlament von Premierminister Richard Seddon flossen die Tränen der Begeisterung. Und Freiwillige fanden sich en masse. Sie müssen sich vorstellen, dass in Neuseeland wahrlich wenig aufregendes passiert, ein langweiliges Land also, wenn Sie so wollen. Krieg wird hier eher als tollkühnes Abenteuer gesehen, als Einladung der großen weiten Welt, mal so richtig was Tolles zu erleben. Wer schert sich da schon um die paar Toten?

Die nächste Gelegenheit, im Krieg mitzumachen, war dann der Erste Weltkrieg. Die Begeisterung im Lande war so gewaltig, dass schon Wochen vor Eintreffen der englischen Kriegsschiffe, die die Schafe zur Schlachtbank bringen sollten, tausende und tausende von Freiwilligen ungeduldig warteten. Als Vergleich: Die Einwohnerzahl der U.S.A. 1914 betrug etwa einhundert Millionen. Von denen meldeten sich 73,000 als Freiwillige für den Kampf um Demokratie im ersten Weltkrieg. Etwa 0,7 % der Bevölkerung. Präsident Wilson brauchte aber anfangs 1 Million Soldaten. Neuseeland hatte 1914 etwas über 1 Million Einwohner. 14,000 meldeten sich als Freiwillige in der ersten Woche. Insgesamt meldeten sich in Neuseeland etwa 80,000 Freiwillige. Etwa 7 % der Bevölkerung! Stellen Sie sich das mal vor. Neuseeländer sind großartiges Kanonenfutter. Von den etwa schließlich insgesamt einhunderttausend Kiwis im ersten Weltkrieg waren am Ende etwa die Hälfte tot oder verwundet. Nach Eintreffen der ersten Verlustzahlen hatte sich übrigens die Begeisterung ein wenig gelegt. Trotzdem ging das Mitmachen weiter. Propaganda ist eben eine starke Macht und die Ehre, für „King, Empire and Country“ zu sterben hatte so ihre Attraktivität. Wir kennen das ja aus Deutschland in leicht abgewandelter Form.

Am 25. April 1915 fand die Landung auf Gallipoli (Türkei) statt, die erste Schlacht im Ersten Weltkrieg, in der Soldaten aus Neuseeland, Australien und den pazifischen Inseln kämpften und starben. Dieser 25. April ist noch heute dem Gedenken an die Gefallenen der Kriege gewidmet. Anzac Day (Abkürzung für Australian and New Zealand Army Corps). Feiertag in Neuseeland.

Der oberste Dienstherr der Anzac Truppen damals, im Jahre 1915, his Majesty, King George V, war begeistert, schickte ein überschwengliches Telegramm: „I heartily congratulate you upon the splendid conduct and bravery displayed by the Australian troops in the operations at the Dardanelles, who have indeed proved themselves worthy sons of the Empire."

Das hatte der doch hübsch gesagt. Heute rankt sich ein prächtiger Mythos um das Geschehen damals auf der türkischen Halbinsel. Wehe Sie wagen es, diesen Mythos zu zerstören. Denn es kann und darf einfach nicht sein, dass mehr als die Hälfte der Soldaten aus Neuseeland und Australien für Nichts geopfert wurden. Um dieser Metzelei, diesem sinnlosen Schlachten den Heiligenschein zu verleihen spricht man daher auch nicht von Verlusten sondern zelebriert die „Roll of Honour", eine Ehrenliste also.

Frage: wofür krepierten diese jungen Menschen offiziell?
Nun, Winston Churchill, dieses militärische Genie, hatte die hanebüchene Idee, dass seine Truppen die Küste der Halbinsel stürmen und dann den Weg nach Istanbul, zur Meeresenge der Dardanellen, freikämpfen. Mit insgesamt 75,000 Soldaten wollte er also die Türkei erobern. Es war einer der schwachsinnigsten Pläne, den je ein menschliches Hirn ersonnen. Keiner der englischen Generäle glaubte, dass man dieses Ziel mit derlei unzulänglichen Mitteln erreichen konnte. Aber wer wollte schon dem hochgeborenen Herrn Churchill widersprechen, der übrigens bereits vor Abbruch der „Mission" entlassen wurde.

Etwa 35,000 der 75,000 Soldaten am 25. April, dem Tag des Angriffs, kamen aus Neuseeland und Australien. Die Engländer, diese Supermenschen, hatten auch 18,000 ihrer eigenen Soldaten beigesteuert. Die Generalität hatte die Hoffnung, dass die Türken schon beim Anblick der Herrnmenschen sich auf und davon machten. Denn die Türken waren doch Menschen zweiter Klasse. Nun, da irrten sich die Engländer gewaltig. Außerdem wurden die Türken auch noch von deutschen Offizieren unterstützt. Otto Liman von Sanders war Befehlshaber der 5. Osmanischen Armee. Und bedenken Sie: Die Türken verteidigten ihre Heimat.

Das größte Problem der Briten war erst einmal die Logistik. Sie hatten nicht mal genug Trinkwasser. Wie sollten die Soldaten ohne ausreichend Wasser in der Hitze überleben, geschweige denn kämpfen? Viele hatten chronischen Durchfall, hätten eigentlich ins Krankenhaus gehört, aber nicht auf das Schlachtfeld. Es mangelte an allem, selbst an Munition. Die Inkompetenz der Offiziere war gigantisch. General Hamilton, der gehorsame, pflichtbewusste Oberbefehlshaber, wusste das alles. Aber trotzdem schickte er die Soldaten zum Sterben. Kämpfen konnte man das anfangs gar nicht nennen. Die Türken waren entlang der Strände gut auf den Anhöhen verschanzt. Es war ein Gemetzel. Das Wasser entlang der Strände färbte sich rot. Nach den ersten Tagen waren bereits etwa 20,000 der 75,000 Soldaten tot oder verwundet. Der Rest schaffte es nie, sich von den Stränden ins Inland vorzukämpfen. Ein schier hoffnungsloses Unternehmen unter bestialischen Bedingungen. Als später im Jahr der Regen die unerträgliche Hitze ablöste, befreite das strömende Wasser die Leichen aus den flachen Gräbern und spülte sie teilweise die Hänge hinunter zu ihren Kameraden. Eine Horrorshow. Überall stank es nach Scheiße und Verwesung. Die Fliegen machten sich über die aufgequollenen toten Körper her. Der Mensch, die Krone der Schöpfung, hatte sich seiner Vernunft entledigt und sich in die unterste Ebene des primitivsten Getiers eingereiht. Der Wahnsinn schrie den Generälen ins Gesicht. Aber diese erbärmlichen Feiglinge konnten sich nicht durchringen, das offensichtliche zu tun. Bis man sich dann Ende 1915 in den wohl geheizten Räumen des HQ in London doch durchrang, die Aktion abzubrechen. Nicht wegen der Opfer. Darüber regte sich niemand auf. Lediglich die Sorge plagte die edlen Gemüter, wie man dieses menschenverachtende Scheitern der Öffentlichkeit verkaufen konnte, ohne einen Aufruhr befürchten zu müssen. Und so schuf man den heiligen Mythos von Gallipoli, ein Märchen, mit dem jeder gut leben konnte. Denn wer will nicht gern ein Held sein? Oder einen Helden in der Familie haben?

Winston Churchill hatte ja dann später den Vorteil, dass er seine eigene Geschichte schreiben konnte. Und dafür auch noch einen Nobelpreis erhielt. Der Winston, der starb im hohen Alter im wohlig warmen Bett, hochzufrieden mit sich selbst. All das Leiden, das er über die Menschen gebracht hatte, schien ihn nicht sonderlich zu quälen. Psychopathen können damit problemlos umgehen. Natürlich ist Winston Churchill auch ein Held. Sonst würde das ganze ja keinen Sinn machen.

25. April. Anzac Day. Vor Jahren fuhr ich noch nach Auckland hinunter, um an den wirklich bewegenden Feierlichkeiten bei Sonnenaufgang teilzunehmen. Ich werde es nie wieder tun. Es überkommt mich jedes Mal eine ungeheure Wut, wenn ich die Ergebnisse dessen sehe, was da Menschen mit sich machen ließen. Denn all diese Kriege passierten nicht einfach. Jeder einzelne dieser Kriege wurde von Menschen inszeniert.

Soldaten stehen bei dieser Veranstaltung am 25. April in Formation, die wenigen noch verbliebenen Veteranen kommen teilweise in Rollstühlen, mit Orden behängt, Freunde, Familienangehörige, Kinder, Enkelkinder und Großenkelkinder und viele andere Menschen erscheinen, die ihren Respekt vor den Opfern bezeugen wollen und die sich jedes Jahr versprechen, dass es nie wieder Krieg geben soll. Denn ohne uns, ohne Soldaten, ohne die Bevölkerung, gibt es keinen Krieg. Dabei finden auch heute so viele Kriege statt, teilweise mit Soldaten aus Neuseeland. Traurige, hehre, leere Worte bloß, die dort am 25. April gesprochen werden.

Hier ist die bewegendste Strophe der „Ode of Remembrence" von Laurence Binyon, die Jahr für Jahr am 25. April vorgetragen wird:

For the Fallen:
„They shall grow not old, as we that are left grow old:
Age shall not weary them, nor the years condemn.
At the going down of the sun and in the morning
We will remember them."

Nur wenn wir lernen, Kriege zu verdammen und nicht zu verherrlichen, wenn wir Soldaten nicht zu Helden, sondern zu Opfern machen, nur dann haben wir eine Chance, diesen Wahnsinn zu beenden. Dann wären die Toten des 1. Weltkrieges vielleicht nicht umsonst gestorben.

Soweit zum Ersten Weltkrieg.

Dann natürlich der Zweite Weltkrieg. Deutschland hatte Neuseeland zwar nichts getan. Aber am 3. September 1945 erklärte Neuseeland Deutschland den Krieg. Reine Formalität eigentlich, nachdem Großbritannien das bereits getan hatte. Premierminister Michael Joseph Savage damals: „Both with gratitude for the past and with confidence in the future, we range ourselves without fear beside Britain. Where she goes, we go. Where she stands, we stand." Das hatte der gute Mann doch auch hübsch gesagt. Wahrlich bewegende Worte. Wofür die Neuseeländer, insbesondere die Maoris, den Engländern dankbar sein sollten ist mir ein Rätsel. Aber es klang doch alles so richtig herzerwärmend. Freiwillige gab es wie immer genug. Zumindest anfangs.

Die Kiwis kämpften dann in Korea, in Vietnam und sogar in Margaret Thatchers Falklandkrieg im Jahre 1982 wollten sie unbedingt dabei sein. Premierminister Muldoon erklärte in THE TIMES „Why we stand with our Mother Country." Die diplomatischen Beziehungen zu Argentinien wurden sofort abgebrochen. Man wollte sogar eine Fregatte zu den Inseln im fernen Südatlantik zur Unterstützung schicken. Dabei hatten die Briten nicht einmal darum gebeten. Vorauseilender Gehorsam eben. Bei Gott, was hatten die Argentinier den Kiwis getan?

Sie fragen nach Afghanistan oder Irak? Na klar, die Kiwis immer mittendrin.

Der einzige Premierminister in der Geschichte Neuseelands, der einzige, der sich anders verhielt, war Norman Kirk, genannt Big Norm. Norman Kirk ist auch der einzige Politiker in Neuseeland, vor dem ich meinen Hut ziehe. Gewählt 1972. Ein wahrhaftiger Mann des Volkes. Im wirklich guten Sinn. Er zog alle Soldaten aus Vietnam ab. Die Amis waren sauer. Hier sind einige Zitate von ihm:

„We are no longer hanging on the shirts of the major powers. We are a nation on our own and we are prepared to stand up und face the world and our own responsibilities... Let us have some dignity and honour and face the world as an independent nation."

Zwei Jahre später war er tot. Im Alter von nur 51 Jahren. Die größte Hoffnung Neuseelands. Möge er in Frieden ruhen.

Im Juli 2018 beschloss die neue Regierung unserer großartigen, friedliebenden Premierministerin (Frau!), vier militärische Überwachungsflugzeuge zu kaufen, die auch in der Lage sind, Unterseeboote auszumachen und zu bekämpfen. Der Preis: 2,3 Milliarden Dollar. Erst einmal. Der forsche Verteidigungsminister, Ron Mark, ein ehemaliger Soldat, der sogar in der Spezialeinheit des Sultans von Oman diente: „New Zealand needs to be combat ready" (Neuseeland muss kampfbereit sein). Wow! Wer würde denn da gerne gegen uns kämpfen? Dabei müssen Sie wissen, dass Neuseeland momentan keine Kampfflugzeuge oder sonstiges gefährliches Flugmaterial besitzt, was an U-Booten irgendeinen ernsthaften Schaden anrichten könnte. Ich weiß, es ist eine dumme Frage, aber fragen wir doch trotzdem: Wie hoch ist die Wahrscheinlichkeit, dass Neuseeland durch U-Boote erobert wird?

Neuseeland wurde noch nie von irgendjemandem angegriffen. Weit und breit kein Feind in Sicht, der mit uns kämpfen will. Aber man weiß ja nie. Und was sind schon 2,3 Milliarden Dollar? Na klar könnte man dafür tausende von Wohnungen für die Obdachlosen bauen. Aber was sind schon Obdachlose?

Sie sehen, das Ganze ist völliger Schwachsinn. Allerdings, es geht gar nicht um irgendeine Verteidigung von Neuseeland. Diese Flugzeuge machen nur im Verbund mit anderen Mächten irgendwie Sinn. Der Kauf ist mehr ein Beitrag zur Verteidigung im Bündnis. Wer dieser Bündnispartner sein wird ist leicht auszumachen. Die Amerikaner natürlich, von denen man diese dringend benötigten Flugzeuge kaufen wird. Es handelt sich also primär erst einmal um einen Beitrag zum Konjunkturprogramm für die Amis. Die Australier haben sich übrigens auch für diese tollen Flugzeugtypen entschieden. Doch, doch, Donald Trump hat gute Arbeit geleistet. Eigentlich, das muss man wohl so sehen, eigentlich ist der Trump nicht viel mehr als ein Waffenverkäufer für die U.S.A. Und auf diesem Gebiet, das ist schwer zu widerlegen, auf diesem Gebiet ist er sehr erfolgreich.

All die Milliarden..., nun das ist eben der Preis des Krieges. Und Krieg muss sein. Apropos Preis des Krieges. Noch ganz kurz: Natürlich leiden die neuseeländischen Soldaten auch an PTBS. Die Frau eines Soldaten sagte letztes Jahr: „Das ist nicht mehr der Mann, den ich geheiratet habe." Fragen Sie mal bei der Bundeswehr nach, wie viele solcher Fälle die dort kennen.

Es geht nicht um die Verteidigung von Neuseeland. Es geht auch nicht um die Verteidigung von Deutschland im Rahmen der Nato. Das ist nur Geschwätz. Es geht immer nur um die Einbindung von Neuseeland oder Deutschland in den Machtapparat der Amerikaner auf möglichst vielen Gebieten. Sie erinnern sich: Vertrauen gut, Kontrolle besser. Unser amerikahörige Außenminister hat vor kurzem auch noch brav die U.S.A. aufgefordert, sich doch bitte, bitte, bitte, hier unten im Pazifik mehr zu engagieren. Ungesagt ging es darum, nicht den bösen Chinesen den schönen, großen Ozean zu überlassen. Hündchen zeigte brav Pfötchen. „Good dog." Washington happy.

Der einzige Unterschied in Neuseeland, im Militärbereich, im Vergleich zur Vergangenheit von vor einhundert oder 70 Jahren, ist, dass man heute nach der Pfeife der Amerikaner tanzt und nicht mehr primär nach der Pfeife der Briten.

Ja, das ist Neuseeland. Von dem Stolz, von dem einst Norman Kirk sprach, von dem ist nichts mehr geblieben. Ein Vasallenstaat mit einer amerikanischen Armee, die allerdings von Neuseeland bezahlt wird. Das ist mit der Bundeswehr nicht anders. Es ist unglaublich, aber wahr: Die Kiwi Söldner springen doch tatsächlich, nach all den Jahren, da noch immer in Afghanistan und im Irak herum (und wer weiß wo sonst noch). Was um alles in der Welt hat Neuseeland in Afghanistan verloren? Oder im Irak? Jacinda, Mädchen, was ist geschehen? Erinnerst du dich nicht mehr an deine aufschreienden Proteste? Oh, wie hat die Dame sich in der Vergangenheit mächtig aufgeregt und hat geschimpft und demonstriert und gefordert. Und nun? Hat sich gedreht Fähnchen im Winde?

Neuseeland hat etwa 12,000 Soldaten. Die Oberkommandierende ist übrigens, lustigerweise, die Generalgouverneurin, in Vertretung der Königin von England. Dieser „Commander-in-Chief" heißt Dame Patsy Reddy. Nette alte Dame. Ich weiß nicht ob sie jemals einen Panzer von innen gesehen hat. Oder eines dieser Krankenhäuser, in die die durchgeknallten Soldaten eingeliefert werden, wenn sie psychisch zerstört von den Kriegsschauplätzen zurückkommen. Aber wozu braucht so eine nette Kommandeurin auch schon Sachkenntnisse? Sie braucht nur zu gehorchen, zu tun, was andere ihr zuflüstern. Und das kann sie bestimmt, die Patsy. Neuseeland ein souveräner Staat? Ich lach mich tot. Sieht so ein souveräner Staat im Jahre 2019 aus? Neuseeland ist genauso viel oder genauso wenig souverän wie Deutschland. Kolonien der Amis halt. Die Patsy in Neuseeland heißt in Deutschland Angela. Figuren im Puppenhaus der Amis. Und Sie, Sie glauben noch immer an den Weihnachtsmann, an Freiheit und Demokratie und all diese allerliebst betörenden Illusionen? So Sorry!

Ich will noch kurz ein paar Zeilen zu den „5 Eyes" schreiben. Wie Sie wissen, wenn Sie Teil der Mafia sind, dann ist es äußerst schwierig, sich von der Mafia zu verabschieden, da nicht mehr mitzumachen. Das mag die Mafia überhaupt nicht.

Neuseeland gehört zum Klub der „5 Eyes", einer Geheimdienstallianz, die die U.S.A., Großbritannien, Kanada, Australien und Neuseeland umfasst. Im Rahmen der entsprechenden Vereinbarungen musste Neuseeland auch Horchstationen im Lande aufstellen, die Satelliten und andere Länder ausspionieren. Wahrscheinlich auch die eigene Bevölkerung.

Der bei weitem wichtigste Auslandskunde von Neuseelands Wirtschaft ist China. China nun stellt angeblich die größte militärische und wirtschaftliche Bedrohung für die Vereinigten Staaten von Amerika dar. Aus dieser Konstellation heraus werden die Annäherungsbemühungen zwischen Neuseeland und China mit Argwohn von den anderen Partnern der 5 Eyes Interessengemeinschaft gesehen. Neuseeland sei „der weiche Unterbauch" der Vereinigung, heißt es in den Medien in Kanada zum Beispiel.

Hinsichtlich der 5G Technologie, der nächsten Generation für mobile Netzwerke, hat Neuseeland jetzt den Chinesen leider, leider mitteilen müssen, dass man an der angebotenen chinesischen Technologie kein Interesse hat. Höchstwahrscheinlich natürlich aufgrund des Drucks, der von den anderen 5 Eyes Partnern auf die neuseeländische Regierung ausgeübt wurde. Die Chinesen sind darüber nicht glücklich und schmollen momentan vor sich hin.

Neuseeland und 5 Eyes, eine Schicksalsgemeinschaft, aus der man sich nur sehr schwer wird lösen können. Die Neuseeländer wissen zu viel als dass man die einfach wird laufen lassen. Einmal eingebunden in solch eine Organisation bedeutet die Aufgabe von Souveränität. Das ist natürlich erwünscht. Außerdem: Die Amerikaner werden nur sehr ungern auf den schönen Abhorchposten in Neuseeland verzichten. Wie wir so weise auf Deutsch sagen: Mitgefangen, mitgehangen.

So oder so. Mit dem Tod von Premierminister Norman Kirk 1974 starb die Hoffnung auf eine eigenständige Politik Neuseelands. Bis auf den heutigen Tag.

Neuseeland und die Dumbing Down Strategy (DDS)

„Mein Sohn, du weißt nicht mit wie wenig Weisheit die Welt regiert wird."
Der schwedische Kanzler Axel Oxenstierna (1583-1654)

„Einst wart ihr Affen, und auch jetzt noch ist der Mensch mehr Affe, als irgendein Affe." Friedrich Wilhelm Nietzsche

Ich weiß, Sie werden sich jetzt aufregen, wenn ich behaupte, das Volk sei doof.

Daher werde ich sofort den Beweis liefern müssen. Also, passen Sie mal auf: Bei Ausbruch des Ersten Weltkrieges war die überwältigende Mehrheit der Engländer gegen einen Eintritt ihres Landes in den Krieg. Warum sollten auch die Briten für Frankreich kämpfen? Den Erzfeind. Gegen Deutschland? Es hatte bisher nie gegen Deutschland Krieg geführt. Nie! Immer nur mit Deutschland. Aber ein paar Tage später forderte die große Mehrheit den Eintritt ihres Landes in diesen Krieg. Warum? Nun, angeblich hatten die Deutschen, entgegen gemachten Garantien, das kleine, angeblich neutrale Belgien angegriffen und dort unglaubliche Verbrechen begangen. Die Propaganda hatte die Gefühle der Engländer gekitzelt und gleichzeitig das Hirn außer Gefecht gesetzt. Der englische Lord Arthur Ponsonby hat diesen Prozess der Manipulation in seinem nach dem Krieg herausgebrachten Buch „Falsehood in Wartime" („Lügen in Kriegszeiten") sehr aufklärend beschrieben. Wenn die Briten genau hingeschaut hätten, wäre ihnen aufgegangen, dass diese Garantie für Belgien keine Mussklausel enthielt. Abgesehen davon, die Engländer hatten bereits geplant, ihrerseits durch Belgien die Deutschen anzugreifen. Und den Hafen Antwerpen zu blockieren. Man musste also lügen, denn man brauchte die Unterstützung der Bevölkerung für einen edlen Krieg. Da es diesen edlen Krieg nun mal nicht gab blieb als Alternative nur, die Sicht der Menschen zu verändern. Das funktionierte damals in England genauso prächtig wie in allen anderen Ländern, die an diesem Schlachten teilnahmen. Und das funktioniert auch heute noch. Die Medien sind zu riesigen Propagandaberieselungsanstalten verkommen. Und die Leute, die durchschauen das nicht, die Leute fressen, was ihnen da vorgesetzt wird.

Ich halte also meine Behauptung aufrecht: Das Volk ist doof. Es ist nun einmal so. Bisher. Klar, man könnte das ändern. Aber die Frage ist, ob das Volk das wirklich will. Die „Elite" will das auf keinen Fall. Anyway, wir kommen jetzt zu den wichtigsten Voraussetzungen, um die Neuseeländer weiterhin in Ignoranz und Naivität glückbeseelt weiterschlafen zu lassen. Damit die Vernunft nicht aus ihrem langen Winterschlaf erwacht und gegen das geistige Tollhaus unserer Tage vorgeht, müssen selbstverständlich drastische Maßnahmen ergriffen werden, um dies zu verhindern. Diese ausgetüftelten Spielchen der Volksverdummung können Sie in Neuseeland im Detail studieren. Ich will dabei nicht einmal auf Hollywood einschlagen. Die Hollywood Gehirnwäsche ist ein Fall für sich, den Sie auch in Deutschland eingehendst untersuchen können. Und auch die digitalen Suchtprodukte der Generationen

XYZ lassen wir außen vor. Die Verdummung der Bevölkerung in Neuseeland erfolgt im Gleichschreit auf drei Gebieten:

Verdummung in der Schule. Historisch betrachtet hatte und hat Schule zwei Aufgaben: Gehorsam und Glauben zu lehren. Hat sich da was geändert? Nun, natürlich ist die formale Schulung nicht schlecht. Entsprechend unserer niedrigen Standards. Die Kinder und Jugendlichen lernen Lesen und Schreiben und werden auf ihre Aufgaben als Produktionsfaktor und Konsument vorbereitet. Das funktioniert. Allerdings wird das Lehren von kritischer Geschichtsanalyse und selbständigem Denken nicht praktiziert. Die sollten nicht lernen, was sie zu denken haben, sondern sie sollten Denken lernen. Es wird aber eher eine Form von leisem Gehorsam gefordert, eine Art von stillschweigendem Einwilligen in einen Sklavenbetrieb. Mit Bildung im klassischen Sinn hat das alles nichts mehr zu tun. Kritik wird zwar offiziell verbal akzeptiert und gepriesen oder sogar lautstark gefordert, aber gemach, in Wirklichkeit wird solch törichtes Aufmucken unterwandert und subtil bestraft. Meine Behauptung: Das wichtigste Fach in der Schule ist Geschichte. Aber die „wahre" Geschichte. Nicht Märchenstunden.

Verdummung in den Medien: Es wird Ihnen schnell im Lande aufgehen, dass es in Neuseeland keine Meinungsvielfalt bei und in den Medien gibt. Es existiert eigentlich überhaupt nur eine einzige offizielle Meinung zu denjenigen Themen, die von Übersee ins Land hereingelassen werden. Eine formale Kontrolle findet wohl nicht statt, aber die Medien kontrollieren sich selbst. Was noch besser ist, viel besser als eine staatliche Kontrolle. Meinungsvielfalt ist nur minimal im Land vorhanden. Kontroverse Themen und Argumente sind nicht erwünscht. Außer zu Lappalien. Fahne, Marihuana, Gendervielfalt und solche Themen, da können Sie sich unbedenklich austoben. Aber wehe, Sie stellen das System selbst in Frage.

Meinungsfreiheit? Na klar doch! Aber wenn Sie keine Möglichkeit haben, ihre Meinung zu äußern, dann bleibt selbst die schönste Idee von Meinungsfreiheit auf der Strecke. Die widerlichste Art, mit Widerspruch fertigzuwerden, ist, den Widerspruch einfach zu ignorieren. Darin sind die Kiwis Champions.

Über manche Dinge redet man einfach nicht. Das sind Tabuthemen. Nun, auch das wird Ihnen in Deutschland bekannt vorkommen.

Es ist erstaunlich wie ein Volk, das einen körperlich aggressiven Sport wie Rugby so hochhält und wohl durchaus als mutig bezeichnet werden kann, wie dieses Volk, wie diese Menschen so wenig Zivilcourage haben. Es ist eben doch ein großer Unterschied ob der Mensch physisch Mut aufweist oder es wagt, sich gegen eine Autorität oder die öffentliche Meinung zu stellen und diese herausfordert.

Das dritte Gebiet, das sie als Manipulator und Hirte beim Hüten der Schafe fest im Griff haben müssen, ist die Politik. Sie brauchen nichts weiter zu tun als die Debatten im Parlament zu verfolgen um festzustellen, dass Sie es hier mit einem geistigen Niveau auf den untersten Ebenen des menschlichen Diskurses zu tun haben. Der Standard ist erschreckend. Es wird Sie dann auch nicht mehr überraschen, dass das allgemeine Debatierniveau im Lande so jämmerlich ist. Die Politiker schläfern mit ihrem endlosen Gelaber einfach die Bevölkerung geistig ein. Das mag durchaus ihre Hauptaufgabe sein. Und da sich deren Ausflüsse in den Medien wiederfinden, wird solch geistloses Gehabe rundum als der akzeptierte Standard angesehen.

Dieser harmonische, geisttötende Dreiklang von Schule, Medien und Politik auf jämmerlichstem Niveau führte zu einer intellektuellen Wüste in diesem Land der wirklich überaus netten Leute.

Das Tall Poppy Syndrome (TPS) of our time in Neuseeland

„To catch up, New Zealand needs independent and sceptical minds, its own type of town planning, its own designers, artists, poets, publishers, research workers, technologists, and its own kind of skill at every level.“ (Um zu dem Rest der Welt aufzuschließen braucht Neuseeland unabhängige und skeptische Köpfe. Neuseeland braucht seine eigenen Stadtplaner, Designer, Künstler, Poeten, Verleger, Forscher, Techniker und dem Land eigentümliche Qualifikationen, Fertigkeiten auf jedem Niveau). Dr. W.B. Sutch

Der Mann wusste, warum er das sagte. Der kannte seine Pappenheimer. Neuseeländer mögen es nämlich, wenn alle um sie herum auf der gleichen geistigen Wellenlänge senden. Wenn du dich über dieses vorgegebene Niveau hinauswagst wird das nicht gern gesehen. Der Konformismus ist weit verbreitet. Du willst über den Durchschnitt hinausragen? Sehr mutig. Du kriegst was auf die Mütze.

Ich hatte mal als Jugendtrainer hier bei unserem Fußballverein großen Erfolg. Aber es wurde mir so schwer wie möglich gemacht. Was wollte man mir nicht alles vorschreiben. „So und so machen wir das..." Und wenn ich das änderte dann gegen großen Widerstand. Ich dachte immer es ginge darum, vor allem die Spieler zu entwickeln, aber auch als Mannschaft Erfolg zu haben. Aber wie ich lernte ging es darum, dass die Kinder Spaß hatten und alle gleich behandelt wurden. Obwohl es offensichtlich war, dass einige der Kinder besser etwas anderes hätten machen sollen als zur Freude ihres Vaters Fußball zu spielen. Dummerweise gewannen wir dann auch noch zum ersten Mal in der Vereinsgeschichte eines der großen Jugendturniere. Na klar, Neid ist menschlich und ein Faktor in allen Kulturen, aber in Neuseeland ist er hinterhältig.

Noch ein Beispiel. Wie viele Deutsche spreche ich mehrere Sprachen. Was in Neuseeland sehr, sehr selten ist, obwohl die Firmen in alle Welt exportieren. Bei den Bewerbungen damals versuchte ich natürlich, mich besonders herauszuputzen und alle Stärken für mich sprechen zu lassen. Erst später fand ich heraus, dass man auch überqualifiziert sein kann und den potentiellen Arbeitgebern eher Angst einflößt, wenn man zu forsch auftritt. Was in Deutschland, zumindest damals, eher positiv für dich sprach. Und während meiner Zeit in den U.S.A. oder in Frankreich war das ebenfalls ein Plus. Hier sollte man eher sein Licht unter den Scheffel stellen, wenn du denn nicht anecken willst.

Das also ist das berühmt berüchtigte Tall Poppy Syndrome,

womit gemeint ist, dass eine Mohnblume (poppy), die über das allgemeine Niveau hinauswächst, auf Mittelmaß heruntergeschnitten wird. Selbstverständlich wird in solch einer Kultur kaum noch einer versuchen, über den Durchschnitt herauszuwachsen. Von Ausnahmen abgesehen.

Nein, nein, man wird nicht ausgebuht oder offen zur Rede gestellt. Es findet ein stillschweigender Boykott statt. Oder du wirst ignoriert. Dieser Begriff des „Tall Poppy Syndromes“ ist in Neuseeland und Australien sehr bekannt und das Phänomen ist weit verbreitet. Merke, die alte Regel gilt: Du wirst als Einzelner nicht eine ganze Kultur verändern können. Damit must du leben. Wie Bruce Jesson in seinem Buch „Only Their Purpose is Mad“ schreibt: „New Zealand was – and still is – a coarse, punitive society“ (page 75). (Neuseeland war und ist immer noch eine ungeschliffene, strafende Gesellschaft). Intellektualität wird nicht gern gesehen.

JACINDA ARDERN

„Nobody wants to live in a country where, despite a strong economy, families are homeless, where our environment is being rapidly degraded and people with mental health issues do not receive the support they need, and where we have shocking levels of family violence and child poverty“ (Niemand will in einem Land leben, in dem, trotz einer starken Wirtschaft, Familien kein Dach über dem Kopf haben, in dem die Umwelt immer rapider beschädigt wird, in dem Menschen mit psychischen Gesundheitsproblemen nicht die Unterstützung bekommen, die sie brauchen und in dem wir schockierende Niveaus bei Gewalt in der Familie und bei Kinderarmut haben)
Jacinda Ardern in einer Rede am 24. Mai 2019 im Millenium Hotel in Auckland

Gestatten Sie mir bitte, dass ich eine Vorbemerkung mache, damit Sie den ganzen Schwindel um diese Sozis unserer Zeit sofort erkennen. Wenn Sie in Neuseeland in einer verzweifelten finanziellen Situation stecken und unbedingt Geld brauchen, Ihnen aber keine Bank Geld geben will, dann bleibt Ihnen eigentlich nur noch als Alternative, zu einem dieser Geldhaie zu gehen. Auf English: Loan sharks. Deren Kunden sind fast ausschließlich arme Teufel der einkommensarmen Schicht. Nun sollte man glauben, dass die edelmütigen Sozis sich vor allem um die Menschen dieser einkommensarmen Schicht kümmern. Was sie natürlich auch eifrig versprachen. Als sie in der Opposition waren. Was hatten die sich nicht aufgeregt über ein Finanzsystem, das die Schwachen schamlos ausbeutet. Und nun, hat sich irgendetwas geändert? Nein! Der Wahnsinn geht weiter! Das ganze Land sollte sich schämen über die Aussage, die ich Ihnen jetzt verpassen werde: Es gibt in Neuseeland keine Zinsbegrenzung für diese Geldhaie. Die können fordern was sie wollen. Im „New Zealand Herald“ vom 2. Juni 2019 ist ein Fall geschildert, in dem eine Familie von anfänglich 4,500 Dollar Schulden, die sie nicht bezahlen konnte, auf schließlich eine Schuldenlast von fast 100,000 Dollar kam. Na klar, da haben diese Menschen wohl auch selbst mit Schuld daran. Aber so etwas dürfte doch einfach nicht erlaubt sein. Das ist kriminelle Ausbeutung der schlimmsten Art. Unter der Aufsicht der Sozis. In Australien übrigens, bei unseren lieben Nachbarn, beträgt der höchste, erlaubte Zinssatz 20 %. Was sagen Sie dazu? Wenn man sich mal klarmacht, was für großartige Männer und Frauen die Sozialdemokraten einst hatten, für welche Werte die einstanden und man dann erkennen muss, zu was für einer Bande von Dummschwätzern und Betrügern und Verrätern die verkommen sind. Weltweit.

Sorry, ich musste das loswerden, bevor wir jetzt zu dem neuen Superstar der Sozis kommen, unserer liebenswerten Premierministerin Jacinda Ardern.

Während der Wahlen zum neuseeländischen Parlament im Jahre 2017 brach „Jacindamania“ im Lande aus. Obwohl die gute Frau seit 2008 im Parlament saß war sie vorher nie wirklich aufgefallen. Ihre zwei bisherigen Wahlkandidaturen als Abgeordnete hatte sie verloren und gelangte nur über die Liste der Labourpartei ins Parlament. Aber auf einmal war sie da, wirklich da, strahlend und voller Zuversicht, die Kandidatin für das große Amt in der Partei, wow... Sie gewann, wurde Parteiführerin..., die Umfrageergebnisse für Labour verbesserten sich jetzt von Woche zu Woche..., Jacinda war nicht mehr aufzuhalten. Ok, zugegeben, die neue Kandidatin für das Amt der Premierministerin schaffte es zwar nicht, mit ihrer Partei die Mehrheit der Stimmen zu gewinnen. Aber für eine Koalition reichte es dennoch. Nach Wochen des Feilschens und Bangens stand sie eines Tages strahlend vor den Kameras als Premierministerin von Neuseeland. Mit 37 Jahren. Sie fragen mich warum? Keine Ahnung. Sie hatte nichts vorzuweisen, was darauf schließen ließ, dass sie die Welt zum Besseren verändern würde. Ein paar Jahre vorher hatte sie auf der Uni in Neuseeland Kommunikationswissenschaften studiert. Also nichts mit Substanz. Dann hatte sie sich im Büro der damaligen Premierministerin Helen Clark umgesehen und verbrachte außerdem drei Jahre als „Policy Advisor“ in England im Büro von Tony Blair. Ich nehme mal an, sie hätte dem Tony geraten, vom Irak Krieg die Finger zu lassen.

Hatte Jacinda Ardern in den vorhergehenden Jahren irgendetwas im Parlament bewegt? Noch einmal: Da war nichts. Außer ihrem wunderbaren Lächeln. Nun, reden tat sie natürlich auch. Sehr viel und sehr gern. Daran hat sich bis heute nichts geändert. Aber nur, wenn die richtigen Fragen gestellt werden.

Letzte Woche stellte man ihr am Waitangi Day die falschen Fragen. Wie wir bereits wissen ist der Vertrag von Waitangi zwischen Großbritannien und den Maoris die älteste Verfassungsurkunde Neuseelands. Der Vertrag regelt das Zusammenleben beider Parteien. Wegen der Bedeutung dieser Vereinbarung ist der 6. Februar eines jeden Jahres ein Nationalfeiertag. Die Politiker pilgern nach Waitangi, halten Reden und sprechen von einer besseren Zukunft von Maoris und Pakeha. Unsere Premierministerin war natürlich auch zugegen. Zeitlich perfekt abgestimmt stellte sie sich dann anlässlich der sechs Uhr Hauptnachrichten vor die Kamera und wurde nach dem ersten Artikel des Vertrages von Waitangi befragt. Was da denn drin stehe? Es wurde sehr peinlich. Sie hatte keine Ahnung. Musste sich entschuldigen. Die Maoris entließen sie dann nach Hause in der geäußerten Hoffnung, dass man nächstes Jahr zumindest wisse, was in diesem wichtigen Dokument enthalten sei.

Jacinda Ardern hatte kurz vorher, im Januar 2019, an der Fete der Mächtigen in Davos in der Schweiz teilgenommen. Ein gefeierter Star. Al Gore schwärmte: „I am a big fan". Oh ja, wie sind wir alle stolz in Neuseeland. Die junge Frau, Mutter noch dazu, wie hat sie doch großartig die Fahne und die Werte von Neuseeland hochgehalten. Die Nachrichtensprecher, die Kommentatoren überschlugen sich fast vor Begeisterung. Bei solchen Anlässen werden in der Regel die gebetsmühlenartig heruntergeleierten Worte losgelassen: „Das kleine Neuseeland, wir, die Underdogs, müssen uns da draußen in der grausamen Wirklichkeit tapfer gegen das Böse der Welt, gegen all diese großen Mächte behaupten."

Nachdem das alles abgearbeitet ward von den Medien, warteten wir gespannt auf die Substanz der Gespräche. Die Frau musste doch einen triftigen Grund gehabt haben, um dort hinzufliegen, oder? 20,000 Kilometer schlimmster Umweltverschmutzung. For what? Irgendwelche Fakten also, um die wunderbare Begeisterung zu rechtfertigen? Fehlanzeige. Für unser schönes Geld erhielten wir lediglich eine liebenswerte Show, gewürzt mit einer großzügig bemessenen Prise Gefühlsduselei. Reines Marketing. Nennen wir es ruhig: Propaganda. Die Gefühle wurden geknetet. Der Verstand hatte Pause. Wie Politik heute halt so betrieben wird. Die Frau schwatzte. Und irgendwann wurde es wirklich langweilig. Inhalte, konkrete Maßnahmen? Was ist das denn? Wir machen Politik!

Die Frau steht wirklich für das Land. Mehr Schein als Sein.

Politik ist eine inszenierte Scheinwelt. Inszeniert von wem? Nicht von Frau Ardern & Co. Sondern von den Denkfabriken. Es gibt etwa 7,000 Thinktanks (Denkfabriken) auf der Welt, finanziert von der Wirtschaft. 7,000 Thinktanks, die alle miteinander verbandelt sind. Daran können Sie erkennen, dass Globalisierung tatsächlich existiert. Vergessen Sie nie, dass der Unterschied zwischen Politik und Wirtschaft darin besteht, dass die Politiker Lakaien sind, Politikdarsteller, die durchaus Probleme schaffen und verwalten, aber diese unter gar keinen Umständen lösen dürfen. Die Wirtschaft ist für die reale Welt zuständig. Einschließlich Krieg und Frieden. Und die Wirtschaft ist lokal und global bestens organisiert. 7,000 optimal ausgerüstete Denkfabriken mit hoch intelligenten Menschen, verbündet mit Geheimdiensten, Militär, Universitäten, Medien... Die haben in Kooperation untereinander und miteinander den Globus fest im Griff.

Ein stolzer, intelligenter, integrer Mensch würde sich selbstverständlich nicht auf solch ein Politiktheater als Statist einlassen. Daher finden Sie in der Politik heutzutage nur Mittelmaß. Die braven Politiker sind lediglich als Staffage angeheuert, um den letzten öffentlichen Aufgaben den Übergang zu einer marktkonformen Lösung zu erleichtern. Unter dem Schwingen von bunten Fähnchen und dem herzerwärmendem Salbadern von emotional aufgeladenen hübschen, brillanten, vertrauensvoll klingenden Worten. Vor allem des schönsten der allerschönsten Worte: Globalisierung. Wer wird schon gegen Globalisierung sein? Und wer wird schon die dumme Frage stellen ob Globalisierung gut oder schlecht für Neuseeland sei? Niemand. Vor allem nicht die Premierministerin.

Ergo: Wenn Sie sich heute als Bundeskanzlerin oder als Premierministerin bewerben, ist das entscheidende Qualitätskriterium als Voraussetzung für Ihre Wahl: Sie dürfen auf gar keinen Fall von Wirtschafts- und Finanzdingen irgendeine Ahnung haben. Soll ich das noch einmal wiederholen? Ich weiß, manchmal fragen Sie sich in Verzweiflung: „Also, die können doch einfach nicht so ignorant sein, da müssen die doch..." Nein, die müssen eben nicht... Die haben wirklich keine Ahnung. Für Ahnung sind die Experten und vor allem die Berater zuständig.

Die neuseeländische Regierung hat momentan 300 Arbeitsgruppen am Laufen. Dreihundert!!! Da sitzen die Experten und die Berater, die die Entscheidungen vorbereiten. Was sagen Sie, wie lautet Ihre Frage: „Die sind doch nicht gewählt?" Genau, Sie haben das wunderbar durchschaut. Aber wer kümmert sich schon um Ihre Einsichten? Übrigens, wenn so ein tolles Wort wie Globalisierung mal nicht ausreicht, dann legt man mit „Demokratie" nach. Auch so ein hübsches, unschuldiges, magisches Wort. Kommt gleich nach Freiheit. Die liebe Frau Ardern leiert diese vom Volk so begehrten Worte die Liste hoch und runter. Die Frau hat nie in ihrem Leben richtig gearbeitet, sie hat nie in ihrem Leben richtig gelitten, wie die Generationen von Politikern vor ihr, die aus der

Weltwirtschaftskrise und Kriegen hervorgingen. Da steckt keine Mission in der Frau, die Welt zu verbessern. Sie ist halt einfach nur nett. Und das reicht heutzutage völlig. Man könnte durchaus sagen: „Minister for hugging and kissing and waffling". Da ist wenig Substanz. Trotzdem..., seien wir lieb, seien wir ehrlich, die Frau brachte einen frischen Wind ins Parlament. Ich war voller Hoffnung. Ich war ein Fan. Bis sich die Frau dann im April 2018 nach Europa aufmachte.

Kurz vorher war es zu zwei Zwischenfällen gekommen, in die angeblich Russland involviert war. Zum einen der Giftanschlag auf einen ehemaligen russischen Agenten (Skripal) in England. Und die syrische Regierung wurde verdächtigt, mit Hilfe der Russen einen Giftgasanschlag gegen die eigene Bevölkerung durchgeführt zu haben. Es gab zwar keine Beweise für die Schuld der Russen. Die gibt es bis heute nicht. Aber wie das halt so ist. Wenn es um Russland geht, wer braucht da schon Beweise? Die Russen kann man wie den letzten Dreck behandeln. Dass die 26 Millionen Menschen im Zweiten Weltkrieg opferten, auch für die Freiheit des Westens, wird nicht einmal mehr erwähnt. Russland ist das Reich des Bösen. Bevor Jacinda Ardern ins Flugzeug stieg hatte sie sich kritisch zu beiden Vorfällen geäußert und teilte nicht die Ansicht der anderen westlichen Länder, dass man bereits Russland als Schuldigen ausmachen müsste. Ich war sehr stolz auf die Frau. Wenn alle nach dem Skalp des Feindes schreien gehört schon ein wenig Zivilcourage dazu, sich dem Einfluss all der Verbündeten zu entziehen und eine eigene, abweichende Meinung vorzutragen.

Dann landete sie in Europa, dem Hort der Freiheit, und innerhalb von Tagen war sie auf Linie gebracht. Der gute Herr Trump sah sich leider gezwungen, Bomben auf Syrien regnen zu lassen. Als Bestrafung und Warnung. Jacinda Ardern:

„New Zealand therefore accepts why the US, UK and France have today responded to the grave violation of international law, and the abhorrent use of chemical weapons against civilians." (Neuseeland akzeptiert daher die Begründungen warum die U.S.A., Großbritannien und Frankreich heute auf die schweren Verletzungen des Internationalen Rechtes und auf den abscheulichen Gebrauch chemischer Waffen gegen Zivilisten reagierten).

„The action was intended to prevent further such atrocities being committed against Syrian civilians.“ (Die Aktion sollte weitere solcher Gräuel gegen syrische Zivilisten verhindern).

Die Aktion war ein Bruch des Völkerrechts, ein Verbrechen gegen die Menschlichkeit. Stellen Sie sich mal vor, die Syrier hätten beschlossen, aus irgendwelchen fadenscheinigen Gründen Washington zu bombardieren. Einfach so. Die Frau Ardern muss doch wissen was da in der U.N. Charter steht. Die hat schließlich auch Neuseeland unterschrieben. Die Medien in Neuseeland schwiegen brav. Übrigens, die Medien in Neuseeland können Sie total vergessen. Alles lediglich Hofberichterstattung. Aber das kennen Sie ja aus Deutschland. Nichts Neues.

Dann kam der September 2018, genau gesagt, der 17. September 2018. An jenem Tag beschloss die neuseeländische Regierung, den Aufenthalt der Truppen im Irak und in Afghanistan zu verlangern. Obwohl Jacinda in der Opposition strikt gegen die Stationierung dieser Truppen war. Was hatte sie nicht dagegen gewettert.

Ich weiß auch nicht, aber irgendjemand musste ihr eingeflüstert haben, wie sie doch jetzt bitteschön zu handeln habe, jetzt, in der richtigen Welt.

Von da an war die Frau für mich erledigt. Ein Pudel ist sie, der nach der Pfeife von Herrchen tanzt. Vor kurzem war sie wieder in Europa, sprach in Brüssel mit diesen nicht gewählten Herren, die angeblich die Geschicke und Ungeschicke der EU verwalten. Sie wollte gerne so ein Freihandelsabkommen. Ich konnte mich vor Lachen kaum einkriegen. Momentan existiert bereits zwischen Neuseeland und der EU ein Handelsdefizit zu Lasten von Neuseeland von etwa 4 Milliarden Dollar. Sollte sich der Handel zwischen Neuseeland und der EU noch weiter ausweiten, dann würde dieses Defizit sicherlich steigen. Ich muss noch einmal auf den Unterschied zwischen Kiwifrucht und Porsche hinweisen. Wie viele Kiwifrüchte müssen wir verkaufen, um für einen einzigen Porsche zu zahlen?

Neuseeland hat einfach nicht viel anzubieten. Futteralien hat die EU selbst im Überfluss. All diese teuren deutschen Maschinen werden wir nur auf Pump kaufen können. Die Anzahl der Kühe in

Neuseeland ist bereits an die Grenze der ökologischen Belastbarkeit geraten. Hat die Frau sich überhaupt Gedanken gemacht, was sie denn da in Milliardenhöhe in Europa zu verkaufen gedenkt? Selbst bei Wein würden wir nicht über eine Größenordnung von Millionen von Dollars hinauskommen. Mädchen, hör mal, wir haben da nicht viel anzubieten!

Im Lande selbst hat sie vor kurzem eingestehen müssen, dass es bei dem groß angekündigten Plan, endlich Häuser für die Obdachlosen und Niedriglohnbezieher zu bauen leider Probleme gebe. Aber sie versprach, hart daran zu arbeiten, dass es dreihundert werden. Vielleicht sogar noch mehr. Das alles ohne Schamesröte im Gesicht. Wie Politiker heute halt so sind. Dabei war das ganze Programm von Anfang an eine Totgeburt. Warum? Weil die Regierung mit privaten Partnern arbeitet. Da halten so viele Firmen die Hände auf, dass da am Ende Häuser mit einem Preisetikett von 600,000 Dollar stehen. 600,000! Wer kann sich die leisten? Ein Wahnsinn. Dabei hätte sie lediglich in Büchern ihrer Partei aus dem Jahre 1935 nachlesen müssen, wie man so etwas erfolgreich macht. Die Bücher stehen in der Bücherei. Lesen kann sie auch. Ich verstehe nicht wo das Problem liegt.

Ich verfolge momentan die Bewegung der Gelben Westen in Frankreich. Gestern Abend lauschte ich einem Interview mit einem der Sprecher der Gelben Westen, Francois Boulo, aus Rouen. Der Mann ist Advokat, hat sich aber intensiv mit wirtschaftlichen Fragen beschäftigt. Der zählte auf, wie einfach sich die wirtschaftlichen Probleme in Frankreich lösen ließen. Haben Sie gewusst, dass der französische Staat jedes Jahr etwa 50 Milliarden Euro an Zinsen zahlt? Für seine Schulden. Seit 1979 hat der französische Staat eintausendvierhundert Milliarden Euro an Zinsen gezahlt. Warum eigentlich? Frankreich hat doch seine eigene Nationalbank. Wieso muss der Staat, wenn er Geld braucht, Zinsen an die eigene Bank zahlen, die doch den Bürgern gehört? Nun, die Antwort ist, dass die Schuldenaufnahme durch die privaten Banken erfolgen muss. Fragen Sie mich nicht warum. Das ist nun mal so. Sehen Sie und genauso läuft das auch in Neuseeland. All die Milliarden in den Rachen der Finanzhaie. In Frankreich sind die 50 Milliarden der zweithöchste Posten bei den Ausgaben. Wenn man dann noch die

Steuerhinterziehung in den Griff bekäme, würden sich die finanziellen Probleme fast von ganz alleine lösen. Haben Sie gewusst, dass etwa die Hälfte der finanziellen Abwicklungen des Welthandels über Steueroasen erfolgt? (lt. dem britischen investigativen Journalisten und Autor Nicholas Shaxson in seinem Buch „Treasure Islands"). Steuerhinterziehung ist eines der lukrativsten Geschäfte auf Erden. Der Staat muss sich nur mal ein wenig bücken, um das Geld einzusammeln, was ihm zusteht. So einfach? Ja.

Die ganze Problematik war Jacindas Vorfahren in der Labour Partei im Detail bekannt. Da bräuchte sie nur mal nachzulesen, was in den Jahren zwischen 1930 und 1940 diskutiert wurde. Selbst einfache Arbeiter beschäftigten sich damals mit dem Bankenwesen, forderten die Verstaatlichung der Banken, um von deren Vormundschaft unabhängig zu werden und um in der Lage zu sein, die Wirtschaft in produktive Sektoren hinzuleiten. Und nicht die Finanzwirtschaft über alles zu stellen. Wer das Geld kontrolliert, kontrolliert die Macht im Lande.

Das müsste Frau Adern wissen und zur Sprache bringen und dann mal so richtig loslegen und kräftig auf den Tisch hauen, dass es kracht. Aber da wird nichts krachen. Keine Chance. Die Frau ist die blasse Harmlosigkeit in Person. Aber nett und freundlich und..., hallo Jacinda..., lächeln, Jacinda..., lächeln..., immer schön lächeln. Du weißt doch, Mädchen, das Volk ist doof und will betrogen sein. Also immer mutig drauf los versprechen, was das Zeug hält, und wenn es sein muss, wenn es denn unbedingt sein muss..., theatralische Entschuldigungen, ja, großes Theater..., aber..., nicht niemals vergessen, auf keinen Fall den privaten Firmen irgendwie in die Quere geraten. Das Geld muss ja schließlich von irgendwo herkommen, gell? Stichworte: Kapital, ewiges Wachstum, Bruttosozialprodukt. Du erinnerst dich?

Jacinda hat sich dann ja auch noch, gleich nach der Wahl, das muss man ihr hoch anrechnen, sie hat sich zur Ministerin für Kinderfragen aufgeschwungen, weil, weil, weil das doch mit der Kinderarmut in Neuseeland so schlimm sei. Sie gestand, dass das der eigentliche Grund war, warum sie in die Politik ging. Ja, ja. Zweihundertfünfzigtausend arme Kinder..., manche gehen ohne

Frühstück in die Schule. Eine grauenvolle Situation. Sie persönlich werde da jetzt eingreifen und das Problem lösen. Hat sie? Wird sie? Keine Chance. Sie labert und labert und labert. Die Situation hat sich sogar noch verschlimmert. Kurzum, von der Frau ist nichts zu erwarten. Null.

Wissen Sie, ehrlich gesagt, ich hatte immer die Hoffnung gehabt, dass Frauen in der Politik eine bessere Welt schaffen werden. Leider stellte sich inzwischen heraus, dass Politik die Frauen genauso versaut wie die Männer. Nennen Sie mir doch mal eine einzige Frau in der Politik heutzutage, die diese Aussage widerlegt. Meinen Sie vielleicht, dass Killery Clinton, wäre sie denn in 2016 gewählt worden, meinen Sie, dass Killery Clinton den ewigen Frieden ausgerufen hätte? Die war doch ganz scharf darauf, sich mit den Ayatollahs im Iran zu prügeln. Well, nicht sie selbst natürlich, für den Job schickt sie lieber 20jährige Schwarze in das Gemetzel um Liebe, Gerechtigkeit, Demokratie und all die anderen Lügen.

Frau sein reicht also allein nicht aus. Sie erinnern sich, eine Ärztin zum Beispiel braucht eine Qualifikation. Denn von nichts kommt nichts. Aber für die verantwortungsvollste Position im Lande überhaupt benötigen Sie keinerlei Qualifikation. Sie müssen nur in der Lage sein, morgens aufzustehen. Und es hilft noch, wenn Sie einen einigermaßen guten Eindruck machen. Glauben Sie an Wunder?

Sie werden nicht wissen, dass wir in Neuseeland bereits mehrere Premierministerinnen hatten. Die erste, eine gewisse Jenny Shipley, sorry, die Frau wurde inzwischen geadelt, also eine gewisse Dame Jenny Shipley, musste sich vor kurzem vor einem Gericht verantworten. Als Vorstandsvorsitzende einer großen Baufirma hatte sie den Laden weiterlaufen lassen, obwohl die Firma eigentlich insolvent war. Sechs Millionen Dollar soll sie jetzt zahlen. Nun, das käme von der Versicherung. Aber sie hat trotzdem Berufung eingelegt. Die Frau machte eine fulminante Karriere: Grundschullehrerin, dann 1987 in die Politik, ins Parlament und zehn Jahre später, 1997 Premierministerin. Perfekte Befehlsempfängerin. Als Ministerin für Sozialangelegenheiten hatte sie ihre erfolgreichste Zeit in der Politik. Sie kürzte die Zuwendungen an die Sozialhilfeempfänger. Ja, das gilt bis heute als ihre größte

Leistung. Eine fein gestylte Frau übrigens, immer alles vom Feinsten. Schauen Sie sich mal Bilder von ihr an. Und da sie Premierministerin spielen konnte, sollte es doch auch kein Problem sein, Vorstandsvorsitzende einer großen Baufirma zu spielen. Theoretisch. Hat leider nicht funktioniert. Das ist so das Format der Politiker unserer Zeit.

Wir hatten auch mal einen richtigen Finanzexperten als Premierminister, als die Dinge aus dem Ruder zu laufen schienen. John Key, der Mann, der in seinem Leben, bis zu seinem Übergang in die Politik im Jahre 2002, mit Geld gespielt und Millionen gescheffelt hatte, konnte sogar eine Erfahrung von zwei Jahren im Allerheiligsten vorweisen, als Mitglied des „Foreign Exchange Committee" der Federal Reserve Bank in New York. Wow! Es erübrigt sich also zu fragen, was der für eine Politik durchführte, als er von 2008 bis 2016 Premierminister war. Die Privatisierungen schritten voran. Dann das übliche: Die Einkommenssteuer für Spitzenverdiener wurde gesenkt, die Mehrwertsteuer (die vor allem die unteren Einkommen trifft) wurde erhöht. Sie nannten ihn Teflon John, da nichts von all den Skandalen an ihm kleben zu bleiben schien. Als es zu brenzlig wurde schmiss er lieber das Handtuch. Das war im April 2017. Bereits im Oktober 2017 heuerte er als Aufsichtsratsvorsitzender bei einer der größten Banken an. Der Mann muss ja von irgendetwas leben. Übrigens verzichtete er als Premierminister auf Gehalt. Seine Millionen schienen ihn ausreichend zu versorgen. Nun, als Premierminister hatte er ja trotzdem, allein aus den ihm selbst geschenkten Steuerkürzungen, genug verdient. Ach ja, noch eines, er liess ein Referendum über eine eventuelle neue neuseeländische Fahne abhalten. Der ganze Zirkus zog sich über Jahre hin. Unterhaltung vom Besten. Ablenkung vom Besten. Dass immer mehr Menschen in ihren Autos leben mussten störte den Mann nicht. Und dann, beinahe hätte ich das ganz vergessen, dann führte er noch diese ganzen Zirkus mit den Adelstiteln wieder ein. Kein Witz. Der Schein ist doch soviel schöner, wenn man sich „Sir" oder „Dame" nennen darf. Und die ganze schöne Aufregung im Volke um die eine große, spannende Frage: Wer wird es wohl dieses Jahr schaffen?

Ja, tolle Zeiten waren das. Und jetzt also Jacinda, eine nette, freundliche Dame, die gerne durchs Land reist, mit den Leuten plaudert, aber diese Fragestunden im Parlament nicht so gerne hat. Die Herrscher dieser Welt brauchen keine Angst zu haben. Neuseeland ist bei der Frau in guten Händen. Die Elite wird ihren Einflussbereich weiter ausbreiten. Garantiert. Die haben das Volk fest im Griff. Die alte Masche mit den Emotionen. Denn die Bürgerinnen und Bürger reagieren meist emotional. Jacinda ist da die ideale Besetzung. Sie trieft geradezu von Emotionen.

Wie lange wird sie sich halten? Wer weiß. Nächstes Jahr, 2020, wird wieder gewählt. Alle drei Jahre in Neuseeland. Wenn dann die anderen an die Macht kommen sollten, geht der ganze Schwachsinn auf allen Gebieten der Politik wieder von vorne los: Programme, Arbeitskreise, Diskussionen bis tief in die Nacht, Redeschlachten im Parlament, Exklusiventhüllungen in den Medien, Schicksalsmomente über Schicksalsmomente und absolut nichts von Bedeutung wird sich ändern. Schein über Sein. Demokratie eben.

P.S.: Noch eine kurze Anmerkung. Ich hatte das vergessen zu erwähnen: Jacinda Ardern ist auch für das Ressort „National Security and Intelligence“ (also für die Geheimdienste) zuständig. Ich weiß nicht, aber das hat mich doch irgendwie stutzig gemacht. Die Frau die aus der Kälte kam?

Die geistige Armut der heutigen Zeit

„We turned our backs on humanity for a few years and practised inhumanity. Never did so many educated men act so stupidly for so long a time with the very best intention.“ (Wir wandten uns ein paar Jahre lang von der Humanität ab und praktizierten Inhumanität. Niemals hatten so viele gebildete Männer über eine derart lange Zeit, mit den besten Absichten, so einfältig gehandelt).

(John A. Lee)

„Diese Wirtschaft tötet“ (Papst Franziskus)

Sprach der Papst wirklich von Mord?

In den Abendnachrichten am 20. Mai 2019 (TV 3) wurden die Zahlen hinsichtlich der an Depression Leidenden in Neuseeland im Jahre 2018 veröffentlicht. 539,373 Menschen nahmen im letzten Jahr Medikamente gegen Depressionen ein. Etwa 11 % der Bevölkerung. Im Jahre 2016 lag die Zahl noch bei etwas über vierhunderttausend. Das sind Zahlen der Patienten, die die Medikamente über die Apotheken bezogen. Die wirkliche Zahl der Leidenden könnte und wird wahrscheinlich wesentlich höher liegen. Tendenz weiterhin ansteigend.

BBC News vom 15. Juni 2017: „A new report by Unicef contains a shocking statistic – New Zealand has by far the highest youth suicide rate in the developed world“. Der Bericht klärt dann auf, dass diese hohe Selbstmordrate bei Jugendlichen in Verbindung mit den ebenfalls hohen Zahlen von Gewalttaten in den Familien, Kindermissbrauch und Kinderarmut steht.

NZ Herald, 5. Juni 2018: „The number of people affected by cancer was also expected to increase by 50 % by 2035.“ (Es wird erwartet, dass die Anzahl der Krebskranken bis zum Jahre 2035 um 50 % ansteigen wird).

Warum, warum, warum?

Wenn Menschen nicht in wirtschaftlich sicheren Verhältnissen leben sind sie Stress ausgesetzt. Wenn die Menschen nicht sie selbst sein dürfen, sondern von sich selbst entfremdet leben, eine Rolle spielen, dann sind sie Stress ausgesetzt. Wenn der Mensch seinen Geist ausgrenzt oder gar verneint, wenn er nicht die entscheidenden Fragen des Lebens stellt und für sich beantwortet, dann ist er Stress ausgesetzt. Wenn der Mensch aus Gemeinschaften herausgerissen wird, wenn Gemeinschaften sich auflösen, dann ist der Mensch Stress ausgesetzt. Es ist dieser Stress vor allem der den Menschen selbst und die Gemeinschaft tötet.

Unser Wirtschaftssystem hat den Menschen, hat die Gemeinschaft der Menschen zerrissen. Und nährt sich von den grausamen Folgen ohne Gewissensqualen: Krieg und Krankheit sind die profitabelsten Wirtschaftszweige unserer Zeit. Krieg und Krankheit. Die Wachstumsaussichten sind weiterhin hervorragend.

Früher konnte ein einziges Einkommen die Familie ernähren. Die Kinder wuchsen in einer sicheren Gemeinschaft auf. Die Mutter kümmerte sich in den entscheidenden ersten 3 Lebensjahren intensiv um die Kinder. So wie die Natur das vorsieht. Und das Motto in der Gemeinschaft lautete: Einer trage des anderen Last. Solidarität. Neuseeland war dereinst eine Gesellschaft von Menschen, die füreinander da waren. Das System bezeichnete sich als „egalitär", es war auf die weitgehende Gleichheit der Menschen bei den Einkommen ausgerichtet. Heute konkurrieren diese Menschen gegeneinander. Jeder für sich.

Sagen Sie mir doch bitte einmal: Wofür das alles?

Hat dieses neue Wirtschaftssystem nach 1984 die Armut in Neuseeland beseitigt? Nein, es hat die Armut erst geschaffen. Es hat Armut erst geschaffen!!!

Es hat Elend über das Land gebracht. Es tötet. Körperlich, geistig und seelisch. Fortschritt als Rückschritt.

Dass die Kirchen heutzutage leer sind hat zum einen mit den Kirchen selbst zu tun, aber auch mit der Entfremdung des Menschen von sich selbst. Ein Mensch ohne eine gelebte, sich entwickelnde, sich entfaltende seelische Dimension ist kein Mensch. Das ist eine Maschine. Auch der Homo Oeconomicus ist kein Mensch. Wenn der Mensch sein Menschsein, seine Einzigartigkeit, seine Göttlichkeit verleugnet und gegen sich selbst kämpft, gar zum Sklaven wird, dann breitet sich Krankheit in ihm aus. Die Seele schreit auf. In Verzweiflung und Schmerz. Fragen Sie die Maoris. Das kann doch nicht so schwierig zu verstehen sein.

Wenn Sie sich mit Geschichte beschäftigen, stoßen Sie unausweichlich auf ein Arsenal von Schlüsselereignissen, aus denen die Menschheit unbedingt die wirklich entscheidenden Lektionen für ihre Zukunft hätte lernen müssen. Müssen!

In unserer Zeit zum Beispiel aus der sogenannten Finanzkrise in den Jahren 2007/2008, die manipuliert wurde, um die Umverteilung voranzutreiben.

Warum hätten wir sofort aufschreien müssen?
Weil diese Situation in ähnlicher Weise bereits in den dreißiger Jahren des letzten Jahrhunderts geschah. Weltweit. Also auch in Neuseeland.

Es gibt in Neuseeland ein interessantes Buch, ein Dialog zwischen John A. Lee und C.G. Scrimgeour, mit dem Titel: „The Scrim-Lee Papers". In dem Buch erinnern sich diese beiden klugen Männer an die Ereignisse der Krisenjahre zwischen 1930 und 1940 in Neuseeland. Sie werfen eine der größten Fragen unserer Zeit auf, die selbst einem durchschnittlich geistig begabten Menschen überall auf Erden doch sofort knallhart ins Bewusstsein springen muss: „Wie konnte es denn sein, dass im Jahre 1932 in Neuseeland Menschen hungergequält durch das Land zogen, auf der Suche nach einer Handvoll Essen? Wie konnte es denn überhaupt dazu kommen, dass in dem Garten Eden auf einmal die Lebensmittel ausgingen? Hatten die Kartoffeln beschlossen, aufhören zu wachsen? Weigerten die Kühe sich, Gras zu fressen? Hatte die Natur den großen Streik beschlossen?"

Die schiere Absurdität der Situation kann einem im Nachhinein nur Tränen der Wut in die Augen treiben. Wie schwachsinnig muss ein Politiker sein, den schlichten Wahnsinn dieser Situation nicht zu durchschauen.

Auf einmal hungerten die Menschen in Neuseeland. Nicht weil nicht genug zu essen vorhanden war. Sondern weil sie kein Geld hatten. Diese Fetzen von Papier. Ich sage immer, die Leute müssen nur Bücher lesen, dort finden sie die Antworten auf alle Probleme der Menschheit. Auf alle! In diesem Fall wäre die Bibel von Nutzen gewesen. Dort hätten sie erfahren, dass Gott ihnen die Ernten schenkt, damit alles im Überfluss vorhanden ist. Aber wie sie ebenfalls aus der Bibel erfahren hätten: Mit Geld, mit Geld hatte und hat Gott nichts am Hut. Geld ist nicht Gotteswerk. Geld ist ein Werk des Teufels. Diese Erkenntnis ist ja wohl nach dreihundert Jahren Kapitalismus nur schwer zu widerlegen.

Die Banker wollten sich selbst und den anderen Reichen helfen, noch reicher zu werden. Den waren die anderen Menschen und der liebe Gott völlig scheißegal. Also verknappten sie die Geldmenge und redeten dann den Politikern ein, dass es leider eine Missernte bei Geld gegeben habe und dass man aus der Krise nur durch Sparmaßnahmen herauskommen könne. Die Konsequenz: Noch weniger Geld war im Umlauf. Die Leute konnten ihre Hypotheken nicht mehr bezahlen. Sie konnten nicht mehr kaufen, was sie zum Leben brauchten. Der Pleitegeier gierte durchs Land. Wenn Sie damals Geld hatten konnten Sie sehr, sehr, sehr günstig Häuser und Ländereien kaufen. Und wer hatte noch Geld? Genau!

Sparen, sparen, sparen? Die Geldmenge verknappen? Die Renten senken? Sozialleistungen kürzen? Diese hochgebildeten Politiker in aller Welt fanden das irgendwie alle ganz logisch. Denn die Experten hatten ihnen versichert, hoch und heilig, dies sei der einzige Weg, um aus der Krise zu kommen. Der einzige Weg. Alle wussten das ganz genau. Und wer wagte sich da schon, diesen hoch geschätzten Experten, diesen Wissenschaftlern zu widersprechen?

Die Experten waren die Experten der Banken. Die Banken gehörten Privatpersonen. Die konnten die Geldmenge manipulieren wie sie wollten. Das ist ihr Lieblingsspiel seit hunderten von Jahren. Und funktioniert bis heute. Geldmenge hoch, Geldmenge runter. Zinssatz hoch, Zinssatz runter. Was labern Sie da: Die Märkte regulieren das Geschehen in der Wirtschaft? Die Märkte? Sie Scherzbold.

Aber zurück zur Geschichte: Zu der Zeit, Anfang der dreißiger Jahre, benutzte man in Neuseeland das englische Pfund Sterling als Währung. In Neuseeland war man also völlig den Konsequenzen der finanziellen ausländischen Entscheidungen ausgesetzt.

Nun gab es allerdings damals Männer in Neuseeland, wie W.B. Sutch, John A. Lee und C.G. Scrimgeour, die die Situation total durchschauten. Mr. Scrimgeour war übrigens ein Pastor, ein Mann der Kirche, der den Radiosender der Kirche (der Kirche!) benutzte, um die Leute über die Hintergründe der Situation in den dreißiger Jahren aufzuklären. Und wie! Knallhart. Er nahm kein Blatt vor den Mund. Der Mann war eine Sensation. Seine Sendung wurde am Sonntagabend landesweit übertragen. Die Frage der Menschen am Montag morgen: „Did you hear Scrim last night?“ „Hast du gehört, was Scrim gestern abend sagte?“ Es wurde geschätzt, dass fast die Hälfte der erwachsenen Bevölkerung den Worten dieses Mannes lauschte. Einem Pastor, einem Priester!!!

Damals waren die Menschen noch politisch interessiert. Es blieb ihnen wohl auch nichts anderes übrig, wenn sie sich denn nicht mit den Entscheidungen der Regierung abfinden wollten, die sie in den Hungertod trieben. Die Besucherränge im Parlament waren stets bis auf den letzten Platz gefüllt. Eine aufgeheizte Stimmung. Und da unten, da unten führten die Politiker Krieg, in einer Sprache, die heute undenkbar ist, eine Sprache, die die schiere Verzweiflung der geschundenen Menschen zum Ausdruck brachte. Für rhetorische Feinheiten hatte man damals keine Zeit und kein Verständnis.

Auf der einen Seite diejenigen Politiker, die die Entscheidungen für das Elend im Lande zu verantworten hatten, und dann auf der anderen Seite die Vertreter der Opposition, der Labour Partei, die bis zu dem Zeitpunkt noch nie (noch nie!) im Lande regiert hatte.

Am Abend vor der nächsten Wahl ließ die Regierung die letzte Übertragung von Pastor Scrim technisch blockieren. Allein es half nichts. Die Wut der Bürger entlud sich. Das Plakat der Alternative war überzeugend:

„LABOUR has a PLAN“

„THE WAY OUT OF CHAOS TO A LAND FIT FOR HEROES“

Und so kam es, dass im Jahre 1935 die Arbeiterpartei (Labour) erstmals in Neuseeland die Regierung übernahm. In der Partei selbst war zwar die Führung nicht bereit, das herrschende System zu ändern. Aber die Mitglieder zwangen die Führung zum Umdenken. Die Banken, die Ursache des Übels, wurden verstaatlicht. Man führte eine eigene Währung ein. Und eine lange Reihe von Sozialgesetzen, die garantierten, dass dieses Elend nie wieder über Gottes Paradies kommen würde.

„It was a very radical mandate, a mandate for radical change. The electorate would have gone further than the Government, much further. They were in a mood in 1935 to say to the Government: „We trust you. You do whatever you think right, and if you want to nationalise the insurance companies, you can. If you want to bring in import control, bring it in. If you want to nationalize the banks, nationalize them.“ It was as strong as that...“ (Es war ein radikales Mandat für einen radikalen Wechsel. Die Wähler wären sogar noch weiter gegangen als die Regierung, viel weiter. Die Wähler waren 1935 in der Stimmung, der Regierung zu sagen: Wir vertrauen euch. Ihr macht, was euch recht erscheint, und wenn ihr die Versicherungsgesellschaften verstaatlichen wollt, dann könnt ihr das machen. Falls ihr Importkontrollen einführen wollt, kein Problem. Falls ihr die Banken verstaatlichen wollt, verstaatlicht sie. So entschlossen war die Stimmung...). (W.B. Sutch)

Die Manipulationen der Geldsäcke lagen vor aller Augen. Die Ursachen der Krise lagen vor aller Augen. 1935. Was hätte man nicht alles lernen können! Für alle Zeiten.

„The Labour Party also were very strongly imbued with the fact that you had to take control of the whole of the financial apparatus in order to do anything with the economy, because if bankers were making decisions about what happened to a business or a banker or a person, what use was it for the Government to have other ideas on the subject.“ (Die Labour-Partei war stark durchdrungen von der Erkenntnis, dass man die Kontrolle über den ganzen Finanzapparat übernehmen muss, um die Wirtschaft zu beeinflussen, denn wenn die Banker die Entscheidungen über das Schicksal der Unternehmen, der Banken oder der Privatpersonen treffen, dann war es für die Regierung völlig sinnlos, alternative Ideen zu hegen). (W.B. Sutch)

So einfach. So klar. Ich sage mir immer: „Die müssen doch irgendwo im Parlament Kopien von den Büchern von Dr. Sutch haben.“

1984 hätten die Politiker sich bloß die alten Bücher zur vorherigen Krise herauskramen müssen. Neben Dr. Sutch hatte vor allem John A. Lee eine kleine Bibliothek von Werken zu all diesen Problemen hinterlassen. In den Büchern (die ich alle gelesen habe) finden Sie die Probleme von Neuseeland und die Lösungen zu den Problemen. Da hat sich nichts geändert. So einfach? Ja!

Aber diese arroganten und ignoranten Politiker 1984 hatten bestimmt nicht diese Bücher gelesen. Sie tappten in die gleiche blöde Falle. Sie lauschten den Experten, die sie sicherlich großartig beeindruckten. Wie wir alle ahnen lautete ihre weise Botschaft: „Es gibt keine Alternative“. Und daher hungerten die Menschen im Paradies noch einmal.

Und heute, im Jahre 2019? Zweihundertfünfzigtausend Kinder leben in Armut, gehen zum Teil hungrig zur Schule. Leben mit ihren Eltern in Autos. Das ist alles bekannt. Aber man muss natürlich unbedingt diese sinnlosen Flugzeuge kaufen, die Milliarden kosten, um eben die U-Boote bekämpfen zu können, die Neuseeland bedrohen. Sorry mate, aber Sicherheit kommt nun mal zuerst. Das ist unsere Priorität. Die Kinder werden schon nicht verhungern. Um die werden wir uns später kümmern. Ich frage Sie: Wie bescheuert können angeblich intelligente Menschen sein???

Die Geldschöpfung erfolgt inzwischen wieder über Privatbanken. Sie sind enttäuscht? Kein happy end? Sorry! Da ist kein Fortschritt. Wir gehen rückwärts.

Das Hauptproblem mit Demokratie, das wussten Leute wie der Pastor „Scrim“ und W.B. Sutch und John A. Lee, ist leider, dass die Leute nicht viel wissen und daher leicht zu manipulieren sind. Das Volk ist nicht dumm, aber das Volk ist nicht gebildet. Das Schulsystem ist unzulänglich. Die Menschen lernen nicht, selbständig zu denken.

Ein Riesenkompliment an die Vertreter der Kirchen der damaligen Zeit. Die Pastoren, die Priester, sie schrien auf, sie informierten das Volk, sie halfen, sie taten was ihnen dieser Zimmermann aus der Bibel aufgetragen hatte. Was für großartige Männer die Kirchen einst besaßen!

Pastor Scrim: „I could never hear Christ saying before he fed the multitude – ‚Where will you get the money?‘ His economics were a matter of food distribution to the hungry.“ (Ich habe niemals Christus sagen hören, bevor er die Menge speiste ‚Woher bekommt ihr das Geld?‘ Sein Wirtschaftsmodell bestand darin, Essen an die Hungrigen zu verteilen).

Ein einfacher Priester verstand damals, was diesen Idioten von Politikern heute noch immer nicht aufgegangen ist.

Und der Papst? Ja, der Papst hat recht. Die Menschen leiden an materieller und geistiger Armut, einer tödlichen Krankheit. Hervorgerufen durch unser Wirtschaftssystem. Sie haben sich dem Teufel, dem Materialismus verschrieben.
Und was, lieber Papst, was sind die Konsequenzen? Was machen wir jetzt?

Neuseeland und Meinungsfreiheit

Als George Bernard Shaw 1934 Neuseeland besuchte, wurde er in Christchurch gefragt, was er von Neuseeland halte. Er antwortete: „Too many sheep."

Bildung also. Bildung, Bildung, Bildung. Warum haben wir nicht Bildung wie sie sein sollte? Was lief und läuft da schief?

Passen Sie mal auf: Wenn Sie heute nach Neuseeland einwandern wollen, dann müssen Sie für alle Kosten selbst aufkommen und auch sonst noch einiges an Geld mit ins Land bringen. Sonst wird das nichts. Früher allerdings, im 19. Jahrhundert, konnten sie eventuell umsonst nach Neuseeland gebracht werden. Von England aus. Allerdings wurden die Personen sorgfältigst ausgesucht. Man wollte vor allem keine Aufmucker und Revolutionäre. Die Leute sollten fleißig arbeiten, tunlichst gehorchen, nicht selbständig denken und schon gar nicht Sozialrandale organisieren, also irgendwelche Rechte einfordern. Schamlose Ausbeutung war damals ohnehin die Regel, also kein Grund, sich groß aufzuregen.

Fast alle Einwanderer kamen damals aus dem Vereinigten Königreich. Die fühlten und dachten wie ein Bürger des Heimatlandes. Neuseeland war eine Kolonie, ein Außenposten, aber kein eigenständiges Land mit einer eigenständigen Identität. Daher richteten sich die Bürger alle brav nach den Anforderungen des Vereinigten Königreiches. Kriege in Afghanistan, Sudan, Südafrika, Europa..., überall waren die Engländer aus Neuseeland mit dabei. Selbst als 1922 Unterstützung für Griechenland in dem Krieg gegen die Türkei gefordert wurde meldeten sich 12,000 Freiwillige in Neuseeland innerhalb von vier Tagen.

Der große neuseeländische Wirtschaftshistoriker John Bell Condliffe spricht von einem „mother-complex". Im Gegensatz zu eigentlich allen anderen englischen Kolonien, in denen die Bewohner schließlich nach Unabhängigkeit verlangten (wie z.B. In den U.S.A., Kanada oder Südafrika) hatten die Kiwis nie solch Verlangen. Brav fügten sich die Schafe in die Herde des Commonwealth. Es ist wohl keine Übertreibung zu sagen, Neuseeland musste eigentlich zu seiner Unabhängigkeit gezwungen werden. Lustigerweise ist noch nicht einmal so richtig klar, ab wann Neuseeland nun wirklich unabhängig wurde. Die Website der Regierung spricht von 1947, sagt dann aber gleich im nächsten Absatz: „New Zealand, as of 1987, is a freestanding constitutional monarchy whose parliament has unlimited sovereign power." Übrigens, 1857 wäre auch ein Kandidat.

Mal ehrlich, was wollen Sie von solchen Menschen erwarten? Das sind die perfekten, geborenen Untertanen. Die sind in dieser Rolle einfach glücklich. Die wollen gar nicht frei sein. Mit allen Konsequenzen. Do you understand?

Natürlich haben wir in Neuseeland Meinungsfreiheit. Na klar doch. Das wissen wir doch alle. Obwohl einige zynische Menschen den Anspruch in Frage stellen. Sie behaupten keck dreist, dass Meinungsfreiheit die Freiheit der Handvoll von Menschen sei, denen die Medien gehören, ihre Meinung zu sagen. Diese Handvoll von Menschen finden Sie angeblich in fast allen Ländern der heutigen Zeit. In Frankreich und den U.S.A. sind einige von denen gar mit der Rüstungsindustrie verbunden. Na, das ist doch recht praktisch. Denn auch Krieg muss schließlich „verkauft" werden. In Neuseeland verlassen wir uns da gerne auf die Meinung der BBC. Die Mutter wird schon wissen, wann mal wieder Krieg ist.

Was sagen Sie: „Ohne freie Medien keine Demokratie. Demokratie braucht den mündigen Bürger!" Na, na, mal langsam. Das sind harte Worte. Haben Sie doch bitte mal ein Häufchen Verständnis für die Unbilden der wirklich wichtigen Leute auf dieser Welt. Was sollen die denn machen? Merke: Medien sind ein Herrschaftsinstrument. Sie sind ein Herrschaftsinstrument der Herrschenden! Vergessen Sie das niemals. Die Medien in der westlichen Welt wollen Sie lenken und leiten.

George Orwell: „Journalism is printing what somebody else does not want printed. Everything else is public relations." Sehen Sie, das ist Aufmüpfigkeit.

In Abwandlung sage ich: „Wenn ein Journalist gegen die Mächtigen dieser Welt Stellung bezieht, dann ist das Journalismus." Zum Beispiel jemand wie Chris Hedges. Oder Udo Ulfkotte einst. „Alles andere ist Werbung oder Propaganda."

Die Menschen sind heutzutage mehr und mehr in der Lage, die Manipulation der Medien mit ihrer einseitigen Berichterstattung und Mischung von Fakten und Kommentar/Meinung zu durchschauen. Das Internet bietet viele Alternativen von Informationsquellen. Noch dazu, wenn Sie durch Ihre Sprachkenntnisse in der Lage sind, sich oftmals direkt in den betreffenden Ländern schlau zu machen.

Es ist schon beachtlich, dass große Denker unserer Zeit, wie Noam Chomsky oder Professor Richard Wolff, von den Mainstream Medien schlicht und einfach gemieden werden. Die kommen in deren Welt gar nicht vor. Und es ist doch geradezu komisch, dass Sie heute in Neuseeland, wenn Sie sich diese Alternativen anhören wollen, zu Russia Today (RT) gehen müssen, die hinsichtlich Programmvielfalt und Programmqualität den etablierten Medien um Meilen voraus sind. RT wird nicht Putin kritisieren. Das weiß ich vorneweg. Für das Thema Putin finden Sie ohnehin jede Menge Material bei den Mainstream Medien.

Also: Natürlich, selbstverständlich gibt es in Neuseeland Meinungsfreiheit, na klar doch, aber nur für gewünschte Meinungen. Den anderen wird schlicht und einfach das Publikum verweigert. Das wird nicht gesagt. Man macht das einfach so. Ich kenne nicht eine einzige Zeitung oder Zeitschrift, nicht einen einzigen Rundfunk- oder Fernsehsender, den ich Ihnen in Neuseeland empfehlen kann.

In Neuseeland werden Sie Medienqualität auf dem niedrigsten Niveau vorfinden.

Noch einmal, auf den Punkt gebracht: Wenn Sie die offizielle Meinung hören wollen, dann BBC oder die Provinzmedien aus Neuseeland. Wenn Sie eine alternative Meinung hören wollen, dann RT.

Am besten natürlich, Sie pilgern in die Büchereien. Sorry, aber ein wenig anstrengen müssen Sie sich schon. Wissen ist heutzutage eine Holpflicht. Lassen Sie es mich noch einmal sagen: Eine Holpflicht.

CLEAN AND GREEN NEW ZEALAND

Der Titel des Buches lautet: Ausverkauf Neuseeland. Aber Ausverkauf wovon? Nun, ein Ausverkauf bedeutet doch, dass der ganze Laden geräumt wird. Alles wird zu Geld gemacht. Alles. Es handelt sich schließlich um ein Geschäft. Und Neuseeland..., Neuseeland war und ist ein Geschäft. Von Anfang an. Nicht für die Maoris natürlich. Sondern für den Weißen Mann mit seiner Gier und seiner Wahnvorstellung vom Herrscher der Welt, und seiner Mission der totalen Ausbeutung der Schöpfung bis zum letzten Grashalm. Diese Menschen sind krank, sie sind verrückt. Sie regieren Neuseeland. Wer Augen hat zu sehen und wer es sehen will, der wird bei jedem Schritt die logischen Folgen dieses totalen, unerbittlichen, gnadenlosen Raubzuges erkennen. Beginnen wir mit zwei Themen, die nicht so offensichtlich sich darstellen, da sie in einem größeren Rahmen gesehen werden müssen.

Neuseeland liegt für Sie in Deutschland am Ende der Welt. Wenn die deutschen Firmen nach Frankreich exportieren, dann ist das im Vergleich zum Export nach Neuseeland ein Katzensprung. Die Kosten sind relativ niedrig. Die Konsequenzen für die Umwelt sind relativ gering. 20,000 Kilometer auf der anderen Seite des Globus sieht die Lage folgendermaßen aus: Fast alle importierten Güter in Neuseeland gelangen zu uns auf dem Seeweg, auf diesen gigantischen Containerschiffen. Das sind die schlimmsten Giftschleudern auf dem Planeten. Und kaum einer redet davon. Dabei sind die katastrophalen Umweltkonsequenzen des sogenannten freien Welthandels mittlerweile weitgehend bekannt:

Die von einem dieser großen Schiffe verursachte Umweltverschmutzung entspricht der verursachten Umweltverschmutzung von 50 Millionen Autos. Alle Schiffe zusammen genommen und als Land betrachtet würden als Gemeinschaft der Schiffe bei der Umweltverschmutzung global an sechster Stelle stehen, zwischen Deutschland und Japan. Die Containerschiffe werden mit Schweröl betrieben. Den im Betrieb produzierten Ausstoß an Schwefeloxiden zum Beispiel würde kein Land der Welt an Land erlauben. Noch einmal: Das sind die schlimmsten Dreckschleudern auf dem Planeten. Dazu kommt noch die Verklappung, geschätzte 5,000 Tonnen Giftmüll ins Meer pro Jahr. Von den Havarien ganz zu schweigen. Haben Sie gewusst, dass im Durchschnitt alle drei Tage ein Schiff in Schwierigkeiten gerät oder sinkt? Im Oktober 2011 havarierte das Containerschiff Rena vor der Ostküste (Bay of Plenty) Neuseelands. Eine Umweltkatastrophe. 350 Tonnen Schweröl gelangten ins Meer. Das Vogelsterben, das Fischsterben begann. Achttausend Freiwillige kratzten etwa eintausend Tonnen Ölschlick von den Stränden. Wird das wieder passieren? Garantiert!

Etwa 6,000 Frachtschiffe kommen jedes Jahr nach Neuseeland. Die eigene Flotte an Schiffen, die für kommerzielle Zwecke benutzt werden, umfasst etwa 3,800 Schiffe. Dazu kommen noch die kleinen, privaten Boote der Neuseeländer. Das sind in etwa 450,000. Sie staunen? Ein Boot zu haben ist für viele hier Teil des Lebensstils. Die meisten Boote sind natürlich Segelboote. Aber auch die haben in der Regel einen Außenbordmotor. Und dann besuchen uns noch die großen Kreuzfahrtschiffe. Etwa 30 von denen kommen pro Jahr nach Neuseeland.

Das zur Seeschifffahrt. Jetzt müssen wir natürlich noch über den Flugverkehr reden. Im Jahre 2017 betrug die Anzahl der internationalen Flüge nach und von Neuseeland 76,000. Das ist mehr als doppelt soviel im Vergleich zum Jahre 1998.

Ich kann mir wohl die Einzelheiten hinsichtlich der Umweltkonsequenzen des Luftverkehrs (wie z.B. Ausstoß von Stickstoffoxiden, Verschmutzung der Luft beim Starten und Landen) ersparen. Wir lesen regelmäßig darüber. Die nächste Haltestelle für Flugzeuge außerhalb von Neuseeland ist Australien. Etwa 2,200 Kilometer beträgt die Entfernung von Auckland nach Sydney.

Wenn Sie über Umweltverschmutzung im Zusammenhang mit Neuseeland hören, dann geht es meistens um die Konsequenzen einer intensiven Tierzucht. Was die Tiere Rülpsen und Furzen und auch sonst noch so ausscheiden. Nur selten hören Sie von den Belastungen, die Schifffahrt und Luftverkehr erzeugen.

Aber wir wie heute wissen: Alles ist mit allem verbunden. Sie wollen Äpfel aus Neuseeland essen? Oder Avocados aus Neuseeland? Warum? Warum essen Sie nicht, was aus deutschen Landen verfügbar ist? Es geht vielleicht auch ohne Erdbeeren das ganze Jahr über. Und muss es unbedingt Wein aus Neuseeland sein? Es gibt doch in Deutschland Wein aus allen möglichen Ländern Europas zu kaufen. Der Import, vor allem aus Übersee, von all dem Zeugs hat dramatische Konsequenzen für unseren Planeten. Es ist doch wohl leicht einzusehen, dass die Erhöhung der Umweltverschmutzung und Umweltbelastung in direkter Beziehung zu unserem Konsumverhalten steht. Du willst etwas Gutes für die Umwelt tun? Ganz einfach. Kauf lokal. Konsumier weniger. Bleib zuhause.

Würde Neuseeland dadurch pleite gehen? Würden die Neuseeländer verhungern? Natürlich nicht. Die Neuseeländer müssten bloß ihre Wirtschaft neu ausrichten. Sich auf sich selbst konzentrieren. Klar, die Investoren würden das Land verlassen. Die Heuschreckenplage wäre endlich vorbei. Wir in Neuseeland müssten nicht mehr unsere Böden verschmutzen, unser Wasser, unsere Luft..., und die Menschen, die Menschen bräuchten wir nicht mehr auszubeuten, die Menschen, die notwendig sind, um demnächst 5 Millionen Touristen zu versorgen. Die Löhne sind in der Dienstleistungsbranche am niedrigsten.

Neuseeland müsste eine große Pause, eine Bestandsaufnahme machen. Keine Immigranten mehr für einige Zeit, denn die belasten die bereits unzureichende Infrastruktur über alle Massen, zwingen das Land, mehr und mehr zu importieren, sie tragen mehr und mehr zur Umweltbelastung bei. Und es gibt keine Arbeit für diese Menschen, kann es nicht geben, da keine industrielle Infrastruktur vorhanden ist. Und nicht alle können letztendlich Taxi fahren oder Burger braten. Das Verhängnis in diesem Land besteht darin, dass die Kiwis von einem Tag auf den anderen leben. Die haben keinen Plan. Ja, das wird ihr Verhängnis werden. Neuseeland kann all diese Immigranten nicht aus eigenen Ressourcen versorgen. Die Abhängigkeit gegenüber dem Rest der Welt steigt und steigt und steigt. Wie kann man das nicht sehen?

Mal ganz schonungslos gefragt: Was hat Neuseeland anzubieten was die Welt unbedingt braucht? Antwort: Nichts. Frage: Hätte die restliche Welt ein Problem, wenn Neuseeland morgen im Meer versinken würde? Antwort: Nein.

Neuseeland ist ein Geschäftsmodell, ausgerichtet auf die Bedürfnisse der internationalen Investoren. Die möchten gerne, dass noch mehr Touristen ins Land kommen. Damit es noch lauter in der Kasse klingelt. Die wollen, dass noch mehr Container mit Fleisch und Obst und Wein und Milchpulver exportiert werden. Damit es noch lauter in der Kasse klingelt. Die wollen, dass noch mehr Immigranten ins Land kommen. Damit es noch lauter in der Kasse klingelt. Rechnet sich das für die Einwohner in Neuseeland? Vor allem für die Maoris? Anscheinend nicht. Die Zahl der Armen, der Bedürftigen, der Kranken, der Selbstmörder und die sozialen Probleme als Konsequenz von all dem Elend werden nicht sinken, nur weil noch mehr Touristen ins Land kommen oder weil wir noch mehr exportieren und noch mehr importieren. Ganz abgesehen von den ansteigenden Schulden, die wir nie wieder werden zurückzahlen können. Aber wir müssen regelmäßig Zinsen überweisen.

Die eine, große, enttarnende Frage hinsichtlich Wirtschaftswachstum ist doch: Wie lange muss es denn noch so weitergehen bis wir endlich die Armut abgeschafft haben? 300 Jahre Kapitalismus waren noch nicht genug. Also, wie lange, wie viele Jahre denn noch Wirtschaftswachstum? Und wieviel Wirtschaftswachstum jedes Jahr? Wir haben es doch mit einem Planeten zu tun, der nicht unendliche Mengen an Ressourcen zur Verfügung stellen kann. Vielleicht gibt es diese Grenzen des Wachstums tatsächlich. Und dann? Vielleicht ist unser bisheriges Geschäftsmodell einfach nur ganz große Scheiße. Vielleicht ist der tiefere Sinn unseres Daseins auf Erden doch nicht im Konsum zu finden? Ich schlage vor, wir einigen uns darauf, dass wir sagen: „Genug!“ Machen wir doch alle mal eine Pause, denken wir ein wenig nach und einigen uns darauf, dass wir sagen: „Lasst uns den Überfluss so weit wie möglich abbauen, natürlich auch besser verteilen, damit niemand in Armut leben muss, und dann bauen wir unsere Büchereien aus und schaffen Schulen für Kinder und Erwachsene, auf denen ewiges Lernen und selbständiges Denken gelehrt wird. Ohne zusätzliche Computer. Denn das Gehirn ist ja ein Computer. So einfach.

Wir sind gleich fertig in diesem Kapitel. Ich will es kurz machen: Wenn Sie nach Neuseeland kommen, baden Sie nicht in den Flüssen. Und erkundigen Sie sich hinsichtlich der aktuellen Meereswasserqualität nahe der großen Städte. Wenn die Kläranlagen bei starkem Regenfall überlaufen, kann das Zeugs schon mal im Meer landen. Und außerdem, es ist leider so, dass nicht alle Gemeinden in Neuseeland eine Kläranlage haben. Noch nicht.

In der Zeitung heute (New Zealand Herald 9. April 2019) finden Sie einen Artikel mit der Überschrift: „Auckland up to its waste in no-swim beach alerts“. Wie gesagt, passen Sie auf, erkundigen Sie sich, steigen Sie nicht einfach hoffnungsvoll ins Wasser. Sie könnten in der Tat in der Scheiße schwimmen. Es gibt eine Organisation, die heißt „ClearSwim Auckland“, die die Wasserqualität von 84 Stränden in und um Auckland herum dieses Jahr überwachte. Diese Strände mussten während 23 % des Sommerzeitraumes für die Bevölkerung mit Warnungen versehen werden, nicht ins Wasser zu gehen. Das ist kein Scherz! Natürlich ist der Bürgermeister von Auckland über dieses Problem informiert. Und er hat auch eine Lösung geplant. Die Durchführung wird allerdings 30 Jahre dauern. Warum nur 30 Jahre? Weil eben leider das Geld fehlt. Sie wissen schon: Für Rüstung ist immer Geld vorhanden, denn Rüstung ist hoch profitabel. Deshalb bekommen wir auch die tollsten Flugzeuge, mit der Fähigkeit, unsichtbare U-Boote zu sichten. Aber für die Wasserqualität, Sie werden das sicherlich verstehen, für die Wasserqualität ist leider nichts mehr übrig. Und dann: Es kann eigentlich nur noch schlimmer werden, denn die Bevölkerung wächst ungebrochen. Ich habe vorgeschlagen, ein Schild vor der Stadt aufzustellen: „Ausverkauft". Aber auf mich hört leider niemand hier. Die Infrastruktur von Auckland und anderen Städten ist hoffnungslos überfordert. Und wie gesagt, da Infrastruktur kein Geld direktemang einspielt hat sie keine Priorität. Aber dann, die Frechheit dieser Kiwis, dann preisen die ihr Land international doch tatsächlich als „clean und green" an. Mein Gott, wenn Sie..., wenn Sie wüssten! Und ich habe jetzt hier mal nur über Auckland gesprochen.

An der Westküste der Südinsel hatten die Gemeinden einst die Müllkuhle weniger als 100 Meter vom Meer angelegt. Beim letzten Sturm ist der ganze Müll freigelegt worden und verschmutzt jetzt die Strände. Eine kleine Katastrophe.

Allerdings, dass zu Ihrer Beruhigung, allerdings gilt nach wie vor: Wenn Sie weit weg sind von diesen Städten, werden Sie einige der schönsten Strände der Welt finden, mit klarem, sauberem Wasser.

Übrigens: Früher habe ich das frische, köstliche Wasser in den Bächen in den Bergen getrunken. Heute nicht mehr. Es gibt ein riesiges Problem in Neuseeland mit Possums (Opossums). Die fressen die Bäume kahl. Eine der Konsequenzen der vielen Tiere, die von den verrückten Europäern in die Natur hineingebracht wurden und sich als Pest ausbreiteten, da sie keine natürlichen Feinde hatten und haben. Die Possums werden mit dem Gift „1080" bekämpft. Wenn Sie wandern gehen werden Sie wahrscheinlich früher oder später auf die Warnschilder treffen. In nicht leicht zugänglichen Gebieten wird 1080 vom Hubschrauber aus verteilt. Tonnenweise. Es gibt Protestbewegungen gegen dieses Gift, das angeblich das einzige Mittel darstellt, um der Pest Herr zu werden.

Was die Europäer nicht alles an Tieren ins Land brachten! Entweder zur geldlichen Verwertung oder als Spielzeug (Fuchsjagden und ähnliche beliebte Hobbies). Ein englischer Gentleman denkt an vieles, aber eben doch nicht an alles. Denen kam sicherlich nie in den Sinn, dass sie durch ihr Handeln indirekt ganze indigene Spezies von Tieren ausrotteten. Jetzt greift der Mensch ein, um eine Art Gleichgewicht in der Natur wieder herzustellen. Auf vielen Gebieten. Zum Beispiel bei der Landwirtschaft.

Auf neuseeländischen Weiden laufen momentan etwa 10 Millionen Kühe herum (3 Millionen mehr als 1982), 27 Millionen Schafe (4 Millionen weniger als 2012) und etwa 800,000 Rehe und Hirsche. Bei den Kühen ist man wohl mittlerweile zu der Einsicht gekommen, dass die Umweltbelastung an die oberste Grenze gelangt ist. Die Fäkalien im Wasser sind zu einem großen Problem geworden. Neuseeland besitzt einige der am stärksten verschmutzten Flüsse in der westlichen Welt. Und Sie denken, dass sei eine Kategorie für den Rhein oder die Weser.

Die neue Regierung hat ein riesiges Wiederaufforstungsprogramm verabschiedet, dass die Pflanzung einer Mischung von Arten aus Neuseeland und Übersee vorsieht. Die Europäer hatten im 19. Jahrhundert vor allem die Nordinsel fast total abgeholzt. Die Erosionen gelangen natürlich auch zum Teil in die Flüsse. Die Kombination von Erosionen und Belastungen durch die intensive Tierhaltung ist vor allem für die starke Verschmutzung der Flüsse verantwortlich.

Ob die Aufforstung mit den Verlusten durch Waldbrände Schritt halten kann ist die große Frage. Im letzten Sommer wurden riesige Waldflächen durch Brände zerstört. Und jeder Sommer scheint einen neuen Hitzerekord aufzustellen. Clean and green New Zealand? Teilweise schon. Teilweise aber auch nicht. Wenn Sie Ihren Aufenthalt hier entsprechend planen, werden Sie den ungetrübten Eindruck gewinnen, im Paradies zu sein. Ein wunderschönes Land. Die Frage ist: Wie lange noch? Wie lange kann sich Neuseeland noch das Paradies leisten?

Der Verlust der eigenen Geschichte

„Education is a system of imposed ignorance.“
(Schulbildung ist ein System aufgezwungener Ignoranz)
Noam Chomsky

Sie müssen sich einmal vorstellen, dass das Fach „Geschichte“ in der Regel nicht an neuseeländischen Schulen gelehrt wird. Auf Anfrage antwortete das Bildungsministerium, es sei nicht in der Lage, zu sagen, wie viele Schüler im Laufe all der Jahre überhaupt die Geschichte des eigenen Landes lernen werden. Die lokalen Historiker gehen davon aus, dass mindestens 70 % der neuseeländischen Bürger über Einzelheiten der Vergangenheit ihrer Vorfahren null Ahnung haben. Das, man muss es einfach so ketzerisch sagen, das sind die Demokraten der Zukunft.

Es ist immer wieder verblüffend zu erkennen, dass die sogenannten Führungsschichten all dieser sogenannten westlichen Demokratien davon ausgehen, dass Demokratie irgendwie vom Himmel fällt oder dass der Mensch quasi per Geburt diese demokratischen Fähigkeiten mit auf die Welt bringt. Ja, tatsächlich, der wird anscheinend als Demokrat geboren. Haben Sie nicht gewusst, was? Wie könnte es auch anders zu diesem doch fürwahr erstaunlichen Wunder der Demokratie kommen, von dem wir täglich euphorisch in den Medien hören? Nun, Demokratie ist bisher nicht mehr als ein gedankliches Kunstprodukt von Propaganda. Ein Traum. Ein schöner Traum. Allerdings: Alle vier Jahre ein Kreuzchen machen, auf einer Liste der kläglichsten Auswahl von vorsortieren Menschlein, mal ehrlich, Hand aufs Herz, das..., das soll Demokratie sein?

Aber zurück zu Neuseeland: Die Frage drängt sich natürlich auf, warum die Kinder nicht „Geschichte“ in der Schule lernen sollen? Das ist doch eine in der Tat berechtigte Frage. Gehen unsere Führungsgestalten in der Bildungspolitik etwa davon aus, dass unsere Vorfahren Idioten waren, von denen wir ultramodernen Menschen nun mal einfach nichts lernen können? Aber wer würde so etwas schon behaupten? Das waren doch hochgescheite Menschen. Menschen meistens, die nicht auf Universitäten geistig und seelisch versaut wurden.

Meine naive Vermutung bewegt sich dahingehend, dass es eher umgekehrt ist. Man will verhindern, dass die Kinder mit attraktiven politischen und sozialen Alternativen der Vergangenheit konfrontiert werden, die zwangsläufig eine ganze Reihe von nicht erwünschten Fragen aufwerfen. Die armen Kinder sollen auf gar keinen Fall in Situationen geraten, in denen sie Denken lernen müssen. Geschichte hat nun mal dummerweise die unangenehme Eigenart, sich mit gedanklichen Herausforderungen zu beschäftigen. In Neuseeland haben zum Beispiel geistig rege und idealistische Männer wie Seddon, Savage und Norman Kirk Gesellschaftsmodelle vertreten, die zwar sehr erfolgreich waren, aber mit der aktuellen Vorstellung von kapitalistischer Gesellschaft nicht sehr viel zu tun haben. Stellen Sie sich mal vor, man würde die armen Kinder mit solch glorreichen Alternativen gedanklich quälen. Nicht auszudenken, auf was für Ideen die verfallen könnten. Und das kann man denen natürlich nicht zumuten.

Ein Mensch, der in seiner Geschichte und in seinen Vorfahren verwurzelt lebt, ist ein starker Mensch. Die Maoris wissen das, denn sie besitzen Kultur. Wir haben lediglich Zivilisation. Der Unterschied besteht darin, dass Kultur eine Seele besitzt. Zivilisation ist lediglich ein materielles, seelenloses Kunstprodukt, das zugegebenermaßen viel Segen, aber auch viel Fluch und Elend über die Menschen brachte und bringt. Die Deutschen besaßen einst eine Kultur. Die Chinesen besaßen und besitzen noch immer eine Kultur. Die Amerikaner besaßen nie eine Kultur. Sie frönen dem christlich verbrämten Gott Mammon. Das Motto jenes Gottes: „Wenn ihr materiell erfolgreich seid, dann ist Gott mit euch.“ Je reicher desto besser. Und weil dieser simple Trick so großartig funktionierte haben sie diese Gebrauchsanweisung dann auch gleich noch auf ihre Armee übertragen. Sie nennen ihr Paradies: „God’s own country.“ Manchmal kann einem der liebe Gott wirklich leid tun.

Anyway, das sogenannte Establishment oder die sogenannte Machtelite unserer westlichen Zivilisation hat kein Interesse daran, geschichtliche Aufklärung unter dem Volke zu verbreiten. Sollen die lieben Kinder doch besser angenehm blöd bleiben. Dann lebt es sich einfacher. Sport, Alkohol, Drogen, Musik, Handy, Porno und Glücksspiele können doch auch ein schönes Leben bescheren. Was braucht es da einen aufgeweckten Verstand oder gar einen wahrhaftigen Geist?

Zum Thema „Smartphone“ habe ich mich bereits ausgelassen. Meine Meinung: Wissen, das nicht im Zusammenhang präsentiert, sondern nur in Häppchen verabreicht wird, ist ziemlich sinnlos. Da können Sie so lange „googeln“ wie Sie wollen. Das hilft Ihrer Intelligenz und Ihren Einsichten ins Lebens nicht auf die Sprünge. Mein Rat: Lesen Sie Bücher. Viele, viele Bücher. Das größte Geschenk hier in Neuseeland: Public Libraries. Was für ein Segen! Übrigens, Untersuchungen der CIA kamen vor ein paar Jahren zu dem gleichen Ergebnis: Bücher sind für sie am gefährlichsten!

Eine Zensur findet in unseren Büchereien in Neuseeland in der Tat nicht statt. Dort finden Sie all die Männer und Frauen, die in den Medien nicht auftauchen. Sie finden da den Chomsky und den Hedges und natürlich auch alle Bücher von Dr. Richard Wolff. Selbst Daniele Ganser aus der Schweiz. Und sogar Abd-ru-shin: „Im Lichte der Wahrheit“. Ich komme oftmals aus dem Staunen gar nicht heraus. Auf was ich da alles gestoßen bin. Nur mal als Beispiel: Letzte Woche las ich ein Buch mit dem Titel: „Trading with the Enemy“ von Charles Highham. Untertitel: „An Expose of The Nazi-American Money Plot 1933 – 1949.“ Sie wissen wahrscheinlich, dass die Amerikaner nach einer gewissen Zeit bergeweise geschichtliche Dokumente für die Öffentlichkeit freigeben. Der Mann hat sich Anfang der 80er Jahre da durchgearbeitet. Auf was der gute Charles Higham alles gestoßen ist. Und das ist nur ein einziges Beispiel. Man erkennt unter Schmerzen, was für ein Unsinn einem damals in Deutschland in den Schulen über die eigene Geschichte erzählt wurde. Wie verlogen unsere eigene Geschichtsschreibung ist. Viele wichtige Themen kamen, zumindest damals, überhaupt nicht vor. Der Adenauer, das war doch mein Held, und es stellt sich heraus, der Mann war wahrscheinlich ein Kriecher der schlimmsten Art. Und dann lesen Sie doch mal heute, was damals in Nürnberg 1945/46 passierte. Ich empfehle das Buch des großen englischen Historikers David Irving („der Nürnberger Prozess“). Man fasst sich an den Kopf. Wie diese sogenannten Sieger die Deutschen vorgeführt haben!!! Es war den Deutschen in

Nürnberg verboten, die Sieger anzuklagen.
Viele international hoch angesehene Richter hatten sich angewidert abgewandt.

Der spätere Präsident Kennedy war entsetzt über diese Art von angeblicher Rechtsprechung. Beweise zählten, die oftmals unter Folter herausgepresst wurden, um das bereits politisch vorgegebene Urteil auch beweisen zu können.
Natürlich, selbstverständlich saßen da in Nürnberg Verbrecher. Aber nicht nur deutsche Verbrecher! Wer war denn für Dresden und Hiroshima verantwortlich?

Fassen wir zusammen: Es ist doch eine Schande in Neuseeland, dass die Vorfahren nicht in Ehren gehalten werden. Die Vorfahren zu ehren ist unter anderem nur möglich, wenn man deren Geschichte kennt, die Zeit versteht, in der sie gelebt haben, welche Herausforderungen sie bewältigen mussten und welche Antworten sie damals auf die geläufigen Fragen des Lebens fanden. Es ist nicht nur ein Skandal, dass Geschichte nicht an den Schulen in Neuseeland gelehrt wird, es ist eine unglaubliche Verachtung des eigenen Landes. Wie sollen die Kiwis je eine nationale Identität entwickeln, wenn sie nicht einmal wissen woher sie kommen und warum sie so ticken wie sie heute ticken. Die geistige und seelische Verfassung einer Gesellschaft erwächst doch aus den Wurzeln der Vergangenheit. Ohne diese Wurzeln ist der Mensch leicht zu manipulieren. Und diese manipulierten Armleuchter von menschlichen Wesen geistern heute zu Millionen durch die Welt, von nichts viel Ahnung, lediglich genug, um den Job zu tun und genug, um als Konsument zurechtzukommen, aber ansonsten erbärmliche Wesen, die sich mit Spaß und Anerkennung durch Konformität durchs Leben treiben lassen. Was für ein armseliges Dasein. Unsere Vorfahren werden im Himmel Tränen vergießen. So hatten sie sich das für ihre Kinder und Enkelkinder und folgende Generationen wahrlich nicht vorgestellt. Armes Neuseeland.

Rassismus

Ich habe in meinen 67 Jahren in einer Reihe von Ländern gelebt und gearbeitet. In Frankreich hatte ich nie Probleme, abgesehen von ein paar ganz wenigen Einzelfällen, wo mich ältere Menschen „boche“ nannten. Ich weiß was wir Deutschen da im Zweiten Weltkrieg anrichteten und habe es denen nicht übel genommen. Es hat mich im Gegenteil motiviert, dieses Bild des hässlichen Deutschen zu ändern. In den U.S.A. wurde ich freundlichst aufgenommen von diesen wirklich großmütigen Menschen. In Asien wird einem als Deutschen großer Respekt entgegengebracht, und viele meiner Erfolge hatten auch mit der Tatsache zu tun, dass ich Deutscher bin.

Das einzige Land, in dem ich je Rassismus mir gegenüber gespürt habe, war Neuseeland. Und zwar in einer hinterhältigen Art, die nach außen Freundlichkeit hervorkehrt, aber in der Stunde der Wahrheit sich immer gegen dich entscheidet. Es dauerte etwa ein Jahr bis ich hier Arbeit fand. Es gab jede Menge Jobs. Die Zeitungen waren voll von Angeboten. Aber nicht für mich. Angeblich verfügte ich nicht über die notwendige Arbeitserfahrung in Neuseeland. Das ist deren Standardausrede. Völliger Schwachsinn. In einem Land, das auf den Export angewiesen ist. Da kommt jemand von Deutschland, der von einer Weltfirma ausgebildet wurde, Internationales Marketing studierte, U.S.A. Erfahrung, 6 Sprachen und 15 Jahre Top Job vorweisen kann. Können Sie mir mal erklären, warum so ein Mensch in Neuseeland keine Arbeit bekommt? Nun, schließlich fand ich einen Job, den halt keiner von den Einheimischen machen wollte.

Fragen Sie mal die Taxifahrer hier, wo die alle herkommen, und was die in ihrem vorherigen Leben so machten.

Vor ein paar Tagen hielt auf der Straße in unserer Nachbarschaft ein Auto neben mir, das Seitenfenster ging nach unten, und die ältere Dame bat mich um Hilfe. Sie suche nach einer Kirche. Ich stellte ein paar Fragen und sah sofort in ihren Augen, dass sich in ihr etwas änderte. Ich erkannte das auch an ihrer Stimme, die jetzt ein wenig anders klang. Eine nette Dame, der ich helfen konnte. Aber es steckt in diesen Menschen drin. Wenn Du anders bist, dann reagieren die unsicher dir gegenüber. Wo ich selbst neugierig auf Menschen zugehe, Fragen stelle und mich dem anderen öffne, da zögern diese Kiwis oftmals ein wenig befangen und ziehen es vor, dich links liegen zu lassen.

Was wollen Sie auch von Menschen erwarten, die sich nicht einmal auf die Maoris einlassen und diese als vollwertige Partner im Lande ansehen? Rassismus ist eine Pest im 21. Jahrhundert. Vielleicht steckt dieser Virus aber auch einfach nun einmal in jedem Menschen. Was erklären würde, warum es so schwierig ist, ihn auszurotten. Ich kenne kein Land auf Erden, in dem verschiedene Kulturen problemlos miteinander leben. Aber haben Sie keine Angst vor Rassismus hier: Ich bin sicher, als Tourist wird Ihnen hier nichts passieren. Denn als Tourist ist man eben Tourist. Da decken sich Erwartung und Wirklichkeit problemlos. Sie stellen keine Gefahr dar. Die Leute werden ausgesprochen höflich und freundlich Ihnen gegenüber sein. Und die meisten sind es natürlich auch von Herzen.

Pike River, 19. November 2010, 15.44 Uhr – Das Ende einer Zeit

„The recklessness of Pike River's management is, in retrospect, breathtaking – they didn't just gamble with their employees' lives; they arguably signed their death warrants."
(„A Moral Truth", 150 years of investigative journalism in New Zealand, edited by James Hollings, Page 355)
(„Die Unbekümmertheit des Managements von Pike River ist –in der Rückschau - atemberaubend – die spielten nicht nur mit dem Leben ihrer Arbeitnehmer; man könnte behaupten sie unterzeichneten deren Todesurteile.")

Am 19. November 2010 um 15.44 Uhr ereignete sich eine Methanexplosion in dem Kohlebergbautunnel des Pike River Projektes.

31 Bergleute befanden sich im Tunnel. 2 konnten sich retten. 29 Bergleute liegen bis heute dort begraben.

Abgesehen von den Arbeits- und Sicherheitsbestimmungen, die in Deutschland unvorstellbar wären, handelt es sich hier um eine menschliche Tragödie, die bis auf den heutigen Tag an der Seele der Gesellschaft dieses Landes nagt.

Hätte es Überlebende gegeben, die Regierung hätte um Hilfe in aller Welt gebettelt, um die Jungs lebend aus dem Tunnel herauszuholen. Keine Kosten hätten sie davon abhalten können. Aber es gab keine Überlebenden.

Nachdem die Bergbaugesellschaft sich für Pleite erklärt hatte, die ersten Untersuchungen mehr oder weniger alle möglichen Verantwortlichen frei gesprochen hatten, wurde beschlossen, den Tunnel zu versiegeln. Mochten die Angehörigen der Toten auch noch so jammern und fordern, dass ihre Väter, Söhne und Ehemänner geborgen und in Würde begraben werden sollten.

Neuseeland hat nicht die technischen Möglichkeiten, um diese Toten aus dem Tunnel herauszuholen. Das ist nun mal so. Es hatte aber auch nie den Willen, diese Toten zu bergen. Wie sich nämlich letztendlich herausstellte, handelte es sich hier nicht um eine technische Unmöglichkeit. Wenn die Regierung von Neuseeland in Deutschland um Hilfe gebeten hätte, den Deutschen wäre was eingefallen, um die Toten sicher zu bergen. Das steht außer Frage.

Stellen Sie sich einmal vor, dieser Vorfall wäre in Deutschland passiert. Diese ganze Diskussion wäre nicht geschehen. Es versteht sich doch von selbst, dass ein Volk sich nicht nur um seine Lebenden, sondern auch um seine Toten kümmert. Aber solch ein Gedanke scheint den Neuseeländern fremd zu sein.

Von 2010 bis heute (2019) haben die Angehörigen der Bergleute dafür gekämpft, dafür kämpfen müssen, dass sich endlich jemand in der Regierung verpflichtet, das menschenmögliche zu tun, die Ursachen des Unglückes zu untersuchen und die Toten zu bergen.

Dass die sich nicht schämen! Was ist nur aus diesem Land geworden. Die zählen ihre Kröten und gieren nach dem nächsten Dreck in ihrer kleingeistigen Welt.

TEIL IV

DIE ZUKUNFT

Letzte Hoffnung: Die Maoris müssen das Land wieder übernehmen

Bevölkerungsentwicklung

„In a little more than 50 years, there will be no majority race in the United States.“(in etwas über 50 Jahren wird es keine Rasse mehr in den U.S.A. geben, die die Mehrheit stellt).
President Bill Clinton, January 2000 at Portland State University

„Mr. Clinton assured us that it will be a better America when we are all minorities and realize true diversity. Well, those students at Portland State are going to find out, for they will spend their golden years in a Third World Country.“
(Mr. Clinton versicherte uns, dass es ein besseres Amerika sein wird, wenn wir alle eine Minorität darstellen und damit wahres Multikulti erreicht haben werden. Nun, jene Studenten an der Portland State Universität werden das erleben, denn sie werden ihre goldenen Jahre in einem Land der dritten Welt verbringen)
Der altehrwürdige Journalist Pat Buchanan 2001 in „The Death of the West“.

Präsident Clinton sah Multikulti als eine Bereicherung an. Pat Buchanan sprach in seinem Buch 2001 von einer Gefahr. Wer hatte und hat recht? Nun, wenn Sie sich in den U.S.A. umschauen, werden Sie erkennen, dass dieses einst reichste Land auf Erden zu einem Ableger der dritten Welt verkommt. Übrigens, bereits 1965 sprachen sich 2 von 3 Amerikanern gegen weitere Einwanderungen aus. Seitdem hat sich an den Mehrheitsverhältnissen in dieser Angelegenheit nichts geändert. Aber Politiker kümmern sich nicht um die Meinung der Bürger.

Im Jahre 2011 kam dann das Buch „Suicide of a Superpower" von Pat Buchanan heraus, mit dem Untertitel als Frage: „Will America survive to 2025?". Daraufhin wurde er von bestimmten Medien gemieden. Der Mann, der sich selbst als Häretiker bezeichnet, also als jemand, der von der offiziell vorgegebenen Meinung abweicht, spricht im Kapitel 7, ohne ein Blatt vor den Mund zu nehmen, von den Auswirkungen von diesem populären „Diversity Cult", der Religion, der Ideologie des Multikulti, die die amerikanische Gesellschaft zerstört.

Als Vorbereitung auf das Schreiben der folgenden Zeilen bin ich seit Monaten auf der Suche nach einer Studie, nach einem Beweis, wenn Sie so wollen, dass Multikulturalität tatsächlich eine Bereicherung für eine Gesellschaft darstellt. Ich habe diesen Beweis bis heute nicht gefunden. Allerdings habe ich hunderte von Studien, Büchern, Beweisen gefunden, die das genaue Gegenteil belegen, nämlich, dass Multikulturalität eine Gesellschaft zerstört. Sobald eine Gesellschaft die Einwanderer nicht mehr integrieren kann, entstehen ernsthafte Probleme. In den U.S.A. gibt es mittlerweile Parallelgesellschaften, eine Entfremdung findet statt, der Schmelztiegel, der berühmte „Meltingpot" funktioniert nicht mehr. Der Verfall des Landes schreitet voran, begleitet von einer Ideologie, die einfach den gesunden Menschenverstand ignoriert, ihn sogar bekämpft. Es kann einfach nicht sein was nicht sein darf. Obwohl überwältigende Beweise vorliegen, dass zum Beispiel die Verbrechen an Taxifahrern in New York zu 99 % von Nichtweißen begangen werden. Aber Sie können mit Statistiken keine Fanatiker überzeugen. Und auch die Meinungen der Mehrheit der Bevölkerung zählen nicht mehr. Diese Meinungen sagen eindeutig: „Haltet ein mit diesem Wahnsinn!"

Unter Eisenhower, unter Kennedy war Amerika eine Nation. Heute ist das Land ein Mischmasch von Völkern, ein Land, das seine Identität verloren hat. Viele der neu dazugekommenen machen nicht einmal mehr den Versuch, die englische Sprache zu lernen. Nein, das ist nicht mehr Integration, das ist Eroberung. Noch einmal: Gegen den Willen der Mehrheit der Bevölkerung. Es muss also jemand anderen geben, der diesen Wahnsinn initiiert und kontrolliert und als Fortschritt propagiert. Dieser Jemand will die bestehende Gesellschaft zerstören, um sie in der neuen Form zu kontrollieren. Diese Herrscher schaffen sich ein neues Volk.

Pat Buchanan zitiert eine lange Reihe von wissenschaftlichen Arbeiten, die Vorbehalte gegen eine ungezügelte Immigration vorbringen, Arbeiten von Autoren wie zum Beispiel Jason Richwine oder Robert Putnam, die auf die vitale Bedeutung von Zusammenarbeit in einer funktionierenden Gemeinschaft hinweisen. Zitat: „People ... tend to have more friends, care more about their community, and participate in civic causes. Where social capital is greater, Putnam says, „Children grow up healthier, safer and better educated; people live longer, happier lives, and democracy and the economy work better." (Die Menschen haben mehr Freunde, kümmern sich mehr um die Gemeinde und beteiligen sich an Bürgeranliegen. Wo das Sozialkapital grösser ist, so Putnam, wachsen die Kinder gesünder, sicherer und besser gebildet auf. Die Menschen leben länger, glücklicher, die Demokratie und die Wirtschaft funktionieren besser).

Der gesunde Menschenverstand und ein wenig Lebenserfahrung reichen aus, um zu dergleichen Einsicht zu gelangen. Wenn es denn erlaubt ist, frei zu denken und frei zu sprechen. Daher auch die eindeutigen Aussagen selbst von deutschen Politikern dereinst (Schmidt, Kohl, Merkel!), dass die Einbürgerung der Türken nicht möglich sei. Was hat die Frau Merkel nur gebissen, dass sie inzwischen ihre Meinung änderte? Ihre ehemaligen Aussagen sind alle im Internet verfügbar.

Ich kann es Ihnen also nicht verübeln, wenn Sie beim Lesen der folgenden Zeilen irgendwie auch an Deutschland denken müssen. Wir leben schließlich im globalen Zeitalter. Die Tricks der Weltenherrscher gelten überall auf Erden. So klug sind die ja auch nicht, dass sie sich dauernd etwas Neues einfallen lassen. Außerdem, warum sollte man bewährte Strategien nicht immer und immer wieder benutzen? Ich will noch kurz anmerken, dass unsere

Herrscher nicht in Länderkategorien denken. Die würden bedenkenlos alle Länder und Kulturen der Welt abschaffen.

Bis zum Jahre 1800 war Neuseeland fest in der Hand der Maoris. Ab 1820 (etwa 2,000 Eindringlinge lebten damals im Lande) ging es dann mit der Zahl der Europäer nach oben und mit der Zahl der Maoris nach unten. Nach der Jahrhundertwende erholte sich die Maori Bevölkerung von weniger als 40,000. Um 1900 lebten etwa 1 Million Nicht-Maoris in Neuseeland. 99,9 % davon Briten. Durch diese Umkehrung des Bevölkerungseinflusses gelang es den Europäern recht unangefochten, die Kontrolle über das Land zu erlangen. Sie gebärdeten sich wie die Herrscher. Und daran hat sich bis heute nichts geändert. Ihre Fixierung auf das maximale materielle Ausbeuten des Landes gilt als Philosophie nach wie vor. Trotzdem herrscht eine chronische materielle Ungerechtigkeit, bis hin zur Armut eines wesentlichen Teils der Bevölkerung. Obwohl wir mehr als genug für alle produzieren. Obwohl wir soviel produzieren, so riesige Überschüsse erwirtschaften, dass das Meiste davon exportiert wird. Und niemand stellt diesen materiell ausgerichteten Ansatz in Frage. Nicht einmal die Maoris. Sie verpassten bisher ihre Chance der Revolution. Bald wird es wohl zu spät sein. Warum?

Nun, über viele Jahre wurde Neuseeland fast ausschließlich von Maoris und Europäern bewohnt. Das hat sich allerdings inzwischen geändert. Im Jahre 2019 zählt Neuseeland 4,9 Millionen Einwohner. Jedes Jahr kommen etwa 50,000 Immigranten ins Land. Die meisten aus Asien. 2017 waren es sogar 70,000. Durch diesen Zuwachs und infolge natürlichen Bevölkerungswachstums ist davon auszugehen, dass Neuseeland, bei einer Extrapolation des bisherigen Trends, längerfristig auf mindestens 10 Millionen Einwohner ansteigen wird.

Etwa 72 % der Bevölkerung sind derzeit Europäer, 16 % sind Maoris, 12 % Asiaten, 6 % stammen von den pazifischen Inseln. Die Summe ergibt mehr als 100 %. Manche Menschen erkennen sich als Europäer und Maori. Die Schätzungen gehen davon aus, dass die Zahl der Asiaten von derzeit 540,000 auf 1,2 bis 1,4 Millionen (mindestens 21 % der Bevölkerung) im Jahre 2038 anwachsen wird. Die Maoris werden von etwa 600,000 auf etwa eine

Million zunehmen (20 % der Bevölkerung). Die Insulaner von 340,000 auf 650,000 (11 % der Bevölkerung). 66 % der Bevölkerung werden Europäer sein. Die Addition liegt auch hier über 100 %. Sie können in Neuseeland verschiedenen Ethnien zugehören. Die Frage ist natürlich, ab wann ist man ein Maori? Wieviel „Maoriblut" muss in Deinen Adern fließen, um noch als Maori anerkannt zu werden? Das ist übrigens eine wichtige Frage, wenn es um die Zuteilung von „Privilegien" für Maoris geht.

Die Regel der Herrschenden war schon immer: Divide et impera, teile und herrsche. Nichts ist schlimmer für sie als eine homogene Bevölkerung, die dazu auch noch weiß was sie will und mit einer Stimme spricht. Es ist viel einfacher, verschiedene Bevölkerungsgruppen gegeneinander auszuspielen und für bestimmte Zwecke zu missbrauchen. Bei den Einwanderungsgruppen kommen die meisten Menschen momentan aus Asien (vor allem aus China/Indien) und Ozeanien.

Wurden die Bürger in Neuseeland jemals gefragt ob sie eine weitere Einwanderung und speziell ob sie eine Einwanderung aus Asien wollen? Nein. Niemals.

Wie spiegelt sich die Bevölkerung im Parlament wider? Im neuseeländischen Parlament sitzen im Jahre 2019 insgesamt 120 Abgeordnete:

65 % Europäer (minus 3 % im Vergleich zum vorherigen Parlament)

23 % Maori (plus 2 %)

6 % Pacific Isländers (unverändert)

6 % Asiaten (plus 2 %)

Bis etwa 1970 identifizierte sich die Bevölkerung mit dem englischen Mutterland. Neuseeland galt zwar offiziell nicht mehr als Kolonie, aber letztendlich gab es keinen Zweifel, dass die Zivilisation des Landes nichts weiter war als ein Auswuchs Großbritanniens. Daneben versuchten und versuchen die Maoris, ihre Kultur (vor allem auch ihre Sprache) am Leben zu erhalten.

Was macht denn nun die angebliche Kiwikultur aus? Gibt es die überhaupt?

Natürlich werden die Kiwis aufgebracht behaupten, sie stünden doch schließlich geschlossen hinter ihrem Rugbyteam, und auch sonst sei man stolz auf sich und sein Land. Ich bezweifle allerdings, dass es eine richtige, eigenständige Identität gibt wie wir Europäer sie (NOCH!) kennen. Neuseeland als Kolonie von Großbritannien war eben ein Teil von Großbritannien. Die Integration von Europäern und Maoris ist bisher mehr schlecht als recht gelungen. Es gibt zu viele offene Wunden, zu viele ungeklärte Fragen, zu viele aufgeschobene Probleme.

Und demnächst werden die Maoris nicht einmal mehr die zweitgrößte ethnische Gruppe in ihrem eigenen Lande sein. Die Asiaten, besser gesagt, die Vorfahren der Zuwanderer aus aller Herren Länder, haben diesen Vertrag von Waitangi im Jahre 1840 nicht unterzeichnet, und es bleibt offen, wieweit sie sich an diese Vereinbarungen gebunden fühlen. Wie lautet das Gesetz unserer Zivilisation? Wer zahlt kann bestimmen was passiert? Dann gute Nacht, Maoris. Denn wenn es um den materiellen Beitrag für die Gesellschaft gehen sollte, dann werden die Asiaten die Maoris in Grund und Boden konkurrieren. Die Kulturen sind so verschieden, da wird es sehr, sehr schwierig sein, zusammenwachsen zu lassen was vielleicht nie zusammengehören wird. Die Chinesen sind nicht leicht zu integrieren. Die bleiben lieber zusammen, unter sich, bilden ihre eigene chinesische Gemeinde mit eigenen Supermärkten, Restaurants und so weiter.

Ich gebe offen zu, dass ich die Chinesen sehr bewundere, vor allem wegen ihres ausgeprägten Familiensinnes, der Hingabe an ihre Traditionen, ihre Geschichte, der Verehrung der Vorfahren, wegen ihres Fleißes, ihrer Bildung und Disziplin. Die Chinesen haben eine hochstehende Kultur.

Aber was ist mit den anderen Asiaten, denn die sind natürlich nicht alle gleich, obwohl wir Weißen die Asiaten oftmals nur schwer auseinanderhalten können? Es gibt riesige Unterschiede. Und auch Feinseligkeiten. Die Chinesen können zum Beispiel nicht so gut mit den Indern. Und so weiter und so weiter und so weiter. Die Mehrheit der Menschen will selbstverständlich in Frieden leben, und solange es keine größeren Probleme gibt, wird das Zusammenleben in einer neuen Heimat auch einigermaßen funktionieren. Aber ein Völkergemisch ist fast immer ein potentielles Pulverfass. Wer wird dominieren? Es ist wohl kein Geheimnis, dass die Chinesen die Neuseeländer aus einem einzigen Grund allein schlicht und einfach im Laufe der Jahre verdrängen werden, nämlich weil sie Bildung als das Fundament ihrer Kultur ansehen. Das ist so seit Konfuzius. Der lebte von 551 bis 479 vor Christi Geburt!!! An seiner Lehre und Einsicht hinsichtlich Bildung hat sich in China über 2,500 Jahre nichts geändert. Sie staunen? Infolgedessen sind die top Studenten an den Schulen bereits heute mehr und mehr Chinesen. Und die Chinesen haben nun mal eine Arbeitsmoral, die bei uns schon als krankhaft betrachtet würde. Es gibt genügend Beispiele von Ländern, in denen die Chinesen zwar nicht offiziell das Land übernommen haben, es aber zumindest wirtschaftlich beherrschen. Meiner Meinung nach wird das auch in Neuseeland passieren. Die Chinesen verfügen über soziale, internationale Netzwerke, denen die hausbackenen, mehr auf sich selbst bezogenen, mit Naivität geimpften Neuseeländer, chancenlos gegenüberstehen. Schon heute beherrscht China den Export und Import, ist der bei weitem wichtigste Partner.

Ende 2018 stellte sich heraus, dass ein chinesischer Geschäftsmann an die National Party 100,000 $ gespendet hatte. Das Geschrei war groß. Aber so läuft Politik ab. Geld spricht viel lauter als der Stimmzettel. Und das mit der Spende war völlig legal. Wenn Sie sich mit der chinesischen Kultur ein wenig auskennen, wissen Sie, dass es sich hier um eine Investition handelte, die irgendwann einmal eine Gegenleistung fordern wird. Business ist Business.

Neuseeland hat meiner Meinung nach keine eigenständige Kultur, keine eigenständige Identität, abgesehen von der Kultur der Maoris, die aber nicht als Kultur von Neuseeland gelten kann. Das Land ist zusehends ein Mischmasch von Völkerheerscharen, die wegen des Lebensstiles hierher kamen und kommen, die in Frieden und wirtschaftlicher Sicherheit so vor sich hinleben wollen, aber ansonsten keine großen Ansprüche stellen. Intellektuell ist das Land eine Wüste.

Wenn Neuseeland als eigenständiges Land mit einer eigenen Identität eine Zukunft haben soll, dann müssen die Maoris mehr Kinder bekommen, sie müssen sich wieder auf ihre eigene Kultur und ihre eigene Sprache konzentrieren, sie müssen die Einwanderung stoppen, die Führung im Lande übernehmen und über die nächsten 100 Jahre das Land prägen. Ich weiß, das ist eine ungeheure Herausforderung. Geistige und damit auch garantierte materielle Freiheit muss über allem stehen. Freiheit, Freiheit, Freiheit. Neuseeland muss wieder zu Aotearoa werden.

MEINE VORSCHLÄGE FÜR NEUSEELAND

„Ihr nun sollt vollkommen sein, wie euer himmlischer Vater vollkommen ist."
Matthäus 5,48

„Was der Mensch liebt, das ist er". Meister Eckhart

Genossenschaften

„Experience is accumulating that remoteness between ownership and operation is an evil in the relations among men, likely or certain in the long run to set up strains and enmities which will bring to nought the financial calculation." (Die Erfahrung zeigt mehr und mehr, dass die Trennung von Eigentum und die Betreibung dieses Eigentums Spannungen und Feindschaften in der Beziehung unter den Menschen schafft, die wahrscheinlich oder gewiss langfristig Spannungen und Feindschaften schaffen, die die finanziellen Vorteile neutralisieren werden).
John Maynard Keynes, der bedeutendste Ökonom des 20. Jahrhunderts

Genossenschaften gibt es bereits seit über 200 Jahren. „Einer trage des anderen Last." „Gemeinsam sind wir stark". Aktuell lautet das Motto der Genossenschaften in Deutschland: „Ein Gewinn für alle".

Eine humane Form des Wirtschaftens, die auch in der Tradition der Maoris verwurzelt ist.

Sie erinnern sich aus der Schule: Es gibt drei Formen des Wirtschaftens: Staatliche Betriebe, die privaten Betriebe und dann die Genossenschaften. Die Genossenschaften, wie zum Beispiel die spanische Firma Mondragon, können durchaus genauso groß wie multinationale Konzerne werden und schlussendlich so erfolgreich oder noch erfolgreicher als private Organisationen wirtschaften. Die Geschichte in Deutschland beweist das eindrucksvoll. Im Bankensektor allein finden Sie viele Beispiele. Genossenschaftsbanken sind nicht allein auf Gewinnmaximierung ausgerichtet. Es geht vor allem um das Wohl und Wollen der Genossen, denen die Genossenschaft gehört. Und um das Allgemeinwohl.

Sie wissen vielleicht, dass inzwischen selbst Schulen in Deutschland diese Wirtschaftsform lehren und den Schülern erlauben, Genossenschaften zu gründen. Diese werden von richtigen Genossenschaften betreut und angeleitet. Meist beschäftigen sich diese Genossenschaften zwar noch mit Lächerlichkeiten, wie z.B. dem Schulkiosk, aber potentiell könnten die Schulen, wenn sie denn wollten und den Kindern „Narrenfreiheit" gäben, ein ernst zu nehmendes Sprungbrett für das Leben nach der Schule dieser Kinder sein.

Was ist eine Genossenschaft? Ein paar Menschen tun sich zusammen, gründen ein Unternehmen und führen dieses Unternehmen gemeinsam nach demokratischen Prinzipien. Alle sind gleich. Alle sind hochmotiviert, dieses Unternehmen zum Erfolg zu führen. Alle partizipieren zu gleichen Teilen am Gewinn. Was könnte für viele Menschen erfüllender sein, als in einer Genossenschaft zu arbeiten? Natürlich, es wird immer Menschen geben, die sind für solch eine Organisation nicht geschaffen. Für alle anderen könnte gelten: Wenn die Prinzipien des gemeinsamen Wirtschaftens bereits in der Schule gelehrt und gelebt werden, dann können wir es auf ganz natürliche Art und Weise schaffen, von der Profitgier (und auch von der Existenzangst!) wegzukommen und die menschlichen Werte und die Interessen und Talente der Gemeinschaft wieder mehr ins Wirtschaften einzubringen. Demokratie muss Demokratie überall im Lande sein.

Bei nüchterner Betrachtung der Struktur der neuseeländischen Wirtschaft drängt sich das Genossenschaftsprinzip eigentlich geradezu auf für dieses Land.

Kooperation anstelle von Competition.

EIGENE BANKEN

„Very often countries can, as Keynes believed, get along perfectly well with their own domestic credit systems and localized capital markets, without exposing themselves to the killer seas of global offshore finance." (Sehr oft können Länder, wie Keynes glaubt, ausgezeichnet mit ihrem eigenen Kreditsystem und dem lokalen Kapitalmarkt zurechtkommen, ohne dass sie sich dem mörderischen Einfluss des globalen Finanzsystems aussetzen).
Nicholas Shaxson in his book „Treasure Islands – Uncovering the Damage of Offshore Banking and Tax Havens".

Alle großen Banken in Neuseeland gehören ausländischen Organisationen. Früher war das einmal anders. Aber im Zuge der Privatisierungen nach 1984 wurden die einst in eigener Hand geführten Banken an Ausländer verkauft.

Die Folgen dieses Ausverkaufs sind dramatisch: Neuseeland kontrolliert nicht mehr seine eigene Geldwirtschaft. Und damit auch nicht mehr sein eigenes Schicksal. Spekulationen und Manipulationen der eigenen Währung, der Geldmenge und der Kreditbedingungen sind Tür und Tor geöffnet.

Es ist eine Kleinigkeit, durch Einforderung der Kredite oder durch Verknappung der angebotenen Kredite, den Zinssatz für Geld aus dem Ausland dramatisch in die Höhe zu treiben und eine Finanzkrise auszulösen. Den Wechselkurs des Neuseelanddollars durch „das freie Spiel der Marktkräfte" zu manipulieren ist ebenfalls kein großes Problem. Fragen Sie mal Herrn George Soros.

Solange Neuseeland brav die international vorgegebenen Spielregeln beachtet und in der Lage ist, seine finanziellen Verpflichtungen zu erfüllen, wird alles, wie in den letzten Jahren, reibungslos ablaufen. Selbst bei Auslandsschulden von mittlerweile über 280 Milliarden Dollar.

Im Jahre 2018 überwiesen die Banken etwa 5 Milliarden Dollar Gewinne an ihre ausländischen Eigner. Das sind letztendlich Devisen, denn die Australier wollen ihren Gewinn in australischen Dollars. Irgendjemand muss diese Devisen erwirtschaften. Und das wird zusehends zum Problem, angesichts der weiterhin steigenden Importe. Man kann diese Devisen nur einmal ausgeben. Entweder für die Importe von zum Beispiel Medikamenten oder Autos oder als Transfer von in Neuseeland erwirtschafteten Gewinnen ins Ausland. Da mehr und mehr Firmen sich in ausländischen Händen befinden, ist es abzusehen, dass sich da eine Krise aufbaut. Irgendwann kann die wackelige Exportwirtschaft einfach nicht mehr mithalten. Dann lauert der Pleitegeier.

Auf Anfrage teilte mir das Finanzministerium mit, dass die neuseeländische Regierung momentan etwa 4,3 Milliarden Dollar pro Jahr an Zinsen für die aufgenommenen Kredite zahlt. Frage: Warum muss die neuseeländische Regierung für ihr eigenes Geld Zinsen zahlen? Das ist doch wohl völlig verrückt. Nun, die eigene Staatsbank darf zwar Münzen und Scheine herausgeben, aber keinen Kredit schöpfen. Dieses Privileg hat man an die privaten Banken abgetreten. Warum? Well, darauf gibt es keine vernünftige Antwort. Mal ehrlich..., und jetzt muss ich mich wirklich aufregen, wie bescheuert muss eine Regierung sein, um so etwas zu tun? Den Reichen das Geld in den Rachen werfen, Geld, mit dem man leicht die Kinderarmut beseitigen könnte. Da sehen Sie, in was für einem perversen Wirtschafts- und Finanzsystem wir leben. Neuseeland ein freies, souveränes Land? Nein!

Ein Land, das nicht seine eigene Geldwirtschaft kontrolliert, ist kein freies Land. Schauen Sie nach Griechenland. Früher konnten die Griechen ihre eigene Währung abwerten, wenn sie beim Import über die Stränge geschlagen hatten. Dann pendelte sich das Gleichgewicht nach einer gewissen Zeit wieder ein.

Der Import wurde teurer, der Export billiger. Auch der Urlaub für die sonnenhungrigen Europäer in Griechenland wurde billiger. Diese Möglichkeit der Kontrolle über ihr eigenes Schicksal ist den Griechen seit der Einführung des Euros genommen. Jetzt sind sie pleite und unter der Kontrolle von ausländischen Mächten. Griechenland ist die Geschichte von „es war einmal“.

Ich muss mich wiederholen, um es Ihnen einzubläuen: Wenn Sie als Bevölkerung nicht Ihre Banken kontrollieren, gehört Ihnen nicht das Land. Denn Geld regiert wirklich die Welt. Solange das Geld der Bevölkerung gehört ist das kein Problem.

In Deutschland herrscht übrigens in der Finanzwelt ein Herr Mario Draghi, Präsident der Europäischen Zentralbank. Der schafft Geld wie ein Gott. Von niemandem gewählt, außer von einer Finanzelite, der er die Milliarden zuschiebt.

Neuseeland sollte die Banken verstaatlichen. Das sollten alle Regierungen machen. Der ewige Friede würde auf Erden ausbrechen, die Hungersnöte würden verschwinden, soziale Gerechtigkeit würde herrschen. Und der Jesus könnte sich sein zweites Kommen ersparen. Den bräuchten wir dann nicht mehr.

Geben wir das Schlusswort an John Maynard Keynes: „The decadent international but individualistic capitalism is not a success. It is not intelligent, it is not beautiful, it is not just, it is not virtuous – and it doesn't deliver the goods. In short, we dislike it, and we are beginning to despise it.“ (Der dekadente internationale, individualistische Kapitalismus ist kein Erfolg. Er ist nicht intelligent, er ist nicht schön, er ist nicht gerecht, er ist nicht virtuos – und er liefert nicht den Erfolg. Kurz gesagt, wir mögen ihn nicht und wir fangen an, ihn zu verachten).

John Maynard Keynes starb im Jahre 1946. Wie sich inzwischen herausstellte: Der Mann hatte und hat recht. Als die Regierungen in Europa nach dem Zweiten Weltkrieg seine Regeln des Spiels Kapitalismus umsetzten, begann „Das Goldene Zeitalter des Kapitalismus“. Das durfte natürlich nicht sein. Und daher setzten die Geldfritzen Himmel und Hölle in Bewegung, um wieder die Macht zu übernehmen. Nun, wie sich herausstellte, es war eigentlich viel,

viel mehr Hölle als Himmel. Wie sie das machten? Nun, sie kauften einfach den ganzen Laden, alles: Medien, Banken, Politiker..., eigentlich die ganze Gesellschaft. Einschließlich der Menschen. Und so erhielt der Feudalismus wieder Einzug in die Welt. Ja, genau.

Sie sind also, juristisch korrekt ausgedrückt, kein Bürger mehr, sondern ein Vasall oder ein Leibeigener. Falls Sie mit den Ausdrücken nicht vertraut sind: Sklave.

Solar

„For a successful technology, reality must take precedence over public relations, for nature cannot be fooled." Nobelpreisträger Richard Feynman

Die Sonne scheint jeden Tag. Wir alle wissen doch inzwischen, dass die Sonne in einer einzigen Stunde mehr Energie auf die Erde bläst als wir in einem einzigen Jahr als Menschheit benötigen. Könnten wir denn nicht im Jahre 2020 endlich diese Sonnenenergie als wesentliche Quelle unserer Energieversorgung nutzen? Na klar könnten wir! Noch irgendwelche Fragen? Man mag sich vielleicht in Deutschland darüber streiten, ob Solar die Antwort auf die Energieprobleme ist. Aber in Neuseeland? Ich bitte Sie. Bei uns hier im Norden scheint seit drei Monaten die Sonne. Fast kein Regen. Die durchschnittliche Stundenzahl pro Jahr an Sonnenschein liegt bei uns bei über 2,000. Also haben wir hier natürlich alle auf unseren Dächern Solar? No. Kommen Sie mal vorbei. Schauen Sie sich das an. Sie werden Augen machen. Da ist nichts. Bitte fragen Sie mich nicht warum.

In Kalifornien müssen Sie jetzt bei Neubauten Solarpanele einsetzen. So will es das Gesetz. So ein Gesetz müsste natürlich auch in Neuseeland her. Vor allem für den oberen Teil der Nordinsel, wo die Sonne erbarmungslos Tag für Tag auf die Häuser einstrahlt. Es wird Sie bestimmt überraschen: Solar in Neuseeland ist selten.

Nur ganz, ganz wenige Häuser sind entsprechend ausgerüstet. Die Mühlen der Kiwis mahlen immer sehr, sehr langsam. In der gepflegten Sprache nennt man solch ein Verhalten „konservativ.“ Selbst das Offensichtliche braucht hier im Lande viel Zeit und Geduld, um sich letztendlich doch eines Tages durchzusetzen. Dann jubeln die Medien, schwärmen von „New Zealand world leader...“ Am Arsch der Welt ist das mit der Verarschung eben ein wenig einfacher. Die saloppe Beschreibung eines geistigen Konzepts wie Sonnenenergie für Neuseeland heißt übrigens „no brainer“, also eine Aufgabe, deren Lösung sich ohne großen Aufwand von Gehirnschmalz quasi von alleine aufdrängt. In der Theorie. Wollen mal sehen, wie viele Jahre es noch brauchen wird.

Das Problem hier ist, wie in vielen anderen Bereichen des menschlichen Tuns der Neuzeit, dass der Mensch beim Lösen des Problems beim Geld anfängt. Er fragt: Wieviel kostet das? Dabei ist Geld im besten Fall nicht mehr als ein Stück Papier. Wenn wir hingegen, anstatt beim Geld, bei den Kartoffeln im Fall von Lösungen des Hungerproblems oder bei Solarpanelen im Fall von Energieversorgung ansetzen, dann lösen sich alle Probleme von ganz allein. Frage: Haben wir die materiellen und technischen Voraussetzungen, um Solarenergie in Neuseeland überall einzusetzen? Na klar. So, wo liegt denn eigentlich das Problem? Wenn Sie jetzt sagen „das Geld“, dann ist bei Ihnen Hopfen und Malz verloren. Seien Sie mir nicht böse, aber einer muss es Ihnen ja mal sagen. Noch eine Frage: Haben Sie mal versucht, einen Geldschein zu essen? Was zählt ist die reale Welt. Nicht das Scheingeld. Geld ist heutzutage letztendlich nicht mehr als die gigantischste Verdummbeutelung der total verblödeten Weltbevölkerung aller Zeiten. Natürlich zum Nutzen einer winzigen Elite, die sich jeden Tag vor Lachen krümmt. Weil wir anderen so bescheuert sind und deren unbegrenzt aus Luft geschaffenes Geld in Brot umtauschen. Und schuften und schuften für diese Schmarotzer! Ja, unser Geldsystem ist in der Tat ein Witz.

Demokratie in kleinen Gemeinschaften

„All of these stem from nineteenth-century colonial society. In universities, the press, and in schools; in public meetings and official pronouncements, the mental activity reflects the thought-patterns of the mother country, the thought-patterns of England a century and more ago.“ (All unser Denken stammt aus der Kolonialzeit des neunzehnten Jahrhunderts. Auf den Universitäten, in der Presse und in den Schulen; auf öffentlichen Versammlungen und in offiziellen Verkündigungen reflektiert unsere Geistesarbeit die Gedankenmuster des Mutterlandes, die Gedankenmuster des Englands von vor einhundert und mehr Jahren)
Dr. W.B. Sutch

„I believe the central objective of the new politics we need should be a massive, sweeping, radical redistribution of power. From the state to citizens, from the government to parliament; from Whitehall to communities. From the EU to Britain; from judges to the people; from bureaucracy to democracy. Through decentralisation, transparency and accountability we must take power away from the political elite and and hand it to the man and woman in the street.“
(Ich denke, das zentrale Ziel der neuen Politik, die wir brauchen, sollte eine massive, umfassende, radikale Neuverteilung von Macht sein. Vom Staat zu den Bürgern, von der Regierung zum Parlament; von Whitehall zu den Gemeinden. Durch Dezentralisation, Transparenz und Verantwortlichkeit müssen wir Macht von der politischen Elite an den Mann und die Frau auf der Straße übertragen)

Sie werden nie darauf kommen, wer das gesagt hat. Das war David Cameron in the article „I Would Reduce No 10’s Power“ in Guardian, 26 May 2009. Das war natürlich bevor er 2010 Premierminister wurde. Immerhin, man kann nicht sagen: „Gott vergib ihnen, denn sie wissen nicht was sie tun.“

Wie ist Neuseeland regional organisiert? Nun, es gibt Gemeinden und dann gibt es die Zentralregierung in Wellington. Nichts dazwischen. Keine Kreise, keine Länder, so wie wir das in Deutschland kennen. Das Parlament hat lediglich eine Kammer. Wenn Sie hier im Lande die Regierung ausüben, verfügen Sie für die Dauer der Legislaturperiode (3 Jahre) über beachtliche Macht, die so gut wie nicht kontrolliert oder eingeschränkt wird. Etwa 85 % der Steuergelder werden von der Regierung in Wellington ausgegeben. Wie Sie sehen ist das ganze System sehr kopflastig. Wer das Geld kontrolliert hat natürlich den bestimmenden Einfluss in der Gesellschaft. Bei größeren Projekten muss selbst der Bürgermeister der bei weitem größten und wichtigsten Stadt in Neuseeland, Auckland, nach Wellington pilgern und dort um Geld betteln. Obwohl der Großteil der Steuereinnahmen aus Auckland stammt.

In einem Artikel im „The New Zealand Herald“ vom 21. August 2019 präsentierte der Chef von „Infrastructure New Zealand“, Stephen Selwood, den Wahnsinn einer Organisation im Lande, die von Prozessen hypnotisiert und gelähmt wird, die sich aber wenig um „outcomes“, also um Resultate kümmert. Warum? Die Kiwis mögen nun mal Meetings, Besprechungen, Quatschveranstaltungen, in denen sie sich so richtig wichtig machen und austoben können. Aber da kommt leider nur wenig bei heraus. Zitat aus dem Artikel:

„The Governments „A to Z“ of public organisations lists 845 institutions including 29 government departments, 20 district health boards, 26 tertiary education institutions, 300 crown entities, and 11 regional and 67 local councils.“ (Das Verzeichnis der Regierungsorganisationen enthält 845 Institutionen....)

Die Regierung organisiert das größte Arbeitsbeschaffungsprogramm im Lande, für meist überflüssige Bürokraten.

Wenn Sie die Bevölkerungszahlen der zehn größten Städte addieren, dann kommen Sie fast auf 3,5 Millionen Einwohner. Der Rest von 1,4 Millionen verteilt sich auf ein Land grösser als Groß-britannien. So ein Land zu „verwalten“ müsste doch eigentlich ein Kinderspiel sein. Allerdings erst, sobald 90 % der Figuren in

Wellington, bei der Regierung, rausgeschmissen sind. Freundlicher ausgedrückt: Die sollten ihren Laden dichtmachen. Vor allem das Bildungsministerium (4,000 Leute!). Die halten nur die Lehrer von der Arbeit ab.

In Deutschland kennen wir das Prinzip der Subsidiarität, das auch im Grundgesetz verankert ist. Die unterste gesellschaftlich organisierte Ebene löst die Probleme. Nur wenn sie dazu nicht in der Lage ist, wird das Problem an die nächst höhere Ebene weitergereicht. Das ist Basisdemokratie. Zumindest in der Theorie.

In Neuseeland sollte, wenn man wirkliche Demokratie einführen will (und unter Berücksichtigung des Prinzips der Subsidiarität), der bei weitem größte Anteil an Steuergeldern direkt an die Gemeinden fließen. Die kennen die Probleme vor Ort. Die haben den Kontakt zu den Bürgern. Die können auch viel direkter und schneller und kompetenter eingreifen, wenn Menschen Hilfe brauchen. Der Bürokrat in Wellington kennt mich nicht. Der Bürokrat in Wellington kann das Problem vor Ort nicht beurteilen. Der Bürokrat in Wellington traut mir auch nicht. Und mit dem in Kontakt zu treten ist für mich ein Problem.

Anstatt größtmögliche Verwaltungseinheiten zu schaffen, wie es momentan der Trend ist, sollten die Gemeinden in ihren kleinstmöglichen Einheiten mit Leben erfüllt werden. Das schafft Transparenz, Solidarität, Effektivität, Effizienz und Partizipation der Bürger am Leben der Gemeinschaft. Die Anonymität des Großen erlaubt gar nicht erst das sich Einbringen der Menschen und zerstört sofort Lösungsansätze, die nur im Kleinen und im unmittelbaren Kontakt der Menschen untereinander möglich sind.

Als Nebeneffekt würde man auch die ausländischen Investoren loswerden, die „scale“ brauchen, damit es sich überhaupt für sie lohnt, sich zu engagieren. Von kleinen Projekten lassen die die Finger. Daher gehen die momentan zur Regierung, labern denen die Hucke voll und überreden die Regierung, zum Beispiel 10 Schulen als Paket für ein Investitionsprojekt zusammenzuschnüren. Dann rechnet sich das für die. Das ist ein gutes Beispiel für den Beweis, dass Zentralregierungen die meisten Probleme selbst schaffen. Und in dem Prozess das Volk versklaven. Nur um irgendwie ihre

Daseinsberechtigung zu rechtfertigen. Zentralregierungen heute sind meistens Banden von inkompetenten Schmarotzern!

Selbst die materielle Grundversorgung der Bevölkerung könnte man in den Kommunen sicherstellen, in dem man zum Beispiel aus der Vergangenheit die „Commons“ wiederbelebt, in dem man also Land und Ressourcen, die der Gemeinschaft gehören, durch die Mitglieder der Gemeinschaft bewirtschaftet und deren Früchte innerhalb der Gemeinschaft verteilt. Im Mittelalter war das die übliche kommunale Lebensgemeinschaft. Auch in Deutschland.

Das sich Einbringen des Menschen in eine überschaubare Gemeinschaft wird den Einzelnen und wird die Gemeinschaft blühen und gedeihen lassen. Der Segen für alle Lebensbereiche (z.B. Gesundheit, Ernährung, Bildung) im Lande wird eine völlig neue Qualität des Daseins erlauben. Und dann, dear friends, dann wird man auch von Demokratie sprechen können.

Direkte Demokratie

Womit wir auch gleich beim nächsten Thema sind. Der erste oberste Richter in Neuseeland, zuständig für Landstreitigkeiten mit den Eingeborenen, Mr. F. D. Fennon, sagte im Jahre 1857:

„No System of government that the world ever saw can be more democratic that that of the Maoris. The chief alone has no power. The whole tribe deliberate on every subject, not only politically on such as are of public interest, but even judicially they hold their ‚komitis' on every private quarrel. In ordinary times the vox populi determines every matter, both internal and external... In case of war the old chief would be a paramount dictator: in times of peace he is an ordinary citizen“ (quoted from „Beyond the Imperial Frontier“ by Vincent O'Malley, p. 97)

(Kein Regierungssystem, das die Welt je gesehen hat, kann demokratischer sein als das Regierungssystem der Maoris. Der Häuptling allein hat keine Macht. Der ganze Stamm berät über jedes Problem, nicht nur in politischen Fragen oder in solchen von öffentlichem Interesse, nein, selbst bei privaten Streitfragen halten sie ihre „komitis“ ab. In normalen Zeiten entscheidet die Stimme des Volkes in jeder Angelegenheit, intern und extern... Im Kriegsfall wird der alte Häuptling zum überragenden Diktator: In Friedenszeiten ist er ein gewöhnlicher Bürger).

Man könnte also tatsächlich von einer Tradition sprechen. Zumindest wenn es um die Maoris im Lande geht. Wie weit sich dieser Geist erhalten hat vermag ich nicht zu sagen.

Auf Landesebene ist das Vorbild der Schweiz bisher unübertroffen. Dort gilt folgende Vorgehensweise der direkten Demokratie: Falls Sie in der Schweiz 50,000 Unterschriften innerhalb von 100 Tagen sammeln, können Sie zu jedem Thema eine Volksabstimmung erzwingen. Das Resultat dieser Volksabstimmung ist bindend für die Regierung. Demzufolge lebt die Regierung stets mit der Angst vor dem Volke. Denn das Volk könnte die Regierung demnächst wieder aus dem Amt blasen. Es ist daher auch kein Wunder, dass die Unterstützung der Regierung durch die Schweizer Bürger sehr hoch ist (sie liegt bei etwa 75 %). Das ist wirklich ihre eigene Regierung.

Könnte man solch ein System auch in Neuseeland einführen? Ja, man könnte.

Bei einer Bevölkerung von etwa 5 Millionen ist Basisdemokratie logistisch kein Problem. Unter Beachtung der Regeln der Subsidiarität würde es auch nicht zu sehr vielen Herausforderungen im Lande kommen, bei denen die Menschen überregional, unmittelbar in die Entscheidungsfindung eingreifen wollen. Wenn sich Demokratie erst einmal „eingefahren“ hat, dann wird eine Routine eintreten, die eine Gelassenheit von Demokratie erlaubt, eine Befreiung des Einzelnen auch, der soviel Demokratie wie gewünscht leben kann, aber auch soviel Freiraum zur Verfügung hat, um sich selbst als Individuum zu verwirklichen.

Das Problem sind die Psychopathen der Gesellschaft, die eben gerne herrschen wollen und daher Menschen brauchen, die sie beherrschen können. Das ist der Knackpunkt unserer Gesellschaften im Jahre 2019. Dieses Austoben der Psychopathen wirkt sich natürlich besonders im wirtschaftlichen Bereich aus. Die Gier nach

Macht, die Gier nach Reichtum wird sich, wie schon immer in der Geschichte der Menschheit, nur schwer mit den Interessen der Gemeinschaft vereinbaren lassen. Vielleicht aber ist es möglich, durch Erziehung und Aufwachsen in einer humanen Gemeinschaft, die die gesunden Ambitionen des Einzelnen nicht unterdrückt, einem jeden Menschen gerecht zu werden. Außerdem: Sollten wir Psychopathie als krankhafte Kompensation erkennen lernen, die Gemeinschaft zerstört, wird das Durchschauen, das Identifizieren dieses Dranges, das Problem bereits „in statu nascendi", im Zustand des Entstehens, auflösen.

Autarkie

„Zuviel war nicht genug"
Inschrift auf dem Grabstein des Kapitalismus

Autarkie bedeutet, dass alles, was im Lande gebraucht wird, aus eigenen Ressourcen hergestellt wird. Russland Ende des 19. Jahrhunderts ist ein gutes Beispiel. Übrigens ist Russland auch heute weitgehend autark. Die könnten problemlos ohne den Rest der Welt auskommen. Russland hat keine Auslandsschulden von Bedeutung. Aber Russland hat die größten Goldreserven auf Erden. Es ist keine Überraschung, dass die Amis so scharf auf Russland sind.

Könnte Neuseeland autark zurechtkommen? Nicht wenn der derzeitige Lebensstandard aufrechterhalten bleiben soll. Denn Apple Computer werden nun mal importiert werden müssen. Und Flugzeuge ebenfalls. Und vieles andere technische Spielzeug. Daran ist zumindest vorläufig nichts zu ändern.

Aber das heißt natürlich nicht, dass man nicht versucht, soweit wie möglich in Autarkie zu leben. Autarkie sozusagen als Vorgabe. Wenn die Kiwis da mal die Liste durchgingen, würde ihnen schnell aufgehen, dass sie viel zu viel arbeiten, um Dinge zu importieren, die sie wirklich nicht brauchen. Wir importieren sogar Obst und

Gemüse. Stellen Sie sich das mal vor. Dabei leben wir im Garten Eden.

Der ungezügelte Kapitalismus, der nur in der Dimension „Geld" denkt, der sich von der grenzenlosen Gier der Menschen nährt, wird jede menschliche Gesellschaft letztendlich vernichten. Das ist die Erfahrung aus der Realität. Wir hören jeden Tag durch die Medien von der betörenden Illusion, dass es nur ausreichend Wirtschaftswachstum und noch mehr Anstieg bei der Produktivität bedarf und dann..., dann werden sich alle materiellen Probleme auf Erden quasi automatisch lösen. Nun, nach über zweihundert Jahren Kapitalismus müsste dieser magische Tag doch inzwischen eingetreten sein, oder? Ist er aber nicht. Im Gegenteil, die Armut nimmt zu, die Menschen arbeiten mehr und mehr anstatt weniger, mehr und mehr Dinge werden produziert, die wir nicht brauchen, die aber trotzdem produziert werden. Warum? Nun, weil sie Gewinn erwirtschaften und ein paar Menschen reicher machen. Die meisten Menschen auf Erden produzieren mittlerweile Produkte und Dienstleistungen, die wir nicht brauchen. Noch einmal: Wir haben eine Geldwirtschaft. Die Geldströme entscheiden über die Warenströme. Ob das Sinn macht wird nicht einmal diskutiert. Es ist doch kein Wunder, dass die grassierenden psychischen Probleme der Menschen wie ein Krebsgeschwür die Gesellschaften zerstören. Der reinste Wahnsinn wird als Normalität akzeptiert. Denn wenn alle verrückt sind fällt das gar nicht mehr auf.

Neuseeland müsste all diese internationalen Handelsverträge aufkündigen. Ein Freihandelsabkommen hat doch mit Freiheit nichts zu tun. Das ist ein Knebelvertrag. Momentan importiert Neuseeland Waren im Wert von etwa 4 Milliarden Dollar aus der EU mehr als wir dorthin exportieren. Schon jetzt. Trotzdem: Da wackelte doch tatsächlich vor kurzem unsere Premierministerin nach Brüssel und bettelte um einen Ausbau der Handelsbeziehungen. Wie bescheuert muss man da sein? Nach den augenblicklichen Spielregeln kann es nur noch schlimmer für Neuseeland werden. Was sollen wir auch den Deutschen oder Italienern oder Franzosen verkaufen, was die nicht selbst haben? Mir fällt nichts ein.

Globalisierung ist der totale Schwachsinn. Soll der Deutsche mit dem Chinesen konkurrieren? Der Deutsche verdient 30 Euro die Stunde und der Chinese 3. Deshalb wird importiert. Die Deutschen verlieren ihre Arbeitsplätze et cetera. Dabei könnten die Deutschen die Hemden, Schuhe, Kühlschränke problemlos auch selbst herstellen. Von der gigantischen Umweltverschmutzung mal abgesehen, das momentane Wirtschaftssystem macht nur Sinn für ein paar wenige Menschen, die sich an diesem Wirtschaftssystem dumm und dämlich verdienen. „Dumm und dämlich" sind übrigens die treffenden Worte.

Dieses perverse Spiel braucht Neuseeland nicht mitzuspielen. Und sollte es auch nicht tun. Es bräuchte ein neues Konzept des Wirtschaftens: Alle Investoren aus dem Land schmeißen. Alle Banken verstaatlichen. Damit Geld wieder zu dem wird was es mal war: Der Diener des Menschen. Und nicht umgekehrt. Freiheit heute bedeutet nicht mehr primär die Freiheit von den Ketten der physischen Beherrschung, sondern Freiheit von den Zwängen der Geldwirtschaft. Die Frage lautet: Was brauchen wir wirklich? Und vor allem: Was hat das mit Geld zu tun?

Eine Kartoffel ist eine Kartoffel. Die kannst Du essen. Geld ist nur eine Idee. Der Nährwert von Geld ist Null. Was das eine mit dem anderen (in einer Wirtschaft des Überflusses!!!) zu tun haben soll ist mir völlig schleierhaft.

Wenn Geld jemals Sinn machte, dann nur in einer Mangelgesellschaft, in der der Mangel gerecht verteilt werden musste. Wir leben heute aber in einer Gesellschaft des Überflusses. Eine Konsequenz daraus ist, dass mit Geld in der Realwirtschaft nicht mehr viel Gewinn verdient werden kann. Daher haben sich die Geldfritzen eine Geldwirtschaft aufgebaut, ein Finanznirvana, in dem aus Geld Geld produziert wird. Das ist Perversion. Denn mit dem Spielgeld, aus dem Nichts produziert, können die doch tatsächlich einkaufen gehen, können sich kaufen, was immer sie auch wollen. Stellen Sie sich das mal vor!!!

Bei Bemühung des gesunden Menschenverstandes wird sich herausstellen, dass genug für alle da ist und dass wir problemlos mit der 20 Stunden Arbeitswoche alle gesund und ohne Stress leben können. Dann werden wir endlich all die Bücher lesen, die wir lesen sollten, dem Herrn Mozart beseelt und beglückt lauschen und uns als wahre Menschen in Ekstasen von Liebe, Güte, Solidarität und Kreativität so austoben wie der Herrgott das einst vorgesehen hatte. Und Neuseeland, oh ja, Neuseeland könnte das vorleben. Wenn die Kiwis nur wollten.

Bereits 1931 schrieb C.H. Douglas in seinem Buch „The Monopoly of Credit“:
„Unrestrained by the financial system, the resources of modern production would be sufficient to provide for the material desires of the whole population of the world at the expense of a small and decreasing amount of human labour. But the release of humanity from the necessity of toil would also mean the release from industrial government, a result so undesired by the governors that production for the sake of consumption is becoming the least important objective of industry.“ (Befreit von den Zwängen des Finanzsystems würden die Ressourcen der modernen Produktionsmaschinerie ausreichen, um die materiellen Wünsche der gesamten Weltbevölkerung, bei einem kleinen und abnehmenden Einsatz von menschlicher Arbeit, zu befriedigen. Aber die Befreiung der Menschheit von den Zwängen der Arbeit würde sie auch von den Herrschern der Produktionsmittel befreien. Diese Entwicklung ist dermaßen unerwünscht, dass die Produktion zum Zwecke des Konsums mittlerweile das am wenigsten wichtige Produktionsziel ist). Lesen Sie diese Zeilen mindestens zehnmal. Sie sind es wert.

Land verstaatlichen

„Die Armen sind arm, weil die Reichen reich sind. Die Reichen sind reich, weil die Armen arm sind.“ Autor unbekannt

Als die Engländer sich in Neuseeland im 19. Jahrhundert eingerichtet hatten, stellte sich heraus, dass nur wenige Maoris sich an den politischen Wahlen beteiligen konnten. Denn das Wahlrecht damals war an den Besitz von Land gebunden. Wer nichts besaß durfte nicht wählen. Dabei gehörte damals noch der größte Teil des Landes den Maoris. Allerdings gehörte das Land den Stämmen, nicht Individuen. Erst als einzelne Maoris im Laufe der Jahre ihr eigenes Stück Land besaßen und dieses hatten vermessen lassen, als sie sich auf die Spielregeln der Weißen eingelassen hatten, von da an durften sie auch wählen. Was man damals so Wahlen nannte. Die Großgrundbesitzer hatten die Politiker fest im Griff. Das gute alte Spiel von Demokratie gibt es in allen möglichen Ausführungen und Varianten. Allerdings, die Manipulation ist unumgänglich, damit man sich diese Scheindemokratie auch leisten kann. Stellen Sie sich mal vor, die Leute hätten wirklich was zu wählen..., nicht auszudenken.

Ich erzähle Ihnen das alles, um aufzuzeigen, dass Neuseeland einst nicht den Menschen gehörte. Nicht wirklich. Das Land gehörte der Gemeinschaft. Die Gemeinschaft war verbunden mit den Vorfahren und denen, die anschließend auf Erden wandeln würden. Und damit verbunden der Kontakt zur spirituellen Welt. Das ist eine Dimension von Menschlichkeit, die uns versauten Europäern völlig abgeht. Sie kennen doch die Geschichte, die sich über die Jahrhunderte auf vielen Teilen der Welt wiederholte, nämlich, dass die Eingeborenen sich schief lachten, als die Weißen ihnen Geschenke überreichten und dafür im Gegenzug Land verlangten. Dass man Land besitzen könnte, auf diese verrückte Idee wären die Eingeborenen nie gekommen. Die Weißen hielten die Eingeborenen für bescheuert. Und umgekehrt. Es bleibt nur noch herauszufinden, wer denn nun letztendlich recht hatte. Für Neuseeland hege ich den Verdacht: Die Maoris.

Stellen Sie sich mal das Heulen und Zähneklappern vor, wenn den Menschen das verbriefte Recht auf den Boden genommen wird. Aber gemach: Das heißt doch nicht, dass du ausgewiesen wirst. Da wird sich nichts an deinem Leben ändern. Es bedeutet nur, dass mit Land keine Geschäfte mehr zu machen sind. Es gehört nämlich der Gemeinschaft. Und wird daher entsprechend der Bedürftigkeit zugeteilt. Der „Markt" hatte seine Chance. Es stellte sich leider heraus, dass der „Markt" inkompetent war. Schauen Sie sich doch dieses Chaos auf Erden mal an!

Es ist Zeit, dass die Menschlichkeit und die Weisheit wieder das Schicksal auf Erden bestimmen.

Wohnungsbau verstaatlichen

Der Mensch muss essen und trinken. Und er braucht eine Bleibe. Das sind die Grundbedingungen zum Überleben. Da steht doch, ich weiß das ganz bestimmt, da steht doch in diesem deutschen Grundgesetz etwas ganz Ungeheures: „Die Würde des Menschen ist unantastbar." Stellen Sie sich das mal vor. Allerdings ist den Politikern bis heute nicht aufgegangen, dass das Konsequenzen hat. Diese Worte sind nicht mal so dahingeplappert. Diese Worte sind Verpflichtung. Ohne Wenn und Aber. Können Sie mir mal erklären, wie es bei einer solchen ganz eindeutigen Vorgabe sein kann, dass es Obdachlosigkeit in Deutschland gibt. Das ist doch verboten. Per Gesetz. Noch dazu per Grundgesetz. Sie erkennen an diesem Beispiel sofort, dass man Demokratie nicht allzu ernst nehmen sollte. Denn sie funktioniert nun mal nicht. Nicht für die Mehrheit der Menschen. Demokratie ist mehr ein Interessenverband. Wenn Demokratie den hochgeborenen Mitgliedern dieses Interessenverbandes dient, dann schön und gut. Dann soll es auch bei Demokratie bleiben. Aber man kann eben Demokratie nicht für alle einführen, gell?

Neuseeland hat momentan etwa 5 Millionen Einwohner. Das Land ist grösser als Großbritannien. Dort leben etwa 66 Millionen Menschen. Frage: Meinen Sie, dass es möglich sein müsste, für jeden der 5 Millionen Einwohner Neuseelands eine vernünftige Bleibe einzurichten, zum Beispiel ein Haus für jede Familie?

Antwort: Kinderspiel. Land vorhanden, Holz wächst in den riesigen Wäldern, Expertise zum Teil arbeitslos, da viele Baufirmen Pleite gingen.

Frage: Wo liegt also das Problem?

Antwort: Keine Ahnung. Die Leute im Lande sind einfach zu blöd. Oder können Sie mir einen anderen Grund nennen?

In Neuseeland, auf diesen von Gott gesegneten Inseln, leben Menschen, Familien mit Kindern, in Autos, in Parks, unter Brücken...

Die offizielle Begründung und der hinhaltende Trost für diesen Notstand: „Das sind Menschen, die sich den Regeln des wahren Gottes verweigern. Aber gemach: Der Markt, unser Gott, wird das schon alles, selbst für diese Abtrünnigen, eines Tages regeln. Vertrauen Sie nur dem Markt."

Ja, ja, der gebenedeite Markt. Der Markt ist der Hauptgötze unserer Zeit. Daher heißt diese Religion auch Marktwirtschaft. Und bei Religionen kommt es auf den Glauben an. Auch das wird Ihnen vertraut sein.

Und so wie andere Religionen auf den Messias warten, so warten die Anhänger der Marktwirtschaft auf das Erscheinen der Wunder des Wohlstandes für alle, auch auf das Wunder, dass eines schönen Tages alle Menschen in ganz tollen Wohnungen und Häusern leben werden.

Sie, mein Freund, Sie sind überzeugt: So bescheuert können Menschen doch gar nicht sein? Sorry, ich muss Sie enttäuschen.

Ich habe in der Bibliothek hier in Neuseeland ein Werk aus dem Jahre 1949 ausgegraben. In dem Buch beschreibt das „Ministry of Works, Wellington, New Zealand, 1949" doch tatsächlich, wie die damals die Wohnungsprobleme gelöst hatten, so Ende der dreißiger Jahre des letzten Jahrhunderts. Das Buch riecht wirklich gut. Riechen Sie auch so gerne alte Bücher? Anyway, Seite 7, ganz oben, da steht, Zitat:

„Reserve Bank Credit: To finance its comprehensive proposals, the Government adopted the somewhat unusal course of using Reserve Bank credit, thus recognizing that the most important factor in housing costs is the price of money – interest is the heaviest portion in the composition of ordinary rent...."

Die Regierung hatte damals also die Staatsbank angewiesen, das Geld für den Bau von etwa 5,000 Häusern zu einem mehr symbolischen Zinssatz zur Verfügung zu stellen (1 %). Und das funktionierte prächtig. Ich bin bisher noch keinem Menschen begegnet, der mir erklären konnte, warum man das heute nicht genauso machen könnte, um das Wohnungsproblem für die zehntausenden von Obdachlosen zu lösen.

Ganz im Ernst: Der liebe Gott da oben wird oftmals nur verständnislos und total frustriert mit dem Kopf schütteln. Übrigens, ich soll Ihnen vom lieben Gott folgendes ausrichten: Fast alle Probleme auf Erden sind von Menschen gemacht. Und könnten daher auch von Menschen gelöst werden. Viele von Ihren Gebeten, so laut dem Herrn Gott, viele Ihrer Gebete sind logischerweise völlig überflüssig. Richten Sie sich mit Ihren Problemen bitte erst einmal an Frau Merkel.

Die hat als eingefleischte und offiziell ausgewiesene Christin dann auch, wenn nötig, den richtigen Draht zum Allmächtigen. Übrigens, falls Sie es vergessen haben sollten, das „C" in eben jener Partei, das „C" steht für christlich. Ja. Doch. Tatsächlich. Ich weiß, ich weiß, ich weiß..., man kann es ja kaum noch für möglich halten. Christlich! Aber vielleicht darf man christlich auch gar nicht mehr sagen. Nicht in aller Öffentlichkeit. Deshalb scheut die liebe Frau Merkel sich da verständlicherweise ein wenig. Denn wenn Sie sich offen zu dem Jesus bekennen..., dann..., dann..., dann haben Sie vielleicht bald den BND auf dem Hals. Denn der Jesus, der Jesus, das war ein ganz radikaler Typ.

Schulen als Zentren der Gemeinden

„Eine neue wissenschaftliche Wahrheit pflegt sich nicht in der Weise durchzusetzen, dass ihre Gegner überzeugt werden und sich als belehrt erklären, sondern vielmehr dadurch, dass ihre Gegner allmählich aussterben und dass die heranwachsende Generation von vornherein mit der Wahrheit vertraut gemacht ist."
Max Planck

„When I think of the government and unemployment I remember that there are ten Ministers of the Crown, and every one of them has twelve thousand million brain cells, all unemployed."
Elizabeth McCombs (1873-1935), New Zealand's first woman MP

Die Frau hatte recht. Der liebe Gott hat uns verschwenderisch, über alle erforderlichen Masse, mit Intelligenz und Kreativität ausgerüstet. Und trotzdem wiederholen wir die gleichen dämlichen Fehler wie vor hundert oder zweihundert Jahren. Warum versuchen wir nicht einmal neue Ansätze, probieren aus, verwerfen was nicht funktioniert, lernen dabei dazu und versuchen es dann erneut. Es ist doch wirklich nicht kompliziert. Wir müssen diesen Prozess nur lernen. In der Schule. Wenn „dare to do“ die Regel ist, wird die Gesellschaft sich automatisch verändern. Niemand wird diesen Prozess aufhalten können. Aber stattdessen wurschteln wir weiterhin, wie bisher, vor uns hin, gemäß Regeln, die längst als überholt und ungeeignet auf den Müllhaufen der Geschichte gehören.

Ich denke nicht, dass die Mächtigen dieser Welt einst alles im Detail so geplant hatten wie die Welt heute abläuft. Sie sind jedoch intelligente Opportunisten, die jede Gelegenheit von neuer Technik auf Eignung für ihre Zwecke überprüfen und dann mit entsprechender Unterstützung von Kapital in die gewünschten Wege leiten. Deswegen landen diese Technologien auch immer (immer!) in der Hand der falschen Leute. Nicht zum Segen der Menschheit soll Technologie wirken, sondern zu ihrer Versklavung beitragen.

Aber wie fing das alles an, damals, nach unserer Geburt?

Es gibt drei potentielle Gefahrenherde, denen der moderne Mensch in der Entwicklung seiner Persönlichkeit ausgesetzt ist: Die Eltern, die Schule und die Medien. Diese drei „Institutionen“ haben ein gemeinsames Interesse: Sie wollen den Menschen prägen, beeinflussen, in eine bestimmte Richtung leiten. Offiziell bieten sie Bildung an, aber eigentlich läuft es auf Indoktrination hinaus.

Meine bravouröse Behauptung lautet, dass eine kurze Schulzeit im Leben eines Menschen seine Kernerfahrung sein sollte, um sich selbst zu finden, um in Gemeinschaft zu blühen und um seine eigene Zukunft zu planen. Hier sollte er aber auch lernen, zu überleben, also zum Beispiel zu kochen und einen Garten anzulegen. Hier sollte er lernen, wie der Mensch psychisch und seelisch angelegt ist, welche Rolle Toleranz spielt, wie eine Gemeinschaft funktioniert, welche Werte im Zentrum dieser Gemeinschaft stehen und welchen Beitrag zum Wohl der Gemeinschaft er nach seiner Art leisten möchte. Er hat dort die Möglichkeit, ohne Angst seine

Talente zu entdecken, auszuprobieren und zu entwickeln. Er lernt über die Techniken der Manipulation. Er lernt wie Medien funktionieren und welchen Gefahren er sich aussetzt, wenn er sich auf Medien einlässt. Er lernt wie Politik in der heutigen Zeit zelebriert wird, welche Probleme die Gesellschaft plagen und welche Lösungen diese Probleme beseitigen könnten. Er lernt vor allem, selbständig, frei, ganz allein, für sich selbst zu lernen. Er lernt zu lernen. Für das Leben. Für sein Leben. Und für das Leben der Gemeinschaft. Bis zum letzten Augenblick auf Erden.

In Neuseeland lernt sie und lernt er natürlich auch, wie man ein Haus baut.

Da hatten doch die Schülerinnen und Schüler letzte Woche hier in Neuseeland und in Australien und wohl auch in anderen Teilen der Welt beschlossen, einen Tag zu streiken, um auf die Umweltprobleme aufmerksam zu machen, auf die Gefahren, die ihre Zukunft bedrohen. Es war erstaunlich zu hören, wie die bei weitem überwältigende Mehrheit der Politikerinnen und Politiker in Neuseeland und Australien sich gegen diese Idee positionierte. Die fanden, die Kinder sollten mal schön in der Schule bleiben. Demonstrieren könnten sie in ihrer Freizeit. Diesen Politikern war gar nicht aufgegangen, dass, sollten die Kinder in der Schule nicht Demokratie lernen, sie es wahrscheinlich nie in ihrem Leben lernen werden. Und daher sieht unsere Gesellschaft so aus wie sie aussieht.

Vorschlag: Ganz kleine Schulen, ohne den bisherigen Klassenverband. Kinder unterschiedlichsten Alters können sich zusammentun. Schule würde also völlig anders organisiert sein, unendlich flexibel, völlig auf die Belange der Schülerinnen und Schüler ausgerichtet. Und wie gesagt: Das meiste müssen die Kinder sich selbst beibringen. Allein. Und in der Gemeinschaft. Und in der Gemeinschaft!

Und in der Gemeinschaft! Der Lehrer als Coach, als Autorität, als anerkannter Förderer von Disziplin und dem Einhalten von Regeln, als Anlaufstelle bei Problemen und Fragen und als stetiger Helfer, Motivierer und Ermutiger.

Noch einmal: Man könnte einfach mal verschiedene Ansätze ausprobieren. Wenn es nicht funktioniert, dann halt etwas anderes ausprobieren. Denken, machen, korrigieren, lernen, verbessern.

Der Kreislauf des Lebens. Ein riesiger Garten wird zu den Schulen gehören. Und selbstverständlich lernen die Kinder und Jugendlichen, wie man eine Genossenschaft organisiert. Sie werden sogar ermutigt, selbst Genossenschaften zu gründen, denen es auch erlaubt ist, ihre Produkte und Dienstleistungen in der Welt da draußen anzubieten. Schule muss Leben mit wahrem, prallen, liebevollen, kreativen Leben füllen. So einfach? Ja, so einfach.

Das Bildungsministerium wird selbstverständlich abgeschafft. Pisa in die Tonne. Das Paradies der Bürokraten. Der Alptraum der Menschen.

Übrigens, noch einmal, es geht um Bildung, nicht um Indoktrination. Auch nicht um die aktuell praktizierten Trichtertechniken, bei denen den Schülerinnen und Schülern Wissen verabreicht oder eingetrichtert wird. Nicht Mensch als Rädchen in der Maschine der Gesellschaft, sondern Mensch als potentielles, eigenständiges Genie, als Segen für sich selbst und als Segen für die Gemeinschaft.

Was hier los wäre, wenn die Menschen endlich wüssten was hier los ist.

Es beginnt alles in der Schule. Die Schule ist der Hort der Zukunft.

Ohne Demokratie in der Schule zu lehren kann es einfach keine Demokratie geben. Wir wollen doch nicht die Billigausgabe von Scheindemokratie, die den Menschen zum Stimmvieh reduziert, sondern wir verlangen eine echte, wahre Demokratie des gesamten Volkes, die die gesamte Gesellschaft ausfüllt. Vor allem auch die Wirtschaft. Ohne Demokratie in der Wirtschaft wird Demokratie nicht möglich sein. Aus diesem Grunde allein schon sehen Sie, dass es bisher nie in der Geschichte der Menschheit wirkliche Demokratie gegeben hat. Wie sagte doch Norman Kirk 1972: „Es ist Zeit."

Kinderarmut ist ein Verbrechen und gehört dementsprechend verboten

„The reason we are one of the most indebted small nations on earth is because we have the spending habits of a modern industrial nation, but not the income.“
(Der Grund warum wir eines der am meisten verschuldeten kleinen Länder auf Erden sind liegt darin, dass wir das Konsumverhalten eines modernen Industriestaates haben, aber nicht das entsprechende Einkommen).
(David McLoughlin in „The Undeveloping Nation“)

Nach dem Hohelied auf die Schule müssen wir zum Schluss doch noch einen Schritt zurücktun. Wir kommen zum Kern des Problems der Menschheit.

Das größte Verbrechen der Gesellschaft ist die Kinderarmut. Das größte Verbrechen der Gesellschaft muss jetzt, auch ganz offiziell, die Kinderarmut sein.
Die Kinderarmut ist das Kernproblem. Es gibt viele andere Probleme, die sich davon ableiten, die Symptome darstellen von dem Kernproblem der Kinderarmut, Symptome wie Gesundheit, Kriminalität, Drogenabhängigkeit etc.

Diese Unterscheidung von Kernproblem und Symptomen ist den Politikern nicht geläufig. Sie beschäftigen sich fast immer mit Symptomen, und es gelingt ihnen daher nie, wirkliche Probleme zu lösen. Symptome gibt es viele, wahre Probleme relativ wenige. Stellen Sie nur mal in zehn Minuten eine Liste zusammen von Symptomen, die alle mit Armut in Zusammenhang stehen. Dementsprechend würden auch die notwendigen Ressourcen zur Bekämpfung von Symptomen weitestgehend eingespart werden können, sollte es tatsächlich gelingen, das dahinterstehende Problem zu lösen. Das ist doch einfach zu verstehen, oder?

Ich fordere Sie auf: Stellen Sie sich einmal vor, was für ein menschlicher Reichtum entstünde, wenn jedes einzelne Kind, wenn jeder einzelne Mensch sein volles Potential entwickeln und glücklich sein könnte. Stellen Sie sich das mal vor. Was für eine Welt! Was für eine Welt! Ist das möglich? Na klar!

Aber zurück zur Gegenwart: In Neuseeland leben etwa 250,000 Kinder in Armut. In einem Land des Überflusses. Es wird auch in Deutschland Kinderarmut geben. Und auch Deutschland lebt im materiellen Überfluss.

Für Neuseeland ist die Lösung dieses Problems recht einfach. Die Lösung wird in die Schulen transferiert. Die Schulen werden zu einem Gemeindezentrum ausgebaut. Alle Schulen werden über Küchen verfügen, in denen nicht nur die Kinder kochen lernen, sondern in denen auch dafür gesorgt wird, dass kein einziges Kind hungrig durchs Leben geht. Die Kinder können in dem Gemeindezentrum, das von den Bürgern betrieben wird, bleiben solange sie wollen, und sie können dort auch manchmal schlafen. Eine gewählte Delegation der Schule trifft sich mit anderen Delegationen, um übergreifende Probleme zu lösen. Demokratie wird im Kleinen praktiziert. Nur so wird sie sich auch im Großen entwickeln. Niemand wird mehr die Mitmenschen vertreten, der nicht von diesen Mitmenschen gewählt ist. Politische Parteien sind für die Tonne. Das sind Interessenvertretungen, die mit Menschen so gut wie nichts, mit Lobbygruppen aber sehr viel zu tun haben. Lobbygruppen auch in die Tonne.

Wir leben in einer Zeit des Überflusses. Wir brauchen nicht noch mehr. Wir brauchen eine bessere Verteilung des Überflusses. Und eine Verbesserung der Qualität, vor allem der Nahrungsmittel. Und für alle Produkte gilt ganz allgemein: Eingebaute Obsoleszenz ist Schwachsinn!

Man sollte doch, bei Bemühung des gesunden Menschenverstandes, eigentlich recht schnell zu der Erkenntnis gelangen, dass alle Ansatzpunkte in der Gemeinschaft von Menschen eben den Menschen ins Zentrum des Denkens und Handelns stellen. Dass der Mensch essen muss ist doch keine revolutionäre Erkenntnis. Dass ein hilfloses Kind vor allem mit allem versorgt werden muss ist ja wohl die selbstverständlichste Selbstverständlichkeit. Und die materiellen Voraussetzungen sind ja auch vorhanden. Also? Noch einmal: Wie wir es geschafft haben bei derlei Fragen zuerst an die Illusion vom „Geld“ zu denken ist wahrscheinlich die perverseste der perversen Entwicklungen, die der Mensch in 60,000

Jahren Evolution durchgemacht hat. Von Evolution kann da eigentlich gar keine Rede sein. Der Steinzeitmensch hatte das Problem gelöst. Ohne groß nachzudenken. Und sogar ohne Handy. Die grassierende Verblödung der Menschheit ist die eigentliche Tragödie unserer Zeit, die Degeneration von Intelligenz auf ein immer niedrigeres Niveau, bis selbst das einfache Überleben nicht mehr funktioniert. Das ist die moderne Definition von „Evolution“. Der Witz: Dieser Zweibeiner wird demnächst vor einem digitalen Gerät in Glückseligkeit verhungern.

Ja, ja, der Mensch, die angebliche Krone der Schöpfung. Manchmal, in einer ruhigen Stunde, stelle ich mir vor, was der Goethe wohl über unsere Zeit zu sagen hätte. Und was hatte der arme Goethe sich nicht angestrengt, um uns Kultur beizubringen, uns zum eigenständigen Denken anzuregen, den geistigen Acker der Zukunft zu bereiten. Wofür? Was für eine Verschwendung von Leben wir uns doch auf diesem Planeten leisten. Was für eine Verschwendung! Goethe, Kant, Schiller, Hegel, Leibniz... Wofür? 1841 auf Helgoland, Hoffmann von Fallersleben: „Deutschland, Deutschland über alles...“ Ach Leute, was ist nur aus Deutschland, was ist nur aus Neuseeland geworden? Im Himmel werden Tränen fließen.

Noch einmal zum Schluss die simple Botschaft für eine bessere Welt: Die materielle Versorgung der Kinder heute ist kein Problem. Es wurde nur durch Ideologen und Dummköpfe, die sich nicht in der Welt der Wirklichkeit auskennen, zu einem fiktiven Problem gemacht. Dabei sollten uns mittlerweile doch endlich die viel wichtigeren, wahrlich existentiellen Fragen beschäftigen, die jedes Kind zu stellen lernen sollte: “Wer bin ich? Warum bin ich hier? Was will ich?”

Wir müssen endlich aus der Phase des Überlebens in eine Phase des wahren Lebens eintreten. Denn sobald die Kinder ihre eigene Identität gefunden haben, werden sie alle ein Segen für die Menschheit werden. So einfach? Ja, so einfach.

Wir schulden es unseren Vorfahren, den tausenden von Generationen von Menschen, die vor uns lebten, damit wir heute leben können, wir schulden es unseren Vorfahren, nicht aufzugeben. Niemals!

Wo sind meine Sachsen?

Hegel: "Der deutsche Geist ist der Geist der Freiheit." Also lasset uns stolz leben und stolz sterben. "Kaua e mate wheke mate uruoa." "Stirb nicht wie ein Tintenfisch, sondern wie ein Hammerhai". Eine Weisheit der Maoris, der wahren Gralshüter des Landes Aotearoa.

Nachwort

Die Welt der Politik heute ist ein Panoptikum, ein Kuriositätenkabinett, das aus Darstellern wie Trump, Macron, Merkel, Ardern und vielen anderen, merkwürdigen Figuren besteht, die sich vornehmlich, zu unser aller Unterhaltung und Ablenkung, seltsam bewegen und Nichtigkeiten plappern, die angeblich die hohe Kunst des menschlichen Geistes repräsentieren. Langsam, allmählich, unter Schmerzen, durchschauen wir dieses Spiel und besinnen uns auf die Lehre des wichtigsten Märchens aller Zeiten: “Des Kaisers neue Kleider”. Mehr und mehr Menschen erkennen: “It is not what it looks like“. Und sie schreien es in alle Welt hinaus: “Der Kaiser ist nackt!”

Noch einmal will ich Ihnen diese wichtige Botschaft mit auf den Weg geben: “It is not what it looks like. It is not what it looks like. It is not what it looks like.” Eine gigantische Manipulationsmaschinerie arbeitet Tag und Nacht, um uns eine Welt vorzugaukeln, in der wir in der Rolle von gehorsamen Befehlsempfängern unseren erbärmlichen Beitrag in dieser Sklavenwelt leisten sollen. Ausbeutung. Dabei sind wir doch angeblich nach dem Antlitze Gottes geschaffen, um wahre Wunder auf Erden zu vollbringen. War und ist dieses Leben nur Lug und Trug?

Nun, die Anzeichen deuten darauf hin, dass unsere verrottete Welt der westlichen “Zivilisation” demnächst zusammenbrechen wird. Dann wird wieder die himmlische Ordnung einziehen. Die herrschte über die meiste Zeit der letzten zehntausend Jahre. Ich spreche von China, einem Kulturland, das bis ins 19. Jahrhundert hinein, in vielerlei Hinsicht, das reichste Land auf Erden ward.

Die Chinesen weigerten sich damals, Vertreter ausländischer Regierungen zu empfangen, da sie ihre Kultur als anderen Kulturen überlegen ansahen. “Fan Kuei” bedeutet auf chinesisch “fremder Teufel”. Mit dem wollten sie sich nicht einlassen. Als diese fremden Teufel allerdings darauf drängten, doch zumindest Handel treiben zu dürfen, da ließen die Chinesen sich herab, eine Stadt in ihrem riesigen Land zu diesem Zwecke den Fremden zu öffnen. Es stellte sich bald heraus, dass die Nachfrage nach chinesischen Produkten (Seide, Porzellan, Tee etc.) gigantisch war, die Chinesen im

Gegenzug allerdings keinen Bedarf an westlichen Gütern hatten. Die Silbervorräte der Engländer schmolzen dahin.

Da verfielen die skrupellosen Händler auf eine fürwahr teuflische Idee. Die Engländer lieferten über kriminelle Banden Opium aus ihrer indischen Kolonie heimlich nach China. Dieser Handel war zwar bei Todesstrafe verboten. Aber was kümmern westliche Geschäftsinteressen schon Moral, Anstand oder gar Gesetze von ausländischen Regierungen? Sogar Roosevelts Großvater verdiente sich dabei ein Vermögen. Wie viele andere Engländer und Amerikaner auch.

In ihrer Verzweiflung sandte die chinesische Regierung im Juli 1830 einen Brief an Königin Victoria, aus dem ich Ihnen ein paar Auszüge präsentieren möchte:

“Wir haben gehört, dass Opium in Ihrem eigenen Lande verboten ist. Wir können also davon ausgehen, dass Sie genau wissen, wie schädlich diese Substanz für die Menschen ist. Da Sie Ihre eigene Bevölkerung nicht durch diese Droge schädigen wollen, sollten Sie genauso gut davon absehen, andere Völker mit dieser Droge zu schädigen. Alle von uns an euch gesandten Produkte sind von Nutzen, nicht von Schaden. Bitte lassen Sie uns wissen, was Sie unternehmen werden, um dieses Übel zu stoppen. Sollten wir weiterhin auf Fremde treffen, die mit Opium Handel treiben, so werden wir sie enthaupten. Mit freundlichen Grüßen.” So ähnlich.

Die Chinesen gewährten den Weißen sogar noch eine Karenzzeit. Was war die Antwort? Nun, bald tauchte eine Flotte mit weißen Teufeln auf, die anfingen, chinesische Städte in Schutt und Asche zu verwandeln. Die Chinesen hatten den Waffen der Weißen nichts entgegenzusetzen und mussten sich ergeben. Ihnen wurde ein Handel aufgezwungen, der Millionen von Chinesen letztendlich zu Tode quälte. Es war wie immer die Gier der Weißen, ihr Materialismus, ihre Grausamkeit und Ignoranz, die über die großen Kulturen dieser Welt herfielen.

In China nennt man die folgenden hundert Jahre das Jahrhundert der Schande.

Letzten Endes machte Mao dem ein Ende. Übrigens schickte Mao Briefe an Präsident Franklin D. Roosevelt und bot eine Zusammenarbeit an. Auch diese Briefe wurden nie beantwortet.

Es ist das Ziel der Chinesen, bis zum Jahre 2049 die Weltherrschaft übernommen zu haben. Das sind dann genau 100 Jahre nach der Revolution in China. Werden die Chinesen dieses Ziel erreichen? Daran besteht wohl kein Zweifel.

Inzwischen haben sie gelernt, sich auf den weißen Teufel einzustellen. Sie haben gelernt, dass man diesen Primitivlingen in die Fresse schlagen muss. Eine andere Sprache verstehen sie nicht. Was meinen Sie, was die Chinesen von so einem Typen wie Donald Trump halten? Eine zumeist in Frieden aufblühende Kultur, die tausende von Jahren in der Geschichte zurückgeht, trifft auf einen primitiven Cowboy, der sie bestehlen will. Darum geht es den Amerikanern. Ach ja, bekehren zum christlichen Glauben wollten sie die Chinesen natürlich auch noch. Diese fanatischen Puritaner sandten Heerscharen von Missionaren nach China, nachdem sie im Jahre 1882 den "Chinese Exclusion Act" erlassen hatten, der die Chinesen aus dem Land wies und ihnen verbot, in den U.S.A. zu leben. Einige übereifrige Amerikaner luden die Chinesen in den Städten in Züge, fuhren sie ins Land hinaus und erschossen sie dort. Ja, ja, das ist God's own Country. Die Chinesen wussten schon, warum sie die Weißen "fremde Teufel" nannten und warum sie sich diese Kreaturen vom Halse halten wollten.

Wir Weißen fühlen uns anderen Kulturen so überlegen, nur weil die technische Revolution uns mit teuflischen Waffen versah, die uns erlaubte, andere Völker auf die grausamste Weise mit Gewalt zu unterwerfen. Es ist Zeit, dass dieser Wahnsinn ein Ende hat. Der weiße Mann, selbst als Missionar, erwies sich als Satan in Menschengestalt. Der Trost und die Hoffnung für die Zukunft: Diesen Wahnsinn ertragen nicht einmal mehr die eigenen Menschen. Das Opium der heutigen Zeit, die Pillen der pharmazeutischen Industrie und die schwachsinnigen Produkte der Unterhaltungsindustrie, werden demnächst unsere Zivilisation auffressen. Von Kultur, von Kultur kann schon seit langem keine Rede mehr sein.

Es ist meine persönliche Hoffnung, dass in Neuseeland die Kultur der Maoris wieder zur Blüte kommen kann und dass weise Führer der Maoris das Land in eine Zukunft der Gerechtigkeit führen werden. Wenn das nicht geschehen sollte, werden sicherlich die

Chinesen Neuseeland übernehmen. Sie gehören schon heute zu der größten Einwanderergruppe. Ich habe große Bewunderung vor diesem Volk, das eigentlich nie in seiner Geschichte auf Eroberung aus war, sondern sich stets gegen Eindringlinge und Neider wehren musste. Ihre Überlegenheit auf dem Felde von Geist, Disziplin, Fleiß und Ordnung prädestiniert sie dazu, die Führung selbst in den Ländern zu übernehmen, in denen sie nicht einmal die Mehrheit darstellen, wie sich an einer Reihe von Beispielen aufzeigen lässt.

Ihnen zum Trost: Die Zukunft der Menschheit wird nicht dem Konzept der Globalisierung folgen. Das ist ein völlig falscher Weg, der den Menschen von sich selbst und seiner Gemeinschaft entfremdet, zugunsten von Macht einer winzigen Elite, die nur auf ihren eigenen materiellen Vorteil aus ist. Das sind gnadenlose, besessene Geisteskranke, die ihrerseits einer anderen Art von Sucht erlegen sind.

Wir Deutschen müssen erkennen: Die Gründung des Deutschen Reiches 1871 war der größte Fehler in der Geschichte der Deutschen. Eine Tragödie! Den Fehler müssen wir korrigieren. Wir Deutschen sind eine Kulturgemeinschaft. Wir sind keine Nation. Warum sollten wir in einem riesigen, von Bürokraten geleiteten und gelenkten Staatengebilde unsere Identität und Freiheit aufgeben?

Wenn der Mensch sich wieder auf sich selbst besinnt und in der Zusammenarbeit mit seinen Mitmenschen in der eigenen Kulturgemeinschaft die Zukunft meistern will, dann sind wir auf dem richtigen Weg. Wie kann es denn sein, dass in Deutschland ein paar, von selbstherrlichen Parteien ernannte, Verrückte in Berlin das Sagen haben über das Schicksal von Leuten in Bayern oder Hessen oder Sachsen? Das ist doch völlig pervers.

Die kleinstmögliche Gemeinschaft sollte unmittelbar, direkt ihre Führer wählen. Unsere Organisation in großen, anonymen, selbstherrlichen Einheiten brachte nur Elend über die Welt. Hier in Neuseeland bedeutet das, allen Gemeinden, und damit den Bürgern selbst, weitgehend die Verantwortung und die Mittel für die Organisation und Verwaltung ihrer Gemeinschaft zu übertragen.

In Deutschland sollten die einzelnen Länder wieder autonom werden. Angefangen mit Bayern, Sachsen und Schwaben. Wir müssen erkennen, dass auch die sogenannte Wiedervereinigung ein großer Fehler war. Sie war nichts weiter als eine Übernahme der Amerikaner von Osteuropa, mithilfe von Kohl und Company. Die Vereinigung war vor allem aber unsere letzte große Chance zu beweisen, dass Menschlichkeit gegenüber unseren Brüdern und Schwestern über allem steht. Diese Chance haben wir Deutschen vertan. Die Begierde der Kapitalisten übertraf mal wieder das Herz der Christen, den Willen des Volkes und selbst den gesunden Menschenverstand der Pragmatiker. Es hat nicht funktioniert. Es hat nie funktioniert. Also, Freunde, was haben wir in 150 Jahren gelernt? Nun, das Große ist leichter zu kontrollieren und zu manipulieren als das Kleine. Das Große können wir nicht selbst bestimmen. Das Kleine schon. Nur im Kleinen ist Freiheit und letztendlich auch Demokratie möglich. Und Friede unter den Menschen. Ich plädiere für die Freiheit und die Unabhängigkeit der Sachsen.

Die Maoris und die Deutschen stehen vor der gleichen Herausforderung. Sie müssen die Sklavenhalter loswerden und sich wieder auf sich selbst besinnen. In Freiheit und Selbstbestimmung. In Freiheit und Selbstbestimmung.

Wir Menschen sollen doch ein Segen sein. Kein Fluch, der uns von Drogen, Gier und gefährlichen Illusionen aufgezwungen wird. Die Besten und Edelsten unter uns sollen in unserem Namen und mit unserem Segen die Geschicke unseres Volkes und die Geschicke der Welt in Frieden lenken. So einfach? Ja, so einfach.

Ebenfalls im Anderwelt Verlag erschienen:

England war mit dem Aufstieg kontinentaleuropäischer Länder zu Wirtschaftsmächten und Konkurrenten am Ende des 19. Jahrhunderts nicht untergegangen. Dabei standen die Sterne für das Empire nicht günstig. Der Anteil der Insel am Welthandel war über Jahrzehnte immer weiter gesunken, sie verfügte perspektivisch nicht selbst über genug Rohstoffe für ihre eigene Wirtschaft, auch nicht über hinreichend viele Einwohner, um den ökonomischen Aufstieg anderer Länder mit Hilfe von Feldzügen zu beenden. Wie lässt es sich erklären, dass binnen 50 Jahren die erfolgreiche Entwicklung großer Reiche in Kriegen und Diktaturen versandete und England auch ohne materielle Grundlage noch der Global Player ist wie vor hundert Jahren?

Londoner Außenpolitik & Adolf Hitler: Gibt es einen blinden Fleck?
Autor: Reinhard Leube

ISBN 978-3-940321-19-0 **€ 25.00 (D)**

Kriege werden aus zwei Gründen begonnen:
Wirtschaft und Religion. In der Neuzeit ist es oftmals nicht zu übersehen, dass der Kampf ums Öl der wahre Grund für Kriege ist. Die Betrachtungen von Peter Haisenko zeigen, dass es bereits vor mehr als 100 Jahren nicht anders war. Politisch orchestrierte Lügen und Intrigen sind keine Erfin- dung der Neuzeit. Mit diesem Buch gehen Sie auf eine Reise durch das 20. Jahrhundert, und die Analyse wirtschaftlich-politischer Verknüpfungen lässt manche „geschichtliche Wahrheit" zweifelhaft erscheinen.

England, die Deutschen, die Juden und das 20. Jahrhundert
Autor: Peter Haisenko
ISBN 978-3-940321-03-9 **€ 24.90 (D)**

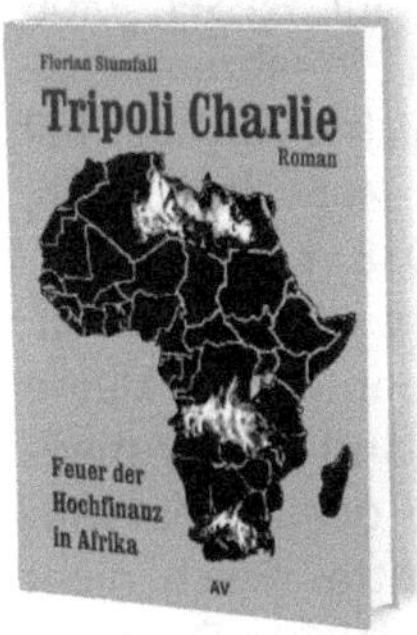

Florian Stumfall war im Bürgerkrieg in Mozambique, in Angola, im Hauptquartier der UNITA in Jamba, er war zu Gast bei Regierungen... Drei Ereignisse hat er in diesem Buch zu einer auf Tatsachen beruhenden Romanhandlung verarbeitet, deren wahrer Kern sich ganz erheblich von dem unterscheidet, was uns die Medien darüber erzählt haben. Stumfall schildert, wie und mit welchem Deal Nelson Mandela in Südafrika von der US-Hochfinanz an die Macht gebracht wurde und wie der Energiekonzern SASOL in Mozambique wegen eines Gasfeldes einen Bürgerkrieg angezettelt hat. Er berichtet vom Krieg in Angola und beschreibt die Rolle, die das weltweite Oppenheimer Diamanten-Monopol gespielt hat, als Jonas Savimbi, der Anführer der antikolonialen UNITA, vom Westen fallen gelassen wurde. Schließlich deckt er auf Basis ihm zugespielter Dokumente die Hintergründe für den 2011 geführten Krieg gegen Gaddafi in Libyen auf.

Tripoli Charlie
Autoren: Florian Stumfall
ISBN 978-3-940321-22-0 **€ 24.30 (D)**

Was haben die Menschen in Deutschland wohl gefühlt und erlebt in den Jahren 1933 bis 1937? Waren alle glühende Nationalsozialisten oder begann mit den Nazis eine Diktatur? Hätte es tatsächlich eine braune Mehrheit gegeben, dann wäre das eine Demokratie gewesen und man hätte die Gestapo und Ähnliches nicht gebraucht. Wie hat aber das Ausland auf den neuen Kanzler Adolf Hitler reagiert? Wieso war die Chefetage in London von ihm eigentlich so begeistert?
Das vorliegende chronologisch aufgebaute Werk vermittelt dem Publikum einen Eindruck von dieser Zeit, der eine Gänsehaut erzeugt. Ganz anders als die unzähligen Dokus, die nur blitzlichtartig Ausschnitte zeigen ...

Atemberaubend
Autor: Reinhard Leube
ISBN 978-3-940321-20-6 **€ 25.00 (D)**

Kann sein, dass die Berufshistoriker ihr Wissen bloß in verschämten Nebensätzen und in ihren Fußnoten unterbringen. In der Geschichte dritter Teil Septemberrevolution kommt alles auf den Tisch, was inzwischen über das Jahr 1938 bekannt geworden ist, zeitlich geordnet und packend erzählt. Nach weniger als sechs Jahren konnte der kleine Hitler, der mit dem Geld aus England und Amerika in Berlin an die Macht kam, von der Bühne wieder verschwunden sein und sein Drittes Reich nicht mehr als eine üble Panne in der Geschichte Deutschlands. Monate vor den Pogromen gegen die Juden vom November 1938 und ein Jahr, bevor ein zweiter Weltkrieg begann, konnte Hitler durch einen Aufstand in seinem Dritten Reich weggeputscht sein. In diesem Buch erleben Sie noch einmal live mit, wie genau das verhindert wurde.

Septemberrevolution
Autor: Reinhard Leube
ISBN 978-3-940321-23-7 **€ 25.00 (D)**

Der NSA-Skandal im Jahre 2013 führte den Deutschen vor Augen, dass sowohl ihre individuelle als auch die staatliche Souveränität nicht gewährleistet sind. Bei dem zu dieser Zeit geführten Bundestagswahlkampf wurde das massenhafte Ausspionieren der Bürger nicht thematisiert. Als am Wahlabend im September 2013 CDU und CSU ihren Sieg feierten, bekam Angela Merkel eine kleine deutsche Fahne gereicht. Diese entsorgte sie mit verzerrtem Gesicht. In jedem anderen Land wäre damit die Karriere eines Politikers beendet gewesen. Ihr Amtseid, alles zum Wohle des deutschen Volkes zu tun, erwies sich als Farce …

Ist Deutschland ein souveräner Staat?
Autor: Wolfgang Schimank
ISBN 978-3-940321-18-3 **€ 24.00 (D)**

Auf keinem anderen gesellschaftspolitisch brisanten Terrain herrscht ein so geisterhaftes Diktat des Schweigens, des Verschweigens, des Schönfärbens wie bei Fragen rund um Migration und Integration. Dieses Buch wagt sich weit vor, es zeigt mutig die zentrale Ursache jener längst aus dem Ruder gelaufenen Einwanderungsströme auf: das Tabu. Leidenschaftlich und mit lebendigen Beispielen räumt der erfahrene Sachbuchautor auf mit Lebenslügen, die unsere politisch Verantwortlichen uns seit 50 Jahren auftischen, um ihre Konzeptlosigkeit, ihr Zaudern, ihre Ohnmacht auf diesem grundlegenden Zukunftsfeld zu verschleiern.

Auf nach Germania!
Autor: Hans Jörg Schrötter
ISBN 978-3-940321-06-0 **€ 14.90 (D)**

Afghanistan wird in Deutschland vor allem mit Krieg, Terror, Taliban, Chaos, Korruption und Drogen in Verbindung gebracht, nicht zuletzt deshalb, weil die Medien hierzulande fast ausschließlich über Kämpfe, Bomben und Tod berichten. Der Auslandseinsatz der Bundeswehr indes wird eher mit „höflichem Desinteresse" begleitet – die Soldaten und ihre Angehörigen werden in vielfacher Weise alleingelassen. Anliegen dieses Buches ist es, in einem persönlichen Exkurs episodenhaft und exemplarisch das andere, das zivile Afghanistan zu zeigen.

Verteidigung am Hindukusch
Autor: Dr. Joachim Sproß
ISBN 978-3-940321-09-1 **€ 14.00 (D)**

Was für ein Leben! Hineingeboren in die dunkelste Epoche der Neuzeit, wird der Protagonist dieser authentischen Odyssee konfrontiert mit menschlichen Grenzerfahrungen, wie wir sie uns, die wir in Frieden, Freiheit und Wohlstand aufgewachsen sind, überhaupt nicht vorstellen können: Hunger, Terror, Verfolgung, Vernichtungslager, Flucht, Gefangenschaft. Ständig in Gefahr, kein Ort, der dauerhaft Schutz und Sicherheit bieten konnte, Verlust der Heimat, Entbehrungen und Verzicht. Wie viele Menschen sind in vergleichbaren Situationen gescheitert?!

Nicht so Peter Gorew. Das Vertrauen auf seine Fähigkeiten und Talente, der Mut, sich in ausweglos erscheinenden Situationen nicht aufzugeben und allen Gefahren zum Trotz seinen Weg zu gehen, ein klares Ziel vor Augen und der unerschütterliche Wille, dieses Ziel zu erreichen, waren ihm Quellen der Kraft und der Orientierung. Nur dank dieser schier unmenschlichen mentalen Stärke konnte er die Wirren des Zweiten Weltkrieges schadlos überstehen und sein Ziel erreichen: ein neues, ein besseres Leben in Freiheit.

Der Leser wird förmlich hineingezogen in diesen geradezu unglaublichen Lebensbericht eines ungewöhnlichen Menschen und muss sich immer wieder vergewissern, dass es sich hier nicht um Fiktion handelt, sondern um die brutale Wirklichkeit eines gelebten Lebens. Die Lektüre dieser beiden Bände hinterlässt eine Fülle unauslöschlicher Bilder und eine tiefe Dankbarkeit für „die Gnade der späten Geburt".

Der Weg vom Don zur Isar

Autor: Vadim Grom

Band 1: ISBN 978-3-940321-12-1 **€ 13.90 (D)**

Band 2: ISBN 978-3-940321-15-2 **€ 14.20 (D)**

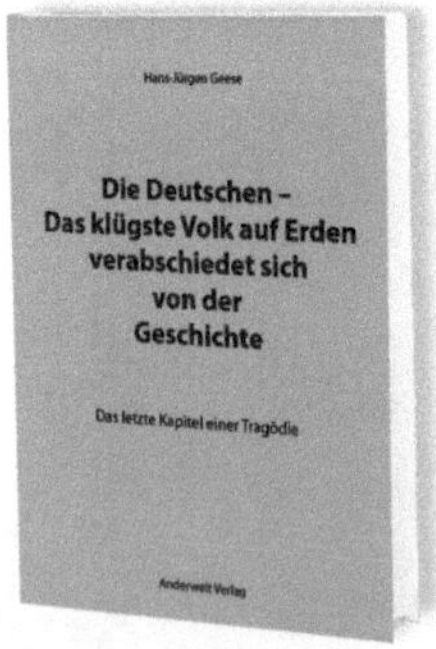

Deutschland als Kulturnation ist am Ende. Ein besetztes Land – sein Schicksal in fremden Händen, eine Marionettenregierung in einer Parteiendiktatur, eine machtlose Bevölkerung. Ein Grundgesetz, das keine Verfassung ist, und das zwar einen Widerstandsartikel kennt, aber dabei nicht konkret wird. Arbeit kann immer mehr Menschen nie wieder ernähren. Riesige soziale und wirtschaftliche Umwälzungen ohne Antworten. Flüchtlinge, die nicht gebraucht werden, ohne Pespektiven. Die Medien sind den Mächtigen hörig, anstatt Alternativen aufzuzeigen oder zumindest die harten Fragen zu stellen. Die Analyse der aktuellen Situation drängt sich förmlich auf.

Die Deutschen – Das klügste Volk auf Erden verabschiedet sich von der Geschichte
Autor: Hans-Jürgen Geese
ISBN 978-3-940321-17-6 **€ 16.00 (D)**

Wer echte Demokratie will, muss als wichtigste Voraussetzung ein Finanz- und Wirtschaftssystem fordern, das die Macht des Kapitals bricht, der „wundersamen Geldvermehrung" durch Zins und Zinseszins ein Ende setzt und Korruption weitgehend unmöglich macht. Die Humane Marktwirtschaft wird das leisten, und nicht nur das. Sie wird den Menschen Freiheit schenken in bisher nicht gekanntem Ausmaß; ein Leben frei von Lohnsteuer und Inflation und damit eine zuverlässig planbare Zukunft. Um das zu erreichen, bedarf es keiner blutigen Revolution, sondern lediglich der Rückbesinnung auf die Grundsätze des Humanismus – und deren konsequente Umsetzung.

Die Humane Marktwirtschaft
Autoren: Peter Haisenko / Hubert von Brunn
ISBN 978-3-940321-13-8 **€ 15.00 (D)**